Falko Wieneke

Gestão da Produção

Planejamento da produção e atendimento de pedidos

Tradução da 2ª edição alemã

Tradução: Dr. rer. nat. Ingeborg Sell

INCLUI
Simulação de planejamento de produção e atendimento de pedidos em uma empresa virtual.

Blucher

título original:
PRODUKTIONSMANAGEMENT - produktionsplanung und auftragsabwicklung am beispiel einer virtuellen firma

A edição em língua alemã foi publicada Pela Verlag Europa-Lehrmittel, Nourney, Vollmer GmbH & Co. KG

Gestão da produção: planejamento da produção e atendimento de pedidos numa firma virtual

1ª reimpressão - 2015

Blucher

Rua Pedroso Alvarenga, 1245, 4º andar
04531-934 - São Paulo - SP - Brasil
Tel.: 55 11 3078-5366
contato@blucher.com.br
www.blucher.com.br

FICHA CATALOGRÁFICA

Wienecke, Falko

Gestão da produção: planejamento da produção e atendimento de pedidos numa firma virtual / Falko Wienecke; tradução Ingeborg Sell. - São Paulo: Blucher, 2008.

Título original: Produktionsmanagement: produktionsplanung und auftragsabwicklung am beispiel einer virtuellen firma.

ISBN 978-85-212-0469-5

1. Administração da produção 2. Serviços (Indústria) - Administração I. Título.

08-08417 CDD-658.5

Índices para catálogo sistemático:

1. Administração da produção: 658.5
2. Produção industrial: Administração de empresas 658.5

Prefácio

Gestão da produção – um conceito que ganha significado na prática empresarial. Gestão empresarial, organização da produção, planejamento e controle da produção, logística na produção – todos esses nomes entraram no linguajar das empresas e descrevem os mesmos objetivos: análise, projeto e otimização dos fluxos de materiais e informações dentro da empresa ou entre setores dela, bem como o atendimento ótimo dos pedidos dos clientes. O conceito gestão da produção engloba melhor todos esses objetivos.

Este livro explica o fluxo de materiais e de informações, que é analisado, realizado e otimizado para o atendimento de pedidos concretos. As possibilidades de ação no atendimento dos pedidos estão inseridas em uma empresa virtual. Daqui decorrem tópicos de planejamento da produção e logística para o aprendizado, tratados como situações concretas na empresa virtual.

As situações de aprendizagem criadas para o livro tratam do atendimento de pedidos de dois produtos a serem produzidos pela empresa virtual. Para o primeiro produto, um cilindro pneumático, são sugeridas muitas tarefas que apoiam o aprender fazendo.

O conhecimento teórico necessário e um procedimento metódico são explicados antes das tarefas. Para controle do avanço da aprendizagem, o último capítulo traz sugestões e indicações para a solução das tarefas que podem levar a uma solução sem, contudo, excluir outras possibilidades.

O atendimento dos pedidos do segundo produto, uma árvore com mancal, é abordado nos exercícios de aprofundamento das capacidades e dos conhecimentos já adquiridos. Para isso, a descrição das situações de aprendizagem é ampliada.

O compartilhamento prático de conhecimento requer o uso de um programa computacional para o planejamento e controle da produção (PCP).

O livro se destina a aprendizes que estão se qualificando em escolas técnicas e profissionalizantes. (...) Também estudantes de Engenharia podem complementar seus conhecimentos. Quanto a setores, o livro pode ser útil na qualificação para a indústria e de técnicos para os diversos ofícios práticos.

Falko Wieneke

6 Planejamento do leiaute da área de produção 99

Parte 2: Otimização logística da produção

7 Logística na empresa 121

8 Logística na produção 129

9 Logística na armazenagem 149

10 Logística no fluxo de materiais 161

Cenário da empresa virtual Spin-Lag GmbH
O primeiro capítulo apresenta a empresa virtual e contém dados necessários para a execução das tarefas, como informações sobre os produtos, o atendimento de pedidos e o planejamento do leiaute.

Fundamentos da gestão da produção
Neste capítulo são descritas a organização, as tarefas e a situação jurídica da empresa Spin-Lag GmbH.

Planejamento do projeto
A introdução da fabricação em série requer planejamento sistemático. Para preparar essa introdução, utiliza-se aqui o planejamento de prazos e de capacidades.

Planejamento das necessidades da produção
Neste capítulo, são analisados e usados diversos métodos para o levantamento das necessidades. No planejamento das necessidades, faz-se explosão de produtos e listas de peças.

Planejamento do trabalho
Depois de levantar que peças devem ser produzidas na empresa Spin-Lag GmbH e em que quantidades, pode-se elaborar documentos para a fabricação e montagem e também para o cálculo dos custos.

Planejamento do leiaute da área de produção
O planejamento do leiaute requer a análise dos princípios de organização da fabricação e montagem, bem como a análise dos métodos de comando dos fluxos de informações e de materiais. São apresentadas alternativas de comando; o resultado é o desenho do leiaute.

Logística na empresa
Nos capítulos anteriores, tratou-se dos processos de planejamento para a produção em série. Agora será abordada a logística na empresa Spin-Lag GmbH. Neste capítulo, são descritas diferentes alternativas de logística em uso.

Logística na produção
Com o planejamento do trabalho e do leiaute, escolhem-se e conectam-se diferentes tipos de meios da fabricação (máquinas). Neste capítulo, explicam-se as possibilidades de concatenar máquinas e instalações produtivas por CNC. Além disso, é otimizada a sequência de máquinas obtida para a fabricação em série com a inserção de pedidos adicionais, e verificada a execução de encomendas especiais com o atual comprometimento da carga das máquinas.

Logística na armazenagem
Verificam-se sistematicamente diversos princípios para a armazenagem de produtos em série. Faz-se o detalhamento de um princípio escolhido.

Logística no fluxo de materiais
Para o transporte dos produtos em série, há diferentes meios disponíveis. Faz-se, neste capítulo, uma análise sistemática deles e, depois da escolha de um meio de transporte, as instalações para o transporte são detalhadas.

Indicações para a solução das tarefas "produção do cilindro pneumático"
Os capítulos do livro contêm tarefas para aprofundamento dos conhecimentos no projeto "produção do cilindro pneumático". Esse último capítulo traz indicações de solução para verificação dos trabalhos dos aprendizes.

Introdução

Gestão da produção

Atendimento de pedidos numa empresa virtual

Este livro explica todos os procedimentos necessários para o atendimento de pedidos, da consulta do cliente ou análise de mercado até a remessa dos produtos. Tudo será descrito tendo como palco uma empresa virtual do setor metal-mecânico. A empresa Spin-Lag GmbH foi fundada para essa finalidade.

No início do livro, a empresa Spin-Lag GmbH dispõe de um terreno com um pavilhão para a produção. De acordo com análises de mercado, ela deve produzir dois produtos em série. Primeiro, o livro mostra em partes o planejamento e a logística para a fabricação do cilindro pneumático. Na função de empregado da empresa Spin-Lag GmbH, o aprendiz pode fazer tarefas para continuar a procura de soluções para o que falta. Indicações para a solução das tarefas no projeto "produção do cilindro pneumático" podem ser obtidas no capítulo 11.

Para aprofundamento do conhecimento obtido no projeto "produção do cilindro pneumático", o aprendiz, na condição de empregado da empresa Spin-Lag GmbH, pode fazer o planejamento da produção do produto árvore com mancal. Além disso, esperam-se do aprendiz medidas logísticas para a melhoria do fluxo de materiais e de informações na produção da árvore com mancal.

Os capítulos do livro vêm acompanhados de uma série de perguntas e tarefas que servem para verificar a aprendizagem.

O cerne da primeira parte do livro está no planejamento e na execução do atendimento de pedidos. Na segunda parte, as áreas produção, armazenagem e fluxo de materiais e informações são otimizadas logisticamente.

O atendimento de pedidos deve ser realizado na sequência dos capítulos, uma vez que resultados de um deles podem ser necessários em capítulos seguintes.

1 Cenário da empresa virtual Spin-Lag GmbH

O cenário da empresa Spin-Lag descreve os pedidos a serem atendidos com a produção de cilindros pneumáticos e de unidades árvore com mancal. Além disso, o cenário traz informações para a execução das ordens de produção correspondentes.

1.1 Considerações sobre a produção futura

A presidência da empresa Tüssen AG, produtora de instalações fabris de grande porte e com ações negociáveis em bolsa de valores, executa, com anuência do conselho fiscal, a reestruturação ou reorientação da empresa. No futuro próximo, as atividades de negócios devem concentrar-se nas áreas de competência cerne em engenharia e montagem (de peças e conjuntos comprados de terceiros). Áreas de atividades fora dessas competências serão desmembradas e transferidas a empresas "filhas", ou vendidas. A área de transformação de metais da Tüssen AG (antes chamada de fabricação com remoção de cavacos ou usinagem) será desmembrada e a nova empresa deve ser registrada com o nome de Spin-Lag GmbH.

No segundo ano de atividades, deverá ser fornecida à empresa-mãe Tüssen AG a unidade árvore com mancal, mostrada na **figura 1**, com um cavalete de aço fundido e a árvore de acionamento de fabricação própria, com toda a fabricação orientada por programa. Para a empresa Spin-Lag GmbH, fixou-se uma venda-alvo de 36.500 unidades de árvores com mancal e com cavalete de aço fundido.

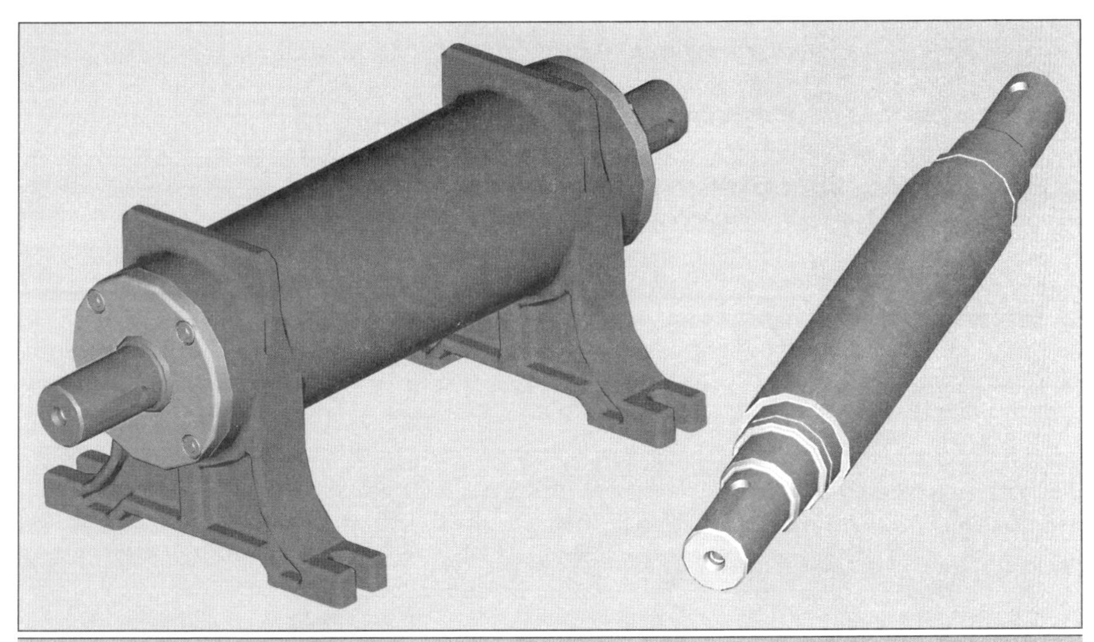

Fig. 1: Unidade árvore com mancal e árvore de acionamento

A árvore com mancal, produto a ser ainda desenvolvido, serve para o acionamento de máquinas-ferramentas, ventoinhas, ventiladores e esteiras para transporte. O preço-alvo da Tüssen AG na condição de compradora é de 750 euros por produto. As unidades árvore com mancal devem ser fabricadas e montadas completamente pela Spin-Lag GmbH. Para a montagem dos produtos e grupos construtivos, estão previstos postos para trabalho manual.

No primeiro ano de negócios, a Spin-Lag GmbH quer inserir em seu programa de produção o cilindro pneumático mostrado na **figura 1**, em diferentes tamanhos. Depois de negociações com a Tüssen AG, pretende-se produzir anualmente 24.000 cilindros pneumáticos de duplo efeito, com o preço de 110 euros por produto. O cilindro pneumático é composto por 5 grupos construtivos, montados na empresa Spin-Lag GmbH (→ **1.3**). A união dos grupos construtivos ocorre na montagem final.

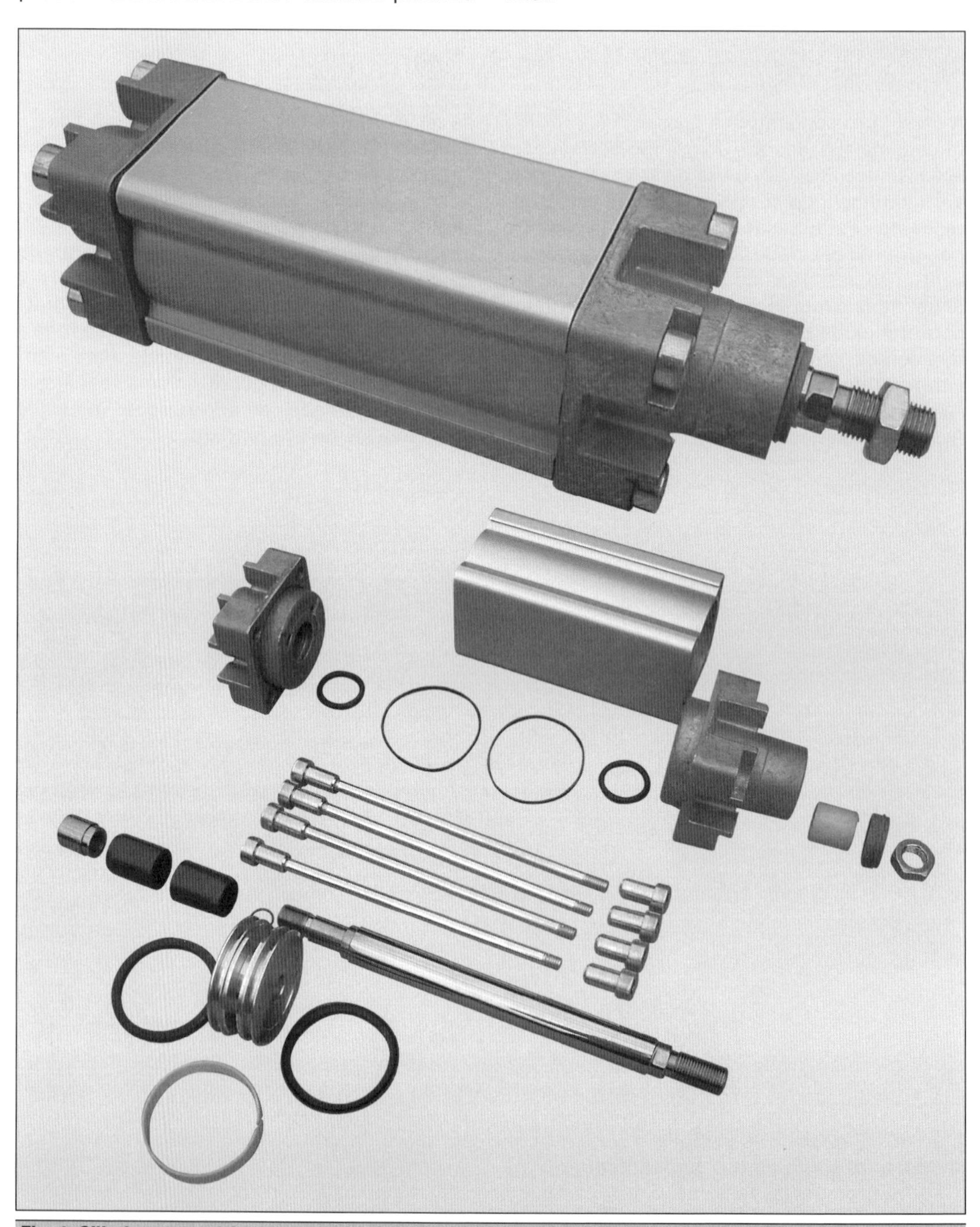

Fig. 1: Cilindro pneumático – composto de peças e grupos construtivos

1.2 Visão da produção dos produtos

1.2.1 Constituição da unidade árvore com mancal

A unidade árvore com mancal mostrada na **figura 1** consiste de uma árvore de acionamento de fabricação própria (2), um cavalete para o mancal (1) comprado e diversas peças menores compradas (3 a 10). A unidade árvore com mancal a ser fornecida no segundo ano de atividades é parte de um produto montado pelo cliente, juntamente com outros grupos construtivos e peças.

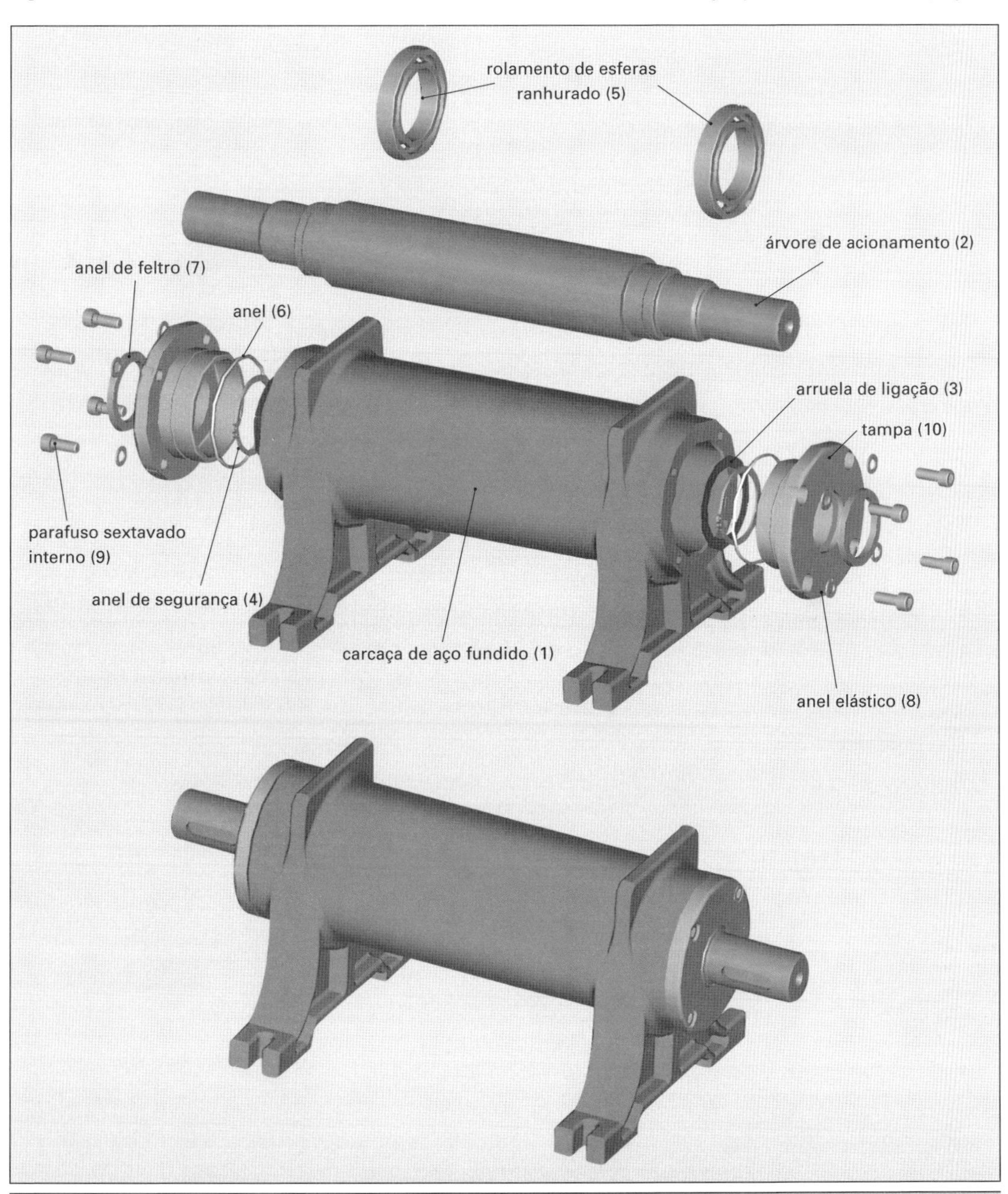

Fig. 1: Desenho explodido e desenho compacto da unidade árvore com mancal

A seguir será explicada a sequência na montagem da unidade árvore com mancal, representada na **figura 1**. No primeiro passo, monta-se sobre a árvore de acionamento (2) um rolamento de esferas ranhurado (5). O rolamento recebe um anel de segurança (4) para evitar deslocamentos axiais. A folga entre o anel e o rolamento é regulada por uma arruela de ligação (3). Em seguida, o grupo construtivo árvore de acionamento (G1) é introduzido na carcaça de aço fundido (1). No lado oposto da árvore de acionamento serão montados, como antes, o segundo rolamento com anel de segurança e arruela de ligação. No último passo, o grupo construtivo tampa (G3, pré-montado) com seu anel (6) e anel de feltro (7), é montado no grupo construtivo carcaça (G2) e fixado com os parafusos sextavados internos (9) e os anéis elásticos (8) correspondentes.

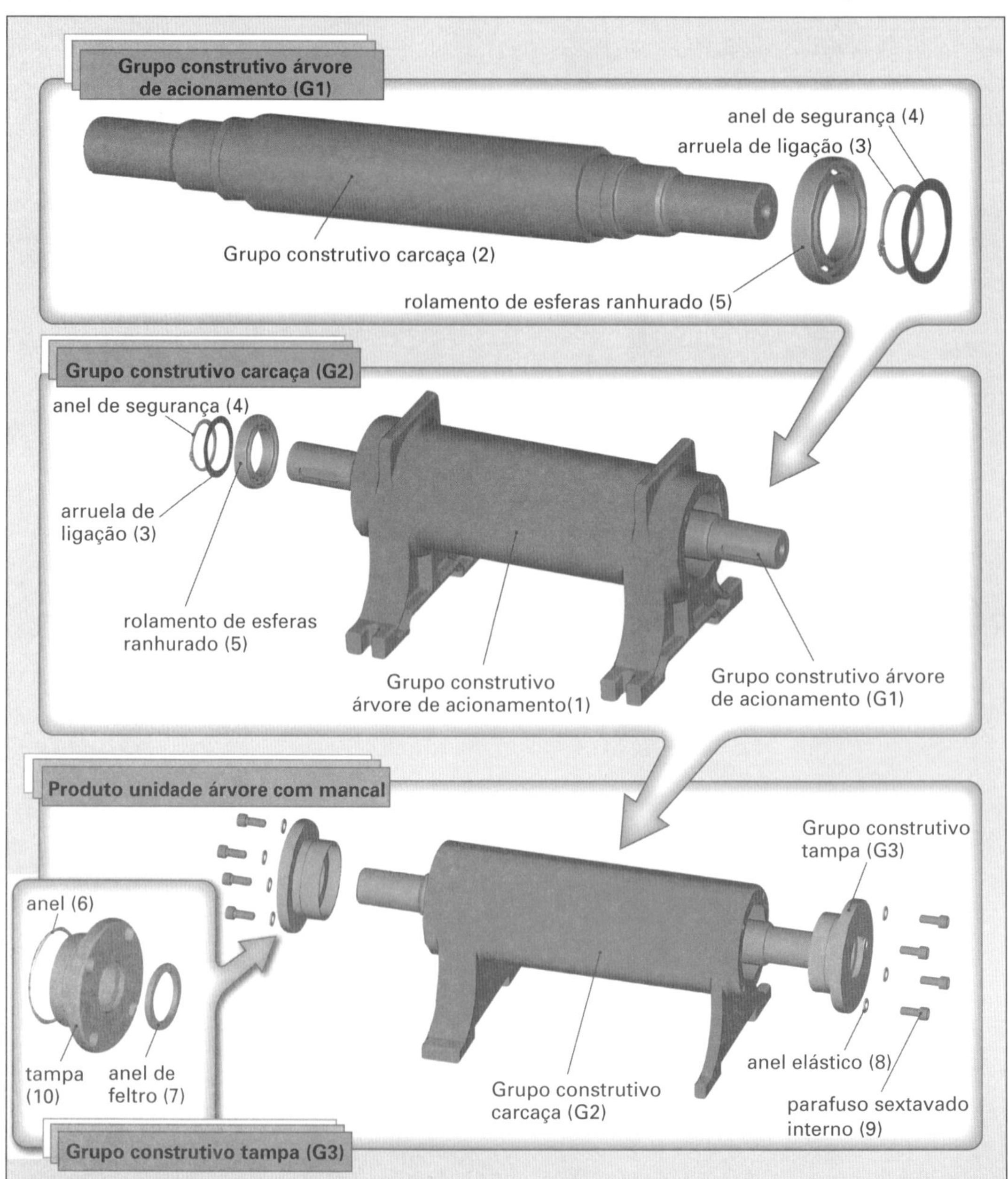

Fig. 1: Montagem dos grupos construtivos e do produto

1.2.2 Constituição do cilindro pneumático

Com o início da produção nas instalações da empresa Spin-Lag GmbH, já no primeiro ano deve ser fornecido à empresa-mãe o cilindro pneumático de duplo efeito com os grupos construtivos representados na **figura 1**. Os desenhos de montagem seguintes esclarecem a configuração do cilindro pneumático de duplo efeito a ser produzido com 5 grupos construtivos pré-montados e uma carcaça. Tanto as pré-montagens como a montagem final são feitas na empresa Spin-Lag GmbH.

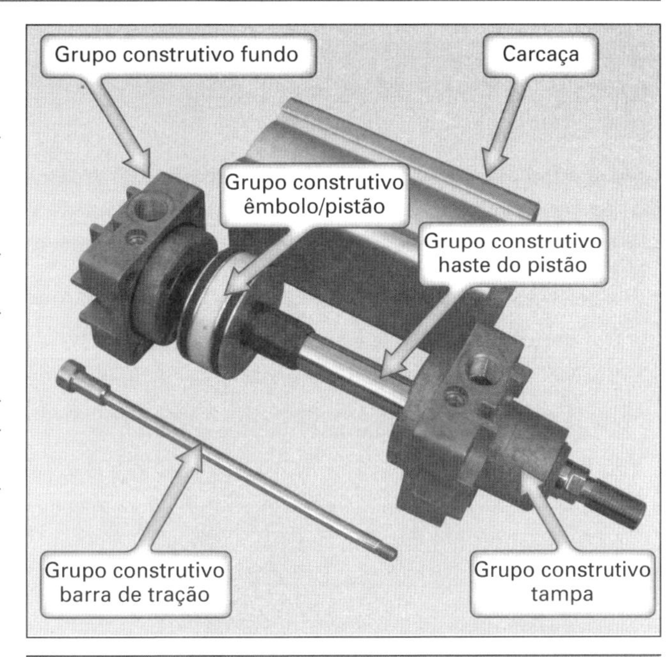

Fig. 1: Cilindro pneumático com seus grupos construtivos

Grupo construtivo fundo (G1)

No grupo construtivo fundo, um anel de vedação (15) comprado é colocado no fundo (3), fabricado em fundição sob pressão. Depois é colocado um anel (14) no entalhe da furação. O último passo de montagem é a colocação de um parafuso amortecedor (18) com anel de vedação (19) comprados, na lateral do fundo. Esse parafuso serve para amortecer a entrada do pistão até a posição final.

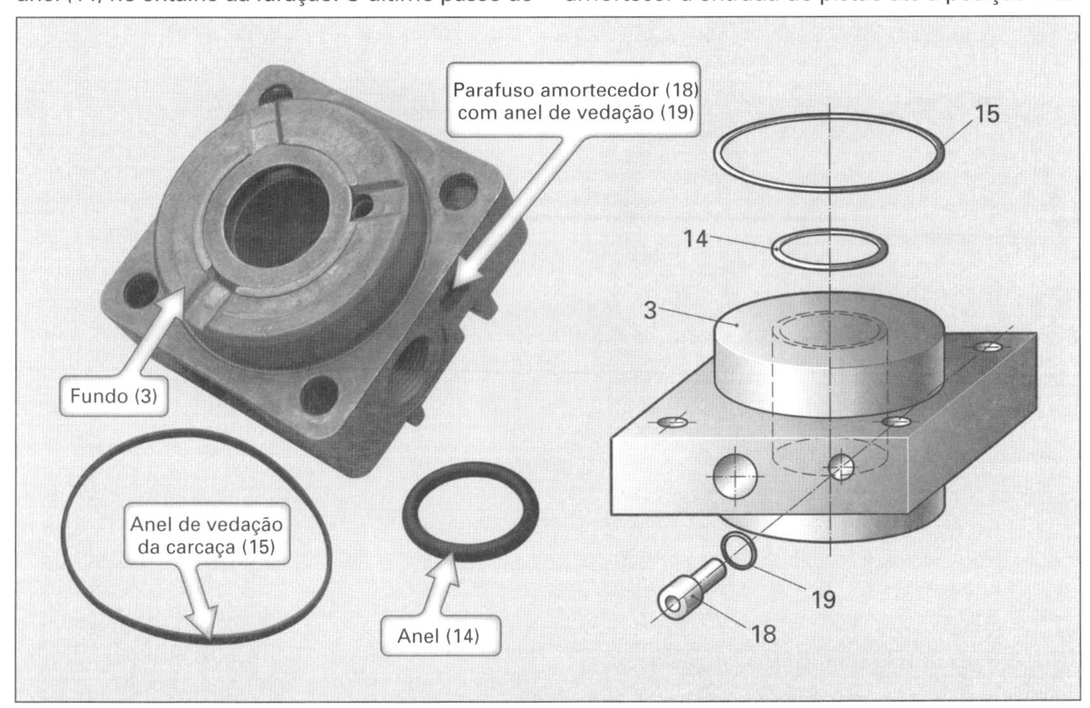

Fig. 2: Grupo costrutivo fundo (G1)

Grupo construtivo tampa (G2)

No grupo construtivo tampa (G2) (**veja fig. 1**), coloca-se primeiro um anel de vedação (15) na tampa fundida sob pressão (4), à semelhança do que se fez no grupo anterior. Como no fundo, há também na tampa um entalhe para a colocação de um anel (14). Mas, antes de colocar o anel, é preciso introduzir na furação da tampa uma bucha de mancal deslizante (17) de material sintético fornecida por terceiros. Depois é introduzido na furação da parte superior da tampa um repelente de sujeira (16) comprado. Como no fundo, também a tampa recebe um parafuso amortecedor (18) com anel de vedação (19). O fundo, a tampa e todas as peças neles montadas são fornecidos por terceiros.

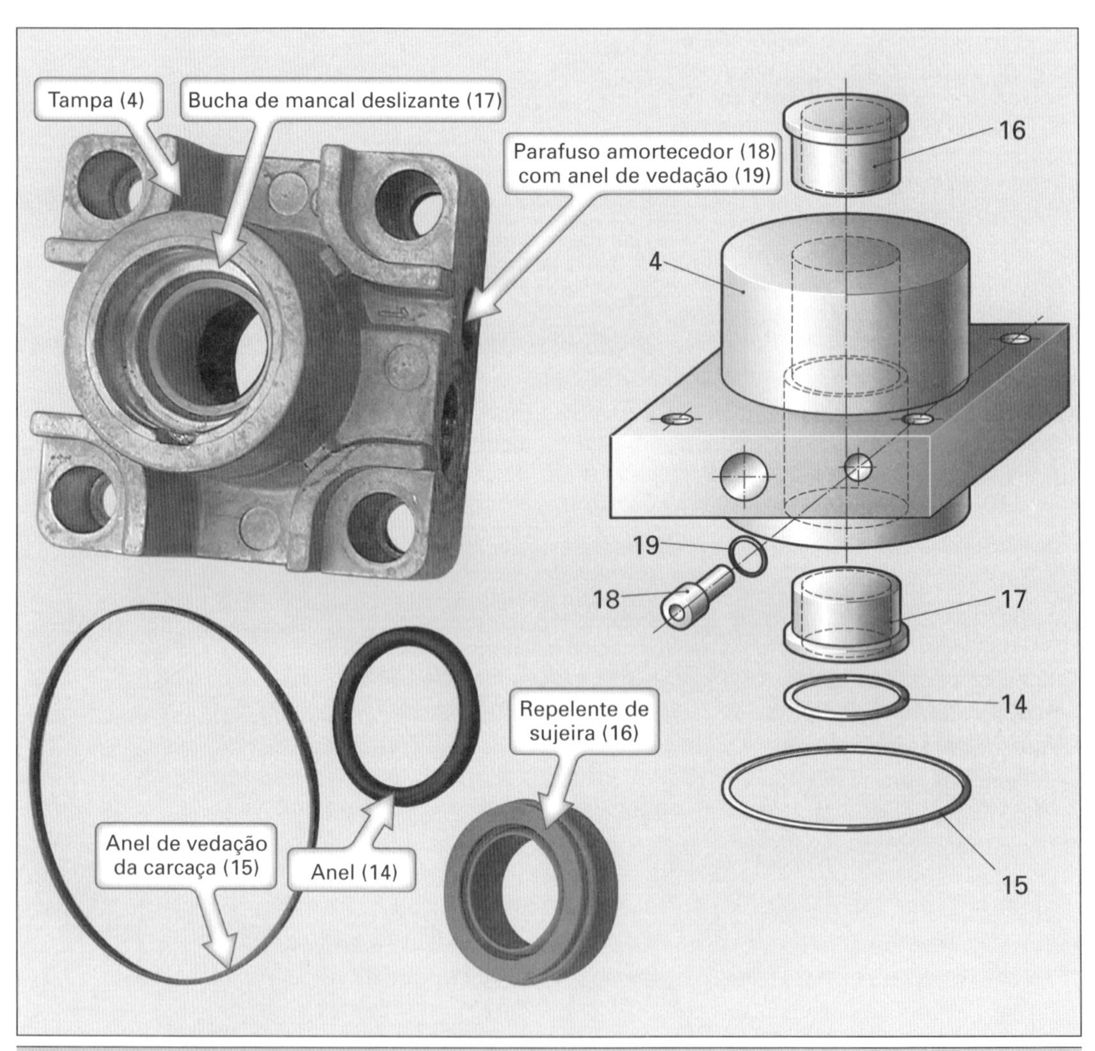

Fig. 1: Grupo construtivo tampa (G2)

Grupo construtivo pistão/êmbolo (G3)

O grupo construtivo pistão (G3) é constituído do êmbolo (5) e de dois anéis de vedação (13). Os anéis de vedação são colocados sobre o êmbolo (5), fabricado de uma liga de alumínio.

Grupo construtivo haste do êmbolo (G4)

O grupo construtivo êmbolo (G3) é montado sobre o grupo construtivo haste do êmbolo (G4). Antes disso, é necessário posicionar um dos pinos amortecedores (8) e um anel (12) para vedação do êmbolo sobre a haste de fabricação própria. Em seguida, são fixados o êmbolo e o segundo pino amortecedor sobre a haste do êmbolo com uma porca (9). O último passo da montagem consiste em colocar sobre o grupo construtivo êmbolo (G3) uma fita-guia do êmbolo semiaberta (10).

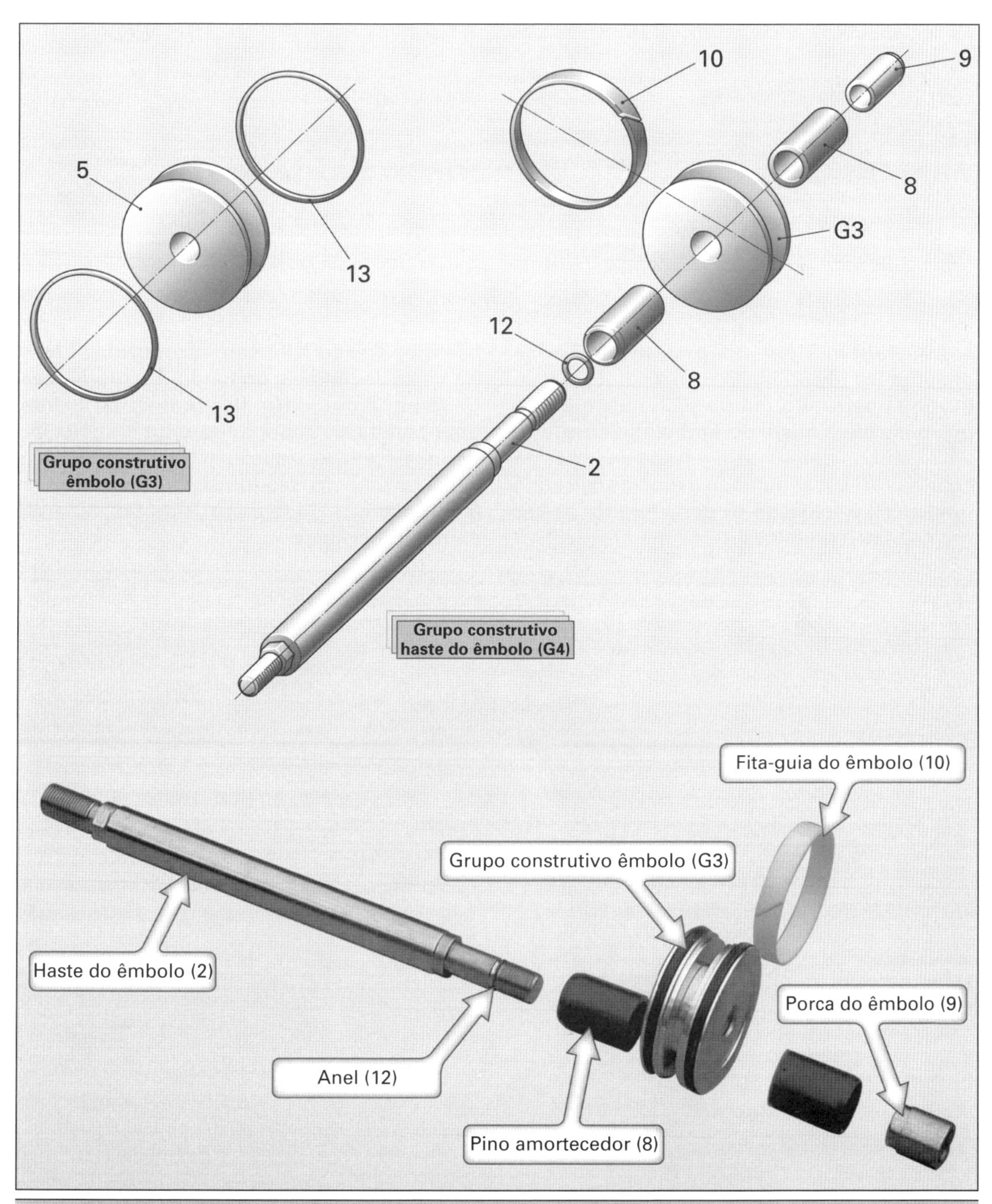

Fig. 1: Grupos construtivos êmbolo e haste do êmbolo

Grupo construtivo barra de tração (G5)

Como preparação da montagem final do produto cilindro pneumático de duplo efeito, é aparafusada uma porca (7) numa extremidade da barra de tração (6). Na montagem final, o grupo construtivo barra de tração (G5) serve para aparafusar tampa e fundo com a carcaça (1).

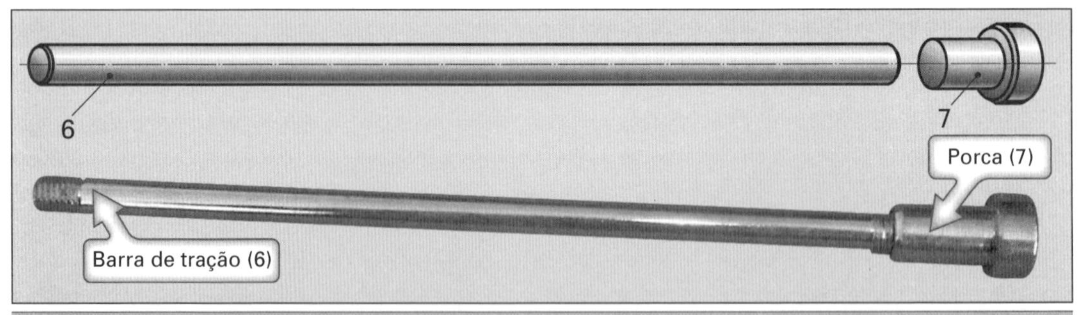

Fig. 1: Grupo construtivo barra de tração (G5)

Produto cilindro pneumático (P1)

A montagem final do produto cilindro pneumático (**fig. 2**) inicia com a colocação do grupo construtivo tampa (G2) sobre o grupo construtivo haste do êmbolo (G4), sendo então ambos unidos com a parte superior da carcaça (1). Em seguida, o grupo construtivo fundo (G1) é colocado na parte inferior da carcaça. Quatro unidades do grupo construtivo barra de tração (G5) são introduzidas nas 4 furações da tampa e do fundo. Quatro porcas (7) fixam o conjunto. Por fim, é atarraxada uma porca (11) sobre a haste do êmbolo. Todas as peças individuais, exceto a carcaça e a haste do êmbolo, são fornecidas por terceiros. A carcaça é serrada a partir de um tubo de alumínio perfilado.

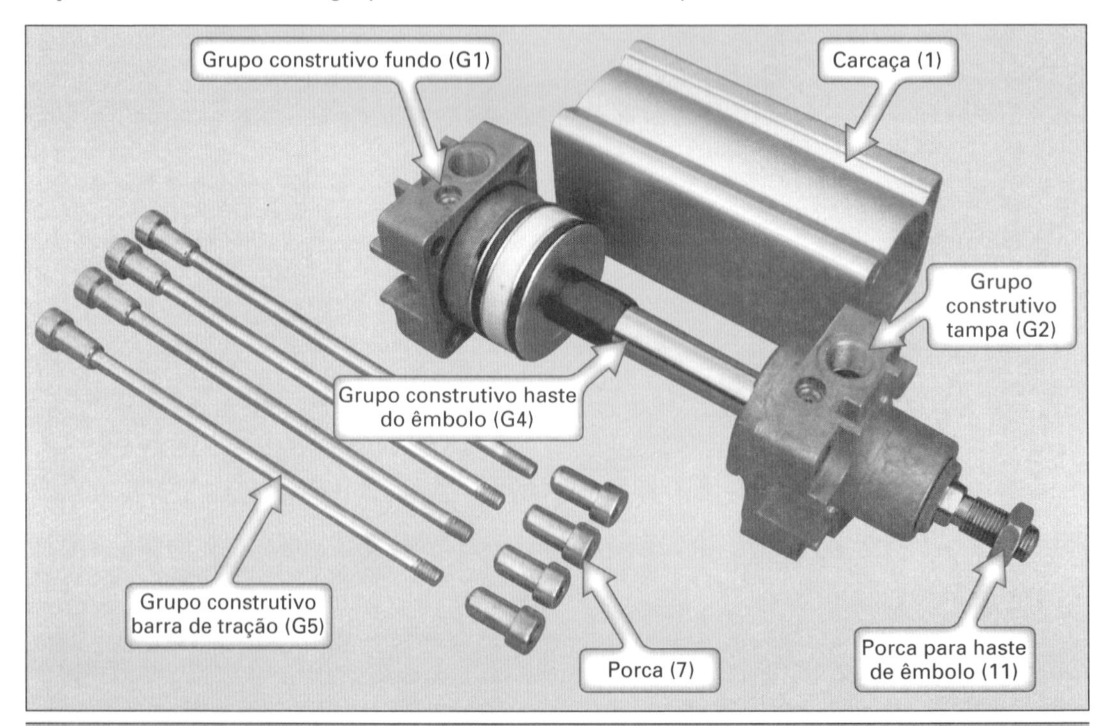

Fig. 2: Montagem final do cilindro pneumático

A lista de peças da **figura 1** (→ **4.1**) enumera todas as peças necessárias para a fabricação do cilindro pneumático de duplo efeito. Os materiais e as indicações de tamanhos se referem ao cilindro pneumático de duplo efeito série BP264. A produção da empresa deve iniciar com esta série. As posições 1 e 2 são de fabricação própria; as demais peças são compradas de diferentes fornecedores.

Posição	Unidades	Nome	Material Número/norma
1	1	Carcaça	ø 63 × 154-EN AW-A/SiMgMn (R1)
2	1	Haste de êmbolo	ø 20 × 264 - 1.4021 (R2)
3	1	Fundo	AC-A/Si9
4	1	Tampa	AC-A/Si9
5	1	Êmbolo/pistão	ø 63 × 28-EN AW-A/Cu4SiMg
6	4	Barra de tração	E295
7	8	Porca	M8 - C45
8	2	Pino amortecedor	ø 20 x 1 - 32 comprimento
9	1	Porca para êmbolo	M14 × 1 - C45
10	1	Fita-guia do êmbolo	PE
11	1	Porca para haste de êmbolo	DIN EN 28675 - M16 × 1,5
12	1	Anel	DIN 3771 - ø 14 × 1,8
13	2	Anel de vedação do êmbolo	ø 53 × 3,55
14	2	Anel	DIN 3771 - ø 25 × 3,55
15	2	Anel de vedação da carcaça	DIN 3771 - ø 63 × 3,55
16	1	Tampa do repelente de sujeira	ø 32/ ø 20 - 10 comprimento
17	1	Mancal deslizante entre tampa e haste	ø 24 × 2 - 32 comprimento
18	2	Parafuso amortecedor	ø 6 - 8 comprimento
19	2	Anel de vedação para parafuso amortecedor	DIN 3771 - ø 6 × 1,8

Spin-Lag GmbH		Data	Nome	Nome
	Executado			**Cilindro pneumático de duplo efeito Série BP264**
	Verificado			
	Norma			

Fig. 1: Lista de peças do cilindro pneumático de duplo efeito

1.3 Informações sobre o atendimento de pedidos

Objetivo estratégico da empresa Spin-Lag GmbH para o próximo ano de negócios

Para alcançar a competitividade, a direção persegue, nos próximos anos, a seguinte estratégia:

- No começo, serão produzidos em fabricação orientada por programa, a partir do primeiro ano, o cilindro pneumático e, a partir do segundo ano, a árvore com mancal, para a empresa-mãe, o principal cliente. Para aproveitar as capacidades excedentes, serão produzidos produtos para estoque e, se for o caso, vendidos. Com o início das atividades, ocorre uma fabricação para estoque, para o que será necessário comprar diversas peças de terceiros.

Objetivo estratégico da empresa Spin-Lag GmbH para os anos seguintes

Os planejamentos a seguir serão entendidos como ampliação da produção apresentada neste livro. Eles servem, especialmente, para o aprofundamento do atendimento de pedidos com um sistema de planejamento e controle da produção (PCP).

- Com o início da segunda fase, devem ser produzidas unidades de árvore com mancal com um cavalete de aço, a depender de pedidos e com produção em série das peças.
- Para a terceira fase (terceiro ano de negócios), prevê-se fabricação especial (customização) de unidades de árvore com mancal com peças fabricadas para esse fim específico.

A árvore com mancal necessária na segunda fase pode ser desenvolvida num projeto com a participação de diversas áreas. Por causa de considerações técnicas da fabricação, é preciso levar em conta os aspectos que mudam com a fabricação em aço. Para o produto, especifica-se o seguinte: desempenho nominal – 63 kW; rotação nominal – 1.450 /min; forças radiais possíveis – no máximo 8 kN; temperatura ambiente – no máximo 50 °C; vida útil esperada – 20.000 horas de operação.

Especificações para aquisição de peças de terceiros

Para a fabricação orientada por programa, planeja-se na empresa Spin-Lag GmbH em lotes de um dia. Daqui se obtêm as necessidades de peças para cada dia útil de trabalho.

Com o início das atividades da empresa Spin-Lag GmbH previsto para o primeiro dia útil de maio no primeiro ano de negócios, é preciso fazer uma aquisição anterior para estoque para garantir a produção do cilindro pneumático. A aquisição de todas as peças fabricadas por terceiros deve estar concluída até o primeiro dia útil de junho. A aquisição para estoque inicial para a fabricação da árvore com mancal deve ocorrer antes do início do segundo ano de negócios.

Indicações para a determinação do tamanho dos pedidos

Na preparação da produção, é preciso logo organizar a aquisição de peças de terceiros (necessidades secundárias). As quantidades a serem adquiridas são determinadas de acordo com o requisitado pela produção, tendo em vista as reservas de segurança e o nível de estoques. Para garantir um decurso de produção, um fluxo contínuo sem sobressaltos, é necessário manter um estoque de reserva de produtos e de peças comprados.

Por causa das oscilações na demanda dos produtos finais montados pela empresa-mãe (Tüssen AG), a empresa Spin-Lag GmbH se compromete a manter um estoque de segurança de produtos e peças comprados para suprir 3 dias de trabalho e um estoque de produtos fabricados de 2 dias de trabalho. Novos pedidos de peças fabricadas por terceiros só podem ser feitos 2 dias úteis após o recebimento de remessa anterior.

Na aquisição de materiais, considera-se um resíduo de corte (perda) de 8% no material em barras para cálculo das quantidades necessárias.

1.4 Requisitos ao planejamento do leiaute

Como empresa independente, a empresa Spin-Lag GmbH também será separada espacialmente da empresa-mãe. Para construir as instalações, serão utilizadas duas áreas separadas por um riacho com 7.100 m² e 4.500 m². A produção dos cilindros pneumáticos deve ser realizada no **pavilhão 1**, na área maior, e as árvores com mancal devem ser fabricadas e montadas no **pavilhão 2**, na área atrás do riacho (**fig. 1**). Na área contígua ao pavilhão 2, planeja-se construir um segundo depósito de expedição.

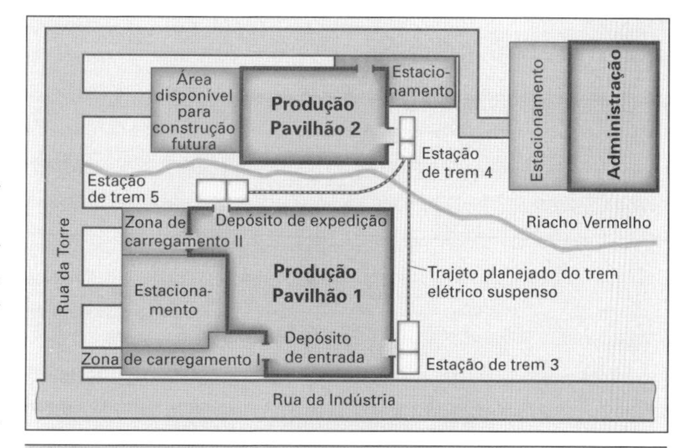

Fig. 1: Planta básica da empresa Spin-Lag GmbH

Até o momento, só as áreas externas do terreno com 7.100 m² e algumas partes da fábrica (**fig. 2**) foram objeto de planejamento de leiaute. O leiaute do pavilhão para a produção do cilindro pneumático com a oficina mecânica e a montagem ainda precisa ser projetado. Todas as áreas de produção se utilizam dos depósitos de materiais na entrada, de peças normalizadas e de expedição. Entre os depósitos na entrada e de expedição, estão a manutenção, a administração e ambientes para a socialização das pessoas.

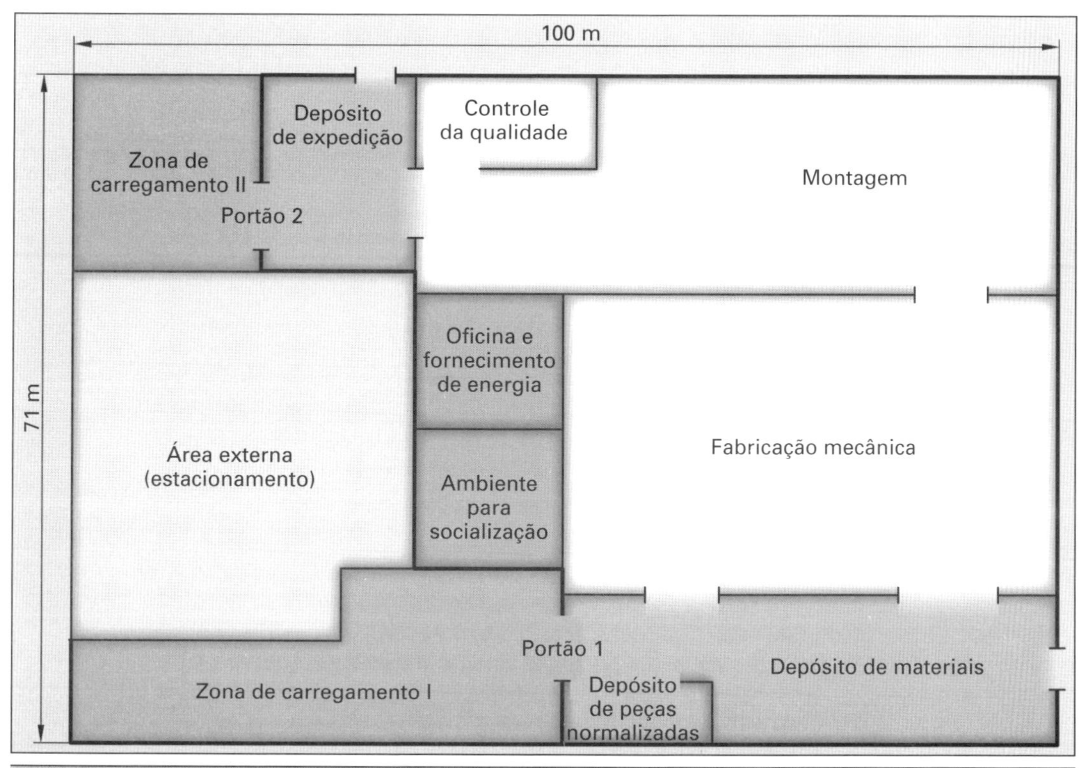

Fig. 2: Planejamento do leiaute do pavilhão 1 para fabricação do cilindro pneumático

Os meios de produção até aqui utilizados pela Tüssen AG estão na **tabela 1** e à disposição da empresa Spin-Lag GmbH como capital em forma de instalações.

Número do posto de trabalho		Capacidades no posto de trabalho	Número do posto de trabalho		Capacidades no posto de trabalho
Grupo de capacidades 100.000		**Oficina mecânica**	Endireitar	100760	Prensa para alinhar
Dispor	101001	Depósito oficina mecânica	Limpar	100790	Limpeza
Jatear com areia	100100	Jato de areia	Desenhar /pintar	100780	Desenho/Pintura
Marcar, riscar	100900	Riscador	Controlar qualidade	100050	Controle da qualidade
Queimar	100115	Queimador	**Grupo de capacidades 200.000**		**Têmpera**
Otimizar programa	100500	Otimizar programa	Dispor	201001	Depósito têmpera
Ajustar ferramenta	100510	Ajustar ferramenta	Tratamento térmico na empresa	200001	Cementação/têmpera superficial
Serrar	100401	Serra circular $D_{máx}$ = 150 mm		200002	Têmpera por indução
	100402	Serra circular D = 150 – 300 mm		200003	Enobrecer, revenir
	100403	Serra de arco		200004	Cementação
	100404	Serra de movimento alternativo (elevação)		200005	Incandescer com pouca tensão
Tornear pontas	100301	Torno convencional $L_{máx}$ = 1.500 mm	Tratamento térmico externo à empresa	200501	Cromar
				200502	Nitretar com gás
	100302	Torno convencional $L_{máx}$ = 3.000 mm		200505	Anodizar, metalizar eletroliticamente
Planear e centrar	100415	Máquina de corte preciso		200506	Têmpera por indução
Tornear CNC	100501	Torno CNC D 560 x 1.000		200507	Têmpera em banho de sal
	100502	Torno CNC D 560 x 2.000		200508	Cementação
	100503	CNC-Drehmaschine D 560 × 2.000	**Grupo de capacidades 300.000**		**Retífica**
Furar	100201	Furadeira mesa 2.800 x 4.200	Dispor	301001	Depósito retífica
	100202	Furadeira mesa 1.400 x 2.000	Retificar	300001	Retífica plana 300 x 1.500
Furar CNC	100521	Furadeira CNC mesa 1.400 x 2.000		300002	Retífica plana 1.500 x 6.000
Fresar/furar CNC	100511	Centro de usinagem (fresa-furadeira)		300003	Retífica cilíndrica (interna)
Fresar	100601	Fresa portal		300004	Retífica cilíndrica (externa)
	100602	Fresa universal	Polir/esmerilhar	300101	Polimento fino
400 × 1600	100603	Fresa universal 250 x 800	Calandrar	300102	Calandra
	100604	Fresa para abrir ranhuras	**Grupo de capacidades 400.000**		**Montagem**
Fresar CNC	100531	Fresa CNC portal	Dispor	401001	Depósito da montagem
	100532	Fresa CNC universal	Montar	400101	Posto de montagem 1
Escovar	100611	Dispositivo de escovação		400102	Posto de montagem 2
Percussão	100612	Percussor vertical		400103	Posto de montagem 3
Escarear	100613	Alargador		400104	Posto de montagem 4
Serralhar chapa	100701	Serralheiro de chapa fina	**Grupo de capacidades 500.000**		**Depósito**
Soldar	100801	Soldagem	Depositar	501001	Depósito de materiais
Colar	100810	Colagem		500001	Depósito de expedição
Tirar rebarbas	100750	Tirar rebarbas		502405	Depósito de peças normalizadas

Tab. 1: Máquinas e capacidades disponíveis na empresa-mãe

1.5 Planejamento da empresa Tüssen AG

Na **tabela 1** desta página e da seguinte, está o calendário dos próximos 2 anos, com os dias de trabalho (dias úteis) numerados em sequência.

Ano 1 calendário da empresa									Tüssen AG									1º semestre
	Janeiro			Fevereiro			Março			Abril			Maio			Junho		
	Dia	Dia útil	Processo	Dia	Dia útil	Processo	Dia	Dia útil	Processo	Dia	Dia útil	Processo	Dia	Dia útil	Processo	Dia	Dia útil	Processo
Sáb																1		
Dom																2		
Seg	1	Ano novo								1	6334					3	6374	
Ter	2	6270								2	6335					4	6375	
Qua	3	6271								3	6336		1	**		5	6376	
Qui	4	6272		1	6292					4	6337		2	6354		6	*****	
Sex	5	6273		2	6293		1	6313		5	*		3	6355		7	6377	
Sáb	6			3			2			6			4			8		
Dom	7			4			3			7	Páscoa		5			9		
Seg	8	6274		5	6294		4	6314		8	Páscoa		6	6356		10	6378	
Ter	9	6275		6	6295		5	6315		9	6338		7	6357		11	6379	
Qua	10	6276		7	6296		6	6316		10	6339		8	6358		12	6380	
Qui	11	6277		8	6297		7	6317		11	6340		9	6359		13	6381	
Sex	12	6278		9	6298		8	6318		12	6341		10	6360		14	6382	
Sáb	13			10			9			13			11			15		
Dom	14			11			10			14			12			16		
Seg	15	6279		12	6299		11	6319		15	6342		13	6361		17	6383	
Ter	16	6280		13	6300		12	6320		16	6343		14	6362		18	6384	
Qua	17	6281		14	6301		13	6321		17	6344		15	6363		19	6385	
Qui	18	6282		15	6302		14	6322		18	6345		16	***		20	6386	
Sex	19	6283		16	6303		15	6323		19	6346		17	6364		21	6387	
Sáb	20			17			16			20			18			22		
Dom	21			18			17			21			19			23		
Seg	22	6284		19	6304		18	6324		22	6347		20	6365		24	6388	
Ter	23	6285		20	6305		19	6325		23	6348		21	6366		25	6389	
Qua	24	6286		21	6306		20	6326		24	6349		22	6367		26	6390	
Qui	25	6287		22	6307		21	6327		25	6350		23	6368		27	6391	
Sex	26	6288		23	6308		22	6328		26	6351		24	6369		28	6392	
Sáb	27			24			23			27			25			29		
Dom	28			25			24			28			26	****		30		
Seg	29	6289		26	6309		25	6329		29	6352		27	****				
Ter	30	6290		27	6310		26	6330		30	6353		28	6370				
Qua	31	6291		28	6311		27	6331					29	6371				
Qui				29	6312		28	6332					30	6372				
Sex							29	6333					31	6373				
Sáb							30											
Dom							31											
	Dias úteis: 22			Dias úteis: 21			Dias úteis: 21			Dias úteis: 20			Dias úteis: 20			Dias úteis: 19		

Ano 1 calendário da empresa									Tüssen AG									2º semestre
	Julho			Agosto			Setembro			Outubro			Novembro			Dezembro		
	Dia	Dia útil	Processo	Dia	Dia útil	Processo	Dia	Dia útil	Processo	Dia	Dia útil	Processo	Dia	Dia útil	Processo	Dia	Dia útil	Processo
Dom							1									1		
Seg	1	6393					2	6438								2	6501	
Ter	2	6394					3	6439		1	6459					3	6502	
Qua	3	6395					4	6440		2	6460					4	6503	
Qui	4	6396		1	6416		5	6441		3	******					5	6504	
Sex	5	6397		2	6417		6	6442		4	6461		1	*******		6	6505	
Sáb	6			3			7			5			2			7		
Dom	7			4			8			6			3			8		
Seg	8	6398		5	6418		9	6446		7	6462		4	6481		9	6506	
Ter	9	6399		6	6419		10	6444		8	6463		5	6482		10	6507	
Qua	10	6400		7	6420		11	6445		9	6464		6	6483		11	6508	
Qui	11	6401		8	6421		12	6446		10	6465		7	6484		12	6509	
Sex	12	6402		9	6422		13	6447		11	6466		8	6485		13	6510	
Sáb	13			10			14			12			9			14		
Dom	14			11			15			13			10			15		
Seg	15	6403		12	6423		16	6448		14	6467		11	6486		16	6511	
Ter	16	6404		13	6424		17	6449		15	6468		12	6487		17	6512	
Qua	17	6405		14	6425		18	6450		16	6469		13	6488		18	6513	
Qui	18	6406		15	6426		19	6451		17	6470		14	6489		19	6514	
Sex	19	6407		16	6427		20	6451		18	6471		15	6490		20	6515	
Sáb	20			17			21			19			16			21		
Dom	21			18			22			20			17			22		
Seg	22	6408		19	6428		23	6453		21	6472		18	6491		23	6516	
Ter	23	6409		20	6429		24	6454		22	6473		19	6492		24	6517	
Qua	24	6410		21	6430		25	6455		23	6474		20	6493		25	Natal	
Qui	25	6411		22	6431		26	6456		24	6475		21	6494		26		
Sex	26	6412		23	6432		27	6457		25	6476		22	6495		27	6518	
Sáb	27			24			28			26			23			28		
Dom	28			25			29			27			24			29		
Seg	29	6413		26	6433		30	6458		28	6477		25	6496		30	6519	
Ter	30	6414		27	6434					29	6478		26	6497		31	6520	
Qua	31	6415		28	6435					30	6479		27	6498				
Qui				29	6436					31	6480		28	6499				
Sex				30	6437								29	6500				
Sáb				31									30					
	Dias úteis: 23			Dias úteis: 22			Dias úteis: 21			Dias úteis: 22			Dias úteis: 20			Dias úteis: 21		

* Sexta-feira Santa ** Dia do Trabalho *** Ascensão de Jesus Cristo **** Pentecostes ***** Corpus Christi ******Unificação da Alemanha *******Todos os Santos

Tab. 1: Ano 1 do calendário empresarial – Tüssen AG

Ano 2 calendário da empresa										Tüssen AG								1º semestre
	Janeiro			Fevereiro			Março			Abril			Maio			Junho		
	Dia	Dia útil	Processo	Dia	Dia útil	Processo	Dia	Dia útil	Processo	Dia	Dia útil	Processo	Dia	Dia útil	Processo	Dia	Dia útil	Processo
Sáb				1			1											
Dom				2			2									1		
Seg				3	6543		3	6563								2	6622	
Ter				4	6544		4	6564		1	6582					3	6623	
Qua	1	Ano novo		5	6545		5	6565		2	6583					4	6624	
Qui	2	6521		6	6546		6	6566		3	6584		1	**		5	6625	
Sex	3	6522		7	6547		7	6567		4	6585		2	6604		6	6626	
Sáb	4			8			8			5			3			7		
Dom	5			9			9			6			4			8		
Seg	6	6523		10	6548		10	6568		7	6586		5	6605		9	6627	
Ter	7	6524		11	6549		11	6569		8	6587		6	6606		10	6628	
Qua	8	6525		12	6550		12	6570		9	6588		7	6607		11	6629	
Qui	9	6526		13	6551		13	6571		10	6589		8	***		12	6630	
Sex	10	6527		14	6552		14	6572		11	6590		9	6608		13	6631	
Sáb	11			15			15			12			10			14		
Dom	12			16			16			13			11			15		
Seg	13	6528		17	6553		17	6573		14	6591		12	6609		16	6632	
Ter	14	6529		18	6554		18	6574		15	6592		13	6610		17	6633	
Qua	15	6530		19	6555		19	6575		16	6593		14	6611		18	6634	
Qui	16	6531		20	6556		20	6576		17	6594		15	6612		19	6635	
Sex	17	6532		21	6557		21	6577		18	6595		16	6613		20	6636	
Sáb	18			22			22			19			17			21		
Dom	19			23			23			20			18	****		22		
Seg	20	6533		24	6558		24	6578		21	6596		19	****		23	6637	
Ter	21	6534		25	6559		25	6579		22	6597		20	6614		24	6638	
Qua	22	6535		26	6560		26	6580		23	6598		21	6615		25	6639	
Qui	23	6536		27	6561		27	6581		24	6599		22	6616		26	6640	
Sex	24	6537		28	6562		28	*		25	6660		23	6617		27	6641	
Sáb	25						29			26			24			28		
Dom	26						30	Páscoa		27			25			29		
Seg	27	6538					31	Páscoa		28	6601		26	6618		30	6642	
Ter	28	6539								29	6602		27	6619				
Qua	29	6540								30	6603		28	6620				
Qui	30	6541											29	*****				
Sex	31	6542											30	6621				
Sáb													31					
	Dias úteis: 22			Dias úteis: 20			Dias úteis: 19			Dias úteis: 22			Dias úteis: 18			Dias úteis: 21		

Ano 2 calendário da empresa										Tüssen AG								2º semestre
	Julho			Agosto			Setembro			Outubro			Novembro			Dezembro		
	Dia	Dia útil	Processo	Dia	Dia útil	Processo	Dia	Dia útil	Processo	Dia	Dia útil	Processo	Dia	Dia útil	Processo	Dia	Dia útil	Processo
Sáb													1	*******				
Dom													2					
Seg							1	6687					3	6731		1	6751	
Ter	1	6643					2	6688					4	6732		2	6752	
Qua	2	6644					3	6689		1	6709		5	6733		3	6753	
Qui	3	6645					4	6690		2	6710		6	6734		4	6754	
Sex	4	6646		1	6666		5	6691		3	******		7	6735		5	6755	
Sáb	5			2			6			4			8			6		
Dom	6			3			7			5			9			7		
Seg	7	6647		4	6667		8	6692		6	6711		10	6736		8	6756	
Ter	8	6648		5	6668		9	6693		7	6712		11	6737		9	6757	
Qua	9	6649		6	6669		10	6694		8	6713		12	6738		10	6758	
Qui	10	6650		7	6670		11	6695		9	6714		13	6739		11	6759	
Sex	11	6651		8	6671		12	6696		10	6715		14	6740		12	6760	
Sáb	12			9			13			11			15			13		
Dom	13			10			14			12			16			14		
Seg	14	6652		11	6672		15	6697		13	6716		17	6741		15	6761	
Ter	15	6653		12	6673		16	6698		14	6717		18	6742		16	6762	
Qua	16	6654		13	6674		17	6699		15	6718		19	6743		17	6763	
Qui	17	6655		14	6675		18	6700		16	6719		20	6744		18	6764	
Sex	18	6656		15	6676		19	6701		17	6720		21	6745		19	6765	
Sáb	19			16			20			18			22			20		
Dom	20			17			21			19			23			21		
Seg	21	6657		18	6677		22	6702		20	6721		24	6746		22	6766	
Ter	22	6658		19	6678		23	6703		21	6722		25	6747		23	6767	
Qua	23	6699		20	6679		24	6704		22	6723		26	6748		24	6768	
Qui	24	6660		21	6680		25	6705		23	6724		27	6749		25	Natal	
Sex	25	6661		22	6681		26	6706		24	6725		28	6750		26	Natal	
Sáb	26			23			27			25			29			27		
Dom	27			24			28			26			30			28		
Seg	28	6662		25	6682		29	6707		27	6726					29	6769	
Ter	29	6663		26	6683		30	6708		28	6727					30	6770	
Qua	30	6664		27	6684					29	6728					31	6771	
Qui	31	6665		28	6685					30	6729							
Sex				29	6686					31	6730							
Sáb				30														
Dom				31														
	Dias úteis: 23			Dias úteis: 21			Dias úteis: 22			Dias úteis: 22			Dias úteis: 20			Dias úteis: 21		

* Sexta-feira Santa ** Dia do Trabalho *** Ascensão de Jesus Cristo **** Pentecostes ***** Corpus Christi ******Unificação da Alemanha *******Todos os Santos

Tab. 1: Ano 2 do calendário empresarial – Tüssen AG

A duração da **jornada de trabalho** dos empregados da empresa Spin-Lag GmbH é de 8 horas diárias. Aos sábados, domingos e feriados, não se trabalha.

1.6 Cálculos de custos para o primeiro ano de negócios

Para o atendimento dos pedidos com um sistema de gestão da produção apoiado por computador, são necessários muitos dados e informações sobre o produto para o cálculo dos custos dos materiais e do trabalho (mão de obra) e para a determinação dos custos indiretos. Em seguida, serão indicados os custos de mão de obra previstos para o primeiro ano de negócios. Além disso, serão dadas informações para os cálculos por tipos de custos e por centros de custos para o primeiro ano. Os custos dos materiais de peças compradas para a produção do cilindro pneumático podem ser obtidos dos documentos dos fornecedores.

1.6.1 Grupos de salários da empresa Spin-Lag GmbH

Os trabalhadores da produção são pagos por hora. Os custos de mão de obra dos diferentes grupos salariais estão na **tabela 1**.

Grupo salarial	Qualificação	Custos da mão de obra (total)	
		em $/hora	em $/min
1	Ajudante	18	0,30
4	Ajudante treinado	24	0,40
5	Trabalhador especializado	30	0,50
6	Trabalhador muito especializado	33	0,55

Tab. 1: Grupos salariais e custos de mão de obra

1.6.2 Cálculo por tipo de custos da empresa Spin-Lag GmbH (primeiro ano de negócios)

Os percentuais de custos indiretos para os principais centros de custos da empresa Spin-Lag GmbH são determinados com auxílio de um formulário para cálculos específicos da empresa. Para calcular os custos por centros de custos, é necessário o cálculo dos custos por tipo. No cálculo dos custos e despesas com serviços dentro da empresa, os custos listados por tipo serão distribuídos entre os centros de custos num formulário específico. Os tipos de custos estão resumidos num plano de custos por tipo (**tab. 2**). No cálculo de custos por tipo, são considerados todos os custos que a empresa Spin-Lag GmbH tem com aquisição, armazenagem e produção de seus produtos.

Número	Nome	Valor em euros €
403	Material de fabricação (conta para materiais: 1000)	150.000
433	Salários	32.000
434	Custos sociais voluntários	4.028
439	Depreciação calculada	80.000
447	Juros calculados	13.000
469	Riscos calculados	15.000

Tab. 2: Plano de custos por tipo da empresa Spin-Lag GmbH (primeiro ano de atividades)

A partir do cálculo dos custos por tipo previstos para o primeiro ano de negócios, foram determinados os custos esperados com materiais, pessoal e capital (depreciação, juros, riscos) num mês com cerca de 140 horas de trabalho. Além dos grupos genéricos de custos listados no plano de custos por tipo, pode-se alocar também diretamente aos centros de custos, para o primeiro ano de atividades da empresa Spin-Lag GmbH, os custos mensais com materiais auxiliares, ferramentas e seguros. Os valores dos custos e outras informações sobre os centros de custos estão na **tabela 1**.

Nº	Centro de custos	Nº pessoas	Grupo salarial	Área m²	Materiais auxiliares (R$)	Ferramentas (R$)	Seguros (R$)
1	Depósito (pavilhão 1)	3	01	336	120,00	110,00	680,00
5	Fornecimento de energia (pavilhão 1)	2	01	52	260,00	320,00	430,00
6	Serralharia (pavilhão 1)	2	04	140	800,00	450,00	620,00
10	Oficina mecânica (pavilhão 1)	1 17 1	Ordenado 05 01	3.092	2.510,00	3.520,00	3.500,00
11	Têmpera (pavilhão 2)	3	05	230	380,00	1.820,00	1.200,00
12	Retífica (pavilhão 2)	6 1	06 01	350	900,00	870,00	1.320,00
13	Montagem (pavilhão 1)	7 1	05 01	450	300,00	650,00	430,00
18	Administração	5 1	Ordenado 01	120	560,00	–	150,00
19	Distribuição/ Vendas	2 1	Ordenado 01	90	1.620,00	–	1.320,00

Tab. 1: Tipos de custos da empresa Spin-Lag GmbH diretamente alocáveis (primeiro ano de atividades)

No primeiro ano de atividades, as necessidades de têmpera e retífica (pavilhão 2) serão supridas por terceiros.

1.6.3 Cálculo de custos da empresa Spin-Lag GmbH por centro de custos

O cálculo dos custos por centro de custos tem a tarefa de distribuir os custos gerais entre os portadores de custos de forma justa, na proporção em que são por eles causados. Com o cálculo por centro de custos, pode-se aglutinar os custos gerais por área e alocá-los aos produtos, com auxílio de um critério de distribuição. Na empresa Spin-Lag GmbH, todas as despesas gerais são tratadas como custos variáveis.

Centros de custos da empresa Spin-Lag GmbH:

- Centro de custos para fornecimento de energia.
- Centro de custos serralharia – atividades auxiliares da fabricação – para manutenção.
- Centros de custos oficina mecânica, têmpera, retífica e montagem – atividades de fabricação.
- Centro de custos dos materiais, incluindo a armazenagem.
- Centro de custos da administração, incluindo também direção, contabilidade financeira e patrimonial.
- Centro de custos da distribuição, incluindo vendas, planejamento da distribuição e propaganda.

A distribuição justa dos tipos de custos entre os centros de custos causadores deles se realiza com auxílio de formulário específico para tal, em que os tipos de custos estão nas linhas e os centros de custos, nas colunas, e a distribuição dos valores calculados por tipo é feita com auxílio de critérios adequados e predefinidos.

O conhecimento dos custos por centro de custos possibilita uma gestão melhor (*controlling*), a tomada de decisões mais bem embasadas e uma rápida tomada de conhecimento da situação da empresa.

Critérios de distribuição

Na distribuição dos diferentes tipos de custos entre os centros de custos, a empresa Spin-Lag GmbH usa os seguintes critérios:

- Os custos com materiais são alocados somente ao centro de custos depósito.
- O critério para a distribuição dos ordenados é o número de pessoas trabalhando no centro de custos (proporcional).
- Os custos sociais voluntários são distribuídos entre todos os centros de custos e o critério é o número de pessoas trabalhando no centro.
- Os custos calculados (depreciação, juros, riscos) são alocados aos centros de custos nas proporções:

  Oficina mecânica – 5/15

  Têmpera – 2/15

  Retífica 2/15

  Fornecimento de energia, serralharia, depósito, administração, distribuição e montagem – 1/15 cada.
- Os custos das ordens de serviço da serralharia no primeiro ano serão alocados como custos diretos aos centros de custos conforme **tabela 1**.

Nº da ordem de serviço	Centro de custos	Trabalho realizado	Custos (R$)
1	Oficina mecânica	Manutenção	2.500
2	Oficina mecânica	Serviços de conservação	1.300
3	Depósito central	Manutenção	3.500
4	Retífica	Manutenção	6.700
5	Distribuição	Manutenção	1.500

Tab. 1: Custos das ordens de serviço realizadas pela serralharia

- Os custos não diretamente alocáveis da serralharia serão alocados e distribuídos como custos gerais, usando-se como critério o número de pessoas trabalhando no centro de custos.
- Os custos do fornecimento de energia são distribuídos entre os demais centros de custos, tendo como critério a área por eles ocupada.
- Para a determinação dos suplementos a título de custos gerais ou indiretos para os centros de custos oficina mecânica, têmpera, retífica e montagem, os salários de fabricação, que já estão no plano de custos por tipo, servem como referência.
- Para a determinação dos custos dos materiais, tendo o depósito como centro de custos, os custos de materiais do plano de custos por tipo servem como referência.
- Os custos gerais decorrentes da administração e distribuição são acrescentados aos custos de fabricação (taxação dos custos de fabricação), não sendo distribuídos entre os demais centros de custos. Essa taxação se orienta pelos custos totais de fabricação, quer dizer, estes servem como referência.

1.7 Valores de referência para a usinagem da empresa Spin-Lag GmbH

A determinação dos tempos de preparação de máquinas e para a produção de uma peça na usinagem com remoção de cavacos na empresa Spin-Lag GmbH é feita com os valores de referência tabelados a seguir. Os valores e os tempos de referência só são aplicáveis para fazer estimativas. Os tempos são os básicos, e nos cálculos é necessário acrescentar 10% por causa da ocorrência de perturbações e interrupções (eventos imprevisíveis) e 5% para a recuperação da fadiga do trabalhador. Os valores de referência necessários estão nas tabelas a seguir, na sequência:
para tornear; para fresar e serrar; para armar e fixar a peça; para esmerilhar e perfurar; para montar; e para o controle da qualidade.

Material a ser transformado	Tipos de valores e tempos de referência				Tornear									
					Desbastar				Para retificar		Tornear final		Tornear rosca	
					externo	interno	plano	picar	externo	perfuração	sem ajuste	com ajuste	externo	interno
Aços tenazes	Velocidade de corte	HSS	v_c	m/min	50	50	50	50	60	60	70	70	10	10
		HM	v_c	m/min	240	180	150	120	280	200	300	350	100	90
	Avanço		f	mm/U	0,5	0,3	0,25	0,15	0,3	0,2	0,1	0,1	Stg.	Stg.
	Profundidade de desbaste por corte		a_p	mm	5,0	2,0	1,0	–	0,5	0,5	0,5	0,5	0,14	0,1
	Nº de cortes		i	–	*	*	*	*	1	1	1	1	*	*
Aços quebradiços	Velocidade de corte	HSS	v_c	m/min	30	30	30	30	35	35	40	40	7	7
		HM	v_c	m/min	180	180	180	180	200	200	220	220	80	70
	Avanço		f	mm/U	0,6	0,3	0,3	0,15	0,45	0,3	0,2	0,1	0,14	0,1
	Profundidade de desbaste por corte		a_p	mm	5,0	2,0	1,0	–	0,5	0,5	0,5	0,5	Stg.	Stg.
	Nº de cortes		i	–	*	*	*	*	1	1	1	1	*	*
Metais não ferrosos	Velocidade de corte	HSS	v_c	m/min	100	100	100	100	130	130	150	150	18	18
		HM	v_c	m/min	250	250	250	250	400	400	500	500	200	180
	Avanço		f	mm/U	0,6	0,3	0,3	0,15	0,45	0,3	0,2	0,1	Stg.	Stg.
	Profundidade de desbaste por corte		a_p	mm	5,0	3,0	2,0	–	0,5	0,5	0,5	0,5	0,14	0,1
	Nº de cortes		i	–	*	*	*	*	1	1	1	1	*	*
Arranque e/ou percurso perdido				mm	2	2	2	2	2	2	2	2	2	2
Tempo secundário por troca de ferramenta			t_n	min	0,2	0,2	0,2	0,2	0,2	0,2	0,2	0,2	0,2	0,2
Mudar avanço			t_n	min	0,1	0,1	0,1	0,1	0,1	0,1	0,1	0,1	0,1	0,1
Percurso em marcha rápida			t_n	min	0,1	0,1	0,1	0,1	0,1	0,1	0,1	0,1	0,1	0,1
Processo de medição			t_n	min	0,3	0,3	0,3	0,3	0,5	0,5	0,3	0,5	0,3	0,3
Tempo de preparação pequenas máquinas			t_{rg}	min	20									
Tempo de preparação máquinas grandes			t_{rg}	min	60									
Tempo intermediário (intervalo) por processo de transporte			t_{rg}	min	15									

* O número de cortes deve ser determinado em função das medidas da peça.

Tab. 1: Valores de referência para tornear

Material a ser transformado	Tipos de valores e tempos de referência				Fresar								Serrar	
					Porta-lâminas		Fresa cilíndrica		Fresa com haste		Fresa circular		Serra circular	Serra fita
					áspero	liso	áspero	liso	áspero	liso	áspero	liso		
Aços tenazes	Velocidade de corte	HSS	v_f	mm/min	–	–	180	200	350	450	130	180	30	30
		HM	v_f	mm/min	500	750	400	600	500	650	350	500	–	–
	Profundidade de desbaste por corte		a_p	mm	5,0	1,0	20	1,0	3	0,5	20	1,0	–	–
	Nº de cortes		i	–	*	1	*	1	*	1	*	1	–	–
Aços quebradiços	Velocidade de corte Avanço	HSS	v_f	mm/min	–	–	100	150	200	300	80	120	25	25
		HM	v_f	mm/min	350	500	300	450	450	600	300	450	–	–
	Profundidade de desbaste por corte		a_p	mm	5,0	1,0	20	1,0	3	0,5	20	1,0	–	–
	Nº de cortes		i	–	*	1	*	1	*	1	*	1	–	–
Metais não ferrosos	Velocidade de corte	HSS	v_f	mm/min	–	–	250	300	450	600	200	300	30	35
		HM	v_f	mm/min	700	900	600	800	650	850	500	700	–	–
	Profundidade de desbaste por corte		a_p	mm	5,0	1,0	20	1,0	3	0,5	20	1,0	–	–
	Nº de cortes		i	–	*	1	*	1	*	1	*	1	–	–
Arranque e/ou percurso perdido				mm	2	2	20	20	2	2	20	20	5	5
Tempo secundário por troca de ferramenta			t_n	min	0,2	0,2	0,2	0,2	0,2	0,2	0,2	0,2	–	–
Mudar avanço			t_n	min	0,1	0,1	0,1	0,1	0,1	0,1	0,1	0,1	0,1	0,1
Percurso em marcha rápida			t_n	min	0,8	0,8	0,8	0,8	0,8	0,8	0,8	0,8	0,5	0,5
Processo de medição			t_{rg}	min	30								5	
Tempo de preparação pequenas máquinas			t_{rg}	min	150								20	
Tempo de preparação máquinas grandes			t_{zg}	min	15								15	

* O número de cortes deve ser determinado em função das medidas da peça.

Tab. 1: Valores de referência para fresar e serrar

Armar/fixar peça em:			Mandril com 3 mordaças					Chapa universal				
Manual até 25 kg; acima, com guindaste		kg	até 25	até 50	até 200	até 500	> 500	até 25	até 50	até 200	até 500	> 500
Apertar, alinhar	t_n	min	1,5	6	8,5	20	45	4	9	13	35	60
Afrouxar	t_n	min	0,5	2	4	6	10	1	3,5	5	7	12
Reapertar	t_n	min	1,2	5	7	12	30	3	7	10	25	45
Armar/fixar peça em:			**Entre pontas**					**Mandril de fixação**				
Manual até 25 kg; acima, com guindaste		**kg**	**até 25**	**até 50**	**até 200**	**até 500**	**> 500**	**até 25**	**até 50**	**até 200**	**até 500**	**> 500**
Apertar, alinhar	t_n	min	1,5	5,5	8	20	45	3	7	10	35	60
Afrouxar	t_n	min	0,5	1	2,5	5	8	0,5	1	2	5	8
Reapertar	t_n	min	1,2	4,5	6,5	12	30	2,5	5,5	8	25	45
Armar/fixar peça em:			**no torno de bancada / dispositivo**					**no carro (guia) da máquina**				
Manual até 25 kg; acima, com guindaste		**kg**	**até 25**	**até 50**	**até 200**	**até 500**	**> 500**	**até 25**	**até 50**	**até 200**	**até 500**	**> 500**
Apertar, alinhar	t_n	min	1,5	6,5	9	15	25	5	10	15	35	60
Afrouxar	t_n	min	0,4	0,8	2,5	4,5	8	1	2	3	6	10
Reapertar	t_n	min	1,2	5	7	10	20	4	8	12	30	50

Tab. 2: Valores de referência para armar e fixar a peças

Material a ser transformado	Tipos de valores e tempos de referência				Esmerilhar redondo	Centrar	Perfurar			Perfurar rosca até Ø25	Escarear até Ø25	Raspar até Ø25
							até Ø15	até Ø40	Ø > 40			
Aços tenazes e quebradiços	Velocidade de corte	HSS	v_c	m/min	b_s = 10 mm	n = 2.000 min^{-1}	25	25	25	16	10	10
		HM	v_c	m/min	v_f = 10 m/min	–	85	85	85	–	–	10
	Avanço		f	mm/U	5	0,3	0,2	0,5	0,7	barra	0,25	0,2
	Profundidade de desbaste por corte		a_p	mm	0,02	–	–	–	–	–	–	–
	Nº de cortes		i	–	15	–	–	–	–	–	–	–
Metais não ferrosos	Velocidade de corte	HSS	v_c	m/min	b_s = 10 mm	n = 1.800 min^{-1}	60	60	60	20	14	16
		HM	v_c	m/min	v_f = 20 m/min	–	200	200	200	–	–	20
	Avanço		f	mm/U	5	0,25	0,3	0,6	0,8	barra	0,36	0,3
	Profundidade de desbaste por corte		a_p	mm	0,03	–	–	–	–	–	–	–
	Nº de cortes		i	–	15	–	–	–	–	–	–	–
Arranque e/ou percurso perdido				mm	–	2	2	2	2	2	2	2
Tempo secundário por troca de ferramenta			t_n	min	–	0,2	0,2	0,2	0,2	0,2	0,2	0,2
Mudar avanço/nº de giros			t_n	min	0,1	0,1	0,1	0,1	0,1	0,1	0,1	0,1
Percurso em marcha rápida			t_n	min	0,3	0,1	0,1	0,1	0,1	0,1	0,1	0,1
Processo de medição			t_n	min	1,8	–	0,3	0,3	0,3	0,3	–	0,8
Tempo de preparação pequenas máquinas			t_{rg}	min	20							
Tempo de preparação máquinas grandes			t_{rg}	min	60							
Tempo intermediário (intervalo) por processo de transporte			t_{zg}	min	15							

Tab. 1: Valores de referência para esmerilhar e perfurar

Descrição do processo de montagem			Tempo básico				
Massa da unidade a ser montada		kg	até 15	até 25	até 50	até 100	> 100
Colocar mancal sobre eixo	t_g	min	1,1	1,8	3,5	5,8	10
Fixar mancal com porca ranhurada	t_g	min	0,8	1,3	2,8	4,8	8,2
Fixar mancal com anel de segurança e arruela de ajuste	t_g	min	0,5	0,9	1,9	3,2	7,6
Inserir mancal liso/luva na perfuração	t_g	min	0,3	0,7	1,4	2,0	5,6
Colocar luva sobre eixo	t_g	min	0,2	0,6	0,9	1,7	3,4
Colocar fita-guia do pistão	t_g	min	0,2	0,6	0,9	1,7	3,4
Acoplar grupos construtivos	t_g	min	0,3	1,5	3,3	4,0	10
Inserir vedações	t_g	min	0,3	0,7	1,4	2,0	5,6
Parafusar	t_g	min	0,4	0,8	1,7	3,0	6,5
Preparar posto de trabalho para montagem	t_{rg}	min	5				
Tempo intermediário (intervalo) por processo de transporte	t_{zg}	min	15				

Tab. 2: Valores de referência para a montagem

Processo de teste ou controle			Tempo básico
Controle da qualidade de uma peça	t_g	min	8
Controle da função de um grupo construtivo ou produto	t_g	min	10
Tempo intermediário (intervalo) por processo de transporte	t_{zg}	min	15

Tab. 3: Valores de referência para o controle da qualidade

2 Fundamentos da gestão da produção

Gestão da produção é uma área ampla na empresa. Os pontos-chave da gestão da produção são o planejamento e o controle da produção. Ao lado disso estão áreas administrativas e de expedição e distribuição, todas necessárias para o atendimento dos pedidos dos clientes.

2.1 Posição do planejamento e controle da produção (PCP) na empresa

Planejamento e controle da produção (PCP) abrange toda a área produtiva. As áreas projetos, planejamento do trabalho, fabricação, montagem e garantia da qualidade interagem constantemente. Planejamento e controle da produção funciona como plataforma que possibilita uma coordenação e condução de todas as áreas produtivas a fim de atender os pedidos dos clientes.

As complexas tarefas das áreas de produção, em grande parte, só podem ser solucionadas com auxílio de sistemas apoiados por computador. O projeto apoiado por computador chama-se CAD. O planejamento do trabalho é feito com auxílio de programas especiais para isso: CAP. E, para a garantia da qualidade, usam-se programas CAQ.

O planejamento e controle da produção apoiado por computador (sistema PCP) oferece uma interface para a gestão de um banco de dados central (**fig. 1**). Todas as áreas produtivas têm acesso a esse banco de dados, sendo também possível alterar os dados. Com isso, qualquer mudança está imediatamente disponível para todas as áreas.

A produção apoiada por computador (CAM) obtém a ordem de serviço do banco de dados central tão logo o pedido estiver liberado para execução. Por meio do banco de dados central, o sistema PCP recebe da produção notificações sobre tarefas realizadas e também sobre falhas e atrasos. Toda notificação tem efeitos sobre a execução dos próximos pedidos.

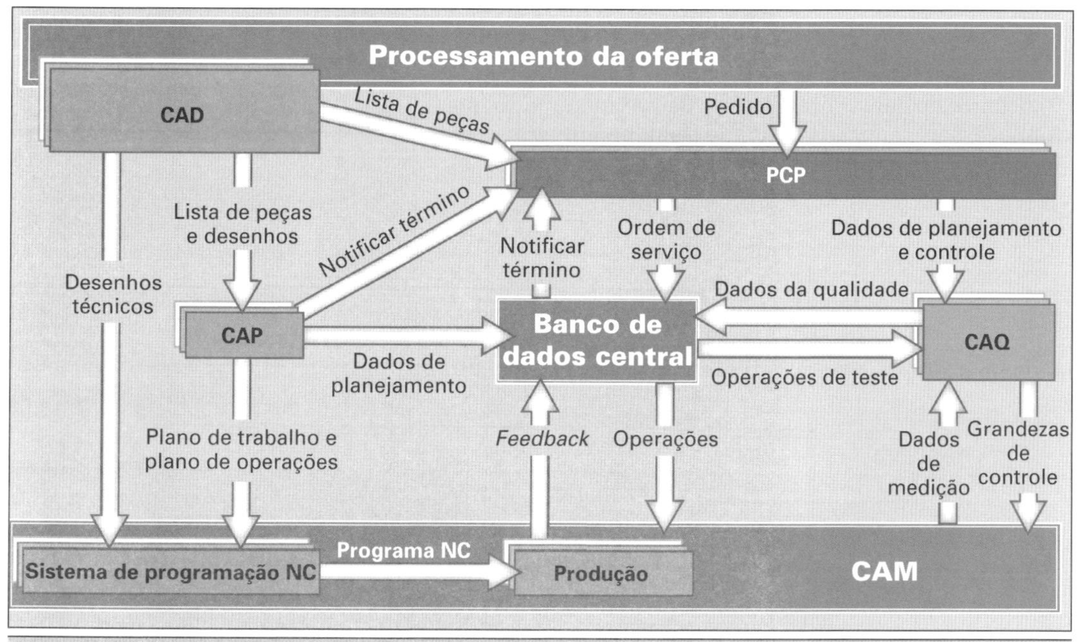

Fig. 1: Posição do planejamento e controle da produção na empresa

2.2 Tarefas do planejamento e controle da produção

Planejamento e controle da produção é uma área da empresa que antecede a produção. Com ele, todas as áreas envolvidas com o atendimento dos pedidos dos clientes – do processamento de ofertas até a remessa dos produtos e prestação dos serviços – são apoiadas. Nas tarefas do PCP, pode-se diferenciar entre planejamento da fabricação por encomenda e planejamento e controle da fabricação independente de pedidos. As tarefas do PCP desdobradas e mostradas na **figura 1** são dominadas com auxílio de programas computacionais complexos.

Planejamento da fabricação

As tarefas do planejamento da fabricação independente de pedidos podem ser assim descritas:

- **Planejamento do produto:** Faz-se uma procura e seleção sistemática de ideias para produtos com grande potencial de sucesso. Com auxílio de análises de mercado e avaliações estatísticas de pedidos anteriormente processados, determina-se o espectro dos produtos.
- **Planejamento do decurso:** À definição do espectro de produtos a produzir sucede o planejamento do decurso da fabricação. Com a determinação do fluxo de materiais e de informações, pode-se projetar o processo de trabalho na produção. No planejamento do decurso também se define o princípio de fabricação: fabricação em oficina, em grupos ou em linha (**8.1**).
- **Planejamento dos meios de produção:** Esse planejamento decorre dos anteriores. Nele é determinado tudo que for necessário em cada posto de trabalho em termos de máquinas, ferramentas, dispositivos, etc.

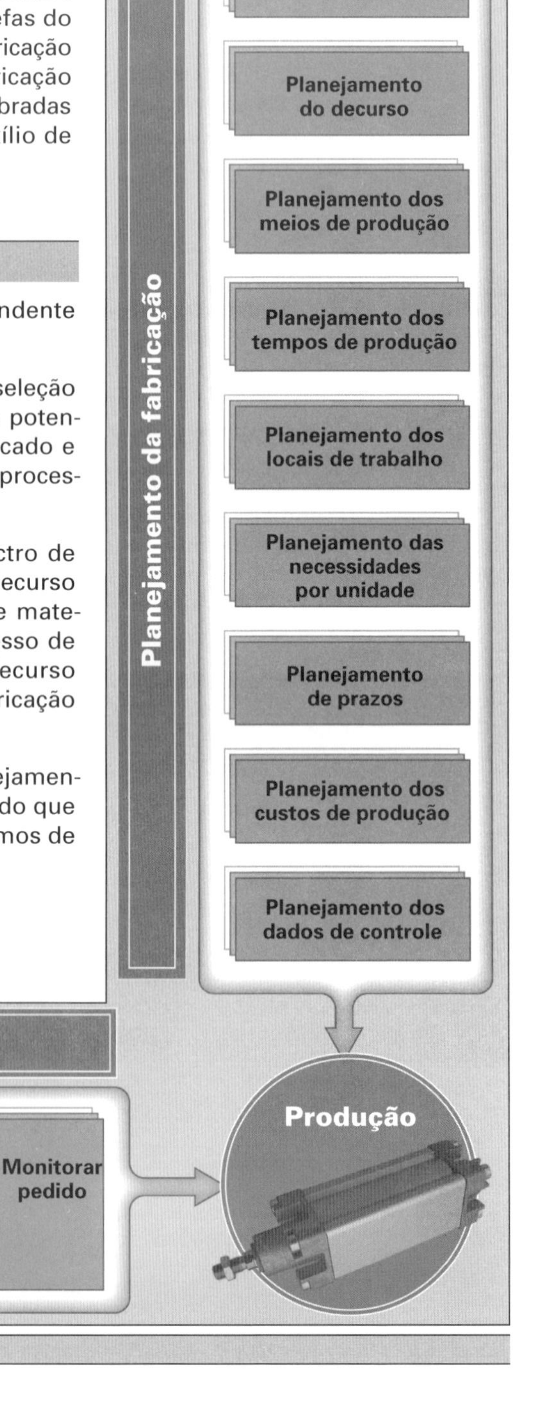

Fig. 1: Tarefas do planejamento e controle da produção

- **Planejamento dos tempos de produção:** O planejamento dos tempos de produção ou de trabalho numa empresa é feito com base no calendário empresarial, em que fica definido em que dias se trabalha e quando a empresa para. Os dias em que se trabalha são numerados em sequência (→ **1.5**). No planejamento dos tempos de produção, verifica-se o tempo de trabalho necessário em cada posto de trabalho e, com isso, define-se em quantos turnos deve ser trabalhado, além da duração dos turnos e das pausas.
- **Planejamento dos custos do trabalho:** Nesse planejamento levantam-se os custos do trabalho em cada posto de trabalho. Para isso, é necessário que tenham sido fixados os salários e os custos da hora-máquina de cada meio de produção, bem como os acréscimos para suprir os custos gerais, por posto de trabalho.
- **Planejamento dos dados de controle:** Nesse planejamento, faz-se o refinamento do fluxo de informações mediante a determinação e compatibilização de todas as formas de comunicação entre homem, máquina, meios de transporte, dispositivos de manipulação, etc. (→ **6.2**).

Controle da fabricação

O controle da produção por encomenda (dependente de pedidos) se concentra no fluxo principal de informações, do recebimento do pedido até a deposição do produto, pronto para a entrega. O controle da fabricação compreende as seguintes tarefas do planejamento e controle da produção (**fig. 1**):

- **Planejamento do programa de produção:** Nele são determinados os produtos a serem fabricados (demanda primária) por tipos e quantidades. Definem-se também tempos grosseiros para a sua fabricação. O resultado do planejamento do programa de produção é o plano de produção que determina compulsoriamente que produtos devem ser produzidos quando e em que quantidades (→ **4.2.1**).
- **Programa de produção:** As vendas planejadas pela distribuição só podem ser realizadas se os produtos puderem ser fabricados naquelas quantidades, no período sob consideração. Daí a necessidade de boas relações (sintonização) entre distribuição e produção. O resultado da sintonização é o programa de produção.
- **Planejamento das necessidades da produção:** Compreende todas as medidas necessárias para disponibilizar os recursos para a fabricação (→ **4**). Os recursos a considerar são meios de produção, material (necessidades secundárias), pessoal, meios de transporte e outros (→ **4.3**). A principal função do planejamento das necessidades da produção é o planejamento das quantidades e dos prazos. No planejamento das quantidades (→ **4.1**), determinam-se as necessidades secundárias (peças compradas e peças a fabricar) a partir das necessidades primárias (produtos) do programa de produção. O planejamento dos prazos determina as relações temporais entre os pedidos de fabricação. Ao se justapor os diferentes pedidos, obtém-se um plano em rede (→ **3.2.1**).

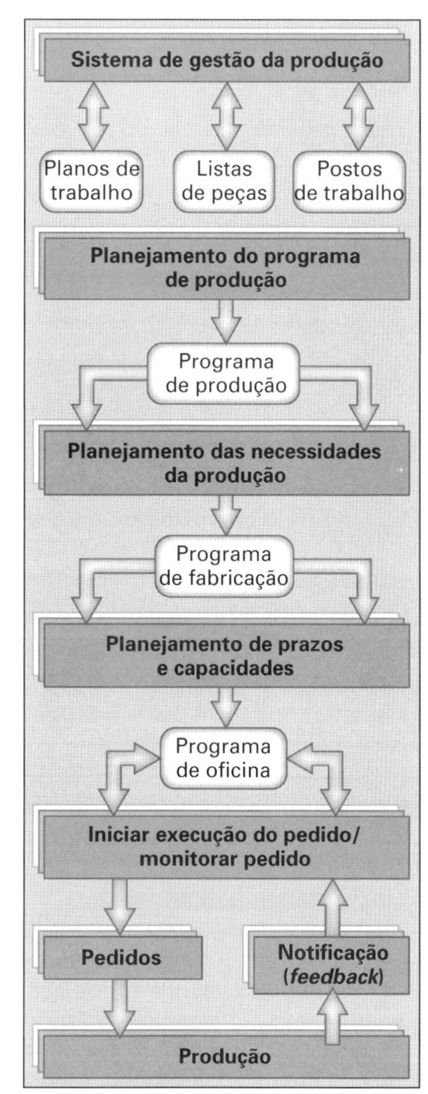

Fig. 1: Fluxo de informações no controle da fabricação

Com o cálculo dos tempos dos pedidos na rede de frente para trás e de trás para frente, pode-se determinar as datas de início e de fim, bem como possíveis folgas na execução dos pedidos. O resultado desse planejamento é o programa de fabricação, a partir do qual se planeja o trabalho.

- **Planejamento do trabalho:** Nesse planejamento (→ **5**), é definido o processo de trabalho para um pedido. No planejamento geral (fig. 1), são definidos os postos de trabalho na sequência a cumprir na fabricação (→ **5.1.4**). O planejamento do trabalho é realizado somente para a fabricação das peças da própria empresa. Para cada posto de trabalho, calculam-se o tempo de produção ou de percurso (→ **5.2.5**) e o tempo de execução do pedido. Os tempos são obtidos mediante um detalhamento do que ocorre num posto de trabalho (→ **5.1.5**). O planejamento geral serve como referência para o planejamento detalhado dos recursos e a verificação da disponibilidade dos postos de trabalho. A partir do planejamento do trabalho, determina-se o programa da oficina.

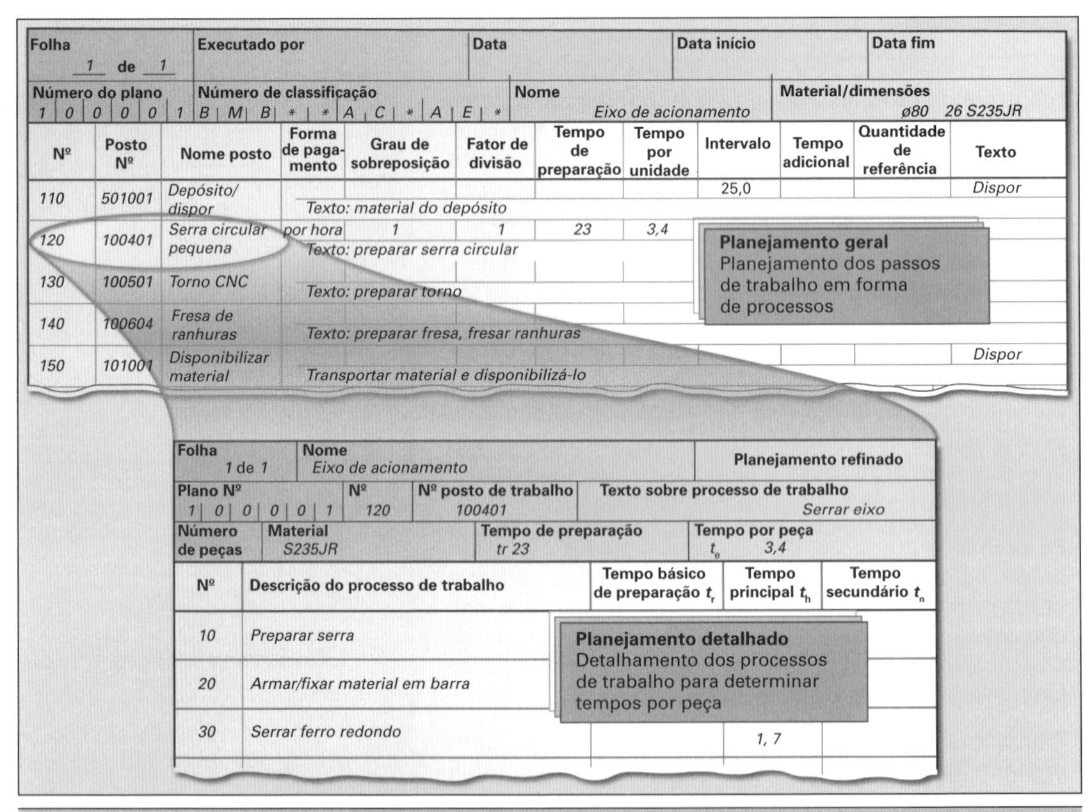

Folha 1 de 1	Executado por	Data	Data início	Data fim

Número do plano	Número de classificação	Nome	Material/dimensões
1 0 0 0 0 1	B M B * * A C * A E *	Eixo de acionamento	ø80 26 S235JR

Nº	Posto Nº	Nome posto	Forma de pagamento	Grau de sobreposição	Fator de divisão	Tempo de preparação	Tempo por unidade	Intervalo	Tempo adicional	Quantidade de referência	Texto
110	501001	Depósito/ dispor						25,0			Dispor
			Texto: material do depósito								
120	100401	Serra circular pequena	por hora	1	1	23	3,4				
			Texto: preparar serra circular								
130	100501	Torno CNC									
			Texto: preparar torno								
140	100604	Fresa de ranhuras									
			Texto: preparar fresa, fresar ranhuras								
150	101001	Disponibilizar material									Dispor
			Transportar material e disponibilizá-lo								

Folha 1 de 1	Nome Eixo de acionamento	Planejamento refinado

Plano Nº	Nº	Nº posto de trabalho	Texto sobre processo de trabalho
1 0 0 0 0 1	120	100401	Serrar eixo

Número de peças	Material	Tempo de preparação	Tempo por peça
	S235JR	tr 23	t_e 3,4

Nº	Descrição do processo de trabalho	Tempo básico de preparação t_r	Tempo principal t_h	Tempo secundário t_n
10	Preparar serra			
20	Armar/fixar material em barra			
30	Serrar ferro redondo		1, 7	

Fig. 1: Extrato de um plano de trabalho geral e um detalhado

- **Liberação do pedido:** Depois da definição dos prazos e da verificação da disponibilidade realizadas no planejamento do trabalho, os pedidos são liberados para execução nas oficinas. Com a liberação do pedido, é preciso distribuir as tarefas. A principal tarefa da liberação do pedido é passar adiante as ordens de serviço do programa da oficina a serem executadas. É preciso garantir também que as peças sejam acompanhadas por documentos adequados.

- **Monitoramento do pedido:** Aqui se faz um acompanhamento contínuo do andamento do pedido, sobretudo quanto a quantidades e prazos a serem obedecidos. Havendo discrepâncias entre o planejado e o realizado, são tomadas medidas cabíveis para correção.

2.3 Gestão da produção na empresa

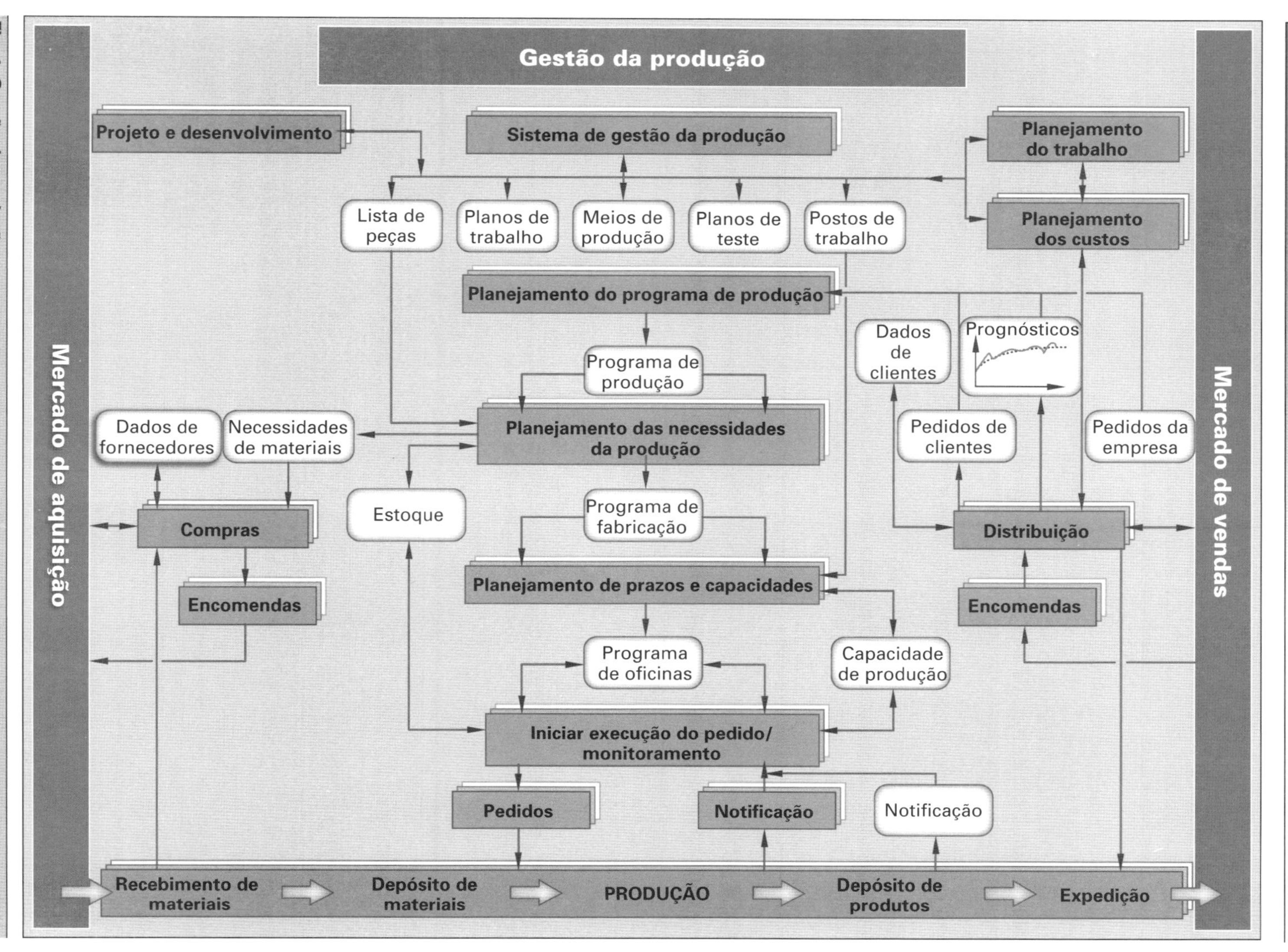

Fig. 1: Gestão da produção na empresa

A gestão da produção em uma empresa constitui uma forma ampliada do planejamento e controle da produção (**fig. 1, p. 33**). O planejamento e controle da produção assume todas as tarefas de planejamento necessárias à execução dos pedidos e, com os resultados delas, monitora todas as áreas de fabricação e montagem; a gestão da produção engloba o PCP e inclui ainda a aquisição, a distribuição e o planejamento dos custos.

A gestão da produção faz a ligação entre os mercados de aquisição e de vendas. Conforme mostrado na figura 1, o fluxo de materiais inicia no mercado de aquisição e vai direto ao depósito de materiais, onde são armazenados as matérias-primas, os grupos construtivos e as peças para a produção, comprados de terceiros. Do depósito de materiais os recursos seguem para a produção após a liberação das ordens de serviço para as oficinas. Os produtos fabricados são armazenados no depósito de produtos. Conforme os pedidos, os diferentes produtos são retirados do depósito e reunidos, em diferentes quantidades, para então serem remetidos ao cliente.

A administração dos dados-cerne de um banco de dados central constitui a base do fluxo de informações no sistema de gestão da produção. Os dados-cerne incluem as listas de peças, os planos de trabalho, a caracterização dos meios de produção e dos postos de trabalho e os planos de testes. Esses dados constituem o *pool* de informações para todas as áreas da empresa (**fig. 1, p. 33**).

O fluxo de informações representado na **figura 1** (**p. 31**) transcorre por todas as tarefas de controle da fabricação por encomenda, do planejamento da produção até o monitoramento das ordens de serviço (→ **2.2**).

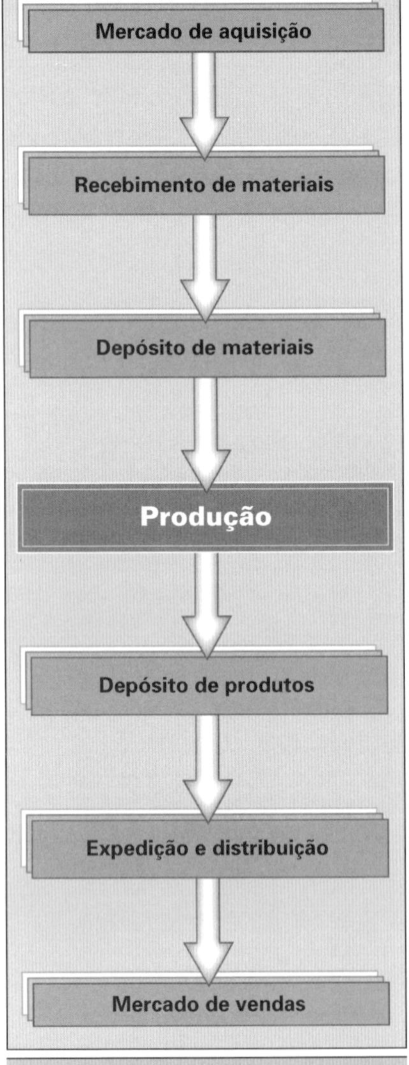

Fig. 1: Fluxo de materiais

Perguntas e tarefas

1. Explique o uso de sistemas apoiados por computador no processo de produção.
2. Justifique por que as tarefas do monitoramento da produção são dependentes dos pedidos.
3. Descreva o planejamento do decurso como parte do planejamento da fabricação.
4. Para que se utiliza um calendário empresarial?
5. Em que se diferenciam planejamento de produtos e planejamento de programa de produção?
6. Que objetivo persegue-se com o planejamento do programa de produção?
7. Que tarefa é executada com o planejamento das necessidades da produção?
8. Com que método pode-se determinar as datas de início e de fim da execução de pedidos no planejamento dos prazos?
9. Para que peças se faz o planejamento do trabalho?
10. Em que se diferenciam os planos de trabalho geral e detalhado?
11. Descreva a principal tarefa da liberação de pedidos.
12. Explique o fluxo de materiais do mercado de aquisição até o mercado de vendas.
13. Analise o fluxo de informações entre mercado de aquisição e mercado de vendas com auxílio do diagrama da página 33.

3 Planejamento do projeto

A constituição da empresa Spin-Lag GmbH pelo desmembramento de parte da empresa Tüssen requer, para cumprimento dos prazos, um planejamento do projeto de acordo com os requisitos empresariais colocados. O decurso do planejamento do projeto pode ser subdividido em 3 partes:

- **Levantamento de dados**
- **Execução do planejamento (→ 3.2)**
- **Monitoramento do projeto (→ 3.3)**

A empresa Spin-Lag GmbH provém da empresa-mãe Tüssen AG. Todos os planejamentos preliminares para a constituição da Spin-Lag GmbH, bem como o planejamento de recursos humanos, treinamento e o planejamento das instalações de produção, são feitos por empregados da empresa-mãe.

3.1 Levantamento de dados

No contexto do levantamento dos dados para o projeto, é preciso determinar todas as tarefas necessárias para o atendimento dos pedidos, no que diz respeito a sequência, abrangência e capacidades demandadas (pessoal, postos de trabalho, máquinas). Pode-se subdividir o levantamento de dados nas tarefas planejamento da estrutura e planejamento do decurso do projeto.

3.1.1 Planejamento da estrutura do projeto

Por não ser fácil visualizar projetos muito abrangentes, o objetivo do levantamento de dados é elaborar um modelo do decurso do projeto muito próximo da realidade. Para isso se analisa, inicialmente, a estrutura do projeto para, em seguida, decompô-lo sistematicamente em tarefas parciais. O resultado é o plano da estrutura do projeto. A **figura 1** mostra o plano da estrutura do projeto "constituição da empresa Spin-Lag GmbH" para a produção de cilindros pneumáticos. Esse plano de estrutura é orientado por funções. O plano da estrutura do projeto para fabricação por encomenda é frequentemente orientado por produtos. Ao se incluir projeto de produtos e planejamento do trabalho no plano da estrutura, obtém-se uma forma mista de plano de estrutura, orientado por funções e por produtos.

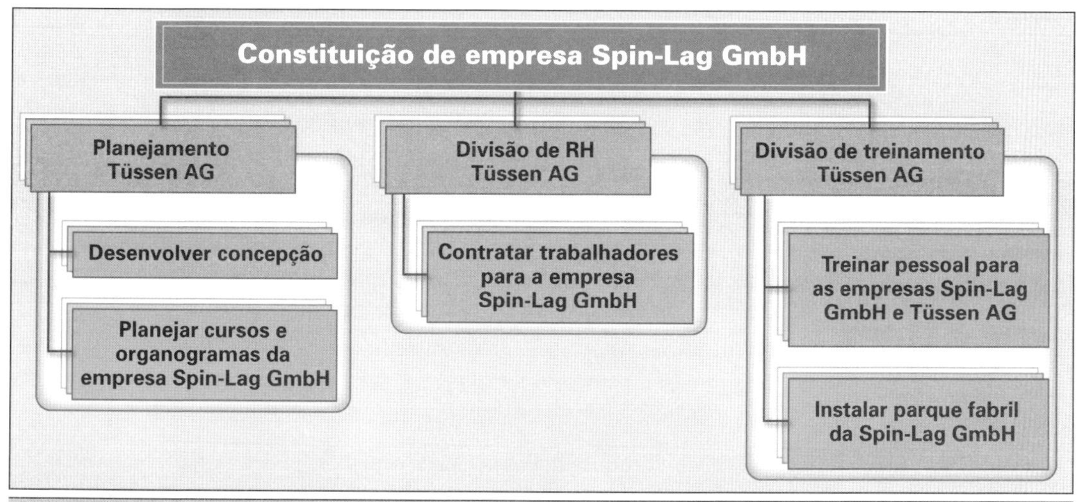

Fig. 1: Plano da estrutura do projeto

O objetivo do plano da estrutura é o levantamento dos diferentes conjuntos de tarefas a realizar. Cada conjunto desses corresponde à posição final de uma tarefa parcial no plano da estrutura. Na fase de planejamento, a constituição da empresa Spin-Lag GmbH, representada pelo plano da estrutura, ocorre em 3 divisões da empresa-mãe Tüssen AG – planejamento, recursos humanos e treinamento – incumbidas de diferentes tarefas:

- A divisão de planejamento é responsável pelo desenvolvimento da concepção e pelo planejamento dos decursos e dos organogramas da empresa Spin-Lag GmbH.
- A tarefa da divisão de recursos humanos é a contratação de empregados para as áreas de compras, planejamento do trabalho, distribuição e produção.
- A divisão de treinamento é responsável pela qualificação de trabalhadores para ambas as empresas e pela instalação da empresa Spin-Lag GmbH com participação dos novos empregados.

Depois de elaborar o plano da estrutura, os conjuntos de tarefas são desmembrados em atividades mais simples. Na **tabela 1** estão as atividades que perfazem as tarefas para constituição da empresa Spin-Lag GmbH e servem de base para o planejamento de prazos e capacidades.

Conjunto de tarefas					
Nº	Nome	Nº	Nome	Antecessor	Tempo de trabalho em dias
11	Desenvolvimento da concepção	111	Desenvolver concepção	–	10
		112	Executar decisão da presidência	111	5
12	Contratar empregados para Spin-Lag GmbH	121	Contratar para a administração	112	60
		122	Contratar para a produção	112	60
13	Treinar trabalhadores para Tüssen e Spin-Lag	131	Treinar pessoas para atividades de planejamento na Tüssen	112	10
		132	Treinar empregados da Spin-Lag para a administração	121	40
		133	Treinar empregados da Spin-Lag para a produção	122	10
14	Planejar a organização do decurso dos processos e a estrutura organizacional	141	Subdividir tarefas	131, 132	5
		142	Distribuir funções e descrever tarefas de trabalho	141	5
		143	Determinar estrutura organizacional com a descrição das tarefas	142	15
		144	Aprovar estrutura organizacional	143	5
		145	Elaborar decurso dos processos	143	10
		146	Aprovar organização do decurso dos processos	144, 145	10
		147	Elaborar instruções de trabalho para todos os postos de trabalho	146	5
15	Instalar local de produção da empresa Spin-Lag GmbH	151	Analisar decurso da produção	133, 144, 145	5
		152	Instalar postos de trabalho	151	30
		153	Instalar depósitos e dispositivos para transporte e manipulação	152	25
		154	Fazer produção-piloto e otimizar	147, 153	10

Tab. 1: Lista de atividades para a constituição da empresa Spin-Lag GmbH

3.1.2 Planejamento do decurso do projeto

Com a notação dos antecessores de cada atividade na tabela, pode-se agora elaborar uma rede a partir do que se obtém o decurso lógico do projeto e ficam evidentes as atividades que podem ser executadas em paralelo e as que precisam ser executadas, obrigatoriamente, em sequência e sem folgas para a otimização do tempo de projeto.
A técnica de planejamento em rede pode ser usada de 3 formas distintas (**fig. 1**), decorrentes do fato de ter sido desenvolvida e praticada diferentemente por alguns pioneiros. Diferencia-se entre (segundo REFA):

- **Planejamento em rede em que a atividade é representada por uma seta;**
- **Planejamento em rede em que a atividade é representada por um nó ou círculo;**
- **Planejamento em rede em que os nós representam eventos ou marcos como início e fim de uma atividade.**

Em todos os casos, usam-se dois elementos formais: nós e setas. Os nós representam os pontos de conexão e as setas, as ligações entre os nós. Com nós e setas representam-se

- Atividades,
- Eventos,
- Relações de ordem (prioridades).

Enquanto a atividade é uma tarefa parcial, o evento mostra a ocorrência de um estado definido, quer dizer, uma atividade é iniciada ou concluída. As relações de ordem descrevem a dependência de dois eventos ou de duas atividades

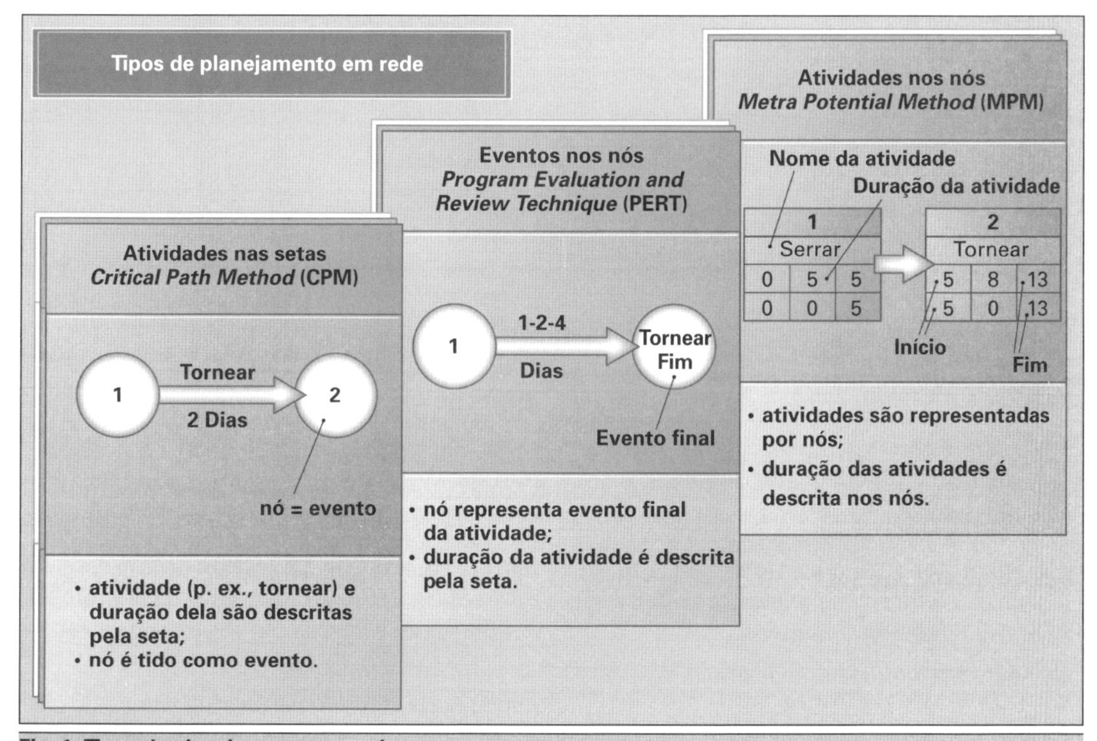

Fig. 1: Tipos de planejamento em rede

Como não há grandes diferenças nos tipos de técnicas de planejamento em rede, o planejamento dos prazos da empresa Spin-Lag GmbH foi feito com as atividades e os tempos nos nós e as relações de ordem representadas pelas setas. Os eventos são descritos pelas atividades.

Em seguida é feita a representação gráfica das relações de dependência das atividades do projeto constituição da empresa Spin-Lag GmbH (**fig. 1**), de acordo com o mostrado na **tabela 1 (p. 36)**, para os conjuntos de tarefas 11, 12 e 13. Com isso ainda não são considerados os tempos de duração das atividades. Para que seja observada a estrutura, é importante considerar todas as relações de antecedência da tabela. A letra A mostra conexão com o conjunto de tarefas 14, e a letra B, com o de número 15.

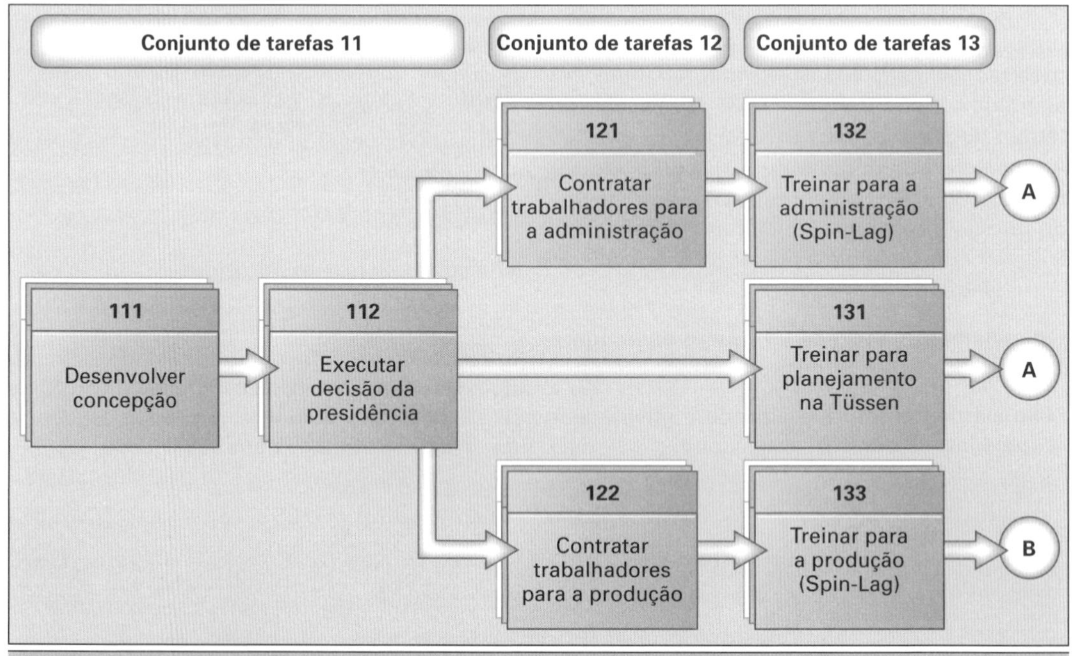

Fig. 1: Representação gráfica das relações de dependência das atividades

Perguntas e tarefas

1 Descreva o objetivo do levantamento de dados para o planejamento.

2 Em que se diferenciam os planos da estrutura orientada por produtos e por funções?

3 Que passo sucede a elaboração do plano da estrutura?

4 Que objetivo persegue o planejamento do decurso de um projeto?

5 Diferencie a técnica de planejamento em rede com atividades nas setas da que coloca as atividades nos nós.

3.2 Execução do planejamento

Depois de fixar as atividades necessárias à execução do projeto no que diz respeito a tipo, sequência e abrangência, segue a realização do planejamento. A execução do projeto ocorre sob as seguintes condições de contorno:

- Cumprir os prazos finais predeterminados;
- Levar em consideração as capacidades necessárias, tendo em vista também projetos concorrentes a elas.

O procedimento para a execução do planejamento é mostrado na **figura 1 (p. 39)**. Para iniciar, é preciso antes calcular os tempos na rede já elaborada, no caso com as atividades nos nós. Esses tempos são calculados tanto do início ao fim das atividades (de frente para trás) como do fim delas até o início (de trás para frente), com o que ficam evidentes eventuais folgas. Então, para cada atividade (nó), são determinadas as datas de início mais cedo e mais tarde, as datas de término mais cedo e mais tarde e a disponibilidade de tempo (folgas), para concluir o projeto no menor tempo possível. Com isso, já se verifica se o prazo estipulado pode ou não ser cumprido. Nesse procedimento de planejamento das atividades do projeto, supõe-se que não há limitação de recursos, quer dizer, o que for necessário estará disponível na data que consta na rede.

No planejamento das capacidades, verificam-se as capacidades necessárias (pessoal, postos de trabalho, máquinas, etc.) para cada atividade no período de execução dela (data de início e data de término) e essas informações devem ser associadas com a rede. Com esse passo obtém-se uma visão do comprometimento de cada recurso ao longo do tempo. Havendo sobrecarga ou ociosidade, pode-se agora tentar equilibrar a utilização dos recursos ou tomar outras medidas cabíveis.

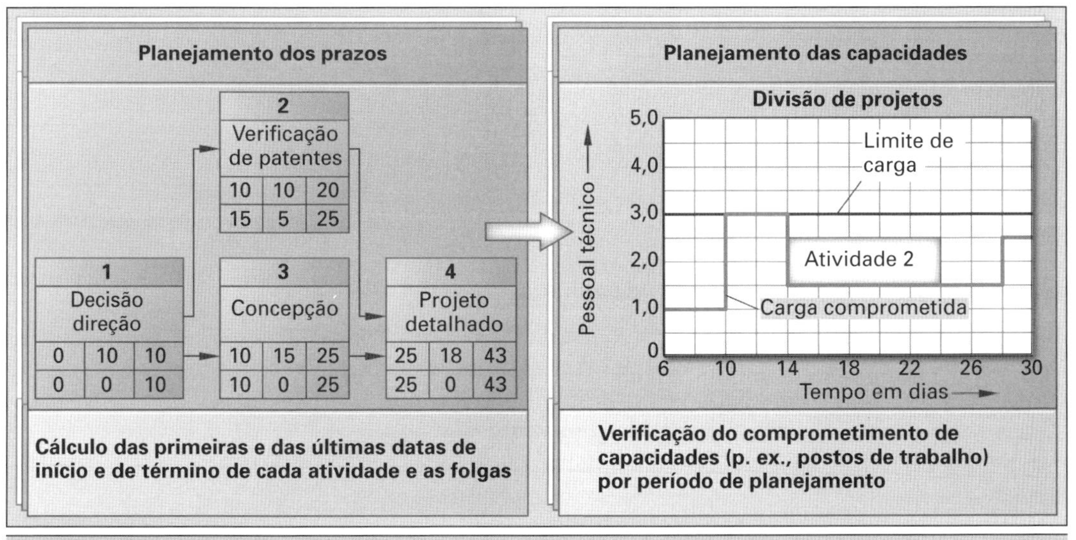

Fig. 1: Procedimento para execução do planejamento

3.2.1 Planejamento dos prazos

O planejamento dos prazos decorre dos cálculos progressivo (do início ao fim) e regressivo (do fim ao início) dos tempos nos nós da rede. A **figura 1** (**p. 40**) mostra o resultado desses cálculos progressivo e regressivo para o projeto constituição da empresa Spin-Lag GmbH para os conjuntos de tarefas 11, 12 e 13. Inicialmente são calculadas as datas de início e de término mais cedo de cada atividade de forma progressiva (de frente para adiante). No cálculo regressivo são determinadas as datas de início e de término mais tarde. A diferença entre as duas datas de término é a folga. Atividades sem folgas são consideradas críticas e a sequência de atividades críticas constitui o caminho crítico (observação: o término mais tarde das atividades 131, 132 e 133 na figura provém das dicas para solução (→ **11.1**).

Observações sobre definição progressiva de prazos

O cálculo dos prazos inicia no tempo zero com o início mais cedo possível (cedo do início – ci) da primeira atividade. Adicionando-se a duração dessa atividade, obtém-se o término mais cedo dela (cedo do fim – cf). Neste projeto, a duração (d) é dada em dias.

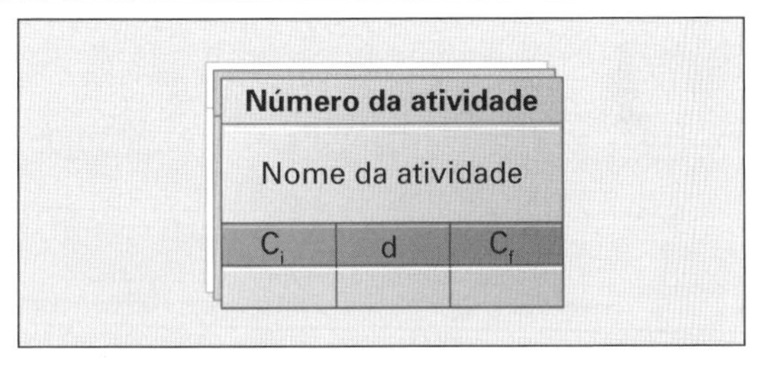

Cf = Ci + d

O cedo do fim de cada atividade passa a ser o cedo do início da atividade seguinte; quando uma atividade é antecessora de diversas outras, o cedo do início delas é o mesmo. Exemplo: as atividades 121, 122 e 131 são sucessores independentes da atividade 112 e têm todas o mesmo cedo do início. Caso uma atividade tenha diversas antecessoras, o cedo do início dela é o último cedo do fim entre as precedentes.

Observações sobre definição regressiva de prazos

O cálculo dos tempos de trás para frente inicia com a última atividade da rede. Nesta, o cedo do fim e o tarde do fim (tf) são igualados. A diferença entre o tarde do fim e o cedo do fim em cada atividade dá a folga (fg) que se tem com ela.

$$fg = t_f - C_f$$

Como o cedo e o tarde do fim na última atividade são iguais, esta não tem folga. Nas demais atividades, o tarde do início é determinado pela diferença entre o tarde do fim e a duração da atividade.

$$t_i = t_f - d$$

O tarde do início de uma atividade corresponde ao tarde do fim de sua antecessora. Quando uma atividade tiver diversas sucessoras, o tarde do fim dela será o menor tarde do início entre as seguintes. Exemplo: a atividade 112 é antecessora das atividades 121, 122 e 131. O tarde do início da atividade 121 é menor que o das outras duas: 122 e 131. Por isso, o tarde do fim da atividade 112 será igual ao tarde do início da atividade 121.

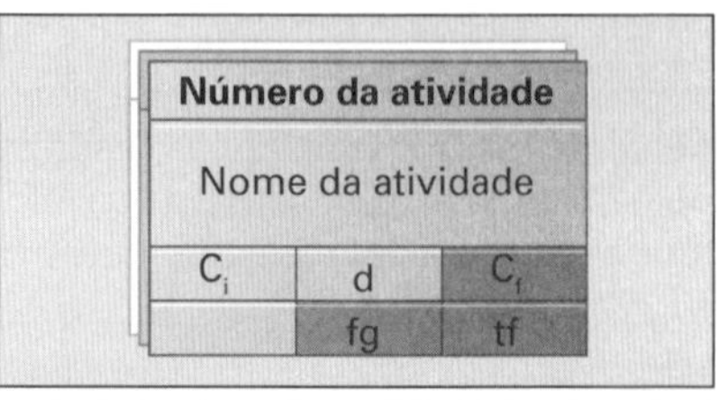

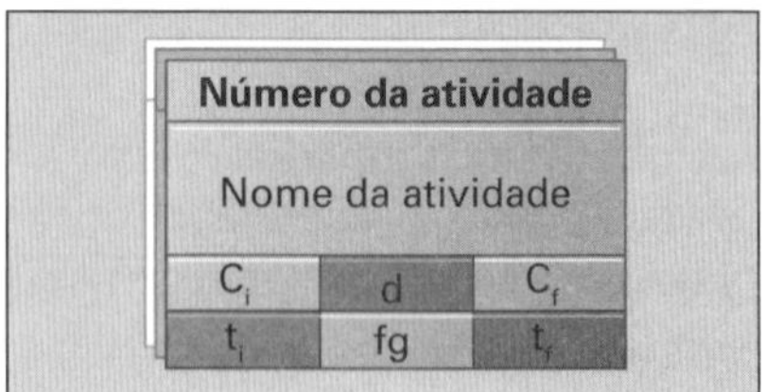

Os cálculos de trás para frente terminam no primeiro nó (atividade). Neste, o cedo do início e o tarde do início devem ser iguais, quer dizer, zero.

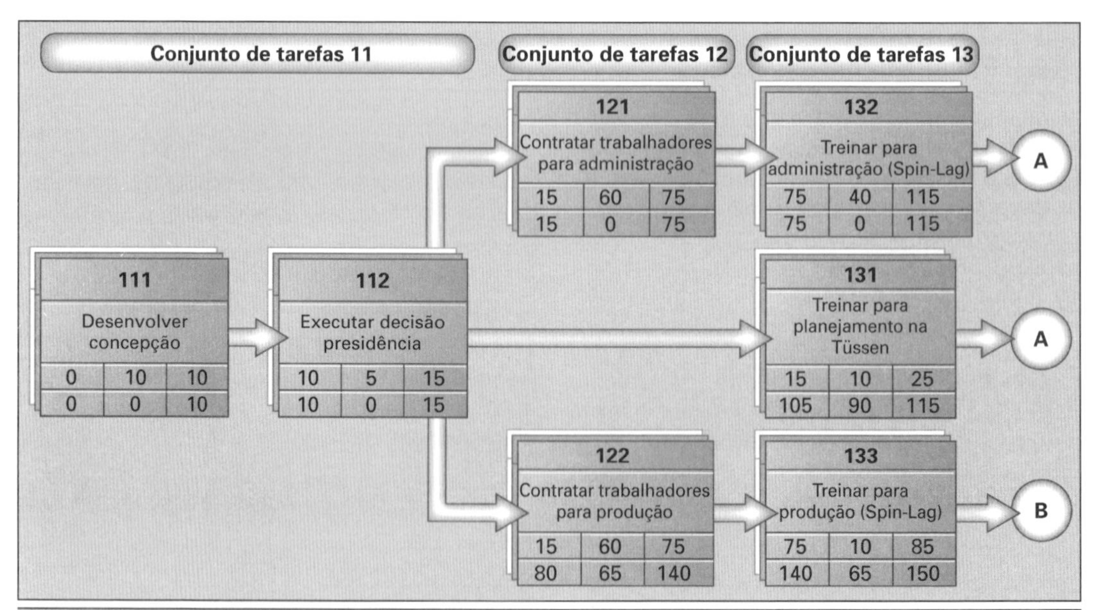

Fig. 1: Cálculo dos tempos para o projeto "constituição da empresa Spin-Lag GmbH"

Exercícios com o projeto "produção do cilindro pneumático":

3.1 Complete a **figura 1 da página 38** com nós e setas, acrescentando os conjuntos de tarefas 14 e 15 da **tabela 1 da página 36**, do projeto "constituição da empresa Spin-Lag GmbH".

3.2 Complete a **figura 1**, calculando os tempos de forma progressiva e regressiva.

3.2.2 Planejamento das capacidades

No planejamento das capacidades age-se, inicialmente, como se elas fossem ilimitadas durante o período sob consideração. Com isso, pode-se visualizar a necessidade de recursos, que depois é comparada com a disponibilidade. Havendo discrepâncias entre o necessário e o disponível, é preciso fazer algum ajuste. Em princípio, há duas opções para isso:

- **Ajustar as necessidades ao disponível,**
- **Ajustar a disponibilidade ao necessário.**

Ajuste das necessidades ao disponível

A primeira opção consiste em mudar as datas de execução do projeto, antecipando ou atrasando atividades que necessitam de capacidades não disponíveis nas datas previstas (**fig. 1**). Com isso, pode-se atrasar o término da atividade, pelo aumento do tempo entre o cedo do início e o tarde do fim dela. Se for possível atrasar as atividades não mais que as suas folgas, pode-se manter o tarde do fim, uma vez que ele expressa o tempo de extensão da atividade sem que a data de início das atividades seguintes seja afetada. Essa é uma forma de evitar que os limites das capacidades ou dos recursos sejam sobrepujados.

Outra possibilidade de ajuste das necessidades de um recurso escasso num dado período consiste em concentrar ou estender o uso dele no tempo. Na concentração das necessidades num tempo menor, em geral é preciso aumentar a disponibilidade de algum(ns) outro(s) recurso(s). Por exemplo, uma tarefa executada por uma pessoa em dois dias talvez possa ser realizada por duas num só dia.

Na extensão das necessidades por um período maior, aumenta-se a duração da atividade, e serão necessárias menos unidades de recursos por unidade de tempo.

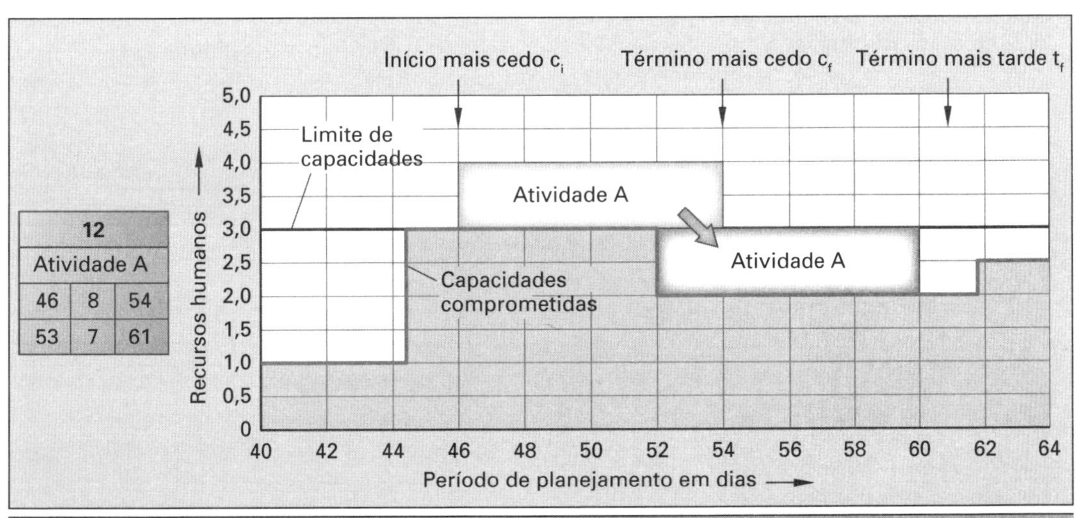

Fig. 1: Ajuste de capacidades pelo atraso do início da atividade

A **figura 1 da página 42** mostra uma extensão. A atividade A pode ser realizada por uma pessoa em 8 dias de trabalho de 8 horas. Contudo, a pessoa só dispõe de 6 horas diárias para se dedicar a ela, com o que a duração aumenta para 11 dias. Além disso, foi necessário atrasar o início da atividade por não haver trabalhador disponível na data prevista para iniciar.

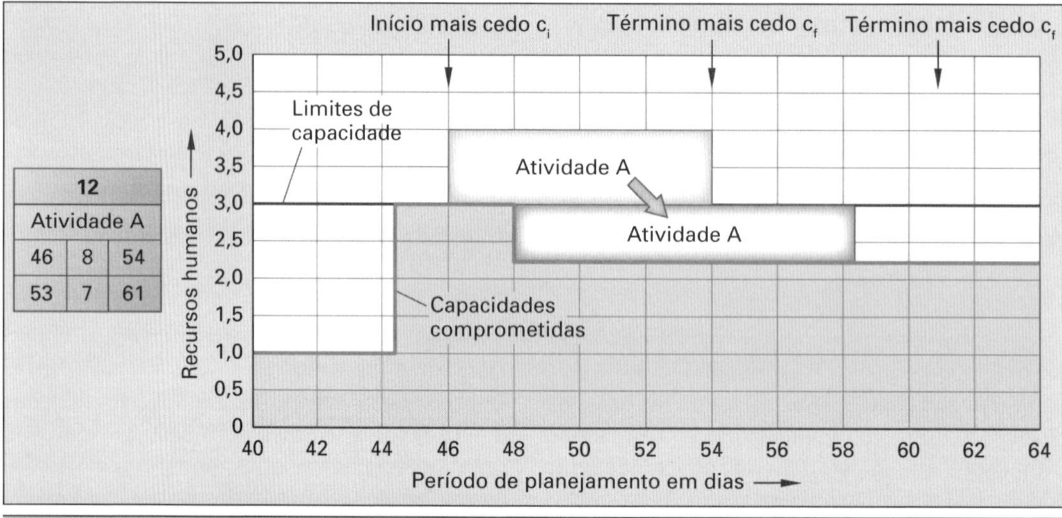

Fig. 1: Ajuste de capacidades pela extensão da atividade

Ajuste da disponibilidade de capacidades às necessidades

O ajuste da disponibilidade de capacidades ou recursos às necessidades pode ocorrer por (**fig. 2**):

- **Transferência de algumas atividades para capacidades externas** (terceirização) ou internas de "reserva ou de socorro". Talvez outra unidade da empresa possa assumir, excepcionalmente, uma atividade; a terceirização de alguma atividade sempre constitui uma opção a considerar.
- **Desmonte de gargalos de curta duração** nas capacidades pela introdução de mais um turno de trabalho, horas extras de trabalho, etc.; por outro lado, a sobra de capacidades pode ser eliminada com a redução da jornada de trabalho, o aumento do número de pessoas em férias, em treinamento, etc.
- **Desmonte de gargalos de longa duração** pela aquisição de máquinas e contratação de pessoas, quer dizer, por investimentos.

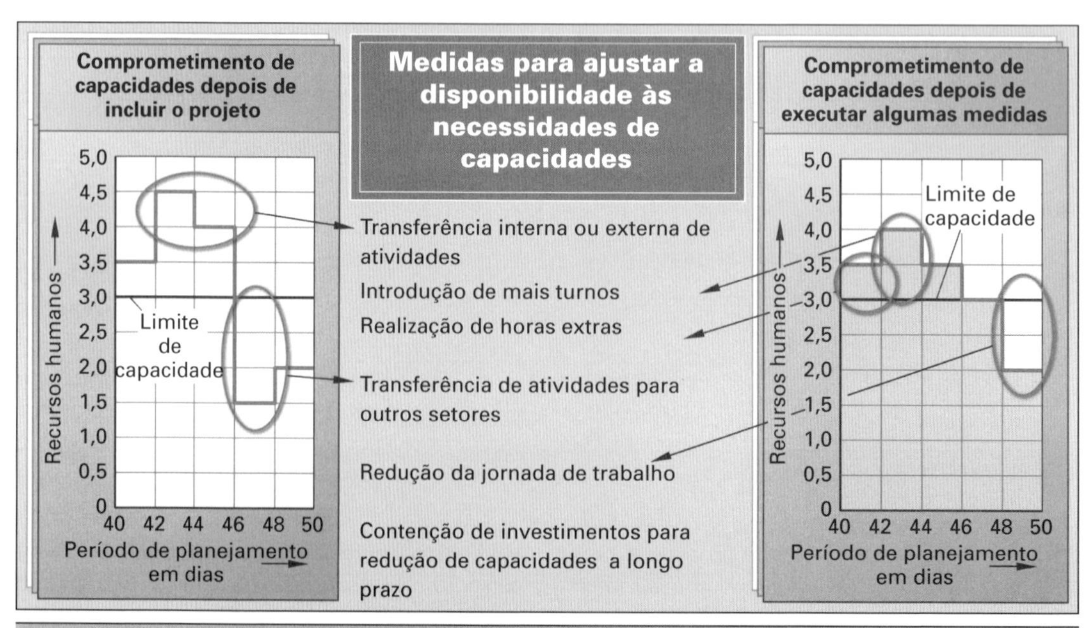

Fig. 2: Ajuste da disponibilidade às necessidades de capacidades

Na maioria dos casos, procura-se ajustar as necessidades às disponibilidades de capacidades; o caminho a ser seguido em cada caso depende da situação da empresa, do mercado, das estratégias em curso, etc.

Planejamento das capacidades para o projeto "produção de cilindros pneumáticos"

O planejamento dos prazos e das capacidades para constituição da empresa Spin-Lag GmbH ocorre dentro do calendário empresarial da empresa-mãe Tüssen AG (→ **1.5**), em que os dias úteis são numerados em sequência, excluídos os finais de semana e os feriados. As atividades de planejamento do projeto iniciam no primeiro dia do calendário da Spin-Lag GmbH, no primeiro ano de negócios dela, dia que corresponde ao de número 6.270 da Tüssen AG.

A **figura 1** mostra as capacidades necessárias nas divisões de recursos humanos, planejamento e treinamento da Tüssen AG para a constituição da empresa Spin-Lag GmbH.

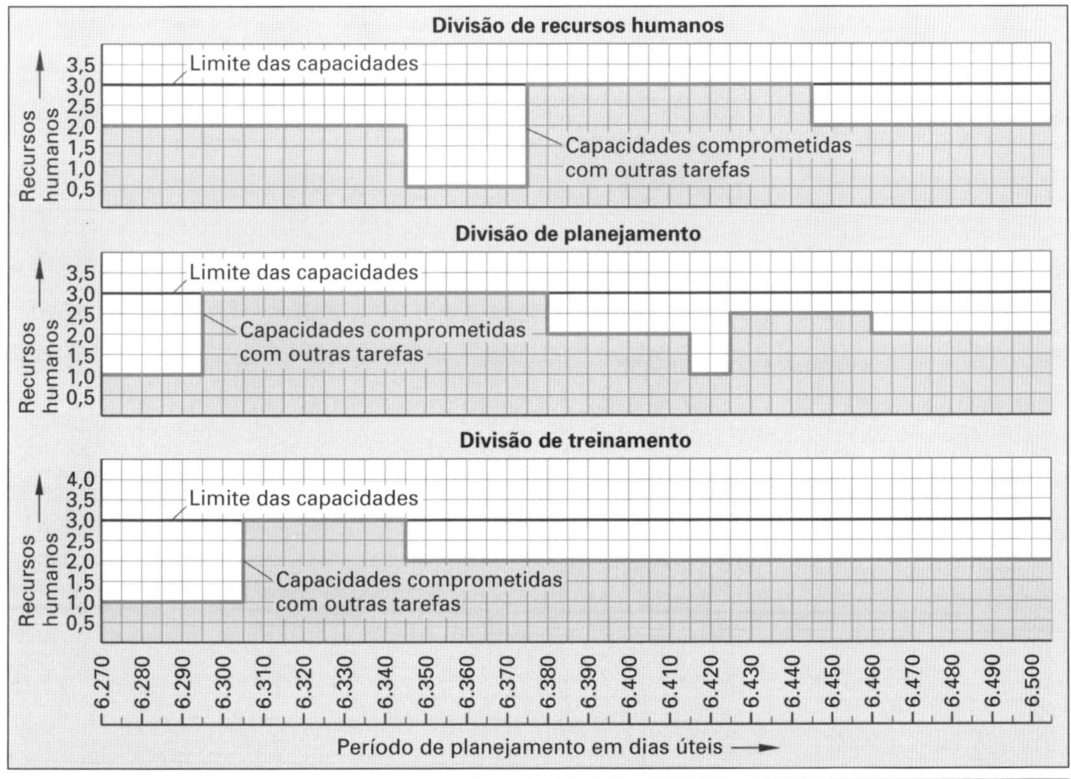

Fig. 1: Representação do comprometimento de capacidades nas divisões de RH, planejamento e treinamento

A **figura 1** (**p. 44**) mostra o comprometimento de capacidades com os conjuntos de tarefas 11 e 12, cuja associação às divisões provém do plano da estrutura (→ **3.1.1**), ao lado do comprometimento anterior dos recursos com outras tarefas.

O último passo no planejamento dos prazos e das capacidades para constituição da empresa Spin-Lag GmbH consiste na elaboração de um cronograma das atividades a serem realizadas. A **figura 2** (**p. 44**) permite a visualização do planejamento das atividades dos conjuntos de tarefas 11 e 12, e ele mostra quando cada atividade terá de ser executada, a partir do primeiro dia útil do calendário da nova empresa. O número de pessoas necessárias para isso não pode ser identificado na figura.

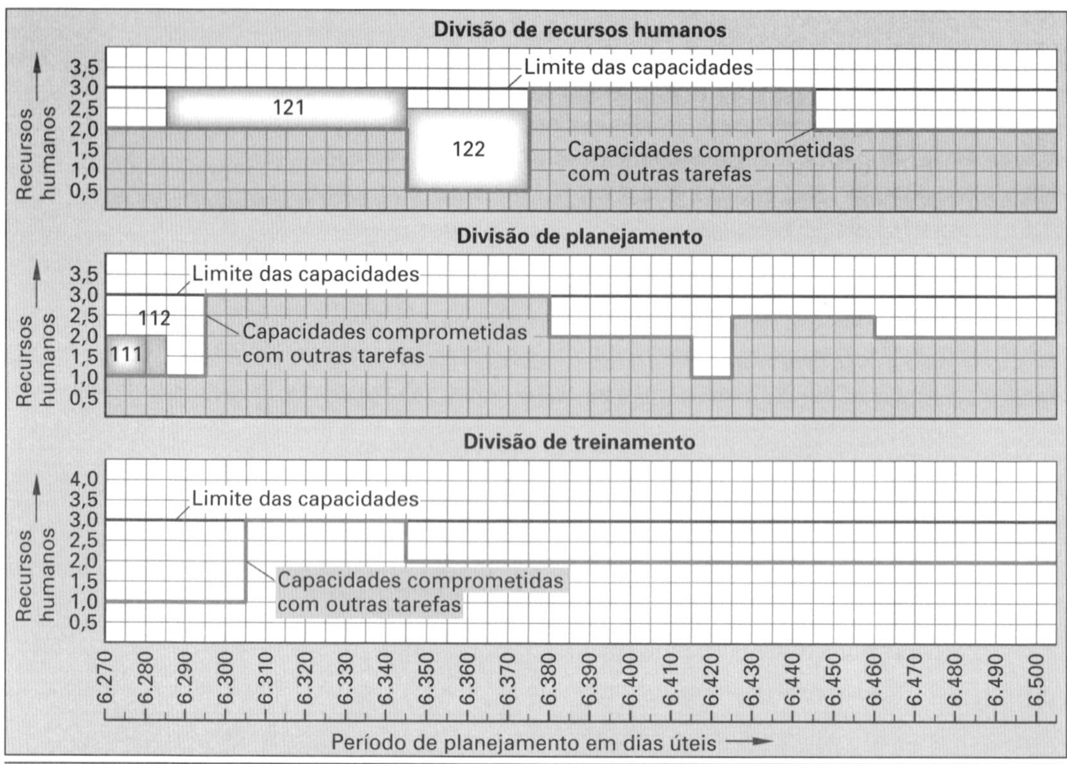

Fig. 1: Ajuste das capacidades para constituição da empresa Spin-Lag GmbH

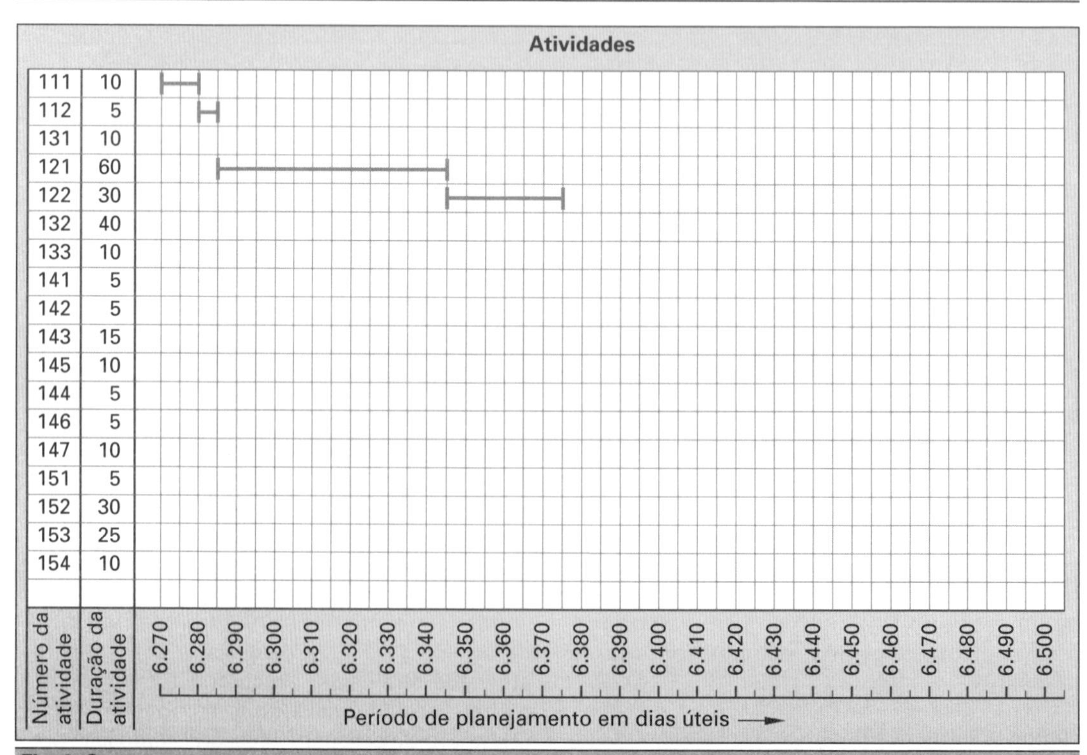

Fig. 2: Cronograma para a constituição da empresa Spin-Lag GmbH

No cronograma têm-se a sequência e a duração das atividades, considerando-se apenas os dias úteis. Com auxílio do calendário empresarial, pode-se verificar o que isso significa em termos de datas do calendário universal. Na **tabela 1** isso é feito para os conjuntos de tarefas 11 e 12 no primeiro semestre do primeiro ano em que a empresa Tüssen AG planeja a Spin-Lag GmbH. É preciso apenas observar os dias de início e de término das atividades no calendário empresarial. O andamento das atividades pode ser controlado com as datas de início e fim delas no calendário universal.

Ano 1 – calendário da empresa									Tüssen AG									1º semestre
	Janeiro			Fevereiro			Março			Abril			Maio			Junho		
	Dia	Dia útil	Processo	Dia	Dia útil	Processo	Dia	Dia útil	Processo	Dia	Dia útil	Processo	Dia	Dia útil	Processo	Dia	Dia útil	Processo
Sáb																1		
Dom																2		
Seg	1	*								1	6334	121				3	6374	122
Ter	2	6270	111							2	6335					4	6375	
Qua	3	6271	111							3	6336		1	***	122	5	6376	
Qui	4	6272	111	1	6292	121				4	6337		2	6354		6	******	
Sex	5	6273	111	2	6293		1	6313	121	5	**		3	6355		7	6377	
Sáb	6			3			2			6			4			8		
Dom	7			4			3			7	Páscoa		5			9		
Seg	8	6274	111	5	6294		4	6314		8	Páscoa		6	6356		10	6378	
Ter	9	6275	111	6	6295		5	6315		9	6338		7	6357		11	6379	
Qua	10	6276	111	7	6296		6	6316		10	6339		8	6358		12	6380	
Qui	11	6277	111	8	6297		7	6317		11	6340		9	6359		13	6381	
Sex	12	6278	111	9	6298		8	6318		12	6341		10	6360		14	6382	
Sáb	13			10			9			13			11			15		
Dom	14			11			10			14			12			16		
Seg	15	6279	111	12	6299		11	6319		15	6342		13	6361		17	6383	
Ter	16	6280	112	13	6300		12	6320		16	6343		14	6362		18	6384	
Qua	17	6281	112	14	6301		13	6321		17	6344		15	6363		19	6385	
Qui	18	6282	112	15	6302		14	6322		18	6345	122	16	****		20	6386	
Sex	19	6283	112	16	6303		15	6323		19	6346	122	17	6364		21	6387	
Sáb	20			17			16			20			18			22		
Dom	21			18			17			21			19			23		
Seg	22	6284	112	19	6304		18	6324		22	6347		20	6365		24	6388	
Ter	23	6285	121	20	6305		19	6325		23	6348		21	6366		25	6389	
Qua	24	6286		21	6306		20	6326		24	6349		22	6367		26	6390	
Qui	25	6287		22	6307		21	6327		25	6350		23	6368		27	6391	
Sex	26	6288		23	6308		22	6328		26	6351		24	6369		28	6392	
Sáb	27			24			23			27			25			29		
Dom	28			25			24			28			26	*****		30		
Seg	29	6289		26	6309		25	6329		29	6352		27	*****				
Ter	30	6290		27	6310		26	6330		30	6353		28	6370				
Qua	31	6291		28	6311		27	6331					29	6371				
Qui				29	6312		28	6332					30	6372				
Sex							29	6333					31	6373				
Sáb							30											
Dom							31											
	Dias úteis: 22			Dias úteis: 21			Dias úteis: 21			Dias úteis: 21			Dias úteis: 20			Dias úteis: 19		

* Ano Novo ** Sexta-feira Santa *** Dia do Trabalho **** Ascensão de Jesus Cristo ****** Corpus Christi

Tab. 1: Primeiro semestre do calendário empresarial da Tüssen AG

Perguntas e tarefas

6 Explique a diferença entre necessidade de capacidades e disponibilidade de capacidades.

7 Com que medidas pode-se ajustar as necessidades de capacidades à disponibilidade delas? Explique as medidas.

8 Na empresa Spin-Lag GmbH ocorre, por curto período, um gargalo na divisão de planejamento. Que medidas você, na condição de responsável, tomaria?

9 Na divisão de produção prevê-se uma sobra de capacidades por um período mais longo. Que medidas você, na condição de responsável, tomaria?

Exercícios no projeto "produção do cilindro pneumático"

3.3 Complete a **figura 1 da página 44** ajustando as necessidades de capacidades para realizar os conjuntos de tarefas 13, 14 e 15 da **tabela 1 na página 36**.

3.4 Complete o cronograma com as atividades dos conjuntos de tarefas 13, 14 e 15.

3.5 Insira os tempos necessários para executar todas as atividades na constituição da empresa Spin-Lag GmbH (**tab. 1, p. 36**) no primeiro ano do calendário empresarial da Tüssen AG (**tab. 1, p. 21**).

3.3 Monitoramento do projeto

O último bloco de tarefas do projeto "constituição da empresa Spin-Lag GmbH" a planejar é o controle do projeto, que consiste:

- Do controle do andamento das atividades, tendo em vista a duração e as datas de início e de fim delas.
- Da constatação dos desvios o quanto antes.
- Da divulgação dos desvios de forma que sejam considerados nos planejamento subsequentes.

Desvios na execução do projeto em relação ao planejado implicam perturbações e alterações do planejado em termos de prazos e necessidade de capacidades. Pode ser que os ajustes das capacidades feitos no planejamento tenham que ser revistos com base nas notificações de desvios. Com esse *feedback,* tem-se um circuito de controle para o desenvolvimento do projeto (**fig. 1**).

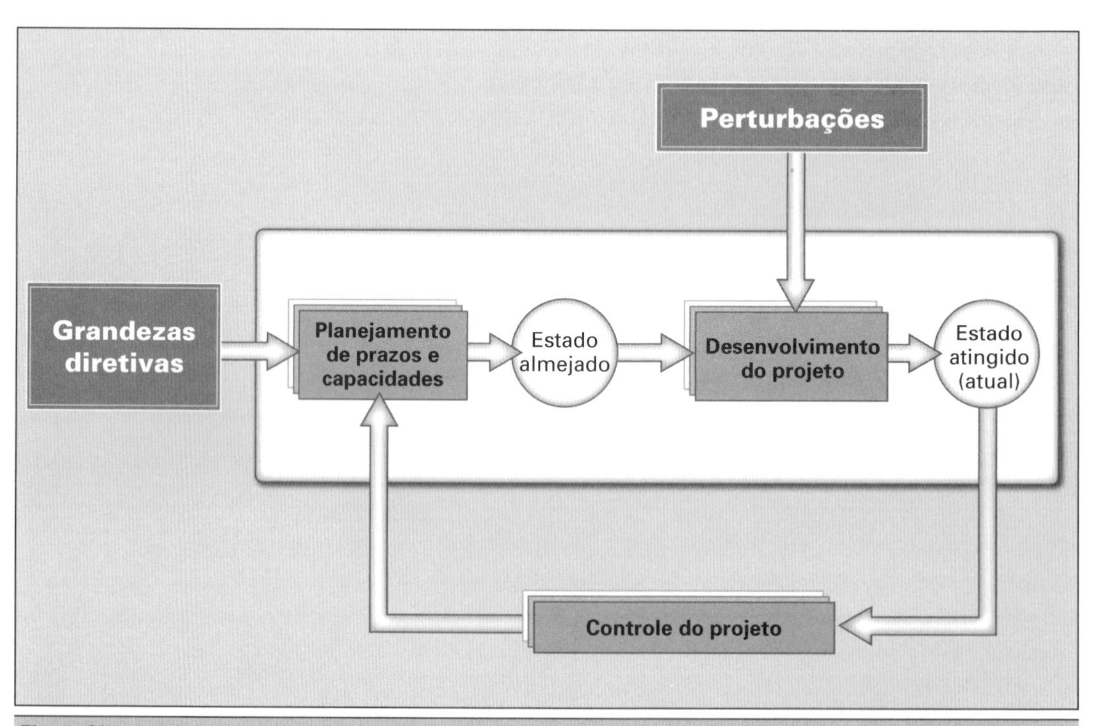

Fig. 1: Circuito de controle no desenvolvimento do projeto

Chamamos as grandezas de entrada no planejamento dos prazos e das capacidades de grandezas diretivas que caracterizam os projetos a serem executados. Desvios dos dados e fatos assumidos nesses planejamentos têm efeito perturbador sobre o andamento do projeto.
O resultado do planejamento de prazos e capacidades é um plano de prazos compatibilizado com as capacidades disponíveis. Ele caracteriza o estado almejado e é grandeza de entrada crucial para o desenvolvimento ou execução do projeto, segundo elemento do sistema. Desenvolver o projeto significa realizar o estado almejado e, nesse processo, o estado atingido ou atual pode ser verificado a todo momento. Perturbações no desenvolvimento do projeto (p. ex., indisponibilidade de uma capacidade prevista) causam uma diferença entre o estado almejado e o atingido. O desenvolvimento do projeto tem, nesse circuito de controle, a tarefa de verificar o estado atingido, comparar com o almejado e notificar eventuais desvios ao planejamento de prazos e capacidades.

3.4 Exercício de aprofundamento: planejamento do projeto "produção de árvore com mancal"

O exercício consiste do planejamento do projeto "produção da árvore com mancal". As informações necessárias podem ser obtidas na descrição do cenário (→ 1) e nas complementações a seguir.

Informações complementares sobre o projeto

Ao lado da produção de cilindros pneumáticos (→**1.1**), a empresa Spin-Lag GmbH pretende iniciar a produção de árvores com mancal no segundo ano de negócios.

Planejamento de prazos

O planejamento dos prazos abrange o projeto do produto, o planejamento do trabalho, a produção e a distribuição. Tüssen AG prevê que o projeto "produção de árvores com mancal" inicie no primeiro dia do segundo ano do calendário empresarial (6.521). Os dados para planejamento já disponíveis permitem elaborar o plano da estrutura do projeto (**fig. 1**). O plano da estrutura deixa claro que as atividades de planejamento para a produção de árvores com mancal são executadas pela empresa-mãe. A empresa Spin-Lag GmbH será a única a produzir essas unidades para a Tüssen AG.

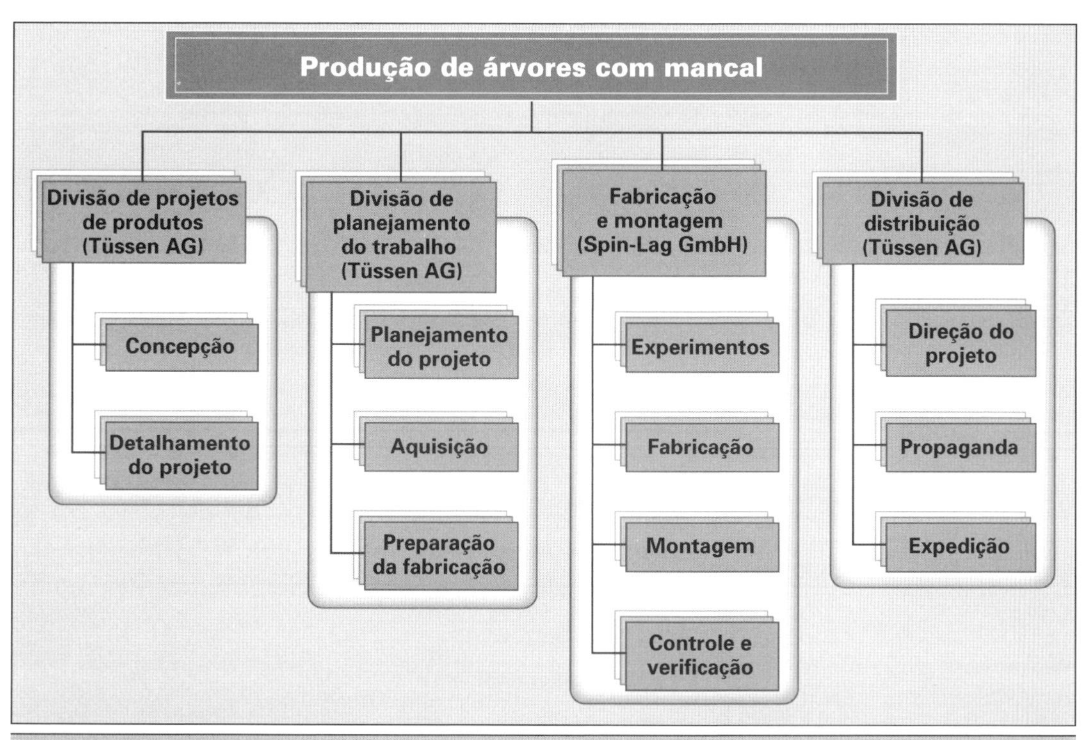

Fig. 1: Plano da estrutura do projeto "produção de árvores com mancal"

Planejamento de capacidades

O planejamento das capacidades na empresa Tüssen AG abrangem as divisões de projeto de produtos, planejamento do trabalho e distribuição. As capacidades para a produção do produto são planejadas para a empresa Spin-Lag GmbH.

Lista de atividades

As atividades dos conjuntos de tarefas do plano da estrutura estão na tabela 1, em que estão especificados os antecessores e a duração em dias de cada uma delas.

Conjunto de tarefas		Atividade			
Nº	Nome	Nº	Nome	Antecessores	Duração (dias)
11	Concepção	111	Fazer concepções alternativas	211	15
		112	Escolher entre alternativas	221, 111, 113	4
		113	Fazer pesquisa em patentes	211	20
12	Projeto detalhado	121	Projetar o produto e seus detalhes	112	20
		122	Elaborar conjunto de desenhos para fabricação em série	123, 162	15
		123	Elaborar listas de peças	121	8
13	Planejamento do trabalho	131	Elaborar planos de trabalho	122	10
		132	Elaborar listas de meios de produção da empresa	122	5
		133	Projetar, adquirir, fabricar meios de produção especiais	132, 151	25
14	Aquisição	141	Adquirir materiais	152	10
15	Preparação da produção	151	Determinação de prazos e capacidades	131, 132	5
		152	Determinar necessidade de materiais	151	3
		153	Elaborar instruções de trabalho	131, 133, 151	5
		154	Disponibilizar materiais	141, 133, 153	2
16	Experimentos	161	Preparar experimentos	121	15
		162	Realizar experimentos	161, 163	25
		163	Fazer modelo	121	10
17	Fabricação	171	Fabricação de peças	154	20
18	Montagem	181	Montar grupos construtivos	154, 191	6
		182	Fazer montagem final	154, 192	10
19	Controle e verificação	191	Controlar qualidade de peças	171	6
		192	Controlar qualidade de grupos	181	2
		193	Verificar e liberar produto	182	5
21	Direção do projeto	211	Distribuir tarefas do projeto	–	2
		212	Avaliar experiências anteriores	223, 231	10
22	Propaganda	221	Fazer estudo de mercado	211	30
		222	Preparar propaganda	112, 121, 221	20
		223	Executar propaganda	162, 222	80
23	Expedição	231	Realizar expedição do produto	193	5

Tab. 1: Lista de atividades do projeto "produção de árvores com mancal"

Situação das capacidades

A **figura 1** mostra as capacidades já comprometidas e as disponíveis nas divisões das duas empresas envolvidas com o projeto "produção das árvores com mancal", que deve iniciar no dia de número 6.521 no calendário empresarial. Nas divisões da Tüssen AG, há 3 pessoas em cada uma.

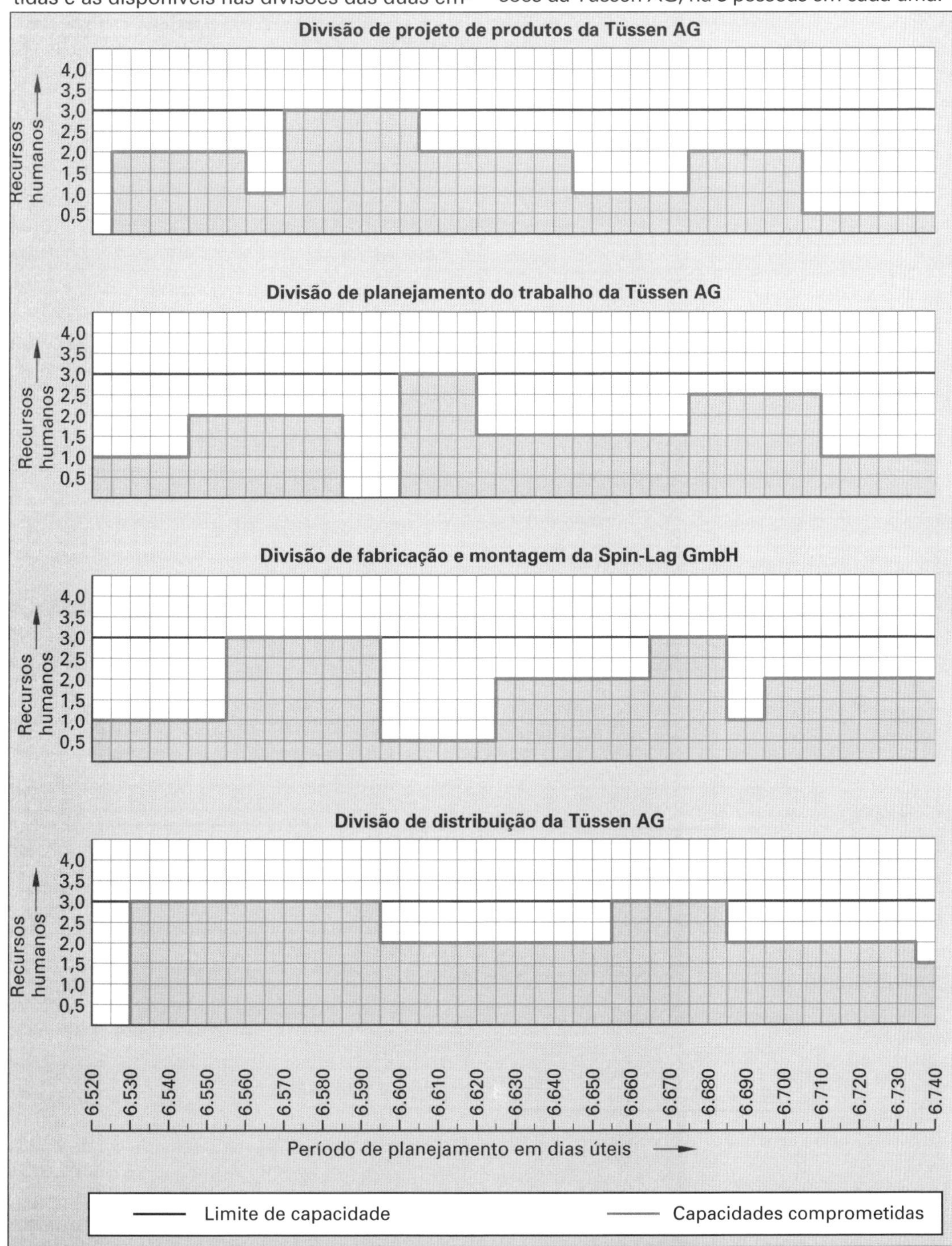

Fig. 1: Representação do comprometimento de capacidades nas divisões responsáveis pelo projeto "produção de árvores com mancal"

Cronograma

O cronograma das atividades do projeto é representado num diagrama de barras. Na **figura 1** está o formulário para tal para o segundo ano do calendário empresarial.

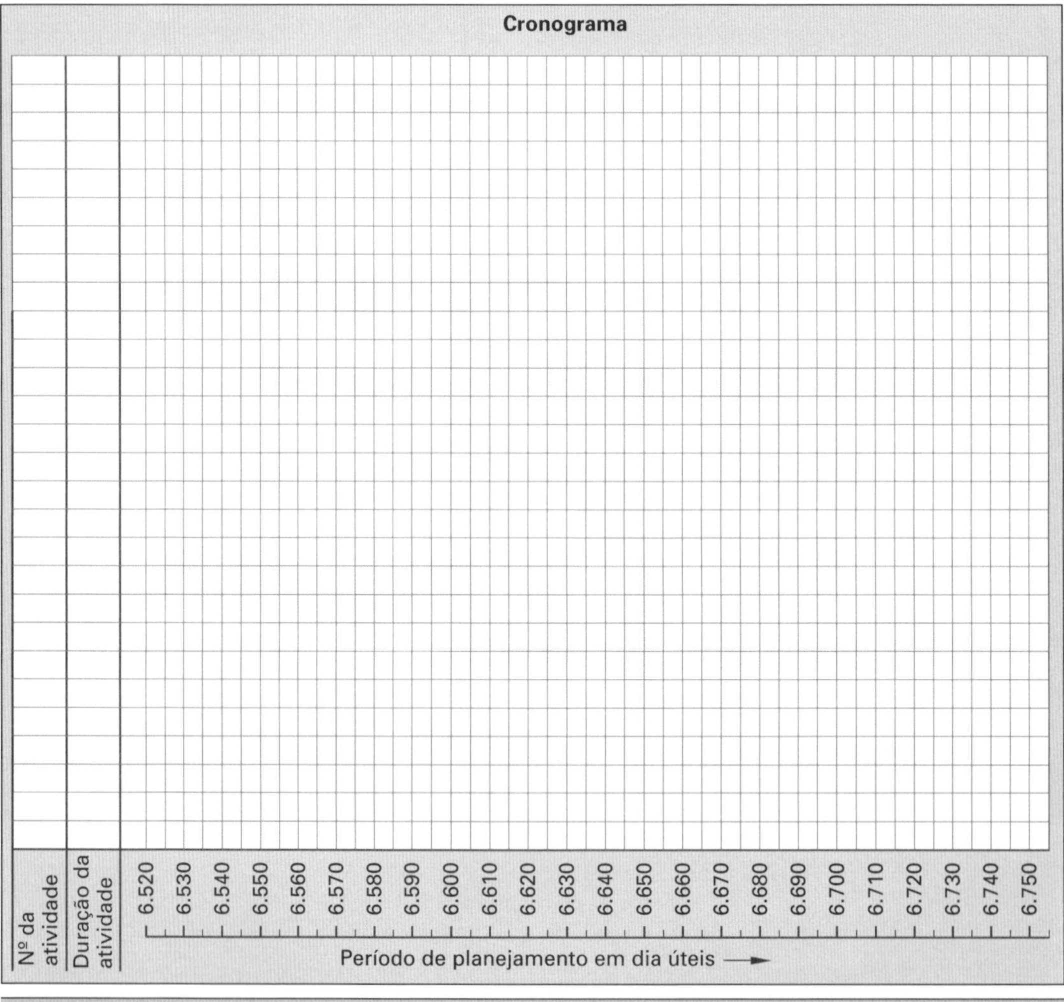

Fig. 1: Formulário para planejar o cronograma

Exercícios no projeto "produção de árvores com mancal"

3.6 Desenhe uma rede das atividades que estão na lista da **tabela 1 da página 48,** com as atividades nos nós (**fig. 1, p. 38**). Utilize o número de cada atividade e otimize a rede para garantir a melhor visualização do decurso do projeto.

3.7 Desenhe uma rede detalhada com as atividades nos nós, com o número das atividades, o nome delas, e faça o cálculo dos tempos progressiva e regressivamente (**fig. 1, p. 40**).

3.8 Com auxílio da representação do comprometimento de capacidades (**fig. 1, p. 49**), faça o ajuste das capacidades necessárias às capacidades disponíveis nas divisões de projeto de produtos, planejamento do trabalho e distribuição. Use a **figura 1 da página 49.**

3.9 Faça um cronograma de todas as atividades. Use o formulário da **figura 1** acima e o calendário empresarial do segundo ano.

4 Planejamento das necessidades da produção

Com o planejamento das necessidades da produção, é realizado o levantamento de tempos, prazos e quantidades de matérias-primas, peças individuais e grupos construtivos necessários para o atendimento de um pedido. O planejamento das necessidades não se limita às quantidades de materiais e peças ou componentes dos produtos, mas os associa com as datas em que estes são necessários, razão por que necessita do decurso de fabricação e montagem para poder determinar as datas de disponibilidade de cada componente. Esse decurso é descrito pelo plano geral de trabalho para a fabricação das peças e grupos construtivos (→**5.2**). A explosão dos produtos – como base para o planejamento das necessidades de produção – detalha, em forma de uma árvore, os passos individuais de trabalho na fabricação e montagem deles, e as quantidades de cada item também podem ser obtidas dessa explosão.

4.1 Explosão de produtos e elaboração de lista de peças

A explosão da **figura 1** mostra a estrutura do produto "caixa" (E1). O produto é desmembrado em grupos construtivos, peças individuais e brutas (matérias-primas). Para a construção da árvore, toma-se o decurso ou roteiro da fabricação e da montagem. O nível 1 da produção é a montagem final, sendo esse o último processo a realizar.

A produção inicia com o último nível. A chapa de alumínio (R1) é transformada em duas chapas dobradas para uma dobradiça (T3). No processo seguinte as partes da dobradiça são unidas por um pino cilíndrico comprado (T4), resultando no grupo construtivo dobradiça (G1), pronto para a montagem final. De outro pedaço da mesma chapa de alumínio fabricam-se, por embutidura profunda, as duas partes que constituem o corpo da caixa (T1). No último passo de trabalho, duas dobradiças são fixadas nas partes do corpo com auxílio de 4 rebites (T2) comprados.

As quantidades na árvore são as necessárias para uma unidade do componente ou peça que está no nível imediatamente acima. No caso, com duas chapas dobradas e um pino cilíndrico, faz-se uma dobradiça; para a montagem da caixa, são necessárias duas dobradiças, o que requer atenção na determinação das quantidades totais.

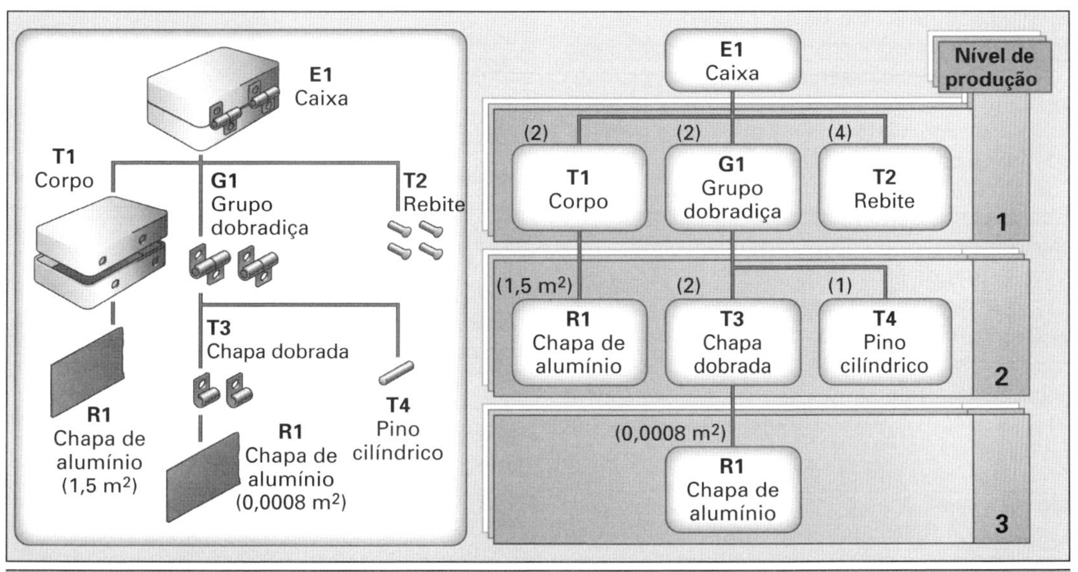

Fig. 1: Explosão do produto "caixa" (E1)

A lista de peças dá uma representação formal, uma descrição com palavras e números. A **figura 1 (p. 51)** mostra exemplos de representação da lista de peças. A lista de peças pode ser estruturada ou não.
A lista de peças estruturada inclui uma representação da constituição do produto em forma de tabela. Ao lado dos desenhos técnicos, ela é um portador de informações muito importante. Enquanto os desenhos técnicos informam sobre a configuração do produto, a lista de peças estruturada é fundamental para a elaboração dos planos de trabalho (→ **5.1.2**). A estruturação da lista de peças pode ser feita por níveis de produção ou pela configuração do produto.
De uma lista de peças não estruturada não se pode inferir a configuração do produto. Ela serve para o planejamento dos materiais (→ **4.3**) e para o cálculo dos custos. Ela pode ser uma simples enumeração, como a lista de peças dos desenhos técnicos para a montagem, ou pode dar uma visão global das quantidades.

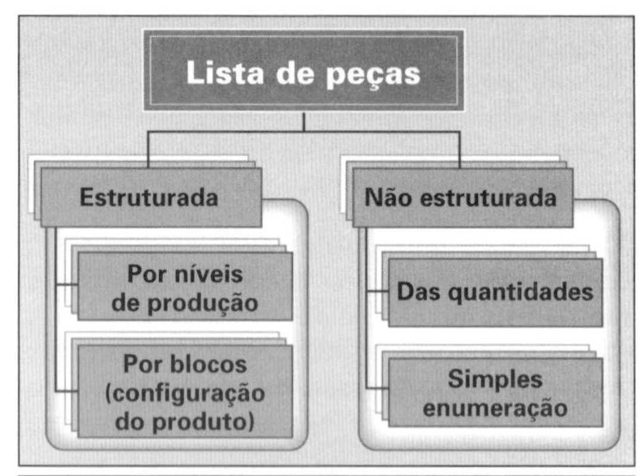

Fig. 1: Formas de representação de listas de peças

Lista de peças estruturada por níveis de produção

A lista de peças estruturada por níveis de produção mostra todos os grupos construtivos, as peças e as peças brutas (materiais), e permite deduzir a explosão do produto. A árvore que representa o produto explodido é elaborada seguindo formalmente os níveis de produção. A partir de uma lista de peças estruturada por níveis de produção, pode-se elaborar uma explosão do produto e vice-versa. Na elaboração da lista de peças por níveis de produção, inicia-se com o topo e percorre-se a árvore do produto explodido de cima para baixo.
A **tabela 1** mostra a lista de peças estruturada por níveis de produção do produto "caixa" (E1). Como na explosão do produto, as quantidades indicadas são sempre as necessárias para uma unidade da peça ou grupo do nível acima.
A vantagem da lista de peças por níveis de produção está no fato de evidenciar as relações das partes entre si. Por sempre indicar as quantidades necessárias para uma unidade da peça acima, requer mais atenção no planejamento dos materiais (→ **4.3**). Como um grupo construtivo pode ocorrer mais vezes em diferentes níveis de produção e é listado tantas vezes quantas for necessário, a visualização do todo é dificultada. Além disso, a repetição do mesmo grupo construtivo em diferentes pontos da lista de peças aumenta a possibilidade de erros na elaboração dela.

Posição	Nível	Peça Nº	Nome	Qtdade.	Unid.
1	. 1	T1	Corpo	2	Pç
2	. . 2	R1	Chapa de alumínio	1,5	m²
3	. 1	G1	Grupo dobradiça	2	Pç
4	. . 2	T3	Chapa dobrada	2	Pç
5	. . . 3	R1	Chapa de alumínio	0,0008	m²
6	. . 2	T4	Pino cilíndrico	1	Pç
7	. 1	T2	Rebite	4	Pç

Tab. 1: Lista de peças do produto "caixa", estruturada por níveis de produção

Lista de peças estruturada por blocos ou pela configuração do produto

A lista de peças estruturada por blocos ou segundo a configuração do produto mostra a estrutura do produto com auxílio de um conjunto de diversas listas de peças individuais relacionadas entre si. Cada lista contém os grupos construtivos, as peças e os materiais (peças brutas) de um nível de produção, necessários para a fabricação do item (peça ou grupo) acima. Para produtos com diversos níveis de produção, são necessárias mais listas de peças.

A inter-relação entre os blocos é visível pelo número de posição da peça e pela indicação do tipo de peça. Em se tratando de uma peça ou grupo construtivo de fabricação própria, terá de haver uma lista de peças estruturada em blocos para ele. Para cada peça ou grupo construtivo será elaborada somente uma lista de peças estruturada em blocos, mesmo que o componente ocorra mais vezes no produto.

A **figura 1** mostra o conjunto de listas de peças estruturadas por blocos para o produto "caixa" (E1). Tanto o produto como o grupo construtivo dobradiça contêm somente os componentes do nível imediatamente abaixo. Para peças de fabricação própria, a lista de peças estruturada por blocos indica as dimensões delas. As quantidades especificadas nas posições sempre se referem somente ao componente acima.

A vantagem do uso da lista de peças estruturada por blocos é o fato de que, com cada lista para os componentes fabricados, também é elaborado um plano de trabalho geral (→ **5.2**) com o mesmo número de identificação. Enquanto uma lista de peças estruturada por blocos contém tipo, quantidade e constituição de uma unidade de produto a produzir, no plano de trabalho geral são mencionados e caracterizados os postos de trabalho necessários para executar a ordem de produção, na melhor sequência dos processos de trabalho.

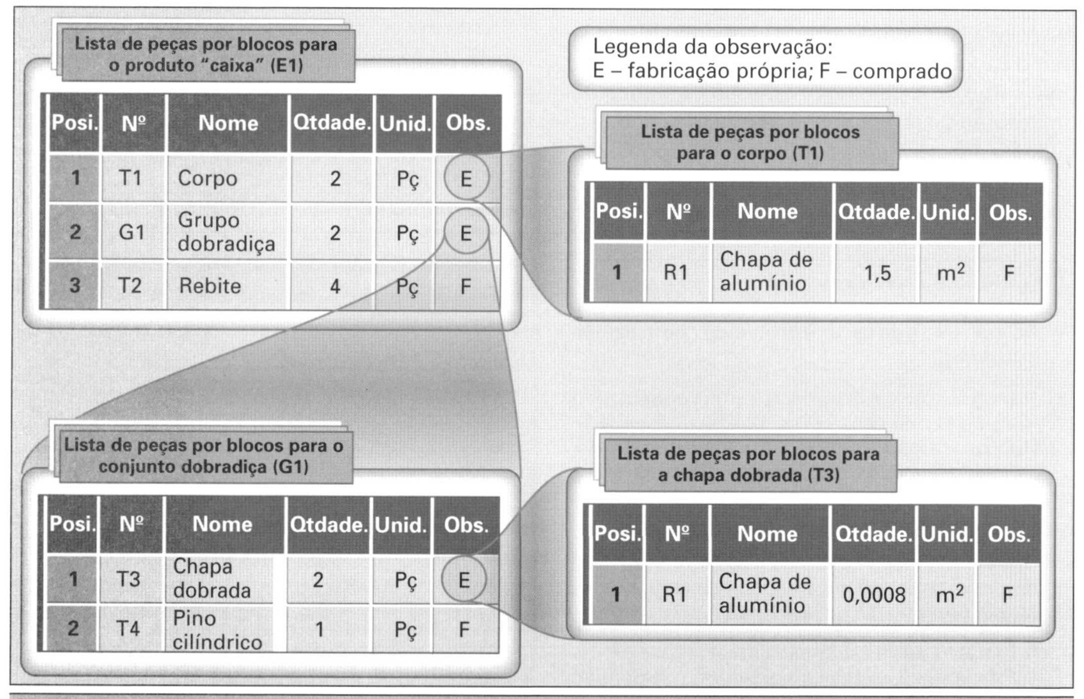

Lista de peças por blocos para o produto "caixa" (E1)

Posi.	Nº	Nome	Qtdade.	Unid.	Obs.
1	T1	Corpo	2	Pç	E
2	G1	Grupo dobradiça	2	Pç	E
3	T2	Rebite	4	Pç	F

Legenda da observação:
E – fabricação própria; F – comprado

Lista de peças por blocos para o corpo (T1)

Posi.	Nº	Nome	Qtdade.	Unid.	Obs.
1	R1	Chapa de alumínio	1,5	m^2	F

Lista de peças por blocos para o conjunto dobradiça (G1)

Posi.	Nº	Nome	Qtdade.	Unid.	Obs.
1	T3	Chapa dobrada	2	Pç	E
2	T4	Pino cilíndrico	1	Pç	F

Lista de peças por blocos para a chapa dobrada (T3)

Posi.	Nº	Nome	Qtdade.	Unid.	Obs.
1	R1	Chapa de alumínio	0,0008	m^2	F

Fig. 1: Conjunto de listas de peças para o produto "caixa"

Listas de peças estruturadas por blocos são as mais adequadas para a gestão de listas de peças no planejamento da produção com auxílio de computador; são também bons portadores de informações para os postos de trabalho na produção. Além disso, é ponto favorável a esse tipo de lista de peças que, para cada peça ou conjunto, faz-se uma só lista. Do conjunto de listas de peças estruturadas por blocos pertinentes a um certo produto pode-se derivar a representação da explosão dele, bem como as listas de peças estruturada por níveis de produção e a que detalha as quantidades necessárias.

A desvantagem das listas de peças estruturadas por blocos é a dificuldade de visualizar a estrutura total da fabricação, especialmente quando esta deverá ocorrer em diversos níveis. Igualmente ao que ocorre com a lista de peças estruturada por níveis de produção, é mais difícil fazer o planejamento dos materiais por causa da forma como as quantidades são especificadas.

Lista das quantidades e lista de enumeração

Uma forma de lista de peças não estruturada é a lista das quantidades. Ela tem uma forma simples e não revela a estrutura do produto. Nela os conjuntos construtivos, as peças e os materiais são listados uma só vez também se são utilizados mais vezes na fabricação do produto. É muito útil para o planejamento dos materiais (→**4.3**) e para o cálculo de custos, uma vez que fornece uma boa visualização das quantidades totais de cada componente.

Associada com a indicação das quantidades a serem disponibilizadas para uma ordem de serviço, bem como de datas e prazos, essa lista constitui um resumo do levantamento das necessidades segundo o procedimento por níveis de disponibilidade (→**4.3.3**). A **tabela 1** mostra a lista das quantidades do produto "caixa" (E1) para uma unidade.

Posi.	Nº	Nome	Qtdade.	Unid.
1	G1	Grupo dobradiça	2	Pç
2	T1	Corpo	2	Pç
3	T2	Rebite	4	Pç
4	T3	Chapa dobrada	4	Pç
5	T4	Pino cilíndrico	2	Pç
6	R1	Chapa alumínio	3,0032	m^2

Tab. 1: Lista das quantidades para o produto "caixa"

A lista de enumeração (por exemplo, a lista de peças do desenho técnico de montagem) é uma forma reduzida da lista das quantidades. Nela não se faz menção a grupos construtivos. As informações pertinentes a matérias-primas são inseridas na lista como item comum (**fig. 1, p. 17**).

Perguntas e tarefas

1 No que a lista de peças estruturada difere da não estruturada?

2 Num produto há 3 vezes o grupo construtivo (G1), 5 vezes a peça (T1) e 4 vezes a peça (T2). Que quantidade de cada um dos itens deve constar na lista estruturada por blocos, na estruturada por níveis de produção e na lista das quantidades?

3 Que vantagem há no uso da lista estruturada por níveis de produção em comparação com a estruturada por blocos?

4 Com base na lista estruturada por níveis de produção da **tabela 2**, elabore uma explosão do produto e um conjunto de listas de peças estruturadas por blocos.

5 Por que se prefere usar listas de peças estruturadas por blocos em sistemas de planejamento e controle da produção auxiliados por computador?

6 Descreva a área de utilização da lista das quantidades.

Nº	Estrutura	Nº de peça	Qtdade.	Unid.
1	1	G1	1	Pç
2	2	G2	2	Pç
3	3	T3	1	Pç
4	4	R1	250	mm
5	3	T4	2	Pç
6	4	R2	200	mm
7	2	T2	3	Pç
8	2	T1	1	Pç
9	3	R1	300	mm
10	1	T1	1	Pç
11	2	R1	300	mm
12	1	G2	1	Pç
13	2	T3	1	Pç
14	3	R1	250	mm
15	2	T4	2	Pç
16	3	R2	200	mm

Tab. 2: Lista estruturada por blocos para o produto E2

Atividades no projeto "produção do cilindro pneumático"

4.1 Elabore uma explosão do produto cilindro pneumático descrito no cenário (→ **1.2.2**).

4.2 A partir da explosão, elabore uma lista de peças estruturada por níveis de produção e um conjunto de listas estruturadas por blocos.

4.3 Enumere numa lista das quantidades os grupos construtivos, as peças e os materiais do cilindro pneumático, indicando o número de unidades. No caso de materiais brutos, considere uma perda de corte de 8%.

4.2 Planejamento das necessidades primárias

O levantamento das necessidades inclui o planejamento das quantidades e dos prazos para o plano geral e para o detalhado. O plano das necessidades primárias resume o planejamento dos produtos a serem produzidos. No plano das necessidades secundárias (→**4.3**), determinam-se as quantidades de todos os grupos construtivos, todas as peças e todos os materiais brutos necessários para a produção dos produtos.

Na gestão de materiais, a determinação das quantidades pode seguir dois princípios:

- **Levantamento determinístico de necessidades,**
- **Levantamento estocástico de necessidades.**

No levantamento determinístico, as necessidades emanam dos pedidos de clientes. É utilizada na fabricação por encomenda. No levantamento estocástico, prediz-se a demanda futura com base nas necessidades passadas.

4.2.1 Planejamento do programa de produção

O ponto de partida do planejamento de necessidades primárias são as necessidades gerais brutas, quer dizer, todos os produtos que podem ser vendidos. O tamanho dessas necessidades é decidido no planejamento do programa de produção. A **figura 1** mostra as tarefas do planejamento do programa de produção, quais sejam, o planejamento das vendas, dos estoques e dos recursos. O objetivo dessas atividades de planejamento é a determinação das necessidades primárias brutas e líquidas.

Fig. 1: Tarefas do planejamento do programa da produção

Planejamento das vendas

No planejamento das vendas é determinado em que quantidades e em que períodos os produtos a produzir devem estar disponíveis para distribuição ou entrega. Com isso, determinam-se as necessidades primárias brutas. O planejamento de vendas é feito com base nos pedidos – no caso, levantamento determinístico – ou no prognóstico das vendas – no caso, levantamento estocástico. A expectativa de vendas (prognóstico) é obtida com auxílio de métodos matemáticos e estatísticos em que, com base nos dados do passado, se determina uma demanda futura provável.

No primeiro passo do procedimento de prognóstico, são levantados os consumos num determinado período. Da análise deles pode-se deduzir um comportamento de consumo e, com auxílio da **figura 2**, classificá-lo num modelo característico. No modelo constante, verifica-se uma demanda relativamente constante; no modelo tendencial, pode-se observar um crescimento ou um decréscimo da demanda. Em todo caso, pode haver oscilações sazonais que provocam redução ou aumento da demanda por um período curto.

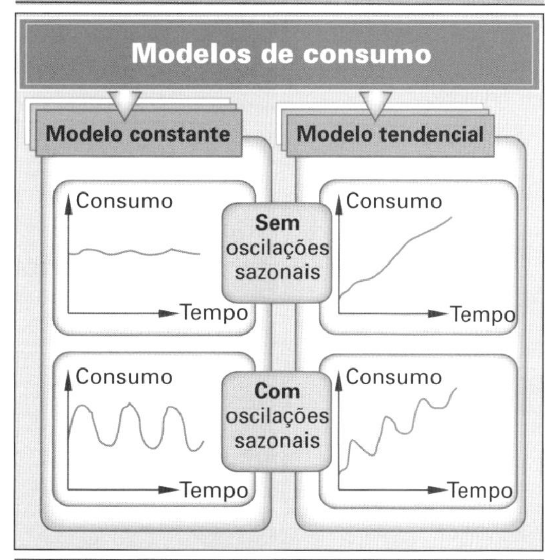

Fig. 2: Modelos de consumo

De acordo com o modelo de consumo, pode-se escolher o procedimento de prognóstico mais adequado para a previsão da demanda. Para explicar o procedimento de prognóstico num comportamento tendencial do consumo, serão usados os dados de consumo do produto "caixa" descrito na **figura 1** da **página 51**, e colocados na **tabela 1** e que abrangem os últimos 15 trimestres.

Número do trimestre	Consumo de caixas T_n em unidades
1	90
2	100
3	96
4	101
5	103
6	105
7	108
8	105
9	107
10	110
11	113
12	116
13	115
14	121
15	125

Tab. 1: Dados de vendas da "caixa"

Análise de regressão linear

A análise de regressão linear é adequada para determinar a demanda quando o comportamento de consumo é tendencial (**fig. 2, p. 55**). Para os cálculos, usam-se os dados de vendas de trimestres passados. No modelo tendencial, ajusta-se uma reta, que é calculada com auxílio dos mínimos quadrados. A demanda futura obtém-se por extrapolação – a simples continuidade da reta. A determinação da reta com o método dos mínimos quadrados dos erros requer muito cálculo (**fig. 1, p. 57**).

A **figura 1** esclarece a análise de regressão por gráfico. A reta ajustada corta o eixo vertical (consumo) no ponto a e tem uma declividade b, facilmente calculável. Com os valores de a e b, pode-se escrever a equação da reta, que segue o modelo-padrão da **figura 1**: V = a + bn; com ela se pode calcular a demanda para os futuros trimestres.

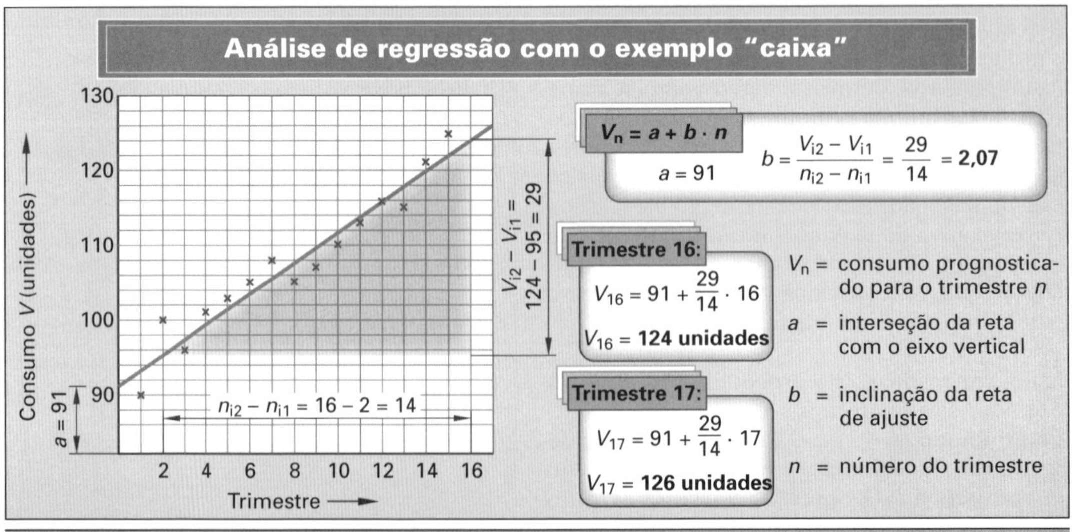

Fig. 1: Determinação gráfica da reta de ajuste

A **figura 1** descreve a determinação algébrica da reta de ajuste com uso do método dos mínimos quadrados dos erros para o exemplo "caixa".

Análise de regressão para o exemplo "caixa"

$$V_n = a + b \cdot n$$

$$b = \frac{\Sigma(n \cdot T_n) - \frac{1}{N} \cdot \Sigma n \cdot \Sigma T_n}{\Sigma n^2 - \frac{1}{N} \cdot (\Sigma n)^2}$$

$$a = \frac{1}{N} \cdot (\Sigma T_n - b \cdot \Sigma n)$$

$$b = \frac{13.485 - \frac{1}{15} \cdot 120 \cdot 1.615}{1.239 - \frac{1}{15} \cdot 120^2} = \mathbf{2{,}03}$$

$$a = \frac{1}{15} \cdot (1.615 - 2{,}03 \cdot 120) = \mathbf{91{,}3}$$

V_n = consumo prognosticado para o trimestre n

T_n = consumo real do trimestre n

n = número do trimestre

N = número total de trimestres

a = interseção da reta com o eixo vertical

b = inclinação da reta de ajuste

n	n^2	T_n	$n \cdot T_n$
1	1	90	90
2	4	100	200
3	9	96	288
4	16	101	404
5	25	103	515
6	36	105	630
7	49	108	756
8	64	105	840
9	81	107	963
10	100	110	1.100
11	121	113	1.243
12	144	116	1.392
13	169	115	1.495
14	196	121	1.694
N = 15	225	125	1.875
Σn	Σn^2	ΣT_n	$\Sigma(n \cdot T_n)$
120	1.239	1.615	13.485

Fig. 1: Determinação algébrica da reta de ajuste com o método dos mínimos quadrados dos erros

Média móvel

Quando o comportamento de consumo segue um modelo constante (**fig. 2, p. 55**), pode-se usar a média aritmética móvel das vendas dos últimos n trimestres para prognosticar a demanda do trimestre seguinte. Na determinação do consumo, considera-se um número constante n de períodos para calcular a demanda do período seguinte. Assim, o prognóstico é sempre feito utilizando-se os últimos dados, quer dizer, no cálculo da nova média entra o consumo do período imediatamente anterior e o dado mais antigo é excluído. A **figura 2** mostra o cálculo da demanda do produto "caixa"(**fig. 2, p. 52**) para os trimestres de número 25 a 30, sempre considerando os dados históricos que estão no diagrama da **figura 2**. O número de períodos para o cálculo da média móvel neste exemplo foi n = 6.

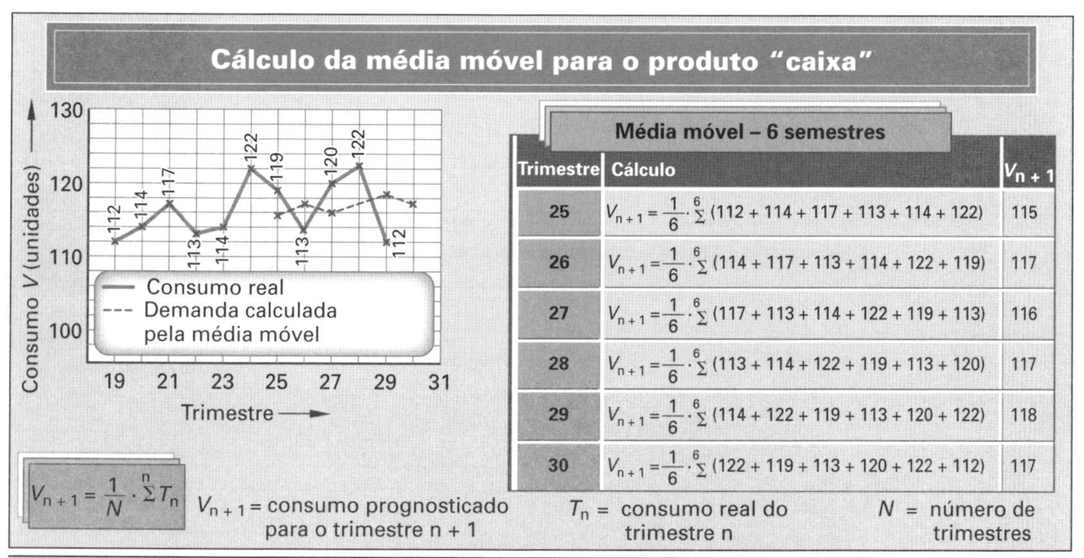

Média móvel – 6 semestres

Trimestre	Cálculo	V_{n+1}
25	$V_{n+1} = \frac{1}{6} \cdot \sum^{6} (112 + 114 + 117 + 113 + 114 + 122)$	115
26	$V_{n+1} = \frac{1}{6} \cdot \sum^{6} (114 + 117 + 113 + 114 + 122 + 119)$	117
27	$V_{n+1} = \frac{1}{6} \cdot \sum^{6} (117 + 113 + 114 + 122 + 119 + 113)$	116
28	$V_{n+1} = \frac{1}{6} \cdot \sum^{6} (113 + 114 + 122 + 119 + 113 + 120)$	117
29	$V_{n+1} = \frac{1}{6} \cdot \sum^{6} (114 + 122 + 119 + 113 + 120 + 122)$	118
30	$V_{n+1} = \frac{1}{6} \cdot \sum^{6} (122 + 119 + 113 + 120 + 122 + 112)$	117

Fig. 2: Determinação de necessidades pela média móvel

Ajuste exponencial de 1ª ordem

O procedimento de ajuste de equação exponencial de 1ª ordem é adequado para a previsão de demandas com comportamento de consumo constante, podendo, eventualmente, ser usado no caso de consumo tendencial. No ajuste exponencial de 1ª ordem, a demanda é calculada com os dados reais de períodos anteriores, sendo ponderados de acordo com a antiguidade deles; os dados mais recentes têm peso maior nos cálculos.

No ajuste exponencial de 1ª ordem, a demanda predita para um período é comparada com o consumo real. A diferença multiplicada por uma constante de ajuste α resulta numa parcela de correção, adicionada no cálculo da previsão para o novo período. Daqui resulta a equação da **figura 1**.

Sob consideração da constante de ajuste α, pode-se determinar com que peso os últimos dados entrarão na determinação das necessidades. O valor de α pode ser fixado entre 0 e 1. No caso em que $\alpha = 0$, a previsão para o período seguinte é igual à última previsão; apesar de ter havido diferença entre o previsto e o realizado, a previsão anterior é mantida como previsão para o período seguinte. Com isso, os novos dados reais são ignorados.

Se $\alpha = 1$, então a demanda prevista corresponde ao consumo real do último período e todos os dados históricos são desconsiderados. Na prática, usa α entre 0,1 e 0,8. Quanto maior a constante de ajuste, tanto menor é o peso dos dados de consumo mais antigos sobre as previsões.

As desvantagens do uso do ajuste exponencial de 1ª. ordem são a determinação individual de α e o fato de, havendo uma mudança no comportamento de consumo, a previsão estar atrasada por, no mínimo, um período.

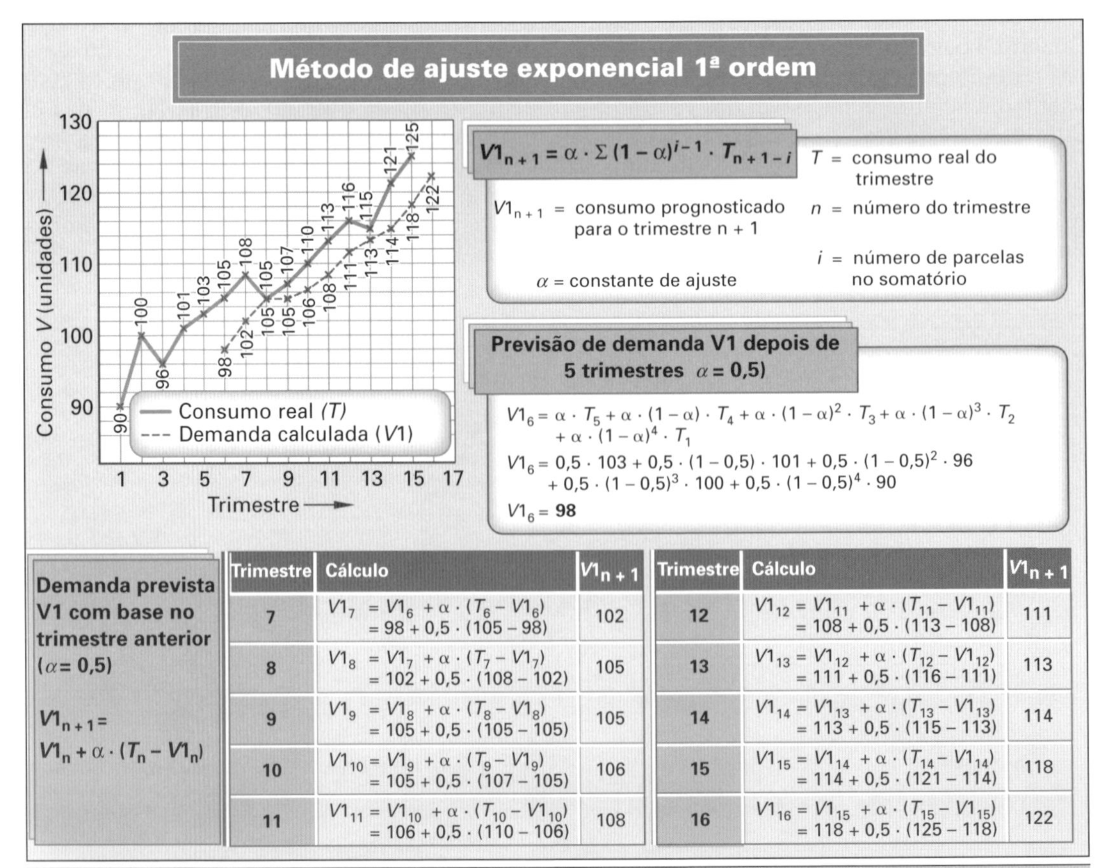

Trimestre	Cálculo	$V1_{n+1}$
7	$V1_7 = V1_6 + \alpha \cdot (T_6 - V1_6) = 98 + 0{,}5 \cdot (105 - 98)$	102
8	$V1_8 = V1_7 + \alpha \cdot (T_7 - V1_7) = 102 + 0{,}5 \cdot (108 - 102)$	105
9	$V1_9 = V1_8 + \alpha \cdot (T_8 - V1_8) = 105 + 0{,}5 \cdot (105 - 105)$	105
10	$V1_{10} = V1_9 + \alpha \cdot (T_9 - V1_9) = 105 + 0{,}5 \cdot (107 - 105)$	106
11	$V1_{11} = V1_{10} + \alpha \cdot (T_{10} - V1_{10}) = 106 + 0{,}5 \cdot (110 - 106)$	108

Trimestre	Cálculo	$V1_{n+1}$
12	$V1_{12} = V1_{11} + \alpha \cdot (T_{11} - V1_{11}) = 108 + 0{,}5 \cdot (113 - 108)$	111
13	$V1_{13} = V1_{12} + \alpha \cdot (T_{12} - V1_{12}) = 111 + 0{,}5 \cdot (116 - 111)$	113
14	$V1_{14} = V1_{13} + \alpha \cdot (T_{13} - V1_{13}) = 113 + 0{,}5 \cdot (115 - 113)$	114
15	$V1_{15} = V1_{14} + \alpha \cdot (T_{14} - V1_{14}) = 114 + 0{,}5 \cdot (121 - 114)$	118
16	$V1_{16} = V1_{15} + \alpha \cdot (T_{15} - V1_{15}) = 118 + 0{,}5 \cdot (125 - 118)$	122

Fig. 1: Determinação de necessidades pelo método do ajuste exponencial

A **figura 1** da **página 58** descreve a previsão para o produto "caixa". No exemplo, $\alpha = 0,5$. Com a fórmula, é calculada a previsão do 6º trimestre com base no consumo dos 5 trimestres anteriores, que estão na **tabela 1 da página 56**. As previsões para os trimestres seguintes são feitas com a segunda fórmula da figura. O diagrama mostra a comparação entre o consumo real e as necessidades prognosticadas.

Ajuste exponencial de 2ª ordem

Nos valores de consumo representados na **figura 1** da **página 58**, observa-se uma tendência. O uso restrito do ajuste exponencial de 1ª ordem, neste caso, tem desvantagens, uma vez que a demanda prevista fica muito distante do consumo real sempre que houver uma oscilação maior dele. No ajuste exponencial de 2ª ordem, a demanda prevista $V2_n$ é corrigida com base no desvio do consumo real em relação à demanda calculada com ajuste exponencial de 1ª ordem $V1_n$.

Regressão múltipla

Nos procedimentos de prognóstico descritos, a previsão da demanda futura é calculada somente em base de dados históricos reais. Na regressão múltipla, são levantadas possíveis influências externas sobre as vendas e consideradas na determinação das previsões futuras. Com auxílio de análises estatísticas das vendas, pode-se verificar depois se as grandezas de influência sobre o desenvolvimento das vendas foram estimadas corretamente. O resultado da análise estatística é uma ponderação das grandezas influentes, que é levada em conta nas próximas previsões.
Com a regressão múltipla, pode-se obter previsões bastante precisas. A desvantagem está no trabalho algumas vezes maior do que nos demais procedimentos descritos.

Planejamento dos estoques para as necessidades primárias

O planejamento dos estoques para as necessidades primárias serve para definir os níveis de estoques. O objetivo é, por um lado, manter estoques mínimos e, por outro, garantir que não venham a faltar itens para a produção. O resultado desse planejamento é a determinação das necessidades primárias líquidas (**fig. 1, p. 55**).
Com as necessidades primárias líquidas, fixa-se a quantidade de um produto que realmente deve ser produzida. As necessidades primárias brutas, determinadas com base no plano de vendas e nos pedidos de clientes já em carteira, são acrescidas de um estoque de segurança para garantir a rapidez na entrega. Descontando-se o estoque disponível, obtêm-se as necessidades primárias líquidas.

Planejamento grosseiro dos recursos

A tarefa do planejamento grosseiro dos recursos é a verificação das cargas (ocupação) das capacidades disponíveis (**fig. 1, p. 55**). Objetiva-se uma carga bem distribuída das capacidades. Calcula-se de forma aproximada se, com os recursos disponíveis, é possível produzir as peças, os grupos construtivos e produtos para cobrir a demanda prevista.

Como a comparação dos recursos disponíveis com as necessidades de materiais previstas é apenas aproximada, os dispêndios nos cálculos são reduzidos por diferentes medidas.

- Produtos são agrupados.
- Capacidades são agrupadas (p. ex., todos os tornos são tratados como o grupo de tornos).
- Só produtos representativos são considerados.
- O planejamento é feito com a condensação dos dados sobre os produtos com o objetivo de reduzir a quantidade de dados para que o planejamento custe menos e seja realizável com facilidade.

Resultados do planejamento do programa de produção

O resultado de um planejamento abrangente do programa de produção é o conhecimento das necessidades primárias líquidas com base no plano de vendas e dos estoques. A **figura 1** mostra uma visualização dos procedimentos de prognóstico e a adequação de uso deles para os diferentes comportamentos de consumo (**fig. 2, p. 55**).

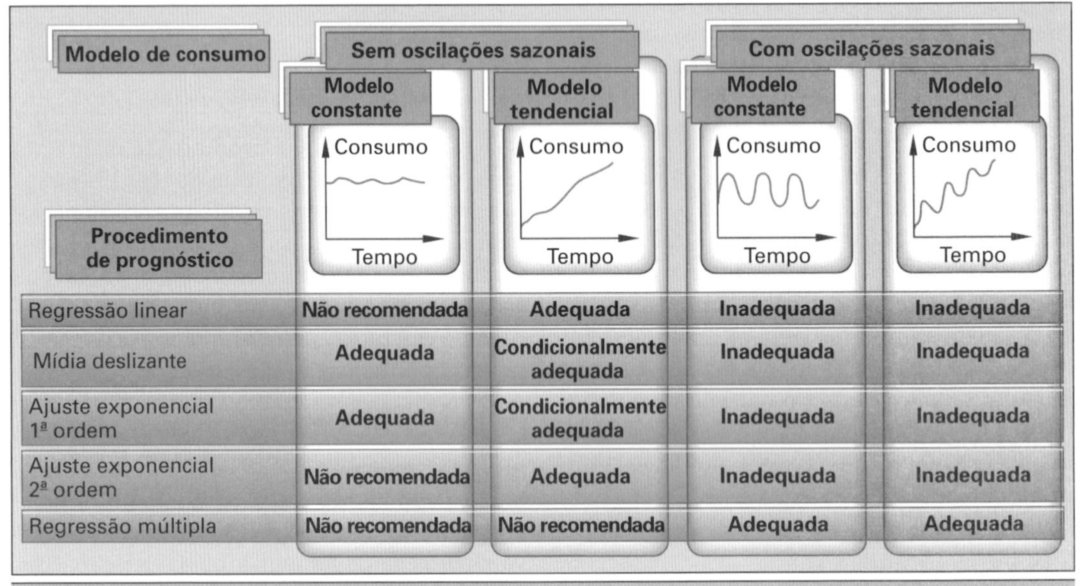

Modelo de consumo / Procedimento de prognóstico	Sem oscilações sazonais: Modelo constante	Sem oscilações sazonais: Modelo tendencial	Com oscilações sazonais: Modelo constante	Com oscilações sazonais: Modelo tendencial
Regressão linear	Não recomendada	Adequada	Inadequada	Inadequada
Mídia deslizante	Adequada	Condicionalmente adequada	Inadequada	Inadequada
Ajuste exponencial 1ª ordem	Adequada	Condicionalmente adequada	Inadequada	Inadequada
Ajuste exponencial 2ª ordem	Não recomendada	Adequada	Inadequada	Inadequada
Regressão múltipla	Não recomendada	Não recomendada	Adequada	Adequada

Fig. 1: Adequação dos procedimentos de prognóstico para diferentes modelos de consumo

Com o planejamento dos recursos, são fixadas datas importantes tendo em vista os recursos disponíveis. A comparação entre o necessário e o disponível conduz ao planejamento da aquisição de peças, grupos construtivos e materiais brutos a serem comprados.

Perguntas e tarefas

7 O que se entende por planejamento das necessidades primárias?

8 Diferencie entre necessidades primárias brutas e líquidas.

9 Que componentes as necessidades secundárias contêm?

10 De que tarefas consiste o planejamento do programa de produção?

11 Descreva as atividades do planejamento das vendas.

12 Diferencie entre levantamento determinístico e estocástico de necessidades.

13 Que tipos de ordens de serviço fundamentam o levantamento estocástico de necessidades?

14 Por que se usam modelos de comportamento de consumo no planejamento das vendas?

15 Descreva o modelo de comportamento de consumo constante, diferenciando-o do modelo tendencial.

16 Descreva a análise de regressão para o prognóstico da demanda.

17 Como se procede na previsão da demanda pela média móvel?

18 Diferencie entre ajuste exponencial de 1ª e 2ª ordem.

19 Que objetivo persegue-se com o ajuste exponencial de 2ª ordem?

20 Que importância tem a constante de ajuste α no ajuste exponencial de 1ª ordem?

21 Que vantagens tem a regressão múltipla como procedimento de previsão?

22 O que se entende por regressão múltipla?

23 Com que medidas pode-se simplificar o planejamento grosseiro de recursos?

24 Para que se faz uma comparação entre recursos disponíveis e necessários no planejamento dos recursos?

4.2.2 Planejamento do programa de produção do produto "cilindro pneumático"

A empresa Spin-Lag GmbH distribui cilindros pneumáticos das séries BP264 e BP528. Para ambas as séries, deve ser elaborado um programa de produção. Para a determinação das demandas futuras, têm-se documentadas as vendas dos últimos 14 meses, conforme **tabela 1**.

Cilindro pneumático série BP264				Cilindro pneumático série BP528			
Mês	Vendas unidades	Mês	Vendas unidades	Mês	Vendas unidades	Mês	Vendas unidades
1	2.055	8	2.118	1	649	8	890
2	2.087	9	2.152	2	739	9	882
3	2.098	10	2.109	3	689	10	911
4	2.047	11	2.042	4	756	11	1.008
5	2.038	12	2.040	5	803	12	978
6	2.110	13	2.106	6	764	13	1.042
7	2.121	14	2.122	7	842	14	1.086

Tab. 1: Vendas de cilindros pneumáticos das séries BP 264 e BP528

Atividades no projeto "produção do cilindro pneumático"

4.4 Elabore um diagrama com os dados de vendas de cada modelo de cilindro pneumático.

4.5 Verifique que método de previsão de vendas seria adequado para o levantamento estocástico das necessidades para a produção de ambas as séries.

4.6 Para uma das séries, calcule as necessidades primárias brutas nos dois meses seguintes pela análise de regressão. Faça a determinação gráfica e algébrica da reta de ajuste.

4.7 Para uma das séries, use o procedimento da média móvel com os dados de 10 meses e determine a demanda bruta de cilindros pneumáticos para os dois meses seguintes.

4.8 Verifique a adequação do ajuste exponencial de 1ª ordem na série de consumo com modelo tendencial, com uma constante de ajuste $\alpha = 0,4$. Calcule inicialmente a previsão com dados de 5 meses e depois determine a previsão da demanda para os meses seguintes até o 15º. Marque os valores calculados no mesmo diagrama das vendas reais.

4.3 Planejamento das necessidades secundárias

O planejamento das necessidades secundárias prevê as necessidades líquidas de materiais com base no planejamento das necessidades primárias. Inicialmente, são determinadas as necessidades brutas sem a consideração dos níveis de estoques. A classificação dos materiais a partir de uma análise ABC (→**9.2**) fornece um critério de seleção importante, útil no uso de um método adequado para levantamento das necessidades (→ **4. 3.3**). Com a determinação das necessidades líquidas, fixam-se as necessidades de peças, grupos construtivos e materiais brutos que precisam ser comprados. Para isso, as necessidades brutas serão reduzidas às necessidades líquidas, considerando-se os níveis de estoques, as reservas e quantidades em circulação no processo, níveis de segurança e de alarme. O tipo de encomenda (→**4.3.1**), e a aplicação de procedimentos para evitar níveis elevados de estoques (→**4.3.2**) influenciam muito na determinação do tamanho das necessidades líquidas.

Os itens nas quantidades expressas como necessidades líquidas não estão disponíveis nos estoques nem comprometidos com uma ordem de serviço já planejada. A determinação das necessidades pode ser fixada numa data específica ou pode ser relativa a um período.

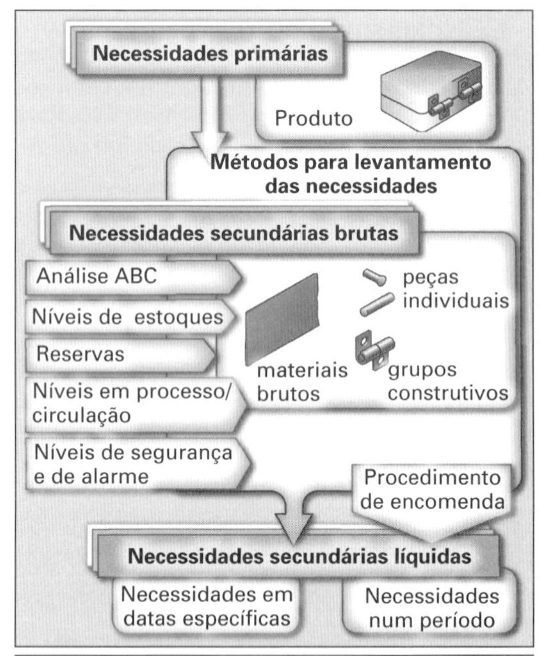

Fig. 1: Planejamento das necessidades secundárias

4.3.1 Procedimentos de encomenda

Uma encomenda pode ser organizada segundo diferentes procedimentos. O disparar de uma encomenda pode ser baseado nas necessidades concretas, no tempo ou nos níveis dos estoques.

Encomenda com base em necessidades concretas

A necessidade é o critério mais simples para disparar uma encomenda (**fig. 2**). Material será encomendado somente quando houver necessidade concreta, quer dizer, há pedidos e, dos levantamentos feitos, são conhecidas as quantidades necessárias.
Nesse procedimento não há, via de regra, manutenção de estoques. Com isso, o período entre a encomenda e a disponibilidade do material é o tempo para a reaquisição.

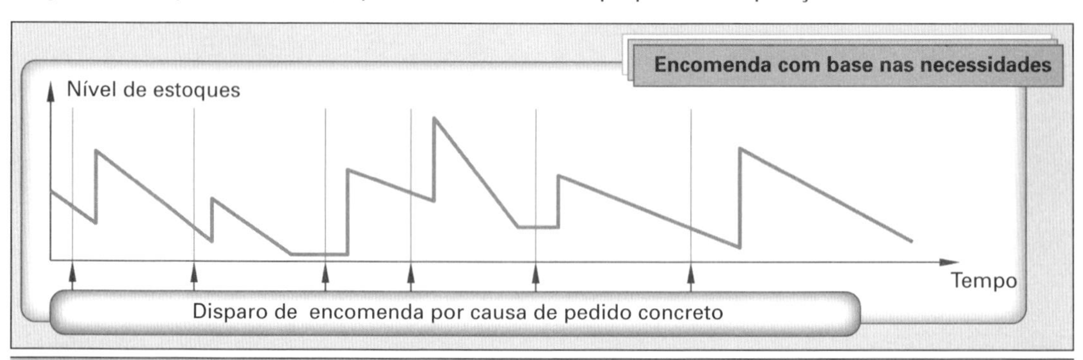

Fig. 2: Encomenda com base em necessidades concretas

A encomenda com base nas necessidades é usada, sobretudo para materiais muito caros (materiais ou peças A na análise ABC) e cuja demanda oscila muito (→ **9.2**).
O levantamento das necessidades decorre do desmembramento das listas de peças. As quantidades para cada nível de produção são determinadas com auxílio da explosão do produto segundo o procedimento dos níveis de disponibilidade (→**4.2.3**). O decurso das necessidades de cada material no último nível do desmembramento decorre do prazo final requisitado para a disponibilidade do produto e das alterações ou ajustes das necessidades primárias e secundárias.

Encomenda com base no tempo

A encomenda com base no tempo (**fig. 1, p. 63**) é realizada em ritmos regulares, em intervalos regulares predefinidos. O nível de estoque atual não tem influência sobre o momento do disparo da encomenda. Nela só se faz regularmente uma verificação dos níveis de estoques para controlar se são suficientes para atender às demandas. Dependendo dos resultados, pode-se também deixar de encomendar certos materiais numa data antes programada para tal (pular) se o nível de alarme não for atingido.

Com o procedimento das encomendas rítmicas, são reduzidos os custos de compras e disponibilidade, e sua aplicação é mais vantajosa para peças e materiais cuja demanda não oscila muito.

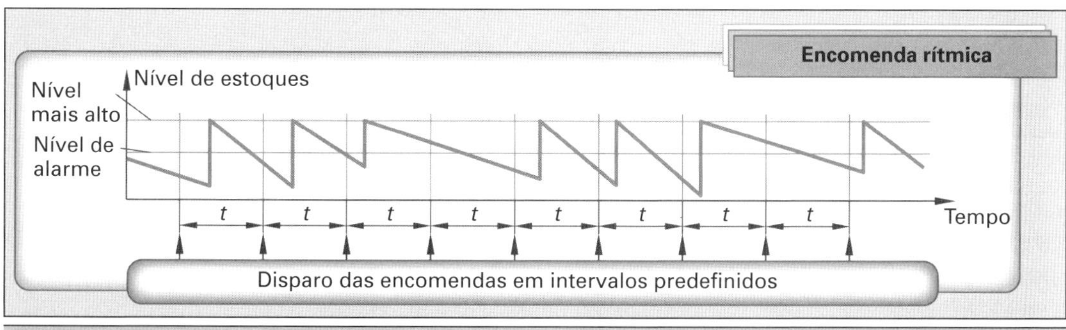

Fig. 1: Encomenda com base no tempo

Encomenda com base nos níveis de estoques

Na encomenda com base nos níveis de estoques (**fig. 2**), controla-se, depois de cada retirada dos estoques, se foi alcançado o ponto em que convém fazer nova encomenda. Uma vez alcançado o nível de alarme ou o tempo certo para fazer nova encomenda, é dado o disparo. Com um sistema de planejamento e controle da produção, o próprio sistema dispara a encomenda e todo o procedimento pode ser automatizado.

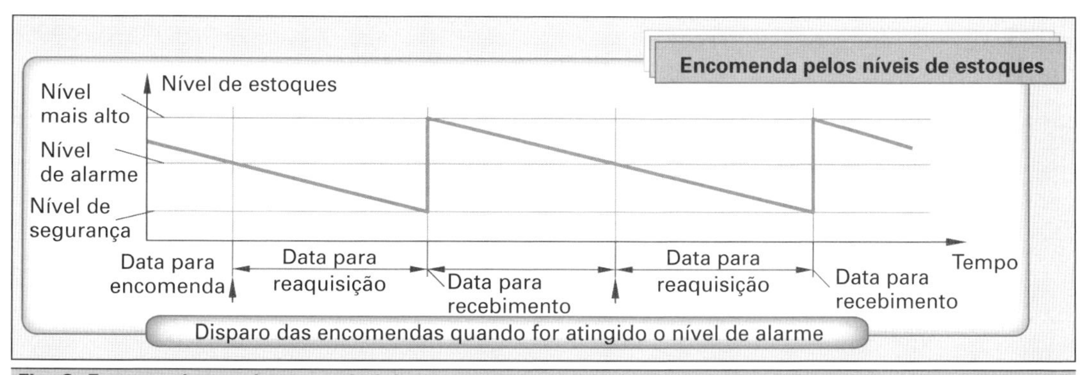

Fig. 2: Encomenda com base no nível dos estoques

A quantidade encomendada deverá ser suficiente até o recebimento de nova remessa, sem comprometer o nível de segurança. Uma vez que num recebimento não se faz imediatamente nova encomenda, é necessário haver uma provisão de peças e materiais para cobrir o tempo entre uma remessa e outra, intercalada por uma reaquisição.

4.3.2 Determinação da quantidade ótima de encomenda

Se os custos para a aquisição e a armazenagem de peças e materiais comprados for utilizado como critério para a determinação das quantidades a encomendar (tamanho do lote), então se aplica a fórmula de Andler para calcular o tamanho ótimo dos lotes. Quase todos os sistemas de planejamento e controle da produção incluem esse cálculo. O critério utilizado é a relação entre os custos de aquisição e de armazenagem de peças e materiais comprados (**fig. 1, p. 64**).

O objetivo que se persegue ao aplicar a fórmula de Andler é a otimização dos custos de aquisição, juntamente com os de armazenagem, pois eles têm um comportamento oposto em função do tamanho dos lotes ou das quantidades encomendadas por vez. Como a **figura 1 da página 64** mostra, os custos de aquisição decrescem com o aumento das quantidades encomendadas porque os custos para proceder às encomendas independem das quantidades, e com lotes maiores pode-se obter vantagens, por exemplo, descontos.

Por outro lado, os custos de armazenagem crescem com o tamanho dos lotes. A causa desse crescimento está no aumento dos custos para manter os materiais em estoque (área, risco de perdas, controles), além dos custos financeiros para manter capital parado em depósitos.
No procedimento segundo Andler, supõe-se que as necessidades de materiais para um dado período (p. ex., para 1 ano) são conhecidas e uniformes, sem grandes oscilações durante esse período. Além disso, supõe-se que os custos das encomendas são conhecidos e também constantes. Necessita-se de uma taxa de referência que condense todos os custos associáveis com a armazenagem do material.
Um extremo seria encomendar todo o material numa só vez. O outro extremo seria encomendar o material sempre imediatamente antes de precisar dele. No primeiro caso, têm-se altos custos de armazenagem, no segundo, de aquisição, ou seja, de fazer as encomendas. Como entre os dois extremos há uma multiplicidade de possibilidades para fazer as encomendas, pode-se otimizar os custos com a fórmula de Andler.

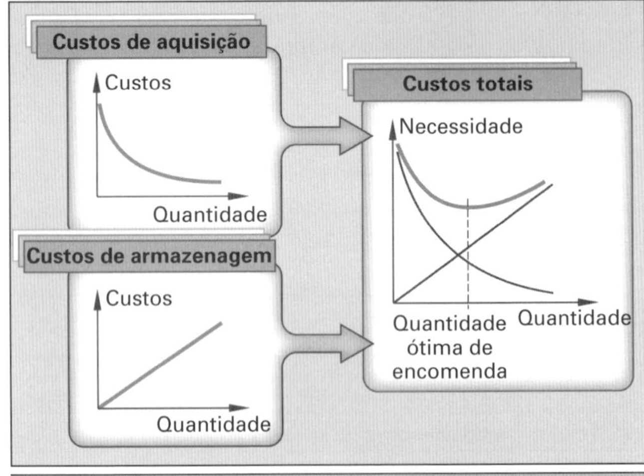

Fig. 1: Custos de aquisição e de armazenagem

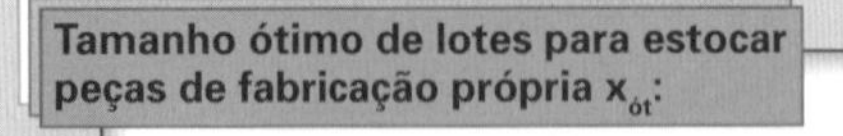

Tamanho ótimo de lotes para estocar peças de fabricação própria $x_{ót}$:

$$x_{ót} = \sqrt{\frac{200\% \cdot K_R \cdot x_{tot}}{K_H \cdot L}}$$

K_R = custos de preparação
K_H = custos de fabricação por unidade
x_{tot} = necessidade total por armazenagem
L = taxa de armazenagem por unidade

Tamanho ótimo de lotes para estocar peças compradas $x_{ót}$:

$$x_{ót} = \sqrt{\frac{200\% \cdot K_B \cdot x_{tot}}{K_f \cdot L}}$$

K_B = custos fixos de encomendas
K_f = preço planejado por peça
x_{tot} = necessidade total por armazenagem
L = taxa de armazenagem por unidade

Taxa de armazenagem L:

A taxa de armazenagem por peça L se compõe da taxa de juros sobre o capital preso L_1 e uma taxa de juros para a armazenagem L_2:

$$L = L_1 + L_2$$

L = taxa de armazenagem por peça
L_1 = taxa de juros sobre o capital
L_2 = taxa de juros para a armazenagem

Frequência ótima de encomenda $n_{ót}$

A frequência ótima de encomenda resulta da relação entre as necessidades totais e o tamanho ótimo dos lotes

$$n_{ót} = \frac{x_{tot}}{x_{ót}}$$

$n_{ót}$ = frequência ótima de encomenda
x_{tot} = necessidade total por armazenagem
$x_{ót}$ = tamanho ótimo dos lotes

O tempo ótimo para a reaquisição para um período pode ser calculado com:

$$\Delta t_p = \frac{x_{\acute{o}t}}{x_{tot}} \cdot T_p$$

Δt_p = tempo ótimo para reaquisição
T_p = duração de um período

Perguntas e tarefas

25 Que objetivo o planejamento das necessidades secundárias persegue?

26 O que deve ser levado em conta no levantamento das necessidades secundárias líquidas?

27 Explique o que é "encomenda com base nas necessidades".

28 No que se diferem as encomendas com base no tempo e com base no nível dos estoques?

29 No que se fundamenta a determinação do tamanho ótimo de lotes com a fórmula de Andler?

30 Que objetivo se persegue com a fórmula de Andler?

31 Que conflitos se enfrentam na determinação do tamanho ótimo de lotes? Explique.

32 Descreva a determinação gráfica do tamanho ótimo de lotes.

Tamanho ótimo de lote para o cilindro pneumático

Para determinar o tamanho ótimo dos lotes de peças e materiais comprados para o cilindro pneumático da série BP528 são dados, na **tabela 1**, as quantidades e os preços de compra planejados.

A taxa de juros sobre o capital preso é fixada em 13% e os custos da armazenagem foram levantados e importam 8%. Os custos para encomendar são fixados em □ 45 por encomenda.

Peça comprada	Neces. semanal	K_f em €	$x_{\acute{o}t}$ em unid.	$n_{\acute{o}t}$	Δt_p em dias
T3 Fundo	480	8,95			
T4 Tampa	480	10,95			
T5 Pistão	480	6,89			
T6 Barra de tração	1.920	0,55			
T7 Porca M8 – 27 compr.	3.930	0,05			
T8 Pino amortecedor	960	0,12			
T9 Porca pistão M14 x 1	960	0,45			
T10 Chapa guia pistão	480	0,05			
T11 Porca haste pistão	480	0,19			
T12 Anel ø14 x 1,8	480	0,03			
T13 Anel vedação pistão	840	0,07			
T14 Anel ø25 x 3,55	840	0,04			
T15 Anel vedação corpo	480	0,06			
T16 Repelente de sujeira	480	0,08			
T17 Mancal deslizante	520	0,55			
T18 Parafuso amortecedor	800	0,15			
T19 Anel vedação ø6 x 1,8	800	0,03			
R1 (m) Perfil de alumínio	1.650	4,95			
R2 (m) Aço redondo	1.200	8,65			

Indicações das matérias-primas com perdas de corte.

Tab. 1: Necessidades totais e preços

Atividades no projeto "produção do cilindro pneumático"

4.9 Calcule a taxa de juros da armazenagem por peça para a determinação do tamanho ótimo dos lotes.

4.10 Determine a quantidade ótima de encomenda de todas as peças compradas. Use os dados da **tabela** da **página 65**.

4.11 Calcule a frequência ótima de encomenda de cada peça comprada com base nas necessidades informadas na **tabela** da **página 65** para um período de uma semana (5 dias úteis).

4.12 Determine o tempo ótimo para a reaquisição das peças compradas.

4.3.3 Métodos para determinar as necessidades secundárias

Para a determinação das necessidades secundárias, pode-se usar diferentes métodos, que em parte já foram usados na determinação das necessidades primárias (→**4.2**). O objetivo será o cálculo das necessidades para um determinado período do planejamento. Os métodos são:

- **Levantamento estocástico das necessidades,**
- **Estimação subjetiva das necessidades,**
- **Levantamento determinístico das necessidades.**

Levantamento estocástico das necessidades

No levantamento estocástico das necessidades, as necessidades futuras são determinadas com base no consumo passado (→**4.2.1**). Para isso, deverão ter sido levantados dados sobre níveis de estoques e mudanças de materiais de um número suficiente de períodos consecutivos do passado. Com a aplicação dos procedimentos de prognóstico descritos em **4.2.1**, faz-se a previsão da demanda.

A qualidade dos cálculos de previsão depende, sobretudo, da escolha do período de consumo passado e do tamanho do intervalo no prognóstico. Ao se utilizar um longo período de consumo, oscilações pouco relevantes e de curta duração têm influência insignificante sobre as previsões. Por outro lado, ao se utilizar dados muito antigos, pode-se obter resultados falsos. Na indústria, é sensato usar como base de cálculo um período entre 1 e 3 anos. A escolha de um intervalo de prognóstico curto aumenta a confiabilidade das previsões e aumenta também os dispêndios para a determinação das necessidades.

Estimação subjetiva das necessidades

Na estimação subjetiva das necessidades, diferencia-se entre estimação analógica e intuitiva. Na estimação analógica, são utilizados cálculos de previsões de materiais comparáveis, assemelhados e os resultados transferidos para os materiais em questão. Na estimação intuitiva, usam-se apenas os sentidos e a experiência para determinar o decurso das necessidades. Ela só é recomendável para peças de pequeno valor, ou em casos especiais (artigos de moda ou peças para colecionadores).

Levantamento determinístico das necessidades

O procedimento determinístico é usado para determinação das necessidades nos casos em que a encomenda é feita com base nelas. Nesse procedimento, consideram-se os pedidos dos clientes e dos depósitos próprios para eventual estocagem. Com o procedimento determinístico, objetiva-se determinar exatamente as necessidades em todos os níveis de produção, tanto as quantidades quanto as datas (→**4.1**). O resultado desse levantamento de necessidades é uma lista das quantidades (→**4.1**) com as datas em que cada um dos materiais e peças deve estar disponível.

No procedimento determinístico, parte-se das conhecidas necessidades primárias, determinadas no planejamento do programa de produção. Analiticamente, decompõe-se o produto em peças e materiais e elabora-se uma lista de peças estruturada seguindo os níveis de produção, de cima para baixo. Inicialmente, analisa-se o produto a ser vendido, e depois são considerados todos os grupos construtivos, todas as peças e todos os materiais brutos, por nível de produção.

A **figura 1 da página 67** esclarece o levantamento determinístico de necessidades por explosão do produto, no caso a caixa (**fig. 1, p. 51**), segundo níveis de produção e de disponibilidade. Para cada nível de produção, calculam-se as necessidades brutas de grupos construtivos e peças, decorrentes das necessidades líquidas no nível de produção imediatamente acima. As necessidades líquidas são as quantidades a disponibilizar, e são calculadas a partir das necessidades brutas, subtraindo-se destas o disponível nos estoques.

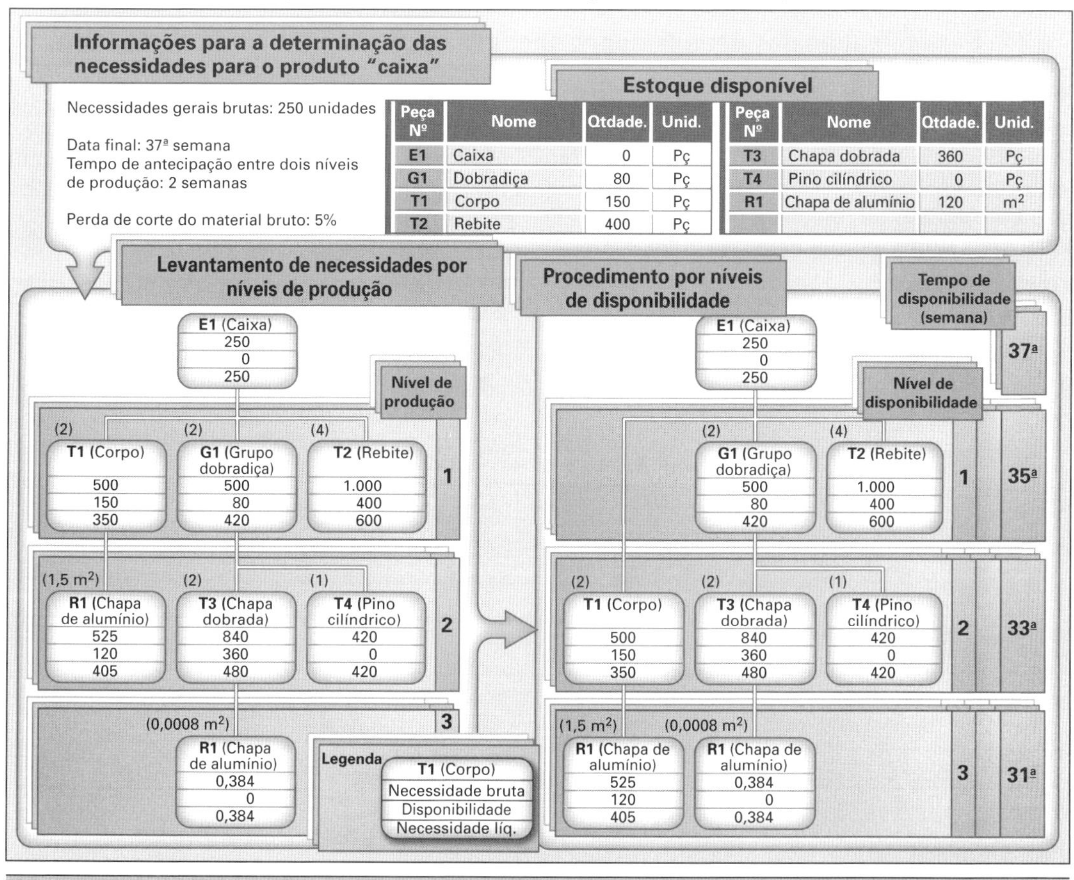

Fig. 1: Planejamento determinístico das necessidades

Em geral, não se calculam para cada nível de produção as necessidades de peças que se repetem. Neste caso, a explosão do produto ou a lista de peças estruturada é desmembrada por nível de disponibilidade, e peças que se repetem são mencionadas uma só vez no nível mais baixo. Com isso, as necessidades podem ser associadas corretamente às datas em que devem estar disponíveis. A **figura 1** mostra a passagem da chapa de alumínio (R1) para a 31ª semana de trabalho; com isso, tem-se uma folga de 2 semanas para a fabricação do corpo (T1).

Lista ampliada das necessidades para o produto "caixa"						Tamanho do lote: 250
Posi.	Peça Nº	Nome	Qtdade./ produto	Necessidade líquida	Unid.	Tempo de disponibilidade (semana)
1	G1	Grupo dobradiça	2	420	Pç	35
2	T1	Corpo	2	350	Pç	33
3	T2	Rebite	4	600	Pç	35
4	T3	Chapa dobrada	4	480	Pç	33
5	T4	Pino cilíndrico	1	420	Pç	33
6	R1	Chapa de alumínio	3,0032	425,65	m²	31

Necessidade líquida de chapa de alumínio (R1) com perda de corte de 5%.

Tab. 1: Lista das quantidades de peças com indicação do tempo de disponibilidade

O resultado do procedimento por níveis de disponibilidade gera uma lista ampliada das quantidades de peças, como na **tabela 1 da página 67**, para o produto "caixa". Para a chapa de alumínio (R1), considera-se uma perda de corte de 5% segundo a **figura 1 da página 67**, o que terá de ser levado em conta na compra dos materiais. A disponibilidade por níveis é simples, pouco dispendiosa e se impôs em quase todos os sistemas de planejamento e controle da produção.

4.3.4 Determinação das necessidades secundárias para o cilindro pneumático

Para o cilindro pneumático das séries BP264 e BP528, foram determinadas as necessidades primárias no planejamento do programa de produção em **4.2.1**. A encomenda de peças compradas de terceiros ocorre de 5 em 5 dias úteis (um mês tem cerca de 20 dias úteis). O prazo para fabricação do primeiro lote deve ocorrer na 37ª semana do calendário. Para o cálculo das necessidades detalhadas para a fabricação do primeiro lote, os níveis de estoques mencionados na **tabela 1** devem ser levados em conta (perda de corte – 8%).

Peça Nº	Nome	Qtdade.	Unid.
G1	Grupo fundo	120	Pç
G4	Grupo haste do pistão	450	Pç
G5	Grupo barra de tração	2.978	Pç
T1	Corpo	20	Pç
T2	Haste do pistão	79	Pç
T6	Barra de tração M8	400	Pç
T10	Guia do pistão	190	Pç
T11	Porca haste do pistão	460	Pç
T12	Anel ø14 x 8	800	Pç
T15	Vedação corpo	250	Pç
T17	Tampa do pistão mancal deslizante	90	Pç
T19	Anel de vedação ø6 x 1,8	1.200	Pç
E1	Cilindro pneumático BP528	200	Pç
R2	Material em barras ø20	66	m

Tab. 1: Níveis de estoques para o cilindro pneumático da série BP528

Atividades no projeto "produção do cilindro pneumático"

4.13 Determine as quantidades a dispor e as respectivas datas para o pedido de cilindros pneumáticos cujas necessidades primárias no 16º mês foram levantadas na **atividade 4.6.** Para isso, use a explosão do produto feita na **atividade 4.1** e considere a situação dos estoques mostrada na **tabela 1**.

4.14 Elabore uma lista de peças ampliada das quantidades a partir de seus resultados do procedimento por níveis de disponibilidade.

4.4 Exercício de aprofundamento: planejamento das necessidades de produção para o projeto "produção de árvore com mancal"

Peça Nº	Nome	Qtdade.	Unid.
T1	Corpo fundido	120	Pç
T2	Árvore de acionamento	140	Pç
T3	Arruela de ajuste	20	Pç
T4	Anel de segurança	79	Pç
T5	Mancal de rolamento ranhurado	460	Pç
T6	Anel	800	Pç
T7	Anel de feltro	1.000	Pç
T7	Anel elástico	250	Pç

Tab. 2: Nível de estoques para a árvore com mancal

Atividades no projeto "produção da árvore com mancal"

4.15 Elabore uma explosão do produto árvore com mancal com base nas informações dadas na descrição do cenário.

4.16 A partir da explosão do produto, elabore a lista de peças estruturada por níveis de produção e um conjunto de listas de peças estruturadas por blocos para o produto árvore com mancal.

4.17 As encomendas das peças compradas para a árvore com mancal devem ocorrer a cada 3 dias úteis. Determine, com base no planejamento anual da produção, as necessidades primárias e execute um levantamento das necessidades por níveis de disponibilidade para o primeiro lote. Leve em conta os níveis de estoques constantes na **tabela 2**.

5 Planejamento do trabalho

Planejamento do trabalho compreende todas as atividades que ocorrem em algum momento da fabricação ou montagem do produto. Entre outras coisas, o planejamento do trabalho define com que capacidades produtivas o produto será fabricado, em que tipos de máquinas e instalações e com que passos de trabalho e em que sequência deverão ser feitas a fabricação e a montagem de cada produto.

5.1 Tarefas e objetivos do planejamento do trabalho

O planejamento da produção consiste da elaboração de planos de trabalho para os postos de trabalho a sderem usados.

Um objetivo importante do planejamento do trabalho é a determinação dos passos de produção e o levantamento de tempos para a produção.

5.1.1 Tarefas do planejamento do trabalho

As funções do planejamento do trabalho descritas na **figura 1** se subdividem em tarefas de planejamento de curto e de longo prazos. As tarefas do planejamento de curta duração devem garantir um atendimento econômico dos pedidos ou das ordens de serviço. O objetivo do planejamento de longa duração é a configuração econômica das áreas de produção. Enquanto o planejamento de curta duração compreende as atividades que dependem de pedidos ou ordens de serviço específicos, o planejamento de longa duração se caracteriza pela independência deles.

No tratamento das listas de peças elaboradas, tem-se o objetivo de derivar listas de peças próprias para a produção, em especial a partir da estruturada por níveis de produção. Listas de peças próprias para a produção são as listas para fabricação e montagem, além da lista estruturada por blocos (→**4.1**). Cerne do planejamento do trabalho é a elaboração dos planos de trabalho para a fabricação e montagem para o cálculo dos custos. A programação compreende, por exemplo, a elaboração de programas para máquinas CNC e para robôs. O planejamento dos meios de produção contribui, entre outros, para o desenvolvimento de meios de fabricação e montagem para tarefas especiais.

Enquanto a preparação para o planejamento – como atividade de médio prazo – compila informações e dados, por exemplo, para a elaboração dos planos de trabalho, com o planejamento dos custos fazem-se o cálculo dos custos (previsão) e análises da relação custos-benefícios e da conveniência ou não de investimentos. A tarefa da garantia de qualidade é a elaboração de planos de teste e o planejamento do controle estatístico da qualidade.

O planejamento de materiais a longo prazo inclui, por exemplo, a verificação periódica dos materiais em estoques, para poder considerar o quanto antes as mudanças no mix de produção.

A principal tarefa do planejamento de investimentos é a criação de concepções para o desenvolvimento, a aquisição ou as mudanças de meios de produção: de máquinas e plantas a pequenos instrumentos de teste.

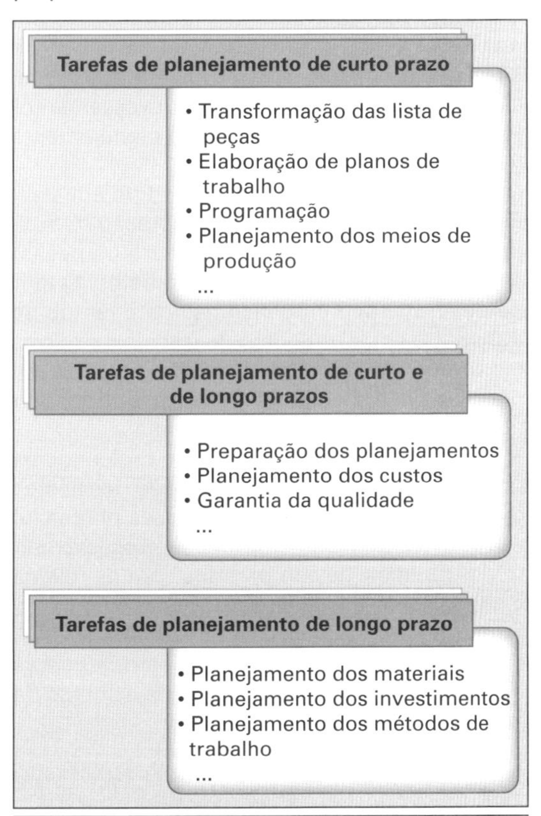

Fig. 1: Tarefas do planejamento do trabalho

No planejamento dos métodos, são desenvolvidos e testados novos métodos e processos para a fabricação e montagem.

5.1.2 Elaboração dos planos de trabalho

Ao lado dos desenhos técnicos do produto, os desenhos específicos para a fabricação e as listas de peças, o plano de trabalho é importante meio de informação para a fabricação e montagem de produtos, grupos construtivos e peças. Ele descreve a sequência das operações ou passos de trabalho para a obtenção do item. As informações nele contidas são os materiais, os passos de trabalho em cada posto de trabalho, os meios de produção a utilizar, além dos tempos para cada operação e os grupos de salários envolvidos.

Na elaboração do plano de trabalho, diferencia-se entre plano de trabalho dependente e independente de pedidos de clientes, sendo que o último é tido como básico, genérico ou padrão. Plano de trabalho dependente de pedidos resulta da inserção dos dados específicos do pedido no plano de trabalho genérico.

Um objetivo importante da elaboração do plano de trabalho é a determinação do tempo de execução do pedido e do tempo em que o item circula na produção (tempo de atravessamento). Esse objetivo se persegue com o planejamento geral e detalhado (**fig. 1**).

O tempo para a execução do pedido consiste dos tempos de preparação e operação (tempo de operação por unidade x número de peças), calculados para cada posto de trabalho. O tempo de atravessamento inclui ainda o tempo de transporte entre um posto de trabalho e outros e o tempo em que os itens estão parados em depósitos intermediários. Os tempos correspondentes são obtidos do plano geral.

No planejamento detalhado, são indicados os tempos precisos para cada operação nos postos do trabalho correspondentes. Esses planos de trabalho servem para controle do processamento dos pedidos, se comparados com os relatos e dados sobre o trabalho realmente executado.

Os tempos de operação em cada posto de trabalho, bem como a determinação dos postos de trabalho por grupos de salários e custos da hora-máquina, servem como base para o cálculo dos custos.

A **figura 2** esclarece a subdivisão das informações no plano de trabalho em três partes. Enquanto os dados organizacionais são fornecidos para a identificação inequívoca do plano de trabalho, os dados dependentes do objeto descrevem o estado final, de saída, do item a ser produzido. Os dados dependentes do trabalho são necessários para a identificação detalhada das operações de trabalho.

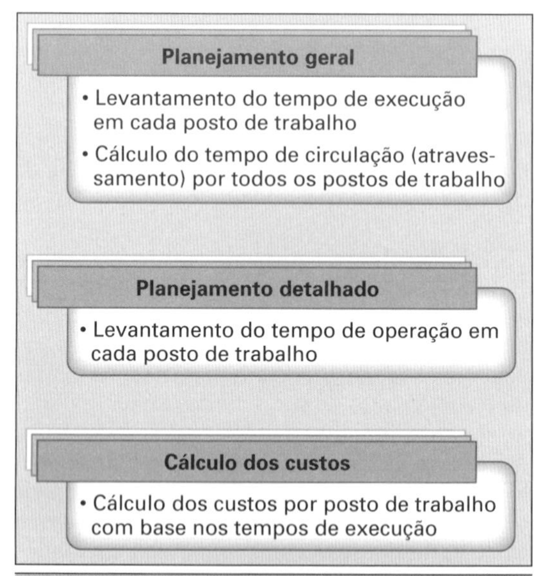

Fig. 1: Objetivos do planejamento do trabalho

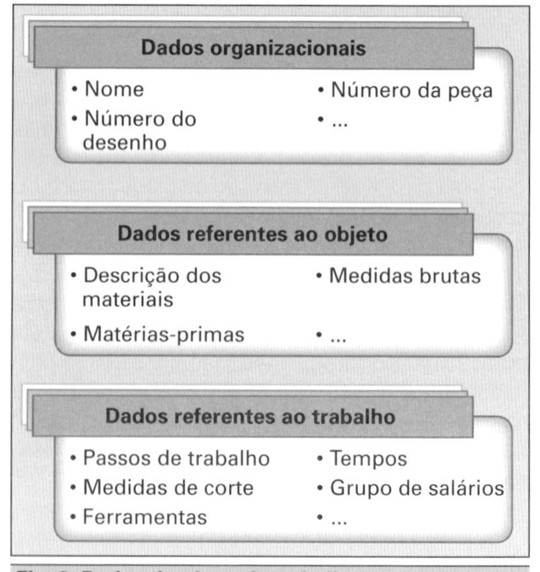

Fig. 2: Dados do plano de trabalho

Os planos de trabalho gerados contêm a sequência lógica e econômica e uma descrição dos passos de trabalho para a produção de um produto, seus grupos construtivos e todas as peças de fabricação própria.

Para a elaboração dos planos de trabalho, seguem-se os passos (**fig. 1**):

- Especificação de forma e dimensões brutas da peça ou material bruto que entra no processo;
- Determinação, passo a passo, da sequência de trabalho mais econômica, com a especificação dos postos de trabalho ou capacidades necessárias para a fabricação do produto ou item (planejamento geral);
- Determinação da sequência mais econômica das operações em cada posto de trabalho com as capacidades a serem utilizadas (planejamento detalhado);
- Determinação do tempo de ocupação das capacidades por operação e posto de trabalho para o planejamento dos prazos e comprometimento das capacidades, bem como para o cálculo dos custos;
- Determinação dos tempos de execução e atravessamento para o produto a produzir.

Especificação da peça de entrada

Folha	Executado por	Data	Data início	Data término	Válido a partir de
1 de 1	Müller	2.2.2003	5.3.2003	18.3.2003	1.3.2003
Plano nº	**Nº classificação**	**Nome**		**Material/Medidas**	
123456	1BHG 2B61 3AE 4AD	Corpo		ø63 × 154 EN AW-AlSiMgMn	

Posi. Nº	Nº posto de trabalho	Nome do posto de trabalho	Forma de pagamento	Sobreposição	Divisão	Tempo preparação	Tempo/unid	Tempo intermediário	Tempo adicional	Qtdade. referência

Determinação da sequência dos processos de trabalho

Folha	Executado por	Data	Data início	Data término	Válido a partir de
1 de 1	Müller	2.2.2003	5.3.2003	18.3.2003	1.3.2003
Plano Nº	**Nº classificação**	**Nome**		**Material/medidas**	
123456	1BHG 2B61 3AE 4AD	Corpo		ø63 × 154 EN AW-AlSiMgMn	

Posi. Nº	Nº posto de trabalho	Nome do posto de trabalho	Forma de pagamento	Sobreposição	Divisão	Tempo preparação	Tempo/unid	Tempo intermediário	Tempo adicional	Qtdade. referência
10	101001	Depósito	Por tempo							
Descrição do processo de trabalho:			Disponibilizar objeto de trabalho quando requisitado							
20	100401	Serra circular peq.	Por tempo							
Descrição do processo de trabalho:			Serrar objeto de trabalho							

Planejamento detalhado do posto de trabalho

Nº posto de trabalho	Nome posto de trabalho	Nome	Material/Medidas
100401	Serra circular pequena	Corpo	ø63 × 154 EN AW-AlSiMgMn

Nº operação de trabalho	Descrição operação de trabalho	Tempo básico preparação	Tempo de uso principal	Tempo de uso secundário
10	Preparar serra	5 min		
20	Fixar material em barra			1,2 min
30	Serrar corpo		2,67 min	0,1 min

Determinação do tempo prescrito

Folha	Executado por	Data	Data início	Data término	Válido a partir de
1 de 1	Müller	2.2.2003	5.3.2003	18.3.2003	1.3.2003
Plano Nº	**Nº classificação**	**Nome**		**Material/medidas**	
123456	1BHG 2B61 3AE 4AD	Corpo		ø63 × 154 EN AW-AlSiMgMn	

Posi. Nº	Nº posto de trabalho	Nome do posto de trabalho	Forma de pagamento	Sobreposição	Divisão	Tempo preparação	Tempo/unid	Tempo intermediário	Tempo adicional	Qtdade. referência
10	101001	Depósito	Por tempo	1	1					
Descrição do processo de trabalho:			Disponibilizar objeto de trabalho quando requisitado							
20	100401	Serra circular peq.	Por tempo	1	1	5,75	4,57			1
Descrição do processo de trabalho:			Serrar objeto de trabalho							

Fig. 1: Decurso da elaboração dos planos de trabalho

Na especificação das características da peça de trabalho bruta na entrada do primeiro processo, definem-se tipos e tamanhos de peças, levando-se em conta os requisitos que o objeto de trabalho terá de atender durante e no final de todos os processos. Essa especificação já é feita no projeto do produto e depois no planejamento do trabalho. São considerados critérios tecnológicos (material, configuração, superfície), econômicos (por exemplo, custos de transformação) e temporais (por exemplo, tempo de aquisição).

A sequência geral dos processos de trabalho (planejamento geral) é dada pela sequência dos postos de trabalho a utilizar. No percurso através dos processos de trabalho, o objeto de trabalho muda de forma e de características físicas ou químicas, do material bruto ao item desejado. Com a indicação dos postos de trabalho, são descritas as atividades correspondentes. O objetivo é associar a cada posto de trabalho (posto de trabalho manual, com máquinas, dispositivos e ferramentas) os tempos de operação. Os tempos precisos para a transformação do objeto de trabalho em cada posto de trabalho são levantados no planejamento detalhado. Para isso, descreve-se uma sequência detalhada das operações de trabalho. Para cada passo de trabalho, são então indicados os tempos de preparação e de operação, esses últimos, por unidade. Com multiplicação e soma, obtém-se o tempo de ocupação de um posto de trabalho.

5.1.3 Cálculos para o planejamento do trabalho

Para um processo de trabalho, são de interesse diversos tipos de tempo. Em termos globais, interessam o tempo de transformação do objeto de trabalho no produto final (tempo de execução do pedido) e o tempo de circulação ou de atravessamento do objeto de trabalho pela fábrica. A **figura 1** mostra tipos de tempos e a composição deles.

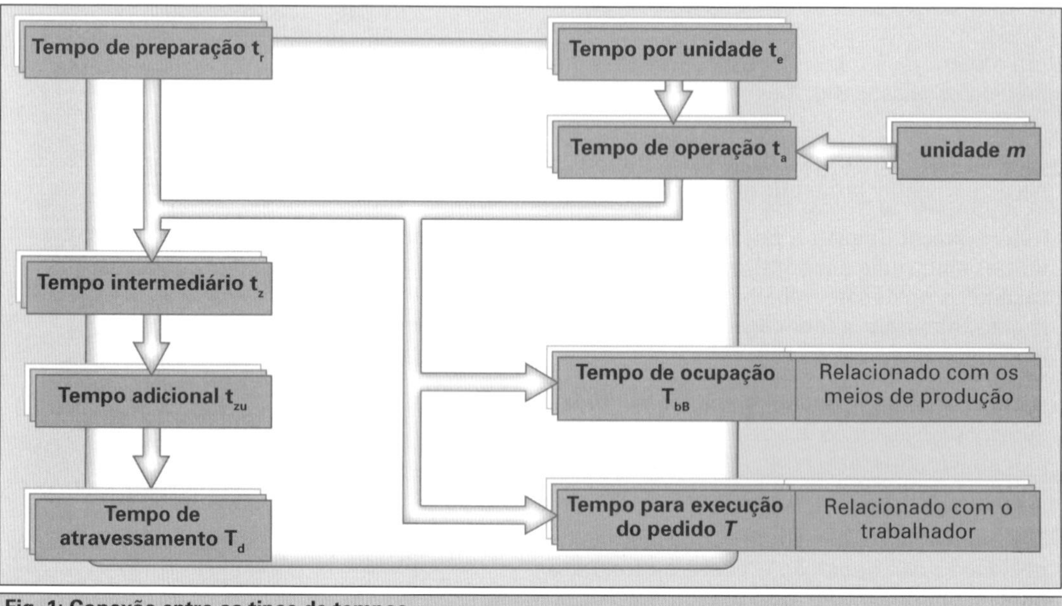

Fig. 1: Conexão entre os tipos de tempos

Tempo por unidade t_e ou tempo por peça

É o tempo de transformação de uma unidade num posto de trabalho. Em geral, a unidade corresponde a um item a produzir: peça, grupo construtivo ou produto na montagem final.

Em muitos casos, a unidade de produção não é uma peça ou um grupo construtivo. Num forno de têmpera, por exemplo, podem ser temperadas muitas peças por processo de endurecimento. Então, a unidade de produção é o quociente entre o número de peças do pedido e o número de peças temperadas por vez no forno, a quantidade de referência. Outro exemplo tem-se no controle estatístico de processos, em que somente, por exemplo, cada 20ª peça é inspecionada e todas as 20 aprovadas; neste caso, 20 é a quantidade de referência. E a unidade de produção (*m*) a utilizar no cálculo dos tempos é o quociente entre a quantidade do pedido e a quantidade de referência.

$$\text{Unidade de produção } m = \frac{\text{nº de peças por pedido (tamanho do lote)}}{\text{Quantidade de referência n}}$$

Então, *m* é o fator que multiplica o tempo t_e para o cálculo de tempos de ocupação dos meios de produção, do tempo de execução de um pedido por parte do trabalhador, e do tempo em que o objeto de trabalho circula na fábrica.

Tempo de preparação t_r

Esse tempo é o necessário para a preparação do posto de trabalho para iniciar com a execução do pedido e o tempo para deixá-lo novamente no seu estado original ao término da ordem de serviço. Como exemplo, pode-se citar: ler desenhos técnicos, carregar programa NC, preparar ferramenta, dar partida em máquina. O tempo de preparação ocorre uma vez para um pedido (lote) e também é contado uma só vez, independentemente do tamanho do lote. Na fabricação de diversos lotes de peças semelhantes, o tempo de preparação depende, sobretudo, das mudanças que precisam ser feitas no posto de trabalho para início de um novo item.

Tempo de operação t_a

É o tempo necessário para a transformação de todas as unidades de produção de um pedido num posto de trabalho. Ele é calculado por:

$$t_a = m \cdot t_e$$

Tempo de ocupação T_{bB} (do meio de produção)

O tempo de ocupação do meio de produção se refere à execução do pedido num meio de produção (máquina, dispositivos, forno para têmpera...). Ele inclui, ao lado do tempo de operação do meio de produção t_{aB}, o tempo de preparação dele t_{rB}. Como o tempo de ocupação diz respeito ao meio de produção e não ao trabalhador, aos tempos básicos de preparação e de operação é acrescido apenas um percentual (t_v) para eventos não previsíveis que atrasam os trabalhos, como perturbações no processo ou falta de energia ou material.

$$\begin{aligned} T_{bB} &= t_{rB} + t_{aB} \\ &= t_{rB} + m \cdot t'_{eB} \\ &= (t_{rgB} + t_{rvB}) + m \cdot (t_{gB} + t_{vB}) \end{aligned}$$

Tempo para execução do pedido pelo trabalhador T

Em geral, usa-se o tempo de execução do pedido pelo trabalhador nos cálculos subsequentes. É o tempo que ele necessita para executar um pedido no seu posto de trabalho. Além do acréscimo de tempo para eventos imprevisíveis, soma-se ainda uma parcela para eventual recuperação da fadiga do trabalhador (índice **er**) depois de um trabalho com carga física ou psicoemocional elevada (por exemplo, temperaturas extremas, levantamento e transporte de objetos grandes e/ou pesados, posturas forçadas). Aqui não são considerados tempos para transporte ou em que o material fica em depósitos intermediários.

$$\begin{aligned} T &= t_r + t_a \\ &= t_r + m \cdot t_e \\ &= (t_{rg} + t_{rer} + t_{rv}) + m \cdot (t_g + t_{er} + t_v) \end{aligned}$$

Tempo intermediário t_z

Há tempos planejados em que a execução de um pedido é interrompida. A soma desses tempos constitui o tempo intermediário t_z, que consiste da soma dos tempos de espera antes, entre e depois das operações. Como o tempo de preparação, o tempo intermediário independe do tamanho do lote, uma vez que, em muitos casos, o lote todo chega ao posto de trabalho e depois o deixa de uma só vez.

Tempo adicional t_{zu}

Tempos adicionais são necessários para eventos não planejados que atrasam o término da execução do lote. Por exemplo, pode ocorrer que, na montagem final, seja preciso esperar por grupos construtivos ainda não prontos ou itens comprados de terceiros não disponíveis em tempo por razões diversas. É importante reduzir esses tempos ao mínimo.

Tempo de atravessamento ou circulação T_d

Consiste da soma de todos os tempos de execução do pedido por todos os trabalhadores envolvidos, a soma dos tempos intermediários e a soma dos tempos adicionais.
Tomando-se a lista de peças estruturada por níveis de produção e associando-se cada item a ser fabricado a um posto de trabalho, o tempo de circulação pela fábrica T_d descreve os tempos de operação e intermediários do ramo mais longo da árvore (→**5.2.5**). Aqui somam-se os tempos adicionais. O tempo de circulação pela fábrica dá o tempo total a partir da disponibilização dos materiais brutos até a entrega do produto final à expedição (depósito de produto acabado).

$$T_d = \Sigma T + \Sigma t_z + \Sigma t_{zu}$$

A **figura 1 da página 74** fornece uma visão global do cálculo dos diferentes tipos de tempos relacionados com o trabalhador e seu posto de trabalho e também com a totalidade dos postos de trabalho envolvidos com um pedido.

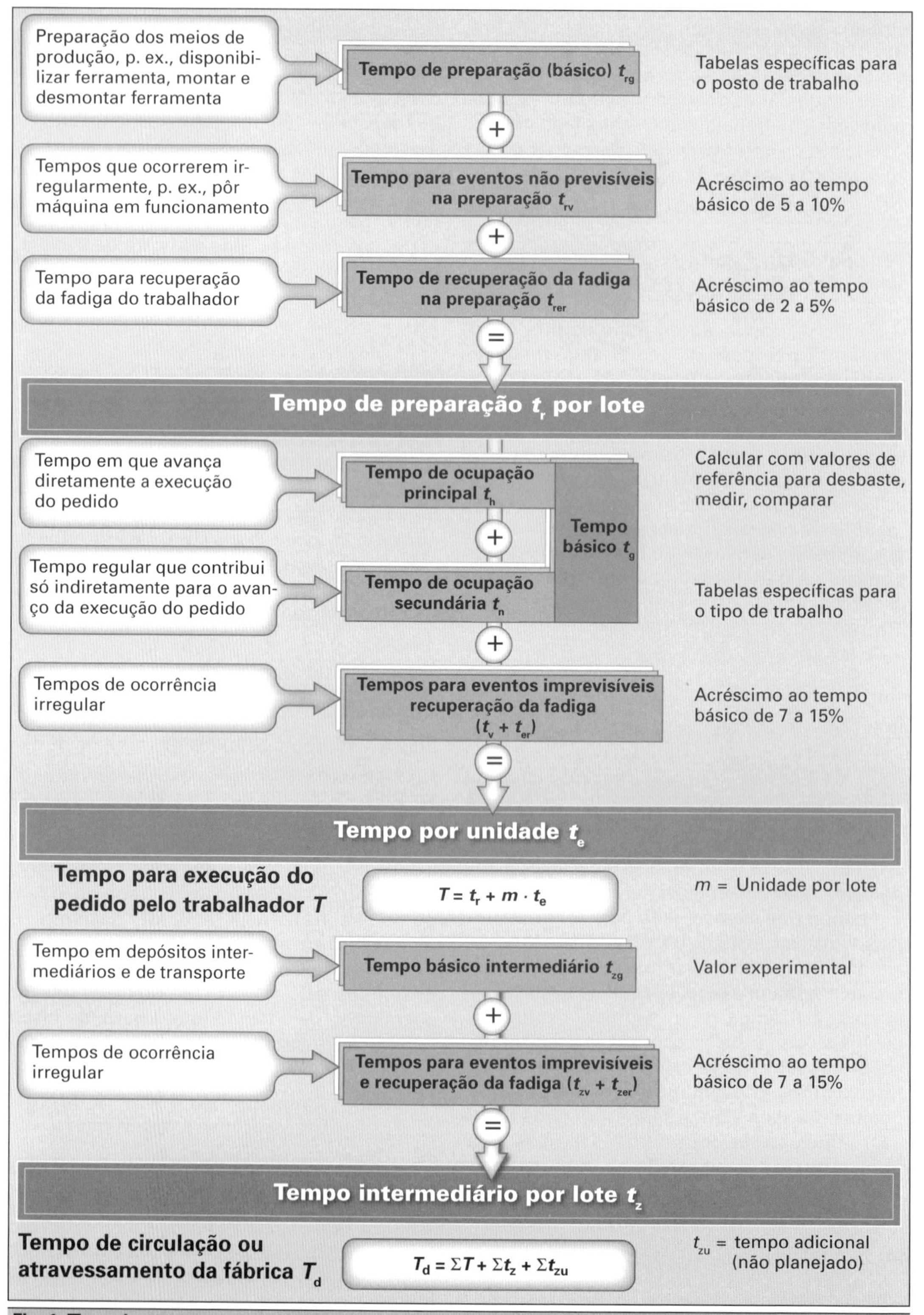

Fig. 1: Tipos de tempos para o planejamento do trabalho

5.1.4 Planejamento geral

O planejamento do trabalho é feito num planejamento geral e num detalhado. Enquanto no planejamento detalhado são determinados os tempos de produção em cada posto de trabalho, no planejamento geral objetiva-se levantar o tempo de execução do pedido no conjunto dos postos de trabalho e o tempo em que o item circula na fábrica.

O plano geral contém os passos de trabalho para a fabricação e montagem dos componentes de fabricação própria (peças, grupos construtivos e produtos).

O objetivo do planejamento geral é o levantamento dos tempos de execução do pedido e de ocupação dos meios de produção (postos de trabalho) para o controle da produção e a determinação do tempo de circulação do material até o término do pedido. A indicação dos passos de trabalho deve estar associada com os postos de trabalho a serem usados.

Uma vez que, com o uso de sistemas de planejamento e controle da produção apoiados por computador, os tipos de tempo (**fig. 1, p. 74**) são automaticamente associados aos postos de trabalho, a descrição deles serve apenas como informação.

Folha *1 de 1*		**Executado por** *Müller*		**Data**		**Data início**		**Data término**	**Válido a partir de**	
Plano Nº *T1*		**Nº classificação**	**Nome** *Corpo*					**Material/medidas** *ø63 154 EN AW-AlSiMgMn*		
Posi. Nº	**Nº posto de trabalho**	**Nome do posto de trabalho**	**Forma de pagamento**	**Grau de sobreposição**	**Fator de divisão**	**Tempo preparação**	**Tempo/unid.**	**Tempo intermediário**	**Tempo adicional**	**Qtdade. referência**
10			*por tempo*	*1*	*1*					
	Descrição do processo de trabalho:									
20			*por tempo*	*1*	*1*					
	Descrição do processo de trabalho:									

Tab. 1: Cabeçalho do plano de trabalho geral com a forma de pagamento, grau de sobreposição e fator de divisão

Os dados do cabeçalho contêm o número da folha, o responsável, a data de elaboração e datas de início e de término de pedidos. Além disso, vêm no cabeçalho o nome do produto (peças, grupos construtivos, produtos), dados sobre o material bruto e as dimensões dele. Pelo número de classificação, pode-se padronizar a indicação de componentes.

Como com todo plano de trabalho estão predefinidos aspectos da fabricação e montagem, ele substitui a lista de peças estruturada por blocos como documento para prosseguir no fluxo na empresa. Plano de trabalho e lista de peças estruturada por blocos recebem o mesmo número para que se possa fazer uma associação inequívoca no rastreamento dos processos e documentos.

Abaixo do cabeçalho estão os dados referentes ao trabalho. Para cada posto de trabalho envolvido, na sequência de utilização, são indicados os tempos (de preparação, por unidade, intermediários e adicionais), além da quantidade de referência. Em todos os postos de trabalho, o trabalhador é pago por hora (→**1.6.1**).

Para o cálculo do tempo de execução do pedido pelo trabalhador e do tempo de circulação na fábrica, é necessário conhecer o grau de sobreposição e o fator de divisão (**tab. 1**). Com eles há possibilidade de reduzir o tempo de circulação.

Grau de sobreposição

O grau de sobreposição indica o quanto o processo de trabalho num posto de trabalho pode ser sobreposto pelo processo de trabalho em outro.

Por sobreposição entende-se a entrega de partes de um todo (lote, pedido) ao posto de trabalho seguinte para início das operações quando esse todo ainda não está pronto no posto de trabalho em questão.

Grau de sobreposição 1 significa que o lote todo precisa estar concluído antes de se poder iniciar o trabalho no posto de trabalho seguinte. Quanto maior o grau de sobreposição, tanto mais cedo pode ocorrer a remessa ao posto de trabalho seguinte. O máximo da sobreposição é dado na fabricação em fluxo contínuo, em que cada peça pronta é logo remetida ao próximo posto de trabalho. Quando, por exemplo, um processo de trabalho demora 100 min, o lote é de 1.000 peças e o grau de sobreposição é 10, depois de 1/10 do tempo (10 min ou 100 peças), pode-se iniciar a remessa para o posto de trabalho seguinte.
O grau de sobreposição tem efeitos sobre os prazos na medida em que o tempo de circulação pode ser reduzido. Na indicação do grau de sobreposição, é preciso concatenar os tempos de execução do pedido pelo trabalhador e o de ocupação dos meios de produção de postos de trabalho subsequentes. Se assim não for, pode ocorrer que os ganhos de tempo pela sobreposição em alguns postos de trabalho sejam perdidos com a espera do objeto de trabalho por operações em outros postos.

Fator de divisão

Uma segunda possibilidade para reduzir o tempo de circulação é o uso do fator de divisão. Com ele são indicados quantos postos de trabalho paralelos são necessários para a execução do pedido no tempo planejado.

Com fator de divisão maior que 1, assume-se que serão utilizados mais postos de trabalho.

Caso o fator de divisão seja 3, serão utilizados 3 postos de trabalho paralelos. Nesse caso, o tempo de execução do pedido é dividido por 3 e o tempo de preparação é multiplicado por 3, uma vez que esta é necessária em 3 postos de trabalho.
Nos cálculos dos custos, pode-se usar o tempo de execução do pedido sem o fator de divisão, porque o tempo total de execução do pedido num tipo de posto de trabalho independe dele, ao contrário do que acontece com o tempo de preparação, no exemplo, 3 vezes maior.
No planejamento geral, tanto o grau de sobreposição quanto o fator de divisão são sempre 1. Depois de verificar detalhadamente o tempo de circulação do item por cada tipo de posto de trabalho, pode-se indicar um fator adequado.

5.1.5 Planejamento detalhado

O planejamento detalhado é feito para a determinação do tempo de preparação t_r, o tempo por unidade t_e e os intermediários t_z para os postos de trabalho utilizados. Para isso serão levantados (medidos e calculados) os tempos básicos (de preparação, de uso principal e secundário) num posto de trabalho real.

Na elaboração dos planos detalhados, são usados formulários. Na prática empresarial, a elaboração dos planos detalhados é auxiliada por computador (CAP). A empresa Spin-Lag GmbH usa os formulários da **figura 1 (p. 77)** para elaborar os planos de trabalho detalhados para postos de trabalho de usinagem com remoção de cavacos.

Como no planejamento geral (→**5.1.4**), o plano detalhado também tem um cabeçalho e, depois, linhas com os dados relativos ao trabalho. No cabeçalho do plano detalhado vai, ao lado do nome da peça, o posto de trabalho a ser utilizado, para o qual são listadas, na área para dados relativos ao trabalho, as operações de trabalho na sequência tecnologicamente correta.

<table>
<tr><td>Folha
1 de 1</td><td colspan="2">Responsável
Müller</td><td>Data</td><td>Data início</td><td>Data término</td><td>Válido a partir de</td></tr>
<tr><td>Nº posto de trabalho
100401</td><td colspan="2">Nome posto de trabalho
Serra circular pequena</td><td colspan="2">Nome
Corpo</td><td colspan="2">Material/medidas</td></tr>
<tr><td>Peso bruto</td><td colspan="2">Acréscimo de tempos (eventos imprevisíveis, recuperação da fadiga)</td><td colspan="2">Tempo de preparação t_r</td><td colspan="2">Tempo por unidade t_e</td></tr>
<tr><td>Nº operação de trabalho</td><td colspan="3">Descrição operação de trabalho</td><td>Tempo básico preparação t_{rg}</td><td>Tempo de uso principal t_h</td><td>Tempo de uso secundário t_n</td></tr>
<tr><td>10</td><td colspan="3"></td><td></td><td></td><td></td></tr>
<tr><td>20</td><td colspan="3"></td><td></td><td></td><td></td></tr>
<tr><td>30</td><td colspan="3"></td><td></td><td></td><td></td></tr>
</table>

Tab. 1: Formulário para o planejamento detalhado do trabalho nos postos de trabalho

A indicação do peso da peça bruta é necessária, em geral, para a determinação dos tempos de usinagem com remoção de cavacos. Os tempos básicos são obtidos com auxílio das tabelas de referência da empresa Spin-Lag GmbH (→**1.7**). Os percentuais para eventos imprevisíveis e recuperação da fadiga são acrescidos aos tempos básicos. O resultado é o tempo de preparação e de operação por unidade num dado posto de trabalho.

Perguntas e tarefas

1 Descreva as tarefas do planejamento do trabalho.

2 O que caracteriza a gestão das listas de peças?

3 Diferencie entre plano de trabalho dependente e independente de pedido.

4 Explique o objetivo do planejamento do trabalho.

5 Que grupos de dados estão contidos num plano de trabalho?

6 Que passos são executados na elaboração de um plano de trabalho?

7 Que objetivo se persegue com o plano geral de trabalho?

8 Que informações são dadas no cabeçalho do plano de trabalho geral?

9 O que caracteriza os dados referentes ao trabalho no plano geral do trabalho?

10 Descreva as possibilidades de reduzir os tempos de circulação do item na fábrica.

11 Que objetivo se persegue com a elaboração do plano de trabalho detalhado?

12 Que grupos de dados um plano de trabalho detalhado contém?

Indicações para os cálculos no plano de trabalho detalhado

Das tabelas de referência pode-se obter, diretamente, somente tempos básicos de preparação e tempos secundários de preparação, a partir de parâmetros disponíveis. Os cálculos dos tempos de uso principal do meio de produção nos processos de tornear, serrar (**fig. 1, p. 78**), assim como centrar, embutir, furar, esmerilhar longitudinal e fresar ranhuras (**fig. 1, p. 79**), podem ser feitos como mostrado abaixo. As fórmulas derivam das 3 fórmulas básicas:

$$t_h = \frac{L \cdot i}{n \cdot f} \qquad n = \frac{v_c}{\pi \cdot d} \qquad v_f = n \cdot f$$

t_h: Tempo de uso principal
n: Número de giros
v_f: Velocidade de avanço
L: Percurso de avanço
f: Avanço
i: Número de cortes
v_c: Velocidade de corte
d: Diâmetro

Cálculo do tempo de uso principal para tornear

Tornear longitudinal – desbaste

$$t_h = \frac{\pi \cdot d}{v_c \cdot f} (L_1 \cdot i_1 + L_2 \cdot i_2 + \ldots L_n \cdot i_n)$$

Percurso de avanço L

Sem degrau: $L = l + l_a + l_ü$

Com degrau: $L = l + l_a$

Nº de cortes $i = \frac{d - d_1}{2 \cdot a_p}$

t_h = tempo de uso principal em min
d = diâmetro da peça em m (maior diâmetro inicial)
v_c = velocidade de corte em m/min
f = avanço em mm
L = percurso de avanço em mm
l = percurso de avanço na peça em mm
l_a = percurso de partida em mm
$l_ü$ = percurso além em mm
i = número de cortes
d = diâmetro da peça em mm (maior diâmetro inicial)
d_1 = diâmetro da peça em mm (depois do processamento)
a_p = profundidade de corte em mm

Tornear longitudinal – alisar

$$t_h = \frac{\pi \cdot d}{v_c \cdot f} \cdot L_{ges}$$

Percurso de contorno

$L_{ges} = l_a + l_1 + \ldots + l_n + l_ü$

t_h = tempo de uso principal em min
d = diâmetro da peça em m (maior diâmetro inicial)
v_c = velocidade de corte em m/min
f = avanço em mm
L = percurso de contorno em mm
l = percurso de avanço na peça em mm
l_a = percurso de partida em mm
$l_ü$ = percurso além em mm

Nivelar (tornar plano)

$$t_h = \frac{\pi \cdot d_m}{v_c \cdot f} \cdot L \cdot i$$

Percurso de avanço $L = \frac{d}{2} + l_a$

Diâmetro médio da peça $d_m = \frac{d}{2}$

t_h = tempo de uso principal em min
d_m = diâmetro médio da peça em m
v_c = velocidade de corte em m/min
f = avanço em mm
L = percurso de avanço em mm
d = diâmetro da peça em mm
l_a = percurso de partida em mm
i = número de cortes

Cálculo do tempo de uso principal para serrar

Nivelar (tornar plano) $t_h = \frac{L}{v_f}$

Percurso de avanço $L = l + l_a$

t_h = tempo de uso principal em min
v_c = velocidade de avanço em m/min
f = avanço em mm
L = percurso de avanço em mm
l = altura da peça em mm
l_a = percurso de partida em mm

Fig. 1: Cálculos de valores de corte e de tempos para tornear e serrar

Cálculo do tempo de uso principal para centrar

$$t_h = \frac{L \cdot i}{n \cdot f}$$

Ferramenta: broca NC
(ângulo da ponta: 90°)

Percurso de avanço $L = \frac{d}{2} + l_a$

Ferramenta broca centralizadora

Percurso de avanço $L = t_{min} + l_a$

t_h = tempo de uso principal em min
n = número de giros/rotação em min^{-1}
f = avanço em mm
i = número de furações centralizadoras
L = percurso de avanço em mm
d = maior diâmetro centralizador em mm
l_a = percurso de partida em mm
t_{min} = profundidade da centralização em mm

Cálculo do tempo de uso principal para furar

$$t_h = \frac{L \cdot i}{n \cdot f}$$

Ferramenta: broca espiral HSS
(ângulo da ponta: 118°)

Percurso de avanço $L = l + 0,3 \cdot d + l_a$

t_h = tempo de uso principal em min
d = diâmetro da ferramenta em m
n = número de giros/rotação em min^{-1}
f = avanço em mm
i = número de furações
L = percurso de avanço em mm
l = comprimento do furo em mm
d = diâmetro da ferramenta em mm
l_a = percurso de partida em mm

Cálculo do tempo de uso principal para esmerilhar longitudinal

Tornear longitudinal – desbaste

$$t_h = \frac{\pi \cdot d \cdot i}{v_f \cdot f} (L_1 + ... + L_n)$$

Ferramenta: disco de esmerilhar HSS
(largura do disco: bs = 10 mm)

Percurso de avanço L

Sem degrau $L = l - 3$ mm

Com degrau $L = l - 6$ mm

t_h = tempo de uso principal em min
d = maior diâmetro da peça em m
v_f = velocidade de avanço em m/min
f = avanço em mm
i = número de cortes
L = percurso de avanço em mm
l = comprimento a esmerilhar na peça em mm

Cálculo do tempo de uso principal para fresar ranhuras

$$t_h = \frac{L \cdot i}{v_f}$$

Ferramenta: fresa com haste

Percurso de avanço $L = l - d$

Nº de cortes $i = \frac{t}{a_p}$

t_h = tempo de uso principal em min
v_f = velocidade de avanço em m/min
i = número de cortes
L = percurso de avanço em mm
l = comprimento da ranhura em mm
d = diâmetro da ferramenta em mm
t = profundidade da ranhura em mm
a_p = profundidade de corte em mm

Fig. 1: Cálculo dos valores de corte e de tempos para centrar, furar, esmerilhar longitudinal e fresar ranhuras

5.2 Planejamento do trabalho no projeto "produção do cilindro pneumático"

Faz-se o planejamento geral para todas as peças de fabricação própria do cilindro pneumático. Uma visão geral dos planos de trabalho a elaborar obtém-se na análise da explosão do produto (→ **4.1**), em que estão o produto, seus grupos construtivos e peças, até o nível de materiais brutos. Para esse produto já existem listas de peças estruturadas por blocos e os planos de trabalho gerais serão elaborados em →**5.4.1**. A **figura 1** mostra as peças de que se compõe o produto.

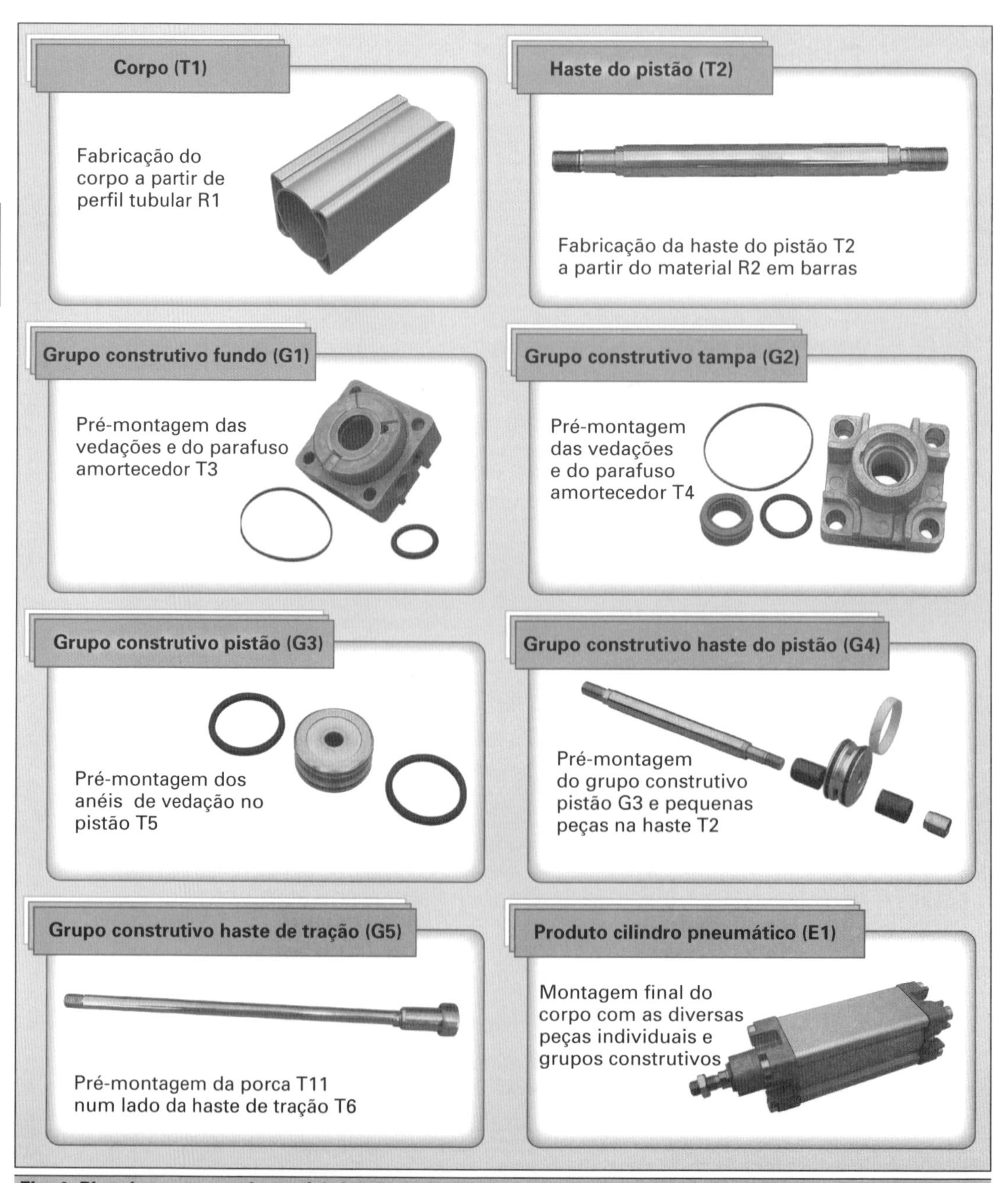

Fig. 1: Planejamento geral para fabricação e montagem do cilindro pneumático

5.2.1 Planejamento do trabalho – corpo do cilindro

O plano geral do trabalho para fabricação do corpo (T1) é dado na **tabela 1** e é fabricado a partir do perfil tubular de alumínio (R1) (**fig. 1**). O perfil tubular de alumínio com diâmetro de 63 mm e medidas externas de 70 x 70 mm é cortado em peças com 154 mm de comprimento. O primeiro posto de trabalho para a fabricação do corpo é o depósito que disponibiliza o material. De acordo com a solicitação do posto de trabalho seguinte – a serra circular –, o pessoal do depósito disponibiliza o material em barras necessário para a produção de um dia. Todas as barras são serradas antes de o posto de trabalho "serra circular" ficar disponível para outras tarefas.

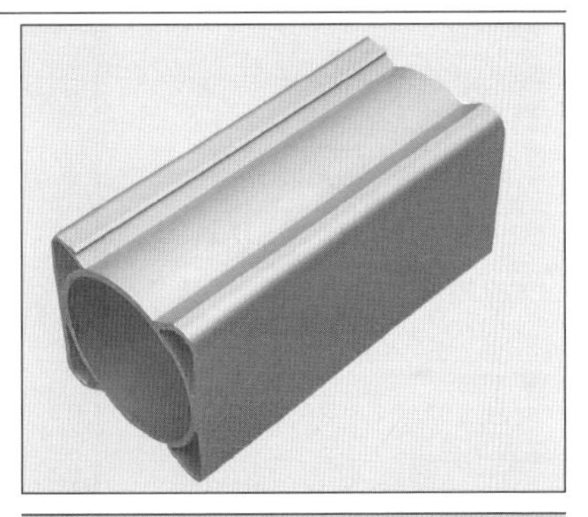

Fig. 1: Corpo

Folha *1 de 1*	Executado por *Müller*				Data		Data início		Data término	Válido a partir de	
Plano Nº *T1*	**Nº classificação**				**Nome** *Corpo*				**Material/Medidas** *ø63 154 EN AW-AlSiMgMn*		
Posi. Nº	**Nº posto de trabalho**	**Nome do posto de trabalho**	**Forma de pagamento**	**Grau de sobreposição**	**Fator de divisão**	**Tempo/preparação**	**Tempo/unid.**	**Tempo intermediário**	**Tempo adicional**	**Qtdade. referência**	
10	*101001*	*Depósito*	*Por tempo*	*1*	*1*			*17,25*		*1*	
	Descrição do processo de trabalho:		*disponibilizar objeto de trabalho quando requisitado*								
20	*100401*	*Serra circular peq.*	*Por tempo*	*1*	*1*	*5,75*	*4,57*			*1*	
	Descrição do processo de trabalho:		*serrar objeto de trabalho*								

Tab. 1: Planejamento geral para fabricação do corpo

A determinação dos tempos indicados nos postos de trabalho é descrita a seguir:

- **Depósito da oficina (Posi. 10)**
  O tempo básico (intermediário) para cada operação de transporte entre o depósito e o posto de trabalho é de 15 min. Se esse tempo tiver um acréscimo de 15% para eventos imprevisíveis e recuperação da fadiga, obtém-se:

$$t_z = t_{zg} \cdot 1{,}15 = 15 \text{ min} \cdot 1{,}15 = \mathbf{17{,}25 \text{ min}}$$

- **Serra circular peq. (Posi. 20)**
  A determinação do tempo de preparação e o tempo de operação por unidade na fabricação do corpo são descritos no plano detalhado.

Tempos adicionais não são previstos no planejamento geral por não se tratar de operações planejadas.

Plano de trabalho detalhado para serrar o corpo

A usinagem com remoção de cavacos, nesse caso, restringe-se ao serrar da barra no comprimento requisitado. A **tabela 1 (p. 82)** mostra o plano de trabalho. O posto de trabalho "serra circular pequena" terá de ser preparado. Em seguida, o material em barras, que se encontra na unidade de alimentação da serra, é fixado, apertado para cada operação de corte. Os tempos para cada operação são os básicos.

Cada tempo desses deve ser acrescido de percentual para eventos imprevisíveis e recuperação da fadiga. De acordo com o cenário (→ **1.7**), esse acréscimo é de 15%.

Folha *1 de 1*	Responsável *Müller*	Data	Data início	Data término	Válido a partir de
Nº posto de trabalho *100401*	Nome posto de trabalho *Serra circular pequena*	Nome *Corpo*		Material/Medidas	
Peso bruto	Acréscimo de tempos (eventos imprevisíveis, recuperação da fadiga) 15%	Tempo de preparação t_r		Tempo por unidade t_e	
Nº operação do trabalho	**Descrição operação de trabalho**	**Tempo básico preparação t_{rg}**	**Tempo de uso principal t_h**	**Tempo de uso secundário t_n**	
10	*Preparar serra*				
20	*Fixar material em barra*				
30	*Fixar material em barra*				

Tab. 1: Plano de trabalho detalhado para o posto de trabalho "serra circular pequena"

Operação de trabalho 10: Determinação do tempo de preparação da serra

A preparação da serra é realizada só uma vez para todo o lote (no caso, produção de um dia). O tempo básico de preparação da máquina deve ser determinado empiricamente na maioria dos casos. O tempo para a preparação da serra circular pequena é prescrito em tabelas de referência da empresa Spin-Lag GmbH (→**1.7**). A **tabela 2** mostra um extrato da tabela de referência (→ **tab. 1, p. 27**), de onde se obtém o tempo básico para preparação de serras como sendo t_{rg} = 5 min.

Valores de referência e tempos de referência			Fresa								Serra	
			Porta-lâminas		Fresa cilíndrica		Fresa com haste		Fresa de disco		Circular	Fita
			desbaste	alisar	desbaste	alisar	desbaste	alisar	desbaste	alisar		
Tempo secundário na troca de ferramenta	t_n	min	0,2	0,2	0,2	0,2	0,2	0,2	0,2	0,2	-	-
Fazer percurso em marcha rápida	t_n	min	0,1	0,1	0,1	0,1	0,1	0,1	0,1	0,1	0,1	0,1
Operação de medição	t_n	min	0,8	0,8	0,8	0,8	0,8	0,8	0,8	0,8	0,5	0,5
Tempo básico de preparação de máquinas pequenas	t_{rg}	min	30								5	
Tempo básico de preparação de máquinas grandes	t_{rg}	min	150								20	

Tab. 2: Extrato da tabela de valores de referência para fresar e serrar

Operação de trabalho 20: Determinação do tempo para armar, fixar na serra

Os tempos para armar ou fixar objetos de trabalho em máquinas são tempos secundários, mas indispensáveis, que precisam ser somados ao tempo de uso principal do meio de produção para cada unidade a produzir. De acordo com a tabela de valores e tempos de referência, os tempos para armação dos objetos de trabalho dependem de seu peso (**tab. 2, p. 27**). O peso do perfil de alumínio com diâmetro interno de 63 mm e forma externa quadrada (75 x 75 mm) é de 3 kg/m, de acordo com informações do fabricante. A peça bruta para o corpo com comprimento de 154 mm pesa

$$m = \frac{3\ \text{kg} \cdot 154\ \text{mm}}{1.000\ \text{mm}} = \mathbf{0{,}462\ kg}$$

O perfil em barra é armado num torno de bancada. Do extrato da tabela de referência, a armação de objetos de trabalho (**tabela 1**) dura 1,2 min (**tab. 2, p. 27**).

Armar, fixar objeto de trabalho em:			Torno de bancada/dispositivo					No carro da máquina				
Até 25 kg manual, depois com guindaste		kg	até 25	até 50	até 200	até 500	> 500	até 25	até 50	até 200	até 500	> 500
Armar, posicionar	t_n	min	1,5	6,5	9	15	25	5	10	15	35	60
Desarmar, retirar	t_n	min	0,4	0,8	2,5	4,5	8	1	2	3	6	10
Rearmar	t_n	min	1,2	5	7	10	20	4	8	12	30	50

Tab. 1: Extrato da tabela de referência para armar objetos de trabalho em máquinas

Operação de trabalho 30: Determinação do tempo para serrar o corpo

O tempo para serrar o perfil de alumínio é o tempo da operação propriamente dito, calculado para cada objeto de trabalho. O cálculo do tempo de uso principal do meio de produção th faz-se no planejamento detalhado (**fig. 1, p. 78**). Para serrar o perfil de alumínio vale a fórmula:

$$t_h = \frac{L}{v_f} \quad \text{com } L = l + l_a$$

Da tabela de referência para fresar e serrar (**tab. 1, p. 27**) obtém-se uma velocidade de avanço da serra circular v_f = 30 mm/min e percurso de partida de l_a = 5 mm.

Material a ser trabalhado	Valores de referência e tempos de referência			Fresa								Serra	
				Porta-lâminas		Fresa cilíndrica		Fresa com haste		Fresa de disco		Circular	Fita
				desbaste	alisar	desbaste	alisar	desbaste	alisar	desbaste	alisar		
Metais não ferrosos	Velocidade de avanço HSS	v_f	mm/min	–	–	250	300	450	600	200	300	30	35
	Velocidade de avanço HM	v_f	mm/min	700	900	600	800	650	850	500	700	–	–
	Profundidade tencionamento	a_p	mm	5,0	1,0	20	1,0	3	0,5	20	1,0	–	–
	Nº de cortes	i	–	*	1	*	1	*	1	*	1	–	–
Percurso de partida e além l_a / $l_ü$			mm	2	2	20	20	2	2	20	20	5	5

Tab. 2: Extrato da tabela de valores referência para fresar e serrar

Com a altura do objeto de trabalho de 75 mm e o percurso de partida de 5 mm, obtém-se um percurso de avanço L = 80 mm.

$$L = l + l_a = 75\text{ mm} + 5\text{ mm} = \mathbf{80\text{ mm}}$$

$$t_h = \frac{L}{v_f} = \frac{80\text{ mm}}{30\text{ mm/min}} = \mathbf{2{,}67\text{ min}}$$

O tempo de uso principal da serra será de 2,67 min.

O tempo secundário para posicionar a ferramenta de volta é t_n = 0,1 min, de acordo com a tabela de referência (**tab. 1, p. 84**).

Valores de referência e tempos de referência			Fresa								Serra	
			Porta-lâminas		Fresa cilíndrica		Fresa com haste		Fresa de disco		Circular	Fita
			desbaste	alisar	desbaste	alisar	desbaste	alisar	desbaste	alisar		
Tempo secundário na troca de ferramenta	t_n	min	0,2	0,2	0,2	0,2	0,2	0,2	0,2	0,2	-	-
Fazer percurso em marcha rápida	t_n	min	0,1	0,1	0,1	0,1	0,1	0,1	0,1	0,1	0,1	0,1
Operação de medição	t_n	min	0,8	0,8	0,8	0,8	0,8	0,8	0,8	0,8	0,5	0,5
Tempo básico de preparação de máquinas pequenas	t_{rg}	min	30								5	
Tempo básico de preparação de máquinas grandes	t_{rg}	min	150								20	

Tab. 1: Extrato da tabela de valores de referência para fresar e serrar

Cálculo do tempo de preparação t_r e do tempo por unidade t_e

O tempo básico de preparação é multiplicado por 1,15, sendo 15% o acréscimo devido a eventos imprevisíveis e à recuperação da fadiga.

$$t_r = t_{rg} \cdot 1{,}15 = 5\ \text{min} \cdot 1{,}15 = \mathbf{5{,}75\ min}$$

O tempo de operação por unidade resulta da soma dos tempos de uso principal e secundário acrescidos também por 15% para tempos devidos a eventos imprevisíveis e à recuperação da fadiga.

$$\begin{aligned} t_e &= (t_h + t_n) \cdot 1{,}15 \\ &= (2{,}67\ \text{min} + 1{,}2\ \text{min} + 0{,}1\ \text{min}) \cdot 1{,}15 \\ &= \mathbf{4{,}57\ min} \end{aligned}$$

Depois de inserir todos os valores no formulário para o plano de trabalho detalhado na fabricação do corpo no posto de trabalho "serra circular pequena", resulta a **tabela 2**.

Folha *1 de 1*	**Responsável** *Müller*	**Data**	**Data início**	**Data término**	**Válido a partir de**
Nº posto de trabalho *100401*	**Nome posto de trabalho** *Serra circular pequena*	**Nome** *Corpo*		**Material/medidas**	
Peso bruto *0,462 kg*	**Acréscimo de tempos (eventos imprevisíveis, recuperação da fadiga) 15%**	**Tempo de preparação t_r** *5,75 min*		**Tempo por unidade t_e** *4,57 min*	

Nº operação de trabalho	**Descrição operação de trabalho**	**Tempo básico preparação t_{rg}**	**Tempo de uso principal t_h**	**Tempo de uso secundário t_n**
10	*Preparar serra*	*5 min*		
20	*Fixar material em barra*			*1,2 min*
30	*Cortar corpo*		*2,67 min*	*0,1 min*

Tab. 2: Plano de trabalho detalhado para o posto de trabalho "serra circular pequena"

5.2.2 Planejamento do trabalho – haste do pistão

A haste do pistão (T2) é fabricada do material 1.4021. Trata-se de um aço altamente ligado com o nome de X20Cr13, pertencente ao grupo de aços temperáveis com boa usinabilidade. A **figura 1 (p. 85)** mostra o desenho técnico para fabricação da haste do pistão.

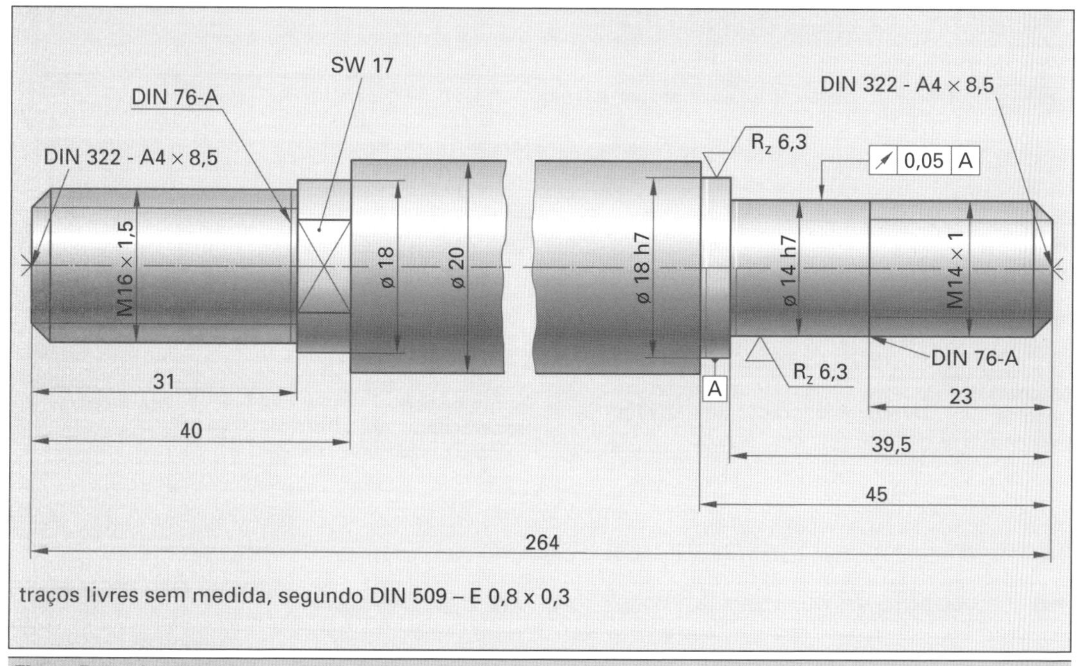

Fig. 1: Desenho técnico para fabricação de haste de pistão

O primeiro posto de trabalho na fabricação da haste do pistão está no depósito que disponibiliza o material. O material em barras com diâmetro 20 é disponibilizado para o posto de trabalho "serra circular" pelo pessoal do depósito, quando requisitado, em quantidade suficiente para a produção de 1 dia.

Depois de serrar as barras em partes com 268 mm (comprimento dado = 264 mm; a diferença está prevista para nivelar as testas), o lote todo é disponibilizado para o posto de trabalho seguinte, o torno CNC.

Depois de torneados os objetos de trabalho (eixos), seguem para a fresa universal, onde são trabalhadas as áreas-chaves do produto.

No último posto de trabalho ocorre um controle estatístico da qualidade das hastes. Para isso será tomada toda 30ª haste do depósito antes da montagem e verificadas as medidas e as tolerâncias de forma e posição. A quantidade de referência para este posto de trabalho é 30; para os demais postos de trabalho, a quantidade de referência é 1. Os postos de trabalho mencionados no plano de trabalho são tirados do cenário (**tab. 1, p. 20**).

Atividades no projeto "produção do cilindro pneumático"

5.1 Elabore um plano geral de trabalho para a fabricação da haste do pistão com os postos de trabalho acima descritos. Utilize o formulário da **tabela 1, p. 89**.

5.2 Determine os tempos intermediários (tempos de transporte e de espera) na disponibilização dos materiais.

5.3 Faça um plano de trabalho detalhado para a fabricação da haste do pistão no posto de trabalho "serra circular" (**tab. 1, p. 86**).

5.4 Calcule o peso bruto da haste do pistão. Determine os tempos para a fabricação da haste do pistão no torno CNC colocando-os no plano de trabalho detalhado (**tab.1, p. 88**).

5.5 Determine o tempo de transformação da haste de pistão na fresa universal (**tab. 2, p. 86**).

5.6 Determine o tempo por unidade para o controle estatístico da qualidade da haste do pistão. Coloque todos os valores na formulário (**tab. 1, p. 89**).

Formulário para a execução de pedidos

Plano de trabalho detalhado para serrar e fresar a haste de pistão

Folha *1* de *1*	Responsável *Müller*	Data	Data início	Data término	Válido a partir de
Nº posto de trabalho	Nome posto de trabalho	Nome *Haste do pistão*		Material/medidas *ø20 264 X20Cr13*	
Peso bruto	Acréscimo de tempos (eventos imprevisíveis, recuperação da fadiga)	Tempo de preparação t_r		Tempo por unidade t_e	

Nº operação de trabalho	Descrição operação de trabalho	Tempo básico preparação t_{rg}	Tempo de uso principal t_h	Tempo de uso secundário t_n

Tab. 1: Plano de trabalho detalhado para o posto de trabalho "serra circular"

Folha *1* de *1*	Responsável *Müller*	Data	Data início	Data término	Válido a partir de
Nº posto de trabalho	Nome posto de trabalho	Nome *Haste do pistão*		Material/medidas *ø20 264 X20Cr13*	
Peso bruto	Acréscimo de tempos (eventos imprevisíveis, recuperação da fadiga)	Tempo de preparação t_r		Tempo por unidade t_e	

Nº operação de trabalho	Descrição operação de trabalho	Tempo básico preparação t_{rg}	Tempo de uso principal t_h	Tempo de uso secundário t_n

Tab. 2: Plano de trabalho detalhado para o posto de trabalho "fresa universal"

Plano de trabalho detalhado para o posto de trabalho Torno CNC

O plano de trabalho detalhado para tornear (Torno CNC) a haste do pistão (**tab. 1, p. 88**) contém muitos passos de trabalho. Como isso vale para qualquer peça, é conveniente estruturar o plano de trabalho de forma a poder usá-lo com poucas modificações para muitos objetos de trabalho semelhantes. A empresa Spin-Lag GmbH padroniza seus planos de trabalho por uma estrutura modular deles. A **figura 1 (p. 87)** mostra os passos de trabalho e esclarece a estruturação do plano de trabalho com a representação de desenhos dos processos.

O primeiro módulo aborda o nivelar das extremidades da peça. Em paralelo, o objeto de trabalho é centrado para posteriores atividades de armação e processamento. O módulo nivelar em torno CNC é associado com a fixação do objeto de trabalho em dispositivo com 3 mordaças. Nivelar as extremidades e centrar a peça também podem ser feitos numa talhadeira de precisão, como alternativa para o trabalho de torno CNC. Nela, as duas extremidades são niveladas num passo de trabalho só por duas cabeças de fresa posicionadas em paralelo; a peça é centrada por duas brocas centralizadoras, atuando em sentidos opostos. A armação do objeto de trabalho na talhadeira é feita com uma pega prismática.

O segundo módulo trata do desbaste. Aqui um ou ambos os lados da peça são preparados para o acabamento fino. Para isso, o objeto de trabalho também é fixado no dispositivo com 3 mordaças. Dependendo do comprimento não apoiado da peça, pode-se mantê-la na horizontal com auxílio de uma ponta centralizadora que corre junto.

O terceiro módulo contém todo o acabamento fino da peça (alisamento). Inicialmente, as áreas são alisadas com profundidade de remoção de aparas de 0,5 a 1 mm. Com o movimento da ferramenta contornando a peça, já são inseridas picaduras e arestas. Depois, com ferramentas especiais, são concluídos os entalhes e cortadas roscas, dependendo da tarefa. Nesse módulo, o objeto de trabalho é armado entre duas pontas com dispositivo de arrasto, que transfere o momento de giro da haste de acionamento do torno para o objeto de trabalho.

Os dados no cabeçalho do plano de trabalho detalhado para tornear a haste do pistão incluem os postos de trabalho envolvidos, indicados por nome e número, como descrito para serrar o corpo (**tab. 2, p. 84**).

As picaduras para entalhes e roscas são feitas no ciclo de alisamento, segundo DIN 509 e DIN 76, respectivamente. Na determinação dos tempos, fazer essas picaduras é desprezado, dado o tempo diminuto que isso requer.

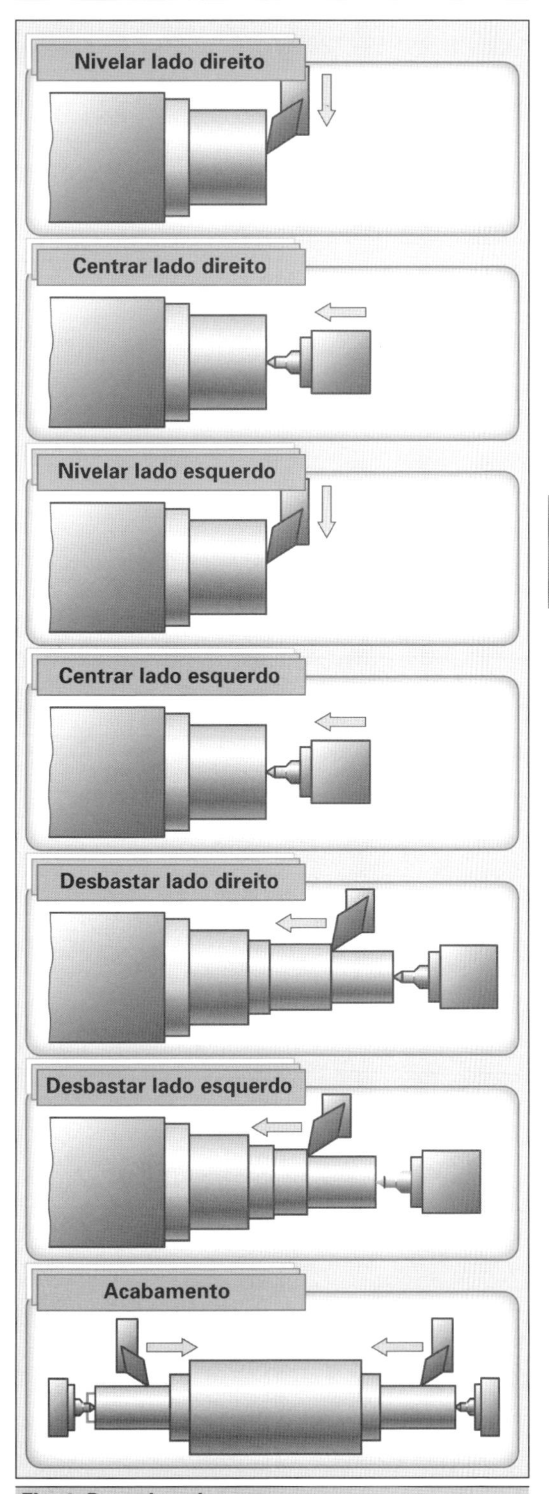

Fig. 1: Desenhos dos processos

<table>
<tr><td>Folha
1 de 1</td><td>Responsável
Müller</td><td>Data</td><td>Data início</td><td>Data término</td><td>Válido a partir de</td></tr>
<tr><td>Nº posto de trabalho
100501</td><td>Nome posto de trabalho
Torno CNC</td><td colspan="2">Nome
Haste do pistão</td><td colspan="2">Material/medidas
ø20 264 X 20Cr13</td></tr>
<tr><td>Peso bruto
0,67 kg</td><td>Acréscimo de tempos (eventos imprevisíveis, recuperação da fadiga) 15%</td><td colspan="2">Tempo de preparação t_r</td><td colspan="2">Tempo por unidade t_e</td></tr>
</table>

Nº operação do trabalho	Descrição operação de trabalho	Tempo básico preparação t_{rg}	Tempo de uso principal t_h	Tempo de uso secundário t_n
10	*Preparar torno CNC*			
20	*Verificar comprimento do objeto de trabalho*			
30	*Armar objeto de trabalho no dispositivo com 3 mordaças para nivelar e centrar lado direito*			
40	*Aplicar cinzel rotativo e nivelar lado direito*			
50	*Centrar o lado direito com a broca A4 x 8,5*		Módulo 1	
60	*Armar objeto de trabalho no dispositivo com 3 mordaças para nivelar e centrar lado esquerdo*			
70	*Aplicar cinzel rotativo e nivelar lado esquerdo*			
80	*Centrar o lado esquerdo com a broca A4 x 8,5*			
90	*Retirar objeto de trabalho do dispositivo com 3 mordaças*			
100	*Armar objeto de trabalho em dispositivo com 3 mordaças e ponta centralizadora para desbastar o lado esquerdo*			
110	*Inserir talhadeira giratória e desbastar lado esquerdo*		Módulo 2	
120	*Armar objeto de trabalho em dispositivo com 3 mordaças e ponta centralizadora para desbastar o lado direito*			
130	*Desbastar lado direito*			
140	*Retirar objeto de trabalho do dispositivo com 3 mordaças*			
150	*Armar objeto de trabalho entre duas pontas com dispositivo de arrasto*			
160	*Alisar o lado direito com o cinzel giratório de alisamento esquerdo*			
170	*Alisar o lado esquerdo com o cinzel giratório de alisamento direito*		Módulo 3	
180	*Fazer rosca M16 x 1,5 com cinzel para rosca*			
190	*Fazer rosca M14 x 1 com cinzel para rosca*			
200	*Desarmar objeto de trabalho e testá-lo*			

Tab. 1: Plano de trabalho detalhado para o posto de trabalho "torno CNC"

Planejamento geral do trabalho para fabricação da haste do pistão

Folha *1 de 1*	Responsável *Müller*	Data	Data início	Data término	Válido a partir de
Plano Nº *T2*	Nº classificação	Nome *Haste do pistão*		Material/medidas *ø20 264 X 20Cr13*	

Posi. Nº	Nº posto de trabalho	Nome do posto de trabalho	Forma de pagamento	Grau de sobreposição	Fator de divisão	Tempo preparação	Tempo/ unid.	Tempo intermediário	Tempo adicional	Qtdade. referência
10			*por tempo*	*1*						
	Descrição do processo de trabalho:									
20			*por tempo*	*1*						
	Descrição do processo de trabalho:									
30			*por tempo*	*1*						
	Descrição do processo de trabalho:									
40			*por tempo*	*1*						
	Descrição do processo de trabalho:									
50			*por tempo*	*1*						
	Descrição do processo de trabalho:									
60			*por tempo*	*1*						
	Descrição do processo de trabalho:									
70			*por tempo*	*1*						
	Descrição do processo de trabalho:									
80			*por tempo*	*1*						
	Descrição do processo de trabalho:									

Tab. 1: Planejamento geral para fabricação da haste do pistão

5.2.3 Plano da montagem dos grupos construtivos e do produto

Montagem dos grupos construtivos fundo e tampa

Folha *1 de 1*	Responsável *Müller*	Data	Data início	Data término	Válido a partir de
Plano Nº *G1*	Nº classificação	Nome *Grupo construtivo fundo*		Material/medidas	

Posi. Nº	Nº posto de trabalho	Nome do posto de trabalho	Forma de pagamento	Grau de sobreposição	Fator de divisão	Tempo preparação	Tempo/ unid.	Tempo intermediário	Tempo adicional	Qtdade. referência
10	*401001*	*Depósito*	*por tempo*	*1*	*1*			*17,25*		*1*
	Descrição do processo de trabalho:	*disponibilizar objeto de trabalho quando requisitado*								
20	*400101*	*Posto de montagem 1*	*por tempo*	*1*	*1*	*5,75*	*1,15*			*1*
	Descrição do processo de trabalho:	*encaixar peças do grupo construtivo*								

Tab. 2: Planejamento geral para montagem do grupo construtivo fundo

Folha *1 de 1*	Responsável *Müller*			Data			Data início		Data término		Válido a partir de
Plano Nº *G1*	**Nº classificação**			**Nome** *Grupo construtivo tampa*					**Material/medidas**		
Posi. Nº	**Nº posto de trabalho**	**Nome do posto de trabalho**	**Forma de pagamento**	**Grau de sobreposição**	**Fator de divisão**	**Tempo preparação**	**Tempo/ unid.**	**Tempo intermediário**	**Tempo adicional**	**Qtdade. referência**	
10	*401001*	*Depósito*	*por tempo*	*1*	*1*			*17,25*		*1*	
	Descrição do processo de trabalho:		*disponibilizar objeto de trabalho quando requisitado*								
20	*400101*	*Posto de montagem 1*	*por tempo*	*1*	*1*		*1,84*			*1*	
	Descrição do processo de trabalho:		*encaixar peças do grupo construtivo*								

Tab. 1: Planejamento geral para montagem do grupo construtivo tampa

Os grupos construtivos fundo (**tab. 2, p. 89**) e tampa (**tab. 1**) são pré-montados no posto de trabalho montagem 1, depois de as peças que os compõem, também as compradas de terceiros, terem sido disponibilizadas pelo depósito. Além do posto de montagem 1, é utilizado um posto de trabalho do depósito.

Determinação dos tempos nos postos de trabalho

Posição nº 10 – depósito da montagem

O intervalo para a espera e o transporte entre dois postos de trabalho foi determinado para o plano geral da fabricação do corpo e importou em 17,25 min (tempo intermediário).

Posição nº 20 – posto de trabalho da montagem 1

A pré-montagem do fundo e da tampa ocorre no posto de trabalho de montagem 1, com a colocação de anéis de vedação e de um parafuso de amortecimento. Na tampa ainda são colocados um repelente de sujeira e uma bucha de mancal deslizante. A **tabela 2** mostra o plano de trabalho detalhado para o fundo e a **tabela 1 (p. 91)**, para a tampa. O cabeçalho contém os dados do responsável, do posto de trabalho e do grupo construtivo a ser montado. As massas dos grupos construtivos estão abaixo de 15 kg. O tempo para eventos imprevisíveis e para recuperação da fadiga é estimado em 15% sobre o tempo básico.

Folha *1 de 1*	Responsável *Müller*	Data	Data início	Data término	Válido a partir de
Nº posto de trabalho *400101*	**Nome posto de trabalho** *Posto de montagem 1*	**Nome** *Grupo construtivo fundo*		**Material/medidas**	
Peso bruto *0,355 kg*	**Acréscimo de tempos (eventos imprevisíveis, recuperação da fadiga) 15%**	**Tempo de preparação t_r** *5,75 min*		**Tempo por unidade t_e** *1,15 min*	

Nº operação de trabalho	Descrição operação de trabalho	Tempo básico preparação t_{rg}	Tempo básico t_n
10	*Preparar posto de trabalho*	*5 min*	
20	*Colocar anel de vedação do corpo sobre o fundo*		*0,3 min*
30	*Inserir anel na furação do fundo*		*0,3 min*
40	*Apertar parafuso de amortecimento com vedação no fundo*		*0,4 min*

Tab. 2: Plano de trabalho detalhado para o grupo construtivo fundo

Folha *1 de 1*	Responsável *Müller*		Data	Data início	Data término	Válido a partir de
Nº posto de trabalho *400101*	Nome posto de trabalho *Posto de montagem 1*		Nome *Grupo construtivo tampa*		Material/medidas	
Peso bruto *0,425 kg*	Acréscimo de tempos (eventos imprevisíveis, recuperação da fadiga) 15%		Tempo de preparação t_r		Tempo por unidade t_e *1,84 min*	
Nº operação de trabalho	Descrição operação de trabalho			Tempo básico preparação t_{rg}	Tempo básico t_g	
10	*Inserir anel de vedação do corpo sobre a tampa*				*0,3 min*	
20	*Inserir anel na furação da tampa*				*0,3 min*	
30	*Apertar parafuso de amortecimento com vedação na tampa*				*0,4 min*	
40	*Inserir repelente de sujeira na furação da tampa*				*0,3 min*	
50	*Instalar bucha de mancal deslizante na furação da tampa*				*0,3 min*	

Tab. 1: Plano de trabalho detalhado para o grupo construtivo tampa

O objetivo do plano de trabalho detalhado na montagem é a determinação do tempo de preparação do posto de trabalho de montagem e tempo por unidade para a montagem do grupo construtivo ou produto. A **tabela 2** mostra os valores de referência para a montagem da empresa Spin-Lag GmbH, adequada para definir esses tempos (→**tab. 2, p. 28**). O levantamento de tempos para os planos de trabalho detalhados se apoia nessa tabela. Em termos gerais, assume-se um tempo básico de 5 min para a preparação de um posto de trabalho de montagem; o tempo por unidade é determinado e depende do peso do objeto de trabalho.

Processo de montagem		Tempo básico
Peso da unidade a ser montada	kg	até 15 kg
Peso da unidade a ser montada	min	1,1
Colocar mancal em eixo	min	0,8
Fixar mancal com anel de vedação e arruela	min	0,5
Inserir mancal deslizante/luva em furação	min	0,3
Pôr luva sobre eixo	min	0,2
Pôr aro-guia do pistão	min	0,2
Juntar grupos construtivos	min	0,3
Inserir vedações	min	0,3
Aparafusar	min	0,4
Preparar posto de trabalho de montagem	min	5

Tab. 2: Tabela de valores de referência para a montagem

Cálculo dos tempos de preparação t_r e montagem por unidade t_e para o posto de trabalho 1

Para o cálculo do tempo de preparação (**tab. 2, p. 90**), acrescem-se 15% ao tempo básico de preparação, para os eventos imprevisíveis e a recuperação da fadiga.

$$t_r = t_{rg} \cdot 1{,}15 = 5 \text{ min} \cdot 1{,}15 = \mathbf{5{,}75\ min}$$

O tempo por unidade resulta da soma dos tempos de uso principais e secundários acrescidos de 15% para eventos imprevisíveis e recuperação da fadiga.

Grupo construtivo fundo (**tab. 2, p. 89**)

$$\begin{aligned} t_e &= [\Sigma t_g] \cdot 1{,}15 \\ &= [(0{,}3 + 0{,}3 + 0{,}4) \text{ min}] \cdot 1{,}15 \\ &= [1{,}0 \text{ min}] \cdot 1{,}15 = \mathbf{1{,}15\ min} \end{aligned}$$

Grupo construtivo tampa (**tab. 1, p. 90**)

$$\begin{aligned} t_e &= [\Sigma t_g] \cdot 1{,}15 \\ &= [(0{,}3 + 0{,}3 + 0{,}4 + 0{,}3 + 0{,}3) \text{ min}] \cdot 1{,}15 \\ &= [1{,}6 \text{ min}] \cdot 1{,}15 = \mathbf{1{,}84\ min} \end{aligned}$$

Montagem dos grupos construtivos pistão, haste do pistão e barra de tração

As peças individuais fabricadas e as compradas de terceiros que compõem os grupos construtivos pistão (G3), haste do pistão (G4) e barra de tração (G5) são disponibilizadas pelo depósito para que eles sejam montados no posto de trabalho 2. Nas **tabelas 1 e 2** estão os formulários para os planos de trabalho gerais para esses grupos construtivos.

Folha *1* de *1*	Executado por	Data	Data início	Data término	Válido a partir de
Plano Nº *G4*	**Nº classificação**	**Nome** *Grupo construtivo haste do pistão*		**Material/medidas**	

Posi. Nº	Nº posto de trabalho	Nome do posto de trabalho	Forma de pagamento	Grau de sobreposição	Fator de divisão	Tempo preparação	Tempo/unid.	Tempo intermediário	Tempo adicional	Qtdade. referência
10			*por tempo*	*1*						
	Descrição do processo de trabalho:		*disponibilizar objeto de trabalho quando requisitado*							
20			*por tempo*	*1*						
	Descrição do processo de trabalho:									

Folha *1* de *1*	Executado por	Data	Data início	Data término	Válido a partir de
Plano Nº *G5*	**Nº classificação**	**Nome** *Grupo construtivo barra de tração*		**Material/medidas**	

Posi. Nº	Nº posto de trabalho	Nome do posto de trabalho	Forma de pagamento	Grau de sobreposição	Fator de divisão	Tempo preparação	Tempo/unid.	Tempo intermediário	Tempo adicional	Qtdade. referência
10			*por tempo*	*1*						
	Descrição do processo de trabalho:		*Disponibilizar objeto de trabalho quando requisitado*							
20			*por tempo*	*1*						
	Descrição do processo de trabalho:									

Tab. 1: Formulário para o planejamento geral da montagem dos grupos construtivos haste do pistão e barra de tração

Folha *1* de *1*	Executado por	Data	Data início	Data término	Válido a partir de
Plano Nº *G3*	**Nº classificação**	**Nome** *Grupo construtivo pistão*		**Material/medidas**	

Posi. Nº	Nº posto de trabalho	Nome do posto de trabalho	Forma de pagamento	Grau de sobreposição	Fator de divisão	Tempo preparação	Tempo/unid.	Tempo intermediário	Tempo adicional	Qtdade. referência
10			*por tempo*	*1*						
	Descrição do processo de trabalho:									
20			*por tempo*	*1*						
	Descrição do processo de trabalho:									

Tab. 2: Formulário para o planejamento geral da montagem do grupo construtivo pistão

Montagem final do cilindro pneumático

Para a montagem final do cilindro pneumático, as peças individuais e os grupos construtivos já pré-montados são disponibilizados pelo depósito para serem montados e resultarem no produto final no posto de trabalho 3 da montagem.

No último passo de trabalho ocorre um controle das funções, quer dizer, do funcionamento do cilindro pneumático. No posto de trabalho controle da qualidade, todo 30º cilindro deve ser inspecionado. A **tabela 1** traz o formulário para o plano de trabalho de controle de qualidade em que a quantidade de referência é 30.

Folha *1 de 1*	**Executado por**			**Data**		**Data início**		**Data término**	**Válido a partir de**	
Plano Nº *E1*	**Nº classificação**			**Nome** *Cilindro pneumático de efeito duplo*				**Material/medidas**		
Posi. Nº	**Nº posto de trabalho**	**Nome do posto de trabalho**	**Forma de pagamento**	**Grau de sobreposição**	**Fator de divisão**	**Tempo preparação**	**Tempo/unid.**	**Tempo intermediário**	**Tempo adicional**	**Qtdade referência**
10			*por tempo*	*1*						
	Descrição do processo de trabalho:									
20			*por tempo*	*1*						
	Descrição do processo de trabalho:									
30			*por tempo*	*1*						
	Descrição do processo de trabalho:									
40			*por tempo*	*1*						
	Descrição do processo de trabalho:									

Tab. 1: Formulário para o planejamento geral da montagem final do cilindro pneumático

Atividades no projeto "produção do cilindro pneumático"

5.7 Elabore um planejamento do trabalho para a montagem dos grupos construtivos pistão, haste do pistão e barra de tração. Para o planejamento geral, use os formulários da **p. 92**. Insira primeiro nos formulários os postos de trabalho para a montagem dos grupos construtivos. Com auxílio de um planejamento detalhado, determine os tempos para os trabalhos nos postos de trabalho de montagem e transfira os valores para os formulários do planejamento geral.

5.8 Elabore um plano geral de trabalho (**tabela 1**) para a montagem final do cilindro pneumático e, com auxílio do planejamento detalhado, determine os tempos para a montagem final do produto.

5.2.4 Cálculo do tempo de execução de pedido no projeto "produção do cilindro pneumático"

Em todo posto de trabalho da empresa Spin-Lag GmbH há um trabalhador qualificado. O tempo de execução de um pedido está relacionado com o tempo que o trabalhador está ocupado com ele. O tempo de ocupação dos meios de produção pode ser menor, uma vez que, ao tempo de operação em cada posto de trabalho, deve ser acrescido o percentual para eventos imprevisíveis e a recuperação da fadiga.

Para a determinação dos tempos para execução de um lote e de percurso do material pela fábrica, é preciso indicar o tamanho do lote (número de peças por pedido). Como no caso do cilindro pneumático se trata de uma produção orientada por programa, o planejamento é feito para lotes que correspondem à produção diária. O tamanho do lote resulta das necessidades para um dia útil.

Conforme indicado em (→**1.1**), a produção anual de cilindros pneumáticos é de 24.000. Um calendário empresarial tem, em média, 250 dias úteis por ano. Portanto, o tamanho do lote diário é:

Atividade no projeto "produção do cilindro pneumático"

5.9 Calcule o tempo de execução do lote diário em cada posto de trabalho.

$$m = \frac{24.000 \text{ Cilindros}}{250 \text{ Dia útil}} = \mathbf{96 \text{ cilindros/dia útil}}$$

5.2.5 Determinação do tempo de atravessamento ou percurso

O tempo de atravessamento T_d (ou tempo de produção ou tempo de reaquisição) é obtido pela soma dos tempos de execução do lote nos postos de trabalho (ΣT) dependentes um do outro com a soma dos tempos intermediários (Σt_z) (armazenagem, espera, transporte) correspondentes. Na determinação dos tempos, usa-se a lista de peças estruturada por níveis de produção. Se se supõe que as peças da sequência de todos os ramos da árvore da lista são fabricadas em paralelo, então o tempo de atravessamento será o tempo para a fabricação do ramo mais demorado.

$$T_d = \Sigma T + \Sigma t_z$$

Os tempos intermediários para transporte do depósito para o primeiro posto de trabalho foram assumidos no planejamento geral do trabalho como sendo iguais a 17,25 min (→**5.2.1**). Isso significa que cada procedimento de transporte dura 0,29 h.

$$t_z = \frac{17{,}25 \text{ min}}{60 \text{ min/h}} = \mathbf{0{,}29 \text{ h}}$$

Grupo construtivo/peça	Posto de trabalho	Tempo de execução (h)	Tempo intermediário (h)
Cilindro pneumático	Posto de montagem 3		0,29
	Controle da qualidade		0,29
Grupo construtivo fundo	Posto de montagem 1		0,29
Grupo construtivo tampa	Posto de montagem 1		0,29
Grupo construtivo haste do pistão	Posto de montagem 2		0,29
Grupo construtivo pistão	Posto de montagem 2		0,29
Haste do pistão	Serra circular		0,29
	Torno CNC		0,29
	Fresa universal		0,29
	Controle da qualidade		0,29
Grupo construtivo barra de tração	Posto de montagem 2		0,29
Corpo	Serra circular pequena		0,29
Soma dos tempos de execução e intermediários			
Tempo de atravessamento no ramo mais demorado da árvore			

Tab. 1: Determinação do tempo de atravessamento com o ramo mais longo na árvore da lista de peças

A **tabela 1 (p. 94)** mostra a árvore da lista de peças do cilindro pneumático de fabricação própria. Para cada peça ou grupo construtivo foram listados os postos de trabalho com os tempos de execução e intermediários. É facilmente reconhecível que o ramo mais demorado da árvore da lista de peças é o que tem a fabricação do grupo construtivo haste do pistão, com a montagem do grupo construtivo haste do pistão e a montagem e o controle da qualidade do produto. Adicionando-se os tempos intermediários aos tempos de execução (ainda faltantes) nos postos de trabalho, obtém-se o tempo de atravessamento do cilindro pneumático, com lotes diários de 96 unidades.

Atividade no projeto "produção do cilindro pneumático"

5.10 Determine o tempo de atravessamento do lote diário de cilindros pneumáticos com auxílio da **tabela 1 (p. 94)**.

5.3 Exercício de aprofundamento: planejamento do trabalho para o projeto "produção da árvore com mancal"

Neste exercício de aprofundamento, devem ser feitos um planejamento geral do trabalho e um detalhado para as operações a serem realizadas para a produção da árvore com mancal. Informações para isso podem ser obtidas no cenário (→**1.2.1, 1.5 e 1.7**) e nas complementações a seguir. Os dados faltantes sobre os postos de trabalho e sobre o levantamento dos tempos devem ser completados de acordo com o tratado neste capítulo.

Complementação de informações para o projeto "produção da árvore com mancal"

Depois de concluir o planejamento da produção do cilindro pneumático com efeito duplo (→**5.2**), pode-se iniciar com o planejamento das atividades da produção em paralelo da árvore com mancal na empresa Spin-Lag GmbH.
Deve-se fabricar 36.500 unidades de árvore com mancal por ano. Exceto a árvore de acionamento (**fig. 1, p. 96**), todas as peças devem ser compradas de terceiros.

Atividades no projeto "produção da árvore com mancal"

5.11 Como colaborador da empresa Spin-Lag GmbH, faça o planejamento da produção da árvore com mancal. Faça um plano geral do trabalho para a determinação da sequência dos postos de trabalho e do tempo de atravessamento. O planejamento deve abranger todo o percurso, da entrada dos materiais até a saída do produto, listando todos os postos de trabalho para a fabricação da árvore de acionamento e a montagem dos grupos construtivos e o produto final. Para a elaboração do plano geral, pode-se utilizar o formulário a seguir.

5.12 Determine os tempos de preparação e de operação por unidade no planejamento detalhado do trabalho. Elabore planos detalhados do trabalho a ser realizado na usinagem para fabricação da árvore acionadora e em todos os postos de trabalho de montagem listados no plano geral. Valores de referência podem ser obtidos nas tabelas (→**1.7**) e outros podem ser estimados na prática. A seguir há um formulário para a apresentação do plano detalhado do trabalho.

5.13 Determine com auxílio das tabelas de referência ou estime os tempos para os postos de trabalho não considerados no planejamento geral do trabalho.

5.14 Insira todos os tempos determinados no formulário do plano geral do trabalho.

5.15 Calcule o tempo de operação em cada posto de trabalho. Em caso de o tempo necessário exceder um dia de trabalho, preveja uma distribuição (divisão) do lote por mais postos de trabalho do mesmo tipo e calcule o tempo de operação nos postos de trabalho.

5.16 Determine o tempo de atravessamento de um lote diário de árvores com mancal, não esquecendo de considerar a divisão por mais postos de trabalho.

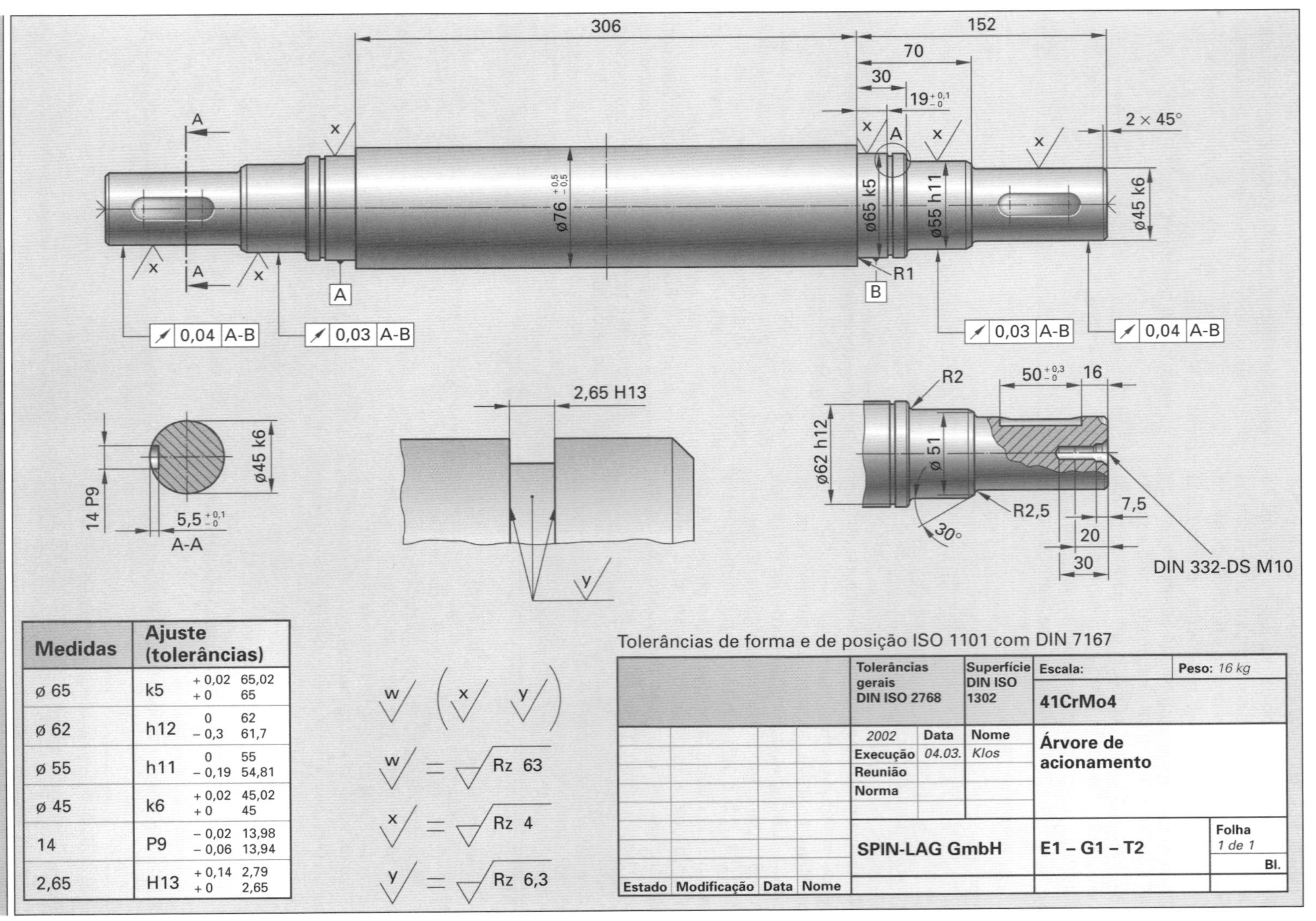

Medidas	Ajuste (tolerâncias)		
ø 65	k5	+ 0,02 + 0	65,02 65
ø 62	h12	0 – 0,3	62 61,7
ø 55	h11	0 – 0,19	55 54,81
ø 45	k6	+ 0,02 + 0	45,02 45
14	P9	– 0,02 – 0,06	13,98 13,94
2,65	H13	+ 0,14 + 0	2,79 2,65

Fig. 1: Desenho técnico de fabricação da árvore acionadora

Original para cópia

Folha de	Executado por	Data	Data início	Data término	Válido a partir de
Plano Nº	**Nº classificação**	**Nome**		**Material/medidas**	

Posi. Nº	Nº posto de trabalho	Nome do posto de trabalho	Forma de paga-mento	Grau de sobre-posição	Fator de divisão	Tempo prepa-ração	Tempo/ unid.	Tempo interme-diário	Tempo adicional	Qtdade refe-rência
			por tempo							
	Descrição do processo de trabalho:									
			por tempo							
	Descrição do processo de trabalho:									
			por tempo							
	Descrição do processo de trabalho:									
			por tempo							
	Descrição do processo de trabalho:									
			por tempo							
	Descrição do processo de trabalho:									
			por tempo							
	Descrição do processo de trabalho:									
			por tempo							
	Descrição do processo de trabalho:									

Fig. 1: Formulário para plano geral de trabalho

Folha *1* de *1*	Responsável	Data	Data início	Data término	Válido a partir de
Nº posto de trabalho	**Nome posto de trabalho** *Posto de montagem*	**Nome**		**Material/medidas**	
Peso bruto	**Acréscimo de tempos (eventos imprevisíveis, recuperação da fadiga)**	**Tempo de preparação t_r**		**Tempo por unidade t_e**	

Nº operação de trabalho	Descrição operação de trabalho	Tempo básico preparação t_{rg}	Tempo básico t_g

Fig. 2: Formulário do plano de trabalho detalhado da montagem

Folha *1* de *1*	Responsável	Data	Data início	Data término	Válido a partir de
Nº posto de trabalho	Nome posto de trabalho	Nome		Material/medidas	
Peso bruto	Acréscimo de tempos (eventos imprevisíveis, recuperação da fadiga)	Tempo de preparação t_r		Tempo por unidade t_e	

Nº operação de trabalho	Descrição operação de trabalho	Tempo básico preparação t_{rg}	Tempo de uso principal t_h	Tempo de uso secundário t_n

Fig. 1: Formulário do plano de trabalho detalhado para fabricação

6 Planejamento do leiaute da área de produção

O planejamento do leiaute abrange a disposição espacial das oficinas e divisões ou instalações unitárias de produção. Nesse planejamento, é preciso considerar os critérios técnicos das edificações. Planejamento do leiaute ocorre segundo os pontos de vista:

- **Necessidades de capital**

  A equipagem da produção e a necessidade de grandes áreas levam ao comprometimento de muito capital no planejamento do leiaute. Mudanças em leiautes existentes também podem gerar custos significativos.

- **Otimização do fluxo dos materiais**

  Para a determinação da posição dos postos de trabalho, máquinas ou plantas produtivas, é indispensável considerar o fluxo dos materiais no planejamento do leiaute. Os dispêndios com transporte podem ser reduzidos com caminhos curtos, com que se pode conseguir tempos de percurso menores e custos de transporte reduzidos.

- **Aumento da flexibilidade**

  A área de produção deve ser concebida de forma que se possa fabricar diferentes tipos de produtos. Caso seja necessária uma mudança na produção, é importante que as adaptações no leiaute possam ser realizadas com poucos dispêndios.

- **Aumento da produtividade no trabalho**

  A produtividade pode ser aumentada com a redução da necessidade de trabalhadores. O objetivo pode ser alcançado com a alocação de algumas máquinas vizinhas a um só operador.

- **Realização de trabalhos de manutenção**

  Na alocação dos postos de trabalho, é indispensável deixar livre aceso às máquinas. Com isso, os serviços de conservação podem ser executados rapidamente.

- **Redução das influências ambientais adversas**

  Convém observar que os limites máximos de exposição do trabalhador a som, gases, vapores, fumos, calor, etc. não podem ser ultrapassados.

- **Isolamento de fontes de perigos**

  Processos com efeitos não previsíveis e/ou com substâncias perigosas devem ser separados dos outros e, de preferência, essas instalações devem ser enclausuradas.

- **Consideração do espaço disponível**

  É óbvio que é preciso considerar o espaço disponível no planejamento do leiaute. É preciso decidir o tamanho da área (e espaço, se for o caso) a alocar para cada unidade da produção. Se for muito pequeno, a liberdade de movimentação dos trabalhadores fica muito limitada. Além disso, a execução do trabalho num posto de trabalho pode interferir ou perturbar o trabalho nos postos vizinhos. Acresce-se a isso a possível limitação do acesso de pessoas e dos materiais aos postos de trabalho. Também é necessário haver espaço para armazenar, temporariamente, os objetos de trabalho a transformar e os já transformados.

As decisões tomadas no planejamento do leiaute influenciam no fluxo de materiais e também nas estratégias para conduzir o fluxo de informações.

Planejamentos de leiautes estão sujeitos a muitas restrições. Primeiro, dependem da disposição e de características estruturais das edificações existentes, por exemplo, número de andares, capacidade de carga das lajes, paredes e pilares. Também há de se considerar restrições de ordem legal e os requisitos de segurança do trabalho, de manuseio de substâncias perigosas e de proteção ambiental.

6.1 Princípios de organização da produção

O planejamento do leiaute da produção é feito de acordo com o princípio de organização da produção. Com o princípio, definem-se a alocação espacial das máquinas e os postos de trabalho. Dependendo disso, determina-se como e em que sequência materiais brutos, peças e grupos construtivos circulam pela área produtiva. Nessa sequência corre então o fluxo de materiais e de informações na execução das ordens de serviço na produção. Daqui se obtém a ocupação das capacidades das máquinas e dos postos de trabalho. No que diz respeito aos decursos na empresa, a análise e a escolha do princípio de organização da produção são de cabedal importância.

Na análise das possibilidades e posterior escolha dos princípios de organização da produção, selecionam-se o tipo de decurso na área fabril e o princípio de decurso na montagem.

6.1.1 Princípios de organização da fabricação

A alocação das máquinas na fábrica orienta-se pela tecnologia de fabricação e pelo decurso das ordens de serviço. Se o decurso seguir um princípio orientado pela tecnologia, fala-se em princípio de elaboração. Se as estruturas de fabricação forem orientadas pelo decurso, então seguem o princípio de fluxo. Ambos os princípios podem ser realizados pela fabricação em oficinas, em grupos ou em linha.

Princípio de fabricação em oficinas

O característico marcante do princípio de fabricação em oficinas (**fig. 1**) é a reunião de máquinas que executam um mesmo processo numa unidade técnica de fabricação, a oficina. Nessa forma de organização, todos os tornos estão próximos uns aos outros numa certa área da oficina. Então, um item a ser fabricado percorre as unidades de produção na sequência adequada. Por isso, tem-se nesse princípio de organização que o objeto de trabalho percorre longas distâncias entre os postos de trabalho, o que aumenta os custos de transporte.

O princípio de fabricação em oficinas é adequadamente aplicado para a fabricação de lotes pequenos, com frequente troca de ordens de serviço e/ou de itens a fabricar em sequências diferentes. Isso ocorre principalmente na fabricação unitária sob encomenda ou na fabricação mista com séries pequenas.

A grande vantagem do princípio de organização em oficinas está na sua grande flexibilidade.

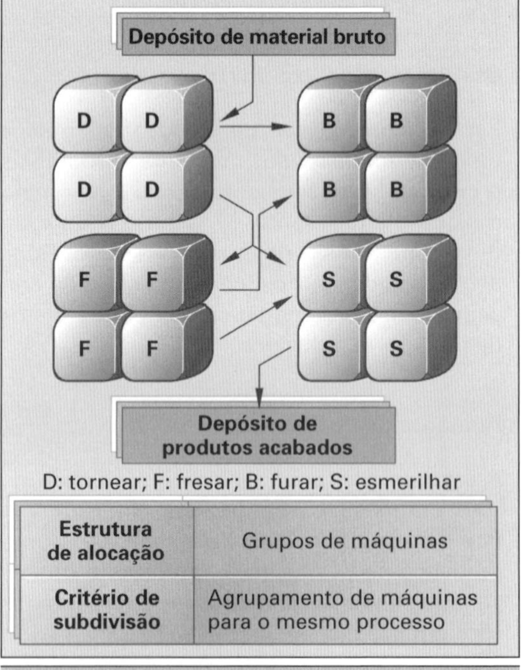

Estrutura de alocação	Grupos de máquinas
Critério de subdivisão	Agrupamento de máquinas para o mesmo processo

Fig. 1: Fabricação em oficinas

Como as diferentes áreas da oficina trabalham independentemente umas das outras, pode-se absorver melhor os efeitos de problemas imprevistos e mudanças no programa de produção.

Uma desvantagem importante do princípio de organização em oficinas é o tempo maior de percurso do objeto de trabalho pela fábrica; dado haver necessidade de mais transporte, os tempos de transporte e armazenagem intermediária (tempo intermediário) são maiores do que nos outros casos.

Princípio de fabricação em grupos

O princípio de fabricação em grupos (**fig. 1**) é uma mistura dos princípios de organização em oficinas e de organização em linha. Nessa forma de organização, a alocação das máquinas não depende somente do processo que elas executam, mas da ocorrência frequente de combinações de processos para certos grupos de produtos. Então se pode aplicar diferentes concepções de fabricação (p. ex., células de fabricação), dependendo do grau de automação. Na organização em grupos, justapõem-se as máquinas que executam os diferentes processos necessários para a fabricação completa de um grupo de produtos definido.
O fluxo de materiais entre as máquinas será variável. Num contexto mais amplo da área de fabricação, o grupo de máquinas é tido como unidade a que os materiais devem ser fornecidos. Essa unidade de produção contém também, em geral, meios de produção para o acabamento das peças, com o que o número de transportes é menor e o tempo de percurso será reduzido. A delimitação das máquinas entre si é orientada por produtos, e em cada grupo é possível produzir uma diversidade de variantes enquanto a combinação dos processos permanecer idêntica.

Princípio de fabricação em linha

No princípio de fabricação em linha (**fig. 2**), a sequência dos processos de trabalho de cada grupo de peças determina a alocação das máquinas. A vantagem da fabricação em linha fica evidente quando toda a sequência de processos ou partes dela se repetem, de modo igual ou parecido, inúmeras vezes. Com a alocação espacial das máquinas, obtém-se uma subdivisão orientada por produtos. O pré-requisito para a instalação da fabricação em linha é a expectativa de lotes em tamanhos tais que garantam uma ocupação satisfatória das máquinas assim alocadas. Na fabricação em linha de séries pequenas e médias, é possível fabricar variantes, fazendo o objeto de trabalho pular processos da linha ou até voltar na linha e percorrer parte dela de novo (→**8.3**). Para séries grandes as máquinas estão inseridas em instalações inflexíveis de transferência (fluxo do objeto de trabalho). Na fabricação de automóveis, tem-se um exemplo típico de organização em linha; nela a estruturação organizacional chega a ponto de não só usar subdivisão orientada por produto na montagem, por exemplo, mas são instaladas unidades empresariais inteiras para a fabricação de um ou outro grupo construtivo.
Na prática, dificilmente se vê alguma fabricação seguindo somente um dos princípios de organização descritos. Muitas vezes já é necessário

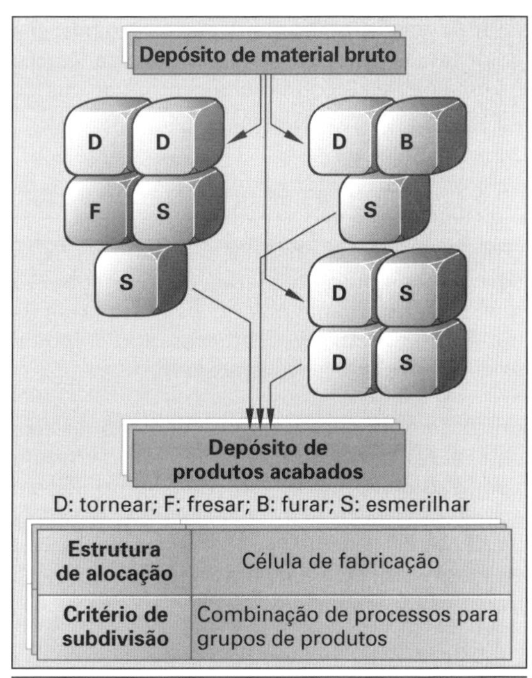

Estrutura de alocação	Célula de fabricação
Critério de subdivisão	Combinação de processos para grupos de produtos

Fig. 1: Fabricação em grupos

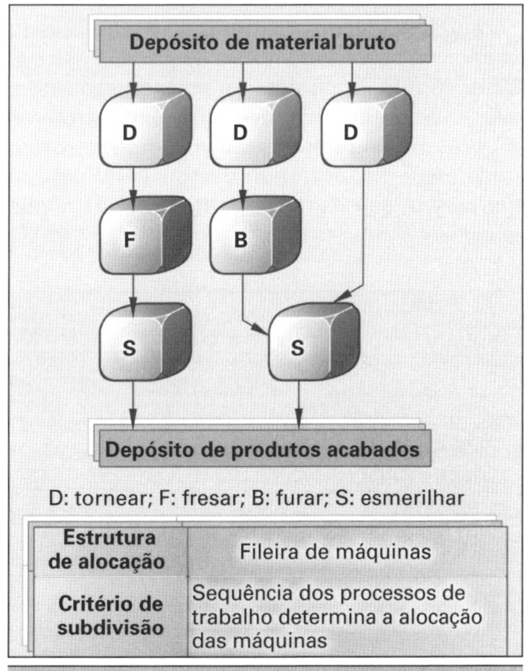

Estrutura de alocação	Fileira de máquinas
Critério de subdivisão	Sequência dos processos de trabalho determina a alocação das máquinas

Fig. 2: Fabricação em linha

fazer um compromisso entre uma organização do decurso otimizado do ponto de vista técnico e uma subdivisão ótima dos centros de custos, tendo em vista a necessidade de alocar os custos à unidade que os causa.

6.1.2 Princípios de organização da montagem

O planejamento de um princípio de organização para uma ou mais atividades de montagem requer o levantamento dos níveis e das fases de montagem. Além disso, é necessário delimitar as diferentes áreas de montagem.

Antes de esse planejamento iniciar, é preciso determinar o decurso das atividades de montagem: são definidos as estações de montagem e os postos de trabalho necessários, e desses passos de planejamento decorrem as operações de montagem a serem feitas em cada posto de trabalho específico.

Levantamento dos níveis e das fases de montagem

Raramente o objeto de montagem é composto apenas de peças individuais acopladas entre si numa montagem fluida. Antes cada produto é subdividido em diferentes grupos construtivos e peças individuais. E um grupo construtivo pode estar inserido num outro (→**4**). Então, é necessário estruturar a montagem por níveis e fases (**fig. 1**). A estruturação de uma área de montagem em níveis se orienta pelos diferentes grupos construtivos dos produtos. De acordo com o grau de estruturação (grupos construtivos partes de grupos construtivos maiores), diferencia-se entre montagem final do grupo construtivo e montagem de grupos construtivos principais, grupos construtivos e subgrupos construtivos.

A subdivisão da montagem em níveis permite uma especialização em algumas atividades de montagem e a execução de atividades de montagem em paralelo.

Num nível de montagem, o objeto de montagem percorre diversas fases de montagem. Na pré-montagem, devem ser realizadas atividades preparatórias para que a montagem principal possa ocorrer sem perturbações. A finalidade da montagem principal é a montagem em si do objeto. A pós-montagem compreende todas as atividades posteriores, como reparos, ajustes ou a colocação de etiquetas.

Fig. 1: Níveis e fases de um processo de montagem (exemplo: cilindro pneumático)

Delimitação das áreas para montagem

A delimitação das áreas para montagem no planejamento do leiaute pode ocorrer segundo diferentes critérios (**fig. 1**):

- A depender da semelhança dos produtos, pode-se fazer uma estruturação orientada por produto. Nesse caso, as diferentes áreas da montagem trabalham independentes umas das outras.
- Outra delimitação das áreas de montagem pode ser feita segundo pontos de vista tecnológicos. Por exemplo, quando encaixar é substituído por soldar e são gerados fumos e sons, é preciso separar essa área. A montagem de equipamentos muito precisos e procedimentos de teste e de ajuste devem ser feitos em ambientes separados, muitas vezes até climatizados.
- Na delimitação orientada pela estrutura, a montagem de um produto ocorre na área para montagem de grupos construtivos e na área de montagem final, segundo os níveis. As áreas de montagem são dependentes umas das outras em termos de prazos e quantidades por causa das conexões funcionais.
- Uma delimitação das áreas de montagem orientada por qualificação ocorre com frequência, de acordo com o pessoal empregado. Por exemplo, separam-se, em geral, as atividades de montagem de um eletricista das de um mecânico.

Com a estruturação das áreas de montagem, há a possibilidade de montar grupos construtivos independentes de pedidos. Além disso, pode-se reduzir o tempo de percurso do produto na fábrica pela disponibilização mais cedo das peças que se repetem e das variantes. Também, por causa da repetição das mesmas atividades de montagem, pode-se usar ferramentas, dispositivos e meios de transporte especialmente adaptados.

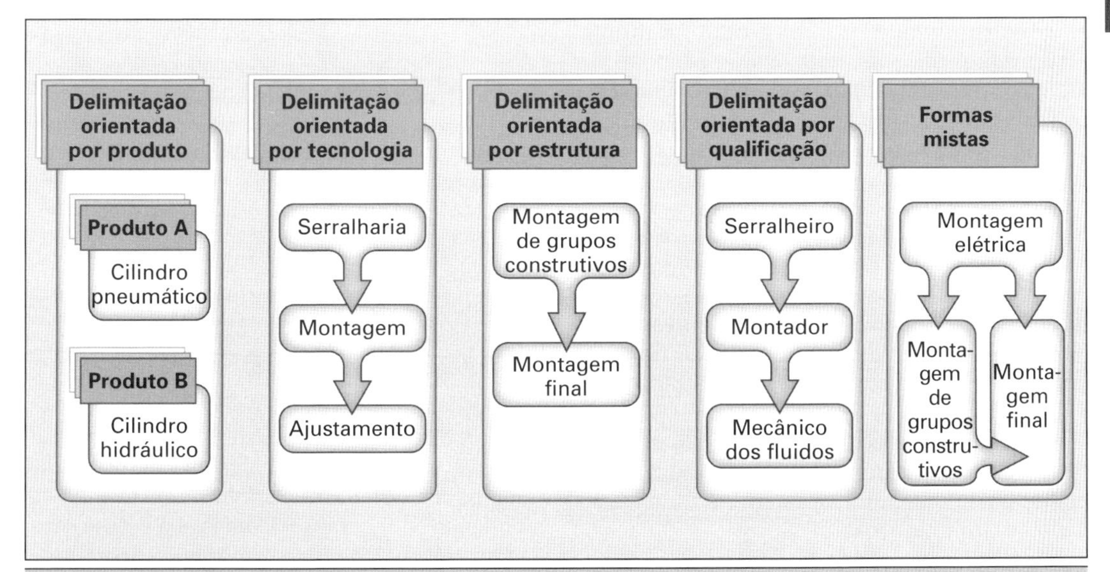

Fig. 1: Possibilidades de delimitação de áreas de montagem

Determinação dos princípios de organização da montagem

Ao se analisar a montagem, convém diferenciar entre uma montagem feita num único posto de trabalho e uma montagem executada em diversos postos de trabalho. Os princípios de organização da montagem com mais postos de trabalho se diferenciam pelo que é movimentado: o posto de trabalho ou o objeto de trabalho. Daqui resultam dois tipos de decurso da montagem: pelo princípio de elaboração e pelo princípio de fluxo. Enquanto no princípio de elaboração (**fig. 1, p. 104**) os objetos de trabalho são estacionários, no princípio de fluxo os objetos de trabalho estão em movimento.

Montagem num posto de trabalho único

Na montagem num posto de trabalho único, todas as atividades de montagem são executadas por um trabalhador num único posto de trabalho. Em geral, os objetos de trabalho estão sobre esteiras ou mesas. As peças necessárias são disponibilizadas em recipientes ou em paletes, magazines, independentemente de seu tamanho. Essa alternativa é adequada para produtos de pequena até média complexidade.

A vantagem da montagem num posto de trabalho único está na sua grande flexibilidade, no que diz respeito a quantidades e diversidade de produtos. Outra vantagem está no fato de perturbações num posto de trabalho não terem efeitos nocivos sobre os demais.

Montagem no sítio de construção

Na montagem no sítio de construção, tanto os objetos de trabalho como os postos de trabalho estão num lugar fixo. Nesse caso, um grupo construtivo ou todo um produto é montado num lugar fixo e sem troca de pessoal. Na montagem de um objeto, podem trabalhar uma ou mais pessoas. Em geral, não há distribuição precisa das atividades entre as pessoas.

A vantagem da montagem no sítio de construção é a possibilidade de atender a pedidos especiais, com dispêndios em planejamento e controle relativamente baixos. O princípio também é adequado para a montagem de produtos muito grandes que depois da montagem não são mais transportados, ou só o são com muitos dispêndios.

A desvantagem dessa forma de organização está na pouca efetividade, já que há pouca possibilidade de controle do decurso, e na necessidade de grandes áreas.

Montagem em grupos

Ao contrário do que acontece na montagem no sítio de construção, na montagem em grupos (**fig. 1**) os trabalhadores se movimentam de um objeto de montagem estacionário ao próximo, sendo o posto de trabalho móvel; nisso há duas alternativas no que diz respeito ao ritmo. Pode haver um

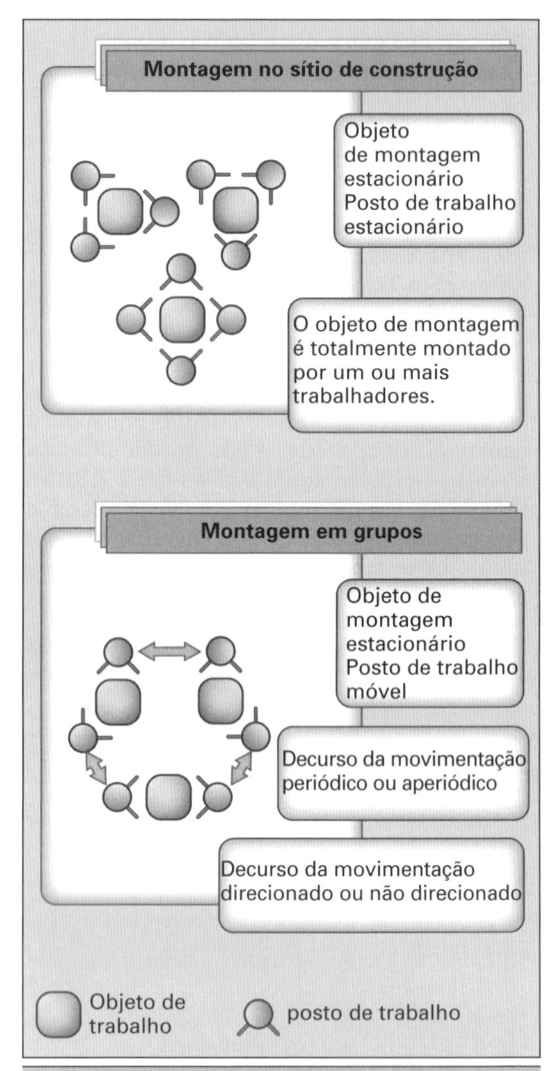

Fig. 1: Princípio de elaboração

ritmo mais ou menos predefinido para a troca periódica de posto de trabalho. Na segunda alternativa, não há periodicidade nessa troca, cada trabalhador executa um conjunto de tarefas de montagem com duração diferenciada. Nesse caso, a movimentação do trabalhador pode ocorrer em diferentes direções, não somente em uma como no caso anterior. Fala-se de um decurso de movimentação não direcionado.

A vantagem da montagem em grupos está na efetividade do trabalho e na necessidade de menos área do que na montagem no sítio de construção. Contudo, os dispêndios em comando e controle são maiores nessa forma de organização.

Montagem em série

A montagem em série (**fig. 1**) tem, no que diz respeito ao decurso dos movimentos, uma certa semelhança com a montagem em grupos. No entanto, não são os trabalhadores que se movimentam, mas o objeto de montagem é movimentado adiante. Como na montagem em grupos, não há obrigação rigorosa de cumprir um ritmo predefinido. Ocorre uma movimentação aperiódica do objeto de montagem numa só direção. A totalidade das atividades de montagem é distribuída entre os postos de trabalho, podendo haver certas diferenças na extensão das atividades dos trabalhadores.

Na montagem em série, pode-se também pular postos de trabalho do decurso completo, situação frequente na montagem de variantes que, por exemplo, não têm algumas peças dos produtos principais. No que diz respeito a mudanças no decurso da montagem, a montagem em série permite muita flexibilidade.

Montagem em fluxo com ritmo prescrito (montagem em linha)

A estrutura da montagem em fluxo rítmico se assemelha à da montagem em série. No entanto, nesse princípio de organização, a totalidade das atividades de montagem é subdividida em parcelas muito menores —, é, na verdade, elementarizada —, e os tempos de operação nos postos de trabalho, mais uniformizados. A movimentação do objeto de montagem para o trabalhador estacionário pode ser contínua ou intermitente (**fig. 1**).

Na montagem em linha contínua, o objeto de trabalho não deixa de ser movimentado durante a execução das operações de montagem. Como os trabalhadores e mais ainda os dispositivos de manuseio são estacionários, apenas poucas atividades de curta duração podem ser alocadas a cada posto de montagem.

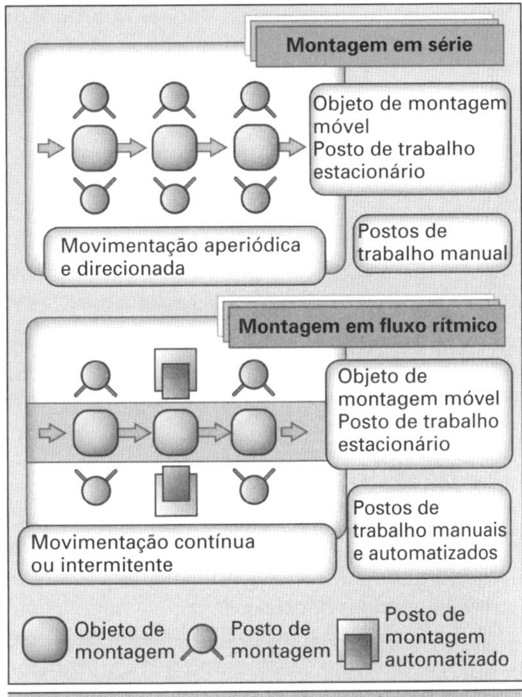

Fig. 1: Princípio de montagem em linha

Na montagem em linha intermitente, o objeto de montagem permanece parado no posto de trabalho para a execução das atividades. Aqui se diferencia entre o transporte manual ou mecanizado desordenado e o transporte mecanizado bem-ordenado.

No transporte do objeto de montagem de forma desordenada (**fig. 2**), não são utilizados contêineres para os objetos de montagem. O objeto de montagem é transportado manual ou mecanicamente ao próximo posto de trabalho. Trata-se de uma forma de organização bastante flexível, mas pode se tornar antieconômica por causa do acúmulo de objetos de trabalho em alguns postos, evento de difícil controle.

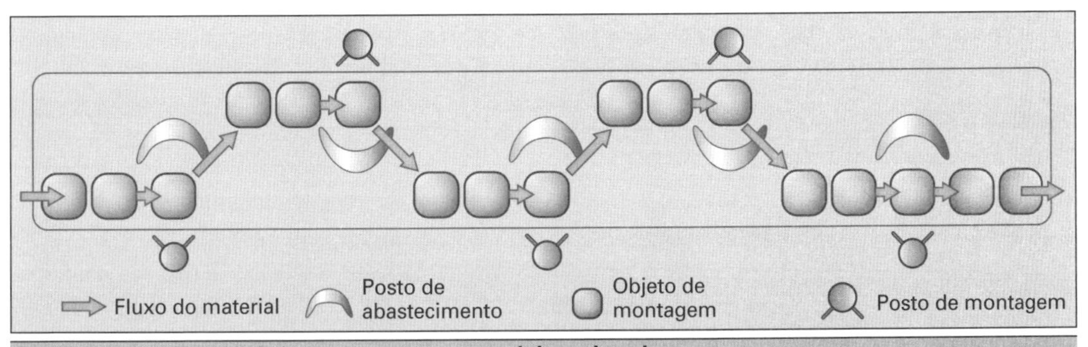

Fig. 2: Montagem em linha com transporte manual desordenado

No transporte mecanizado de forma ordenada (**fig. 1**), são necessários portadores de objetos de trabalho. Por causa do número limitado de portadores de objetos de trabalho, não se formam acúmulos descontrolados objetivos de trabalho entre os postos.

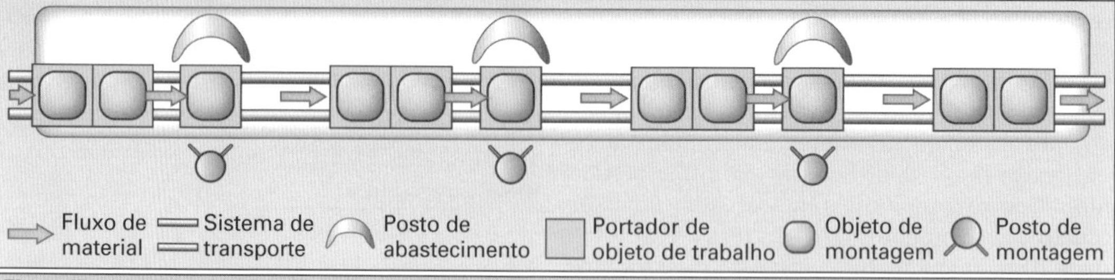

Fig. 1: Transporte mecanizado de forma ordenada

A linha de montagem rítmica é usada frequentemente em conexão com equipagem de montagem mecanizada. Ela operara em ritmo constante, predefinido, prescrevendo, assim, o ritmo de trabalho das pessoas. É necessário prever algumas reservas de objetos de trabalho armazenados entre os postos de trabalho para absorver eventuais perturbações e oscilações nos postos de montagem manuais.

Montagem em linha combinada

Na montagem em linha combinada (**fig. 2**), trabalha-se segundo o princípio de fluxo contínuo combinado com movimentação sincronizada de postos de trabalho e objetos de montagem. O trabalhador da linha de montagem vai junto com a esteira ou anda ao lado dela acompanhando o objeto de montagem. Essa forma de montagem é utilizada na indústria para a produção massiva de produtos grandes. Dados a complexidade dos processos de transporte e os altos investimentos associados, essa forma de montagem não é usada em muitas indústrias. A vantagem da montagem combinada está no enriquecimento do conteúdo das tarefas de trabalho das pessoas na montagem.

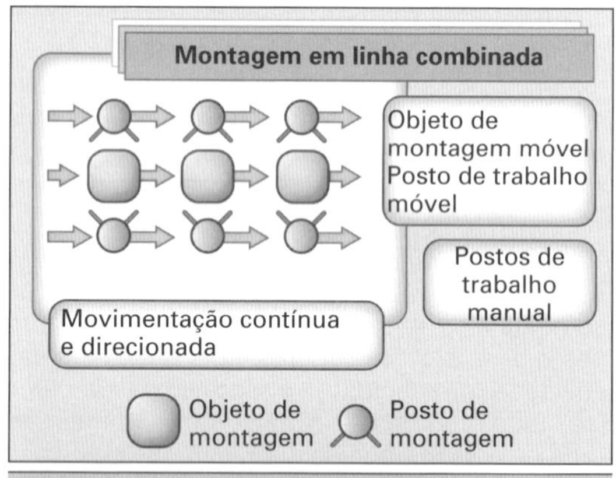

Fig. 2: Montagem em linha combinada

Perguntas e tarefas

1 Explique os critérios utilizados para o planejamento do leiaute da área de produção.

2 Descreva a organização da fabricação segundo o princípio de oficinas.

3 Indique as vantagens e desvantagens do princípio de organização descrito na tarefa 2.

4 Explique os critérios segundo os quais os postos de trabalho são agrupados na montagem em grupos.

5 Qual o pré-requisito para o uso da fabricação em linha?

6 Descreva a diferença entre níveis e fases de montagem.

7 Segundo que critérios são delimitadas as áreas de montagem no planejamento do leiaute?

8 Descreva as diferentes formas de organização da montagem segundo o princípio de elaboração.

9 Explique o princípio de organização "montagem em série". Explique as semelhanças da montagem em série com a montagem em grupos.

10 Que formas de montagem em linha são usadas na produção?

Atividades no projeto "produção do cilindro pneumático"

6.1 Analise as formas de organização para a produção do corpo e da haste do pistão. Escolha uma forma de organização e explique o fluxo dos materiais nela.

6.2 Para a montagem dos grupos construtivos e do produto "cilindro pneumático", há muitas formas de organização disponíveis, segundo os princípios de elaboração e de fluxo em linha. Escolha uma forma de organização adequada e explique sua escolha.

6.2 Métodos de programação dos fluxos de materiais e de informações na produção

Os fluxos de informações e de materiais na produção podem ser programados segundo os princípios: "empurra" e "puxa".

Princípio "empurra"

No princípio "empurra" (**fig. 1**), as peças fabricadas ou as peças montadas são levadas de um posto de trabalho para o seguinte, segundo determinação de uma central de planejamento. Depois de concluir a fabricação ou montagem de um lote de peças, o trabalhador pergunta numa central de planejamento para que posto de trabalho elas devem ser levadas ou enviadas. Esse princípio é aplicado preferencialmente na fabricação de peças complicadas e lotes de tamanho pequeno.

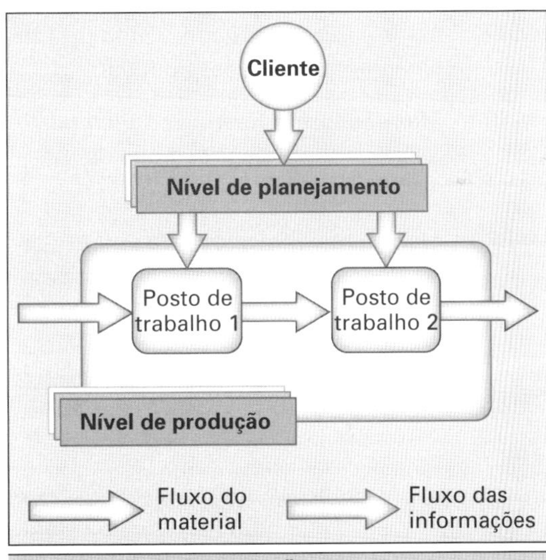

Fig. 1: Princípio "empurra"

Enquanto o material flui na fabricação sem perturbações, os fluxos de informações e do material comandados segundo esse princípio correm sem atrito. Havendo alguma perturbação, rapidamente pode vir a ocorrer acúmulo de material diante de um posto de trabalho ou falta de abastecimento do material em outra parte da fábrica. Com isso, os estoques dos depósitos de entrada diminuem enquanto os níveis dos supermercados (depósitos intermediários de abastecimento) em alguns postos de trabalho aumentam, comprometendo a visualização e o controle do todo.

Princípio "puxa"

No princípio "puxa" (**fig. 2**), o trabalhador do posto de trabalho seguinte solicita as peças prontas do posto anterior. Com isso, o fluxo de informações transcorre em sentido oposto ao do material.

Depois de concluir um lote de peças o trabalhador as armazena no depósito de peças prontas no seu posto de trabalho. A ordem de serviço e os materiais vão adiante quando o trabalhador do posto seguinte os solicitar. Trata-se de um circuito de controle autorregulado. Esse princípio é aplicado na fabricação e montagem em que o fluxo de material é bem estruturado e os lotes são maiores.

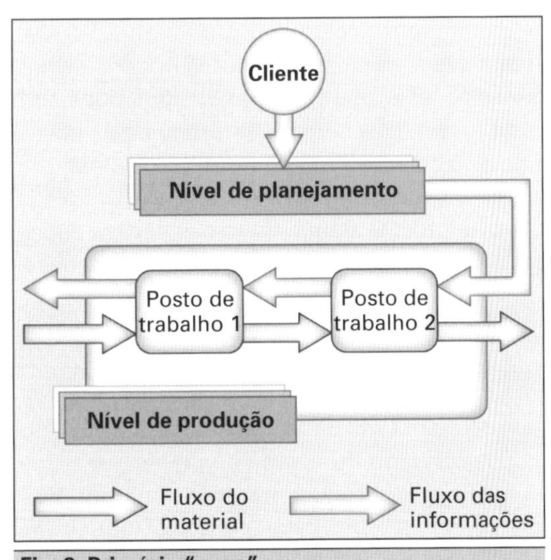

Fig. 2: Princípio "puxa"

A vantagem desse princípio está no fato de o abastecimento do material ser desencadeado pelo posto de trabalho que também é responsável pelo início imediato do processo de trabalho a ser nele realizado.

6.2.1 Sistema de cálculo das necessidades de materiais – MRP

De acordo com seu desenvolvimento histórico, o MRP pode ser diferenciado entre:

- **MRP**: *Material Requirements Planning* (planejamento das necessidades),
- **MRP I**: *Manufactoring Resources Planning* (planejamento dos recursos da manufatura),
- **MRP II**: *Management Resources Planning* (Planejamento da gestão dos recursos da empresa).

Informações sobre o sistema MRP

MRP

A concepção original do MRP foi desenvolvida na década de 1950 e já contempla a disponibilização dos materiais orientada pelas necessidades deles. Nessa concepção, é feito um planejamento das necessidades da produção (→**4**) com a determinação das necessidades secundárias (quer dizer, de peças, grupos construtivos e materiais a serem comprados e de peças e grupos construtivos a serem fabricados), mediante o desmembramento de listas de peças dos produtos. O atendimento das necessidades secundárias permite o suprimento das necessidades primárias, quer dizer, dos produtos previstos no programa de produção.

No primeiro cálculo das necessidades, determinam-se as necessidades brutas para um período determinado (horizonte de planejamento) e os níveis dos estoques não são considerados. No segundo cálculo, os níveis dos estoques são considerados e determinam-se as necessidades líquidas; em seguida, essas últimas são agrupadas por período.

MRP I

Na década de 1960 surgiu uma concepção melhor, o MRP I: foram incluídas no planejamento também as capacidades de produção, ao lado da determinação das necessidades. A determinação das datas associadas com as necessidades é feita com auxílio do planejamento em rede (→**3**). Para isso, são antes calculados tamanhos de lotes econômicos para a fabricação e a montagem. Em seguida, é realizado o planejamento dos prazos e das capacidades. Os tempos levantados não são muito precisos, antes superestimados para absorverem situações desfavoráveis de capacidades. Agora as ordens de serviço na fabricação e montagem podem ser atribuídas aos postos de trabalho com datas e quantidades definidas.

Depois disso, continua o fluxo de informações e o de material inicia pelo princípio do "puxa". Se um trabalhador necessita de material, ele o requer do posto de trabalho precedente.

MRP II

Uma concepção ampliada – MRP II – foi desenvolvida na década de 1980, e dá os fundamentos para o projeto de sistemas de planejamento e de gestão da produção auxiliados por computador (PCP, ERP). Toda a problemática de planejamento e controle da produção no contexto global da cadeia logística está inserida nesta concepção do MRP II. Nela o planejamento da distribuição e do desenvolvimento do produto antecede o planejamento do programa de produção. O planejamento dos prazos e das necessidades é complementado por um planejamento das capacidades a curto prazo e por um controle em nível de oficinas. Contudo, a introdução do sistema MRP II requer algumas precondições:

- As máquinas e os postos de trabalho devem ser capazes de absorver a carga de trabalho a eles alocada no planejamento, sem perturbações e paradas frequentes.
- O tempo real de percurso (atravessamento) do material pela fábrica não pode distanciar-se muito do tempo de percurso planejado.
- No pode haver gargalos na produção.
- O programa de produção deve ser conhecido com certa antecedência.

Sistema MRP II no projeto "produção do cilindro pneumático"

A empresa Spin-Lag GmbH quer verificar a possibilidade de usar um sistema MRP. Para isso, deve ser analisado o controle dos fluxos de informações e de materiais para a fabricação da haste do pistão. O plano geral de trabalho para a fabricação da haste de pistão (**observação para solução da tarefa 5.1**) prevê a necessidade de 3 postos de trabalho de usinagem com seus respectivos postos de abastecimento e controle da qualidade, todos listados na **tabela 1**.
Com MRP, a área de planejamento do trabalho da empresa Spin-Lag GmbH deve executar, no primeiro passo, o planejamento das necessidades. Depois de determinar o tamanho do lote diário de cilindros pneumáticos a fabricar, pode-se determinar, pelo desmembramento das listas de peças (→**4.1**), o tamanho dos lotes de hastes de pistão a fabricar, bem como a quantidade de material bruto em barras necessária. As necessidades assim determinadas são as brutas.
As necessidades líquidas de material para um período predefinido são determinadas considerando-se o tempo para fornecimento, a quantidade necessária de material em barras, bem como a quantidade desse material no momento disponível no estoque.
No segundo passo, é aplicada a técnica de planejamento em rede. Aqui são determinadas progressiva e regressivamente as datas de início e término, cedo e tarde das atividades nos postos de trabalho alocados para a fabricação dos cilindros pneumáticos.

Nome *Haste de pistão*		
Nº posição	**Nº posto de trabalho**	**Nome do posto de trabalho**
10	*101001*	*Depósito de abastecimento – oficina*
20	*100401*	*Serra circular pequena*
30	*101001*	*Depósito de abastecimento – oficina*
40	*100501*	*Torno CNC*
50	*100401*	*Depósito de abastecimento – oficina*
60	*100603*	*Fresa universal*
70	*100401*	*Depósito de abastecimento – oficina*
80	*100050*	*Controle da qualidade*

Tab. 1: Postos de trabalho para a fabricação da haste do pistão

No terceiro passo, é analisado o fluxo de material e de informações nas oficinas de fabricação da haste do pistão (**fig. 1**). Os trabalhadores nos postos de trabalho recebem a ordem de serviço com a especificação das quantidades a fabricar e as datas de início e término. Agora começa um fluxo de informações para trás.

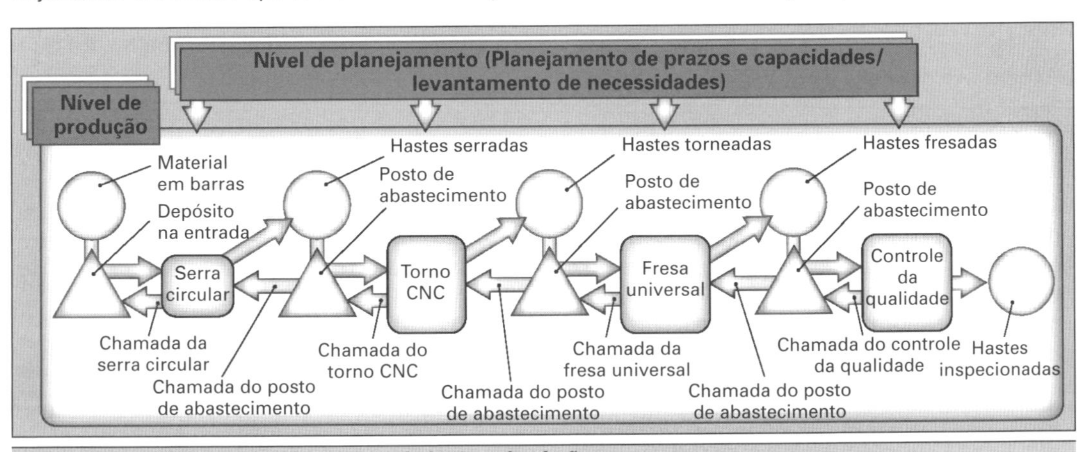

Fig. 1: Sistema MRP para a fabricação de hastes de pistão

O trabalhador na serra circular recebe a ordem de serviço e pede o material em barras do depósito na entrada. As hastes serradas permanecem no posto de trabalho "serra circular" até que o trabalhador no torno CNC queira iniciar o serviço de torno nelas, conforme ordem de serviço recebida. Como não houve transporte de peças em processo saindo do posto "serra circular", o trabalhador no torno requisita toda a quantidade necessária de peças daquele posto. Como, de acordo com o planejamento de prazos e capacidades, as hastes devem estar serradas, podem ser solicitadas do posto de trabalho "serra circular".

As hastes torneadas também permanecem no posto de trabalho "torno CNC" até serem solicitadas pelo posto de trabalho "fresa". Depois do processamento na fresa, as hastes podem chegar até o posto de trabalho "controle da qualidade", quando solicitado.

Como todo o planejamento de prazos e capacidades e a programação e o controle da execução das ordens de serviço planejadas são feitos com auxílio de sistema computadorizado de planejamento e controle da produção (PCP), é possível determinar prazos bastante apertados para a fabricação das peças nos postos de trabalho.

Atividades no projeto "produção do cilindro pneumático"

A montagem do cilindro pneumático é realizada em 3 postos de montagem. Em seguida, a função do cilindro pneumático é testada no posto "controle da qualidade".

6.3 Explique o sistema MRP com auxílio dos 3 postos de trabalho para a montagem dos grupos construtivos e do produto "cilindro pneumático". Descreva os fluxos dos materiais e das informações num desenho (**fig. 1, p. 109**).

6.2.2 Sistema KANBAN

KANBAN é um sistema de controle descentralizado, desenvolvido na década de 1970 no Japão e usado primeiro na Toyota. KANBAN é usado especialmente para fabricação em série e com ele se objetiva reduzir a quantidade de material em circulação na fábrica e simplificar o controle da produção. Os portadores de informação são os KANBANS (que em japonês significa cartão). KANBAN segue o princípio do "puxa" e tem alguma semelhança com *just-in-time* (JIT) (→**6.2.5**).

Informações sobre o sistema KANBAN

Na aplicação do sistema KANBAN, a oficina é subdividida em circuitos de controle autorregulados. Com os circuitos de controle, substitui-se um controle central da oficina (→**6.2.1**) por um controle descentralizado das estações de trabalho. Os circuitos de controle surgem entre os postos de trabalho que consomem os materiais e as fontes que os fornecem. Num recipiente, o material é tido como lote. Quando uma estação de trabalho, na condição de consumidor de materiais, consumiu tanto material de um depósito intermediário (supermercado) que um nível mínimo de segurança predefinido deixou de estar garantido, é enviado um cartão KANBAN para a estação de trabalho precedente. Esse cartão KANBAN equivale a uma ordem de produção interna e contém as seguintes informações:

- O número e o nome da peça;
- O recipiente;
- A quantidade a ser colocada no recipiente;
- O nome do depósito que disponibiliza o material;
- O endereço das estações de trabalho em que o material é consumido;
- O número do posto de trabalho que envia o material (fonte).

Cada cartão KANBAN é associado ao recipiente para transporte e circula (vai e vem) entre a estação de trabalho e o depósito fonte do material.

Para uma aplicação bem-sucedida do KANBAN, é necessário atender a alguns pré-requisitos:

- É importante que a necessidade de peças permaneça mais ou menos constante como na fabricação em série.
- Os meios de produção devem ser flexíveis e sincronizados entre si, quer dizer, produz-se numa linha flexível.

- Os trabalhadores necessitam de alta qualificação e flexibilidade para atuar no processo de produção.
- O tamanho dos lotes na fabricação e montagem restringe-se à capacidade do recipiente.
- A reposição de material nos recipientes deve ser rápida.

Sistema KANBAN no projeto "produção do cilindro pneumático"

Depois de verificar a adequação do sistema MRP (→**6.2.1**), pretende-se avaliar a aplicação do princípio do KANBAN na fabricação da haste do pistão. Serão considerados os postos de trabalho listados na **tabela 1**.

O controle da produção nas oficinas para a fabricação das hastes do pistão com o uso de KANBAN é mostrado na **figura 1**. O ponto de partida é o último posto de trabalho de usinagem com remoção de cavacos, na fresa universal. Essa estação de trabalho recebe a prescrição do número de hastes de pistão a fabricar, que constitui o lote diário. O último posto de trabalho também recebe um prazo para a conclusão do trabalho.

O trabalhador na fresa universal toma do supermercado (depósito de abastecimento), que está entre sua estação de trabalho e a anterior, um recipiente com hastes de pistão já torneadas. Depois de vazio, o recipiente é enviado, juntamente com um cartão KANBAN (equivale à ordem de produção), à estação de trabalho precedente, no caso, o torno CNC. O trabalhador neste posto de trabalho age da mesma forma que o fresador: ele toma um recipiente com o material necessitado e envia o recipiente vazio à estação de trabalho precedente, no caso, à serra circular. O trabalhador na serra circular requisita o material do depósito na entrada (**fig. 1**).

Nome	*Haste do pistão*	
Nº posição	**Nº posto de trabalho**	**Nome do posto de trabalho**
10	*101001*	*Depósito de abastecimento – oficina*
20	*100401*	*Serra circular pequena*
30	*101001*	*Depósito de abastecimento – oficina*
40	*100501*	*Torno CNC*
50	*101001*	*Depósito de abastecimento – oficina*
60	*100603*	*Fresa universal*
70	*101001*	*Depósito de abastecimento – oficina*
80	*100050*	*Controle da qualidade*

Tab. 1: Postos de trabalho para a fabricação da haste do pistão

Depois de concluído o processamento num posto de trabalho, o material é enviado ao posto de trabalho seguinte num recipiente KANBAN, mesmo que não tenha vindo requisição especial dele.

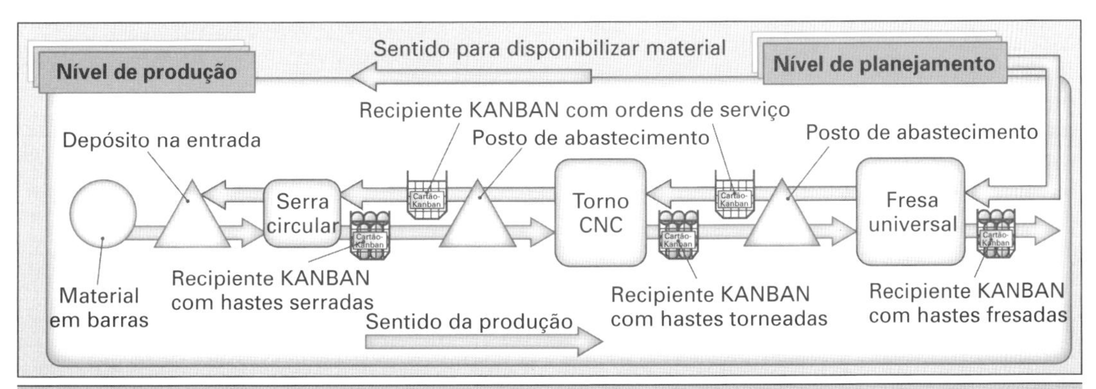

Fig. 1: Sistema KANBAN para a fabricação de hastes de pistão

No decurso do sistema KANBAN, é importante que, por exemplo, o torno CNC – na condição de estação de trabalho precedente à fresa universal – só inicie a tornear as peças quando na fresa o estoque mínimo estiver sendo ameaçado e, por consequência, o material tiver sido requisitado com o cartão KANBAN. Com isso se garante que a quantidade de material existente entre os dois postos de trabalho seja somente a necessária para não interromper o fluxo de materiais.

O decurso da produção fica assegurado somente se as seguintes condições forem satisfeitas:

- **Consumidor, por exemplo, fresa**: terá de requisitar o material com antecedência. Requisitar apenas a quantidade de material estritamente necessária.
- **Fonte, por exemplo, torno CNC**: no torno deve ser fabricada a quantidade exata de peças necessárias; não se deve fabricar peças antes da entrada do pedido por parte da fresa. Para garantir que peças defeituosas não sejam enviadas para o posto de trabalho seguinte, é necessário controlar a qualidade e selecionar o refugo.

Atividade no projeto "produção do cilindro pneumático"

6.4 Explique o sistema KANBAN com auxílio dos postos de trabalho para a montagem dos grupos construtivos e do produto. Descreva os fluxos de informações e de materiais com um desenho (**fig. 1, p. 111**).

6.2.3 Sistema OPT

O sistema OPT (*Optimized Production Technology;* controle pelos gargalos) foi primeiro usado por grandes empresas nos Estados Unidos em 1982. Trata-se de procedimento orientado por gargalos. Seu objetivo é otimizar a taxa de ocupação das máquinas. Parte-se da máxima de que não convém ajustar entre si as cargas de máquinas individuais, mas ajustar todo o fluxo de fabricação atentando para os gargalos. O objetivo do procedimento é assegurar o fluxo de materiais sem perturbações por uma predeterminação bastante precisa das ocorrências na fabricação.

Informações sobre o sistema OPT

No sistema OPT, o decurso de todo o processo de fabricação – do depósito na entrada até o depósito na saída dos produtos prontos – é representado numa rede. Na rede estão todos os pedidos em carteira. Para a construção da rede dos pedidos, são necessários dados como os da **figura 1**.

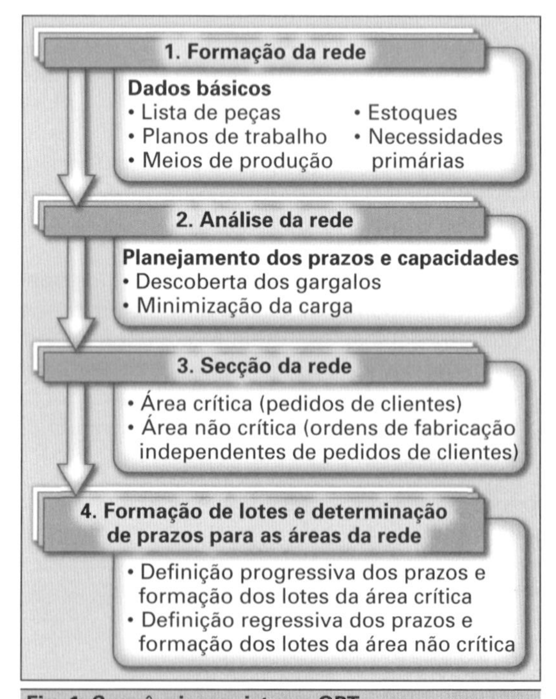

Fig. 1: Sequência no sistema OPT

A rede é analisada com o objetivo de identificar os postos de trabalho em que ocorrem gargalos. Para isso, o primeiro passo é o planejamento dos prazos (→ **3.2.1**) sem levar em conta os limites das capacidades dos postos de trabalho. Em seguida, faz-se o carregamento com os pedidos, agora considerando as capacidades disponíveis e necessárias. Os postos de trabalho em que ocorre uma sobrecarga são chamados de gargalos.

A sobrecarga dos gargalos é resolvida mediante ajustes ou alocação dos pedidos em mais postos de trabalho paralelos. Depois de descobrir todos os gargalos e resolvê-los (quer dizer, fazer ajuste entre necessário e disponível), divide-se a oficina em área dependente e área independente de pedidos. A rede desenhada na **figura 1** tem uma área não crítica na fabricação e montagem independente de pedidos.

Os postos de trabalho críticos são as estações de trabalho que sucedem aos gargalos. Essa área depende dos pedidos. A área não crítica agrupa os postos de trabalho anteriores ao gargalo.

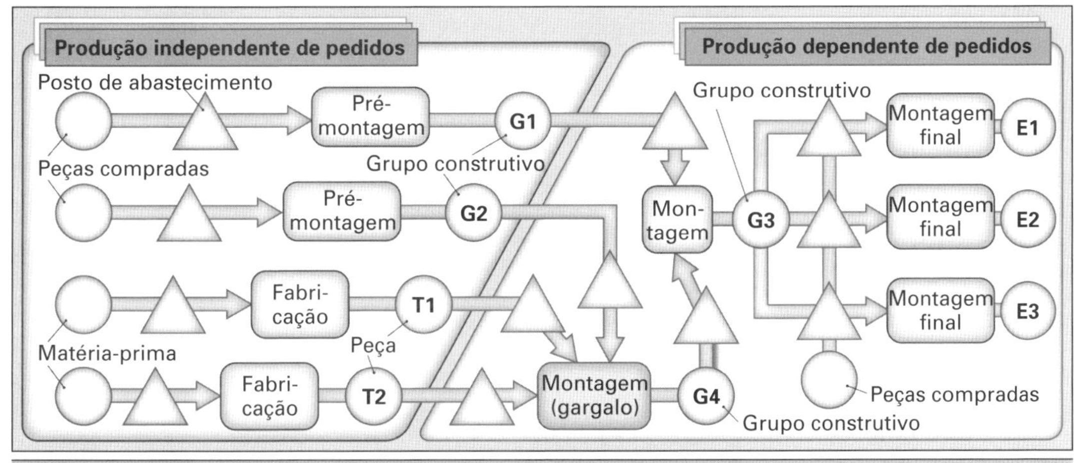

Fig. 1: Exemplo de uma rede

Em seguida, pode-se formar os lotes para fabricação e transporte, tendo em vista os postos de trabalho críticos. Com o módulo computacional OPT-Brain, determina-se o tamanho do lote. Com esse módulo também são determinados progressivamente os prazos de fabricação.

A formação dos lotes para a fabricação e o transporte nos postos de trabalho não críticos é feita com o módulo computacional OPT-Server, e a determinação dos prazos ocorre regressivamente.

Os tempos mais cedo e mais tarde nos gargalos constituem ponto de partida na determinação dos prazos, tanto progressiva como regressivamente.

Precondições para a aplicação do sistema OPT:

- É importante que a programação da produção tenha o mínimo de encomendas especiais, pois com elas podem ocorrer gargalos em outros pontos do processo de fabricação. Com novos pedidos, é necessário recalcular a rede.
- Para a identificação dos gargalos, é necessário que os tempos de fabricação sejam justos. Se a carga oscila muito, fica difícil reconhecer os gargalos.
- Os dados básicos utilizados na construção da rede devem estar corretos para que os gargalos possam ser reconhecidos. Dados errados podem disparar reações em cadeia nos processos subsequentes.

Sistema OPT no projeto "produção do cilindro pneumático"

Pretende-se verificar a aplicabilidade do sistema OPT para a montagem de 4 cilindros pneumáticos diferentes. As séries BP264, BP528, BP129 e BP768 de cilindros pneumáticos diferenciam-se pelo tamanho. Uma visão geral dos níveis de montagem é dada pela explosão do produto cilindro pneumático (**fig. 1, p. 114**).

1º passo:
Para a construção da rede, são necessárias as listas de peças elaboradas a partir da explosão do produto (→**4**), além dos planos de trabalho e dos meios de produção (→**5**). Adicionalmente, o planejamento do trabalho da empresa Spin-Lag GmbH levanta as necessidades primárias e os níveis dos estoques. Todos os dados são inseridos num programa para controle no sistema OPT. O resultado é uma conexão dos postos de trabalho em forma de rede.

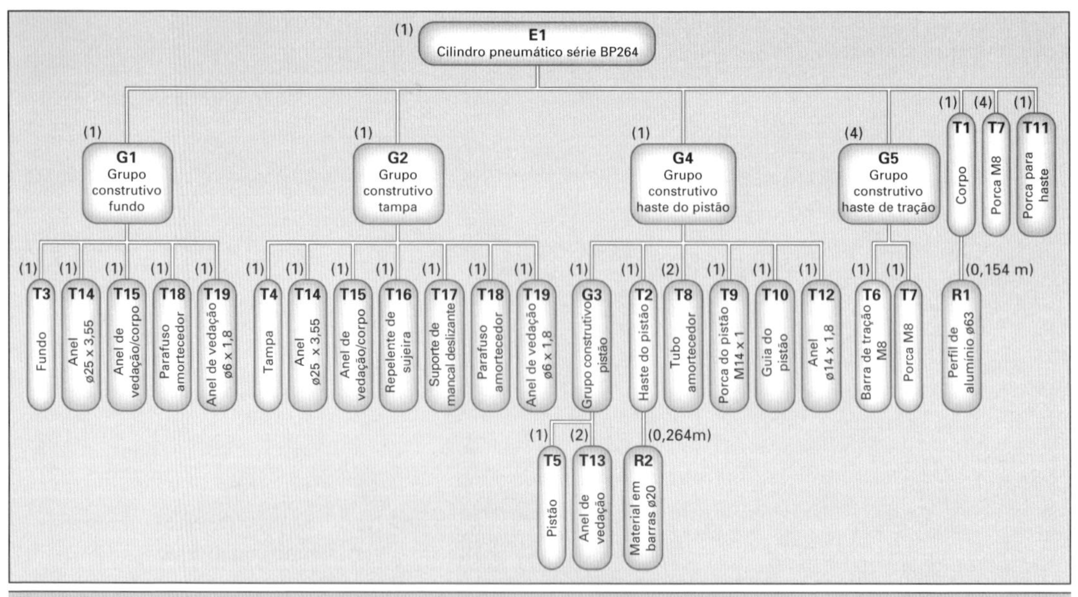

Fig. 1: Explosão do cilindro pneumático

2º passo:

A identificação dos gargalos inicia com um planejamento de prazos sem levar em conta os postos de trabalho (→**3.2.1**). O subsequente carregamento dos postos de trabalho com as ordens de fabricação e montagem evidencia os que estão sobrecarregados, mostrando os gargalos. O trabalho a ser realizado nesses postos é alocado em mais de um posto para balancear a carga.

3º passo

A rede para a montagem dos 4 cilindros pneumáticos é dividida em duas áreas de produção. A pré-montagem independente de pedidos ocorre na área não crítica. Montagem final, controle da qualidade e pós-montagem das diferentes séries são dependentes dos pedidos e ocorrem na área crítica.

4º passo:

Os processos de trabalho na área crítica têm seus prazos (início e término cedo e tarde) determinados progressivamente. O ponto de partida para isso é o término tarde da atividade "gargalo". Com a determinação dos prazos, são também fixados os tamanhos dos lotes no transporte e na montagem.

Sobre os processos de trabalho da área não crítica, usa-se a determinação regressiva de prazos. O ponto de partida é o início cedo da atividade "gargalo". Aqui ocorre também a formação de lotes para o transporte e a montagem.

Atividade no projeto "produção do cilindro pneumático"

6.5 Elabore uma rede para a montagem do cilindro pneumático (**fig. 1, p. 113**). Observe o passo 3 descrito no desenho da rede. Use na rede a identificação das peças para esclarecer a montagem dos grupos construtivos e do produto (**fig. 1**).

6.2.4 Sistema com numeração sequencial

Essa concepção desenvolveu-se na indústria automobilística e é uma forma de controle orientada pela montagem em série e em massa. O princípio de produção pressuposto é o da fabricação em linha. O objetivo do sistema de numeração sequencial é manter baixo o nível dos estoques, com garantia de disponibilidade de material suficiente.

Informações sobre o sistema de numeração sequencial

O meio de informação é o número sequencial. O número representa a quantidade de uma peça em relação a um prazo determinado. Para um prazo posterior, adiciona-se a quantidade de peças utilizadas no período à quantidade de peças no prazo anterior.

Com a formação de números sequenciais, ocorre uma soma de quantidades (quantidades acumuladas). Assim, o número sequencial cresce com os prazos.

No sistema com numeração sequencial, as áreas de produção e suprimentos são subdivididas em blocos de controle. De acordo com a conveniência, pode-se agrupar num bloco de controle todo um nível de montagem – por exemplo, a montagem final – ou grupos de máquinas ou máquinas individuais.

- Todo bloco de controle representa uma unidade de organização fechada e independente que pode autodeterminar ordens de fabricação.
- Todo bloco de controle tem uma grandeza de entrada e uma de saída, o número sequencial.

No sistema de numeração sequencial, utilizam-se dois modos de levantamento das quantidades de peças:

1. Os números sequenciais decorrem do levantamento das quantidades nas entradas e nas saídas. Se sempre houver um tanto disponível, os números sequenciais de saída transcorrerão sempre abaixo dos números sequenciais de entrada. A disponibilidade de peças num dado momento resulta da diferença entre os dois números sequenciais naquela data.

   Na **figura 1** é mostrada a disponibilidade no tempo t_2 pela diferença entre m_1 e m_2. A disponibilidade é suficiente para suprir as necessidades até t_4, quando as quantidades na entrada e saída se equivalem.

2. Na segunda alternativa, são levantadas as quantidades realmente atingidas na prática (real) e comparadas com as quantidades de peças planejadas (desejado). Na análise dos números sequenciais na **figura 2**, pode-se determinar a quantidade de peças em atraso num dado instante t – por exemplo, a quantidade de peças em atraso no tempo t_2 é a diferença entre m_1 e m_2. Por outro lado, pode-se determinar o tempo em que houve atraso, que na **figura 2** equivale à diferença entre t_2 e t_1.

Numeração sequencial é utilizada também no controle de estoques, de remessas e de clientes, além do controle da produção.

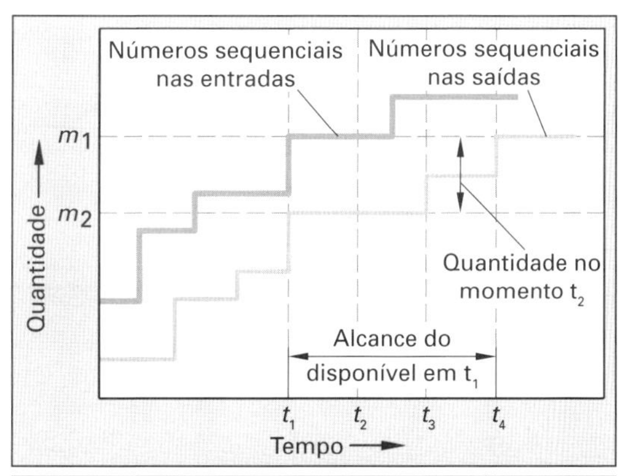

Fig. 1: Levantamento das quantidades de peças pelo acúmulo delas nas entradas e nas saídas

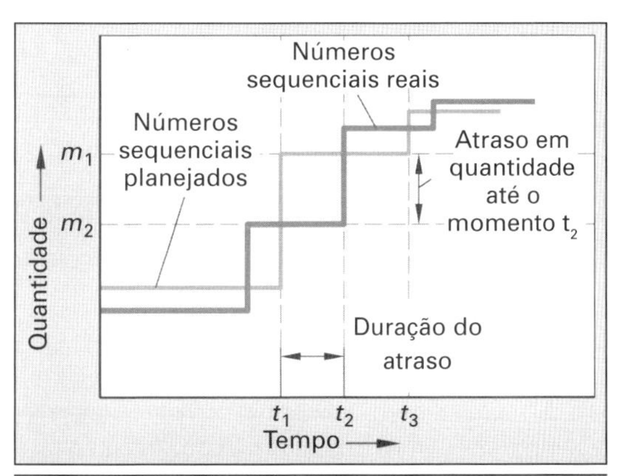

Fig. 2: Levantamento das quantidades reais e planejadas de peças pelo acúmulo delas

Numeração sequencial no projeto "produção do cilindro pneumático"

A empresa Spin-Lag GmbH verifica a utilização do sistema de numeração sequencial para a montagem. Pretende-se analisar em detalhes a montagem do grupo construtivo pistão no posto de trabalho 2. Nele, um par de anéis de vedação é colocado sobre o pistão. São dados os números sequenciais dos pares de anéis de vedação e do pistão na entrada, conforme **tabela 1**. Para o grupo construtivo pistão, são dados os números sequenciais na saída. A disponibilidade esperada das peças que entram no posto de trabalho (pares de anéis de vedação e pistões) pode ser obtida na parte direita da **tabela 1**.

O posto de trabalho 2 foi tomado como bloco de controle na indicação dos números sequenciais na entrada, tanto de pares de anéis de vedação como de pistões (**tab. 1**).

O cálculo dos números sequenciais do grupo construtivo na saída do posto de trabalho consiste do acúmulo das quantidades que entram somadas ao material disponível no posto de abastecimento. Os números sequenciais para o grupo construtivo pistão foram assim calculados (**tab. 1**).

No último passo, os números sequenciais são colocados em diagramas e da análise destes obtêm-se as informações de interesse: quantidades em atraso, tempo de operação com quantidades em atraso.

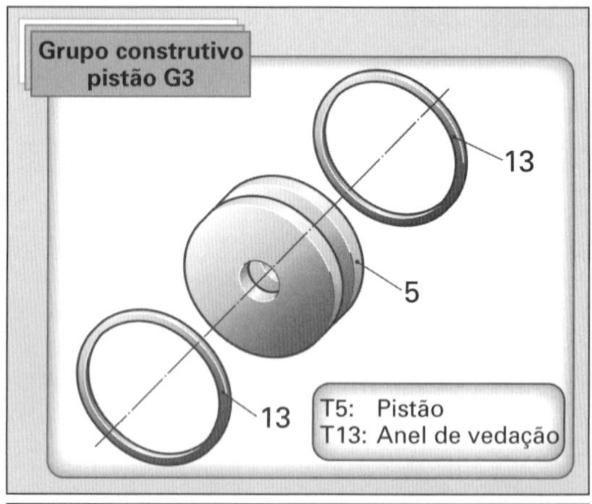

Fig. 1: Grupo construtivo pistão

Números sequenciais na entrada e na saída				Disponibilidade esperada	
Dia no calendário empresarial	Pares de anéis de vedação	Pistões	Grupo construtivo pistão	Pares de anéis de vedação	Pistões
6.660	450	450	190	700	500
6.665		570	360		
6.668	950				1.000
6.670		700	500	1.300	
6.675		920			
6.680	1.550	1.120	800		
6.682					1.500
6.685		1.310	900		

Tab. 1: Números sequenciais na entrada e na saída e a disponibilidade de peças na montagem do grupo construtivo pistão

Atividades no projeto "produção do cilindro pneumático"

6.6 Com os dados da **tabela 1**, elabore um diagrama para levantamento das quantidades na entrada e na saída do bloco de controle (**fig. 1, p. 115**). Mostre a disponibilidade e o seu alcance no diagrama.

6.7 Compare num diagrama a disponibilidade real contida na **tabela 1** com as quantidades de peças planejadas (**fig. 2, p. 115**). Assinale no diagrama as quantidades em atraso e a duração do atraso dele.

6.2.5 Sistema *just-in-time* (JIT)

O sistema JIT é uma concepção abrangente de logística para a redução dos níveis de estoques de materiais, semiacabados e produtos acabados. Com essa concepção, o suprimento e a fabricação de materiais, de peças, de grupos construtivos e produtos podem ocorrer na quantidade certa, na sequência certa, na data e hora certas. Com isso, pode-se substituir o depósito de materiais na entrada por pequenos postos de abastecimento.

O objetivo do JIT não se limita à redução dos níveis de estoques, ele almeja também a redução do tempo de atravessamento/percurso. Com essa concepção, aumentam-se também a produtividade do trabalho e a flexibilidade, tendo em vista a possibilidade de fornecer em prazos mais curtos. O requisito básico da concepção JIT é o atendimento das necessidades de material na hora certa, na qualidade e quantidade requeridas, no lugar certo.

Os objetivos serão alcançados na medida em que, ao longo de toda a cadeia logística, do fornecedor até o cliente, os produtos sejam produzidos no último período possível. Então, o material será disponibilizado para a fabricação e montagem exatamente quando estiver sendo necessitado – *just-in-time*. No sistema JIT, diferencia-se entre JIT na aquisição, JIT na produção e JIT na distribuição.

JIT na aquisição

As peças compradas de terceiros serão fornecidas ou remetidas somente quando estiverem sendo necessitadas. As quantidades encomendadas correspondem às quantidades necessárias. Para isso, é necessário que o comprador faça seus pedidos especificando prazos, quantidades e a qualidade necessárias. Recomenda-se uma transmissão eletrônica de dados, quer dizer, o fornecedor está conectado ao sistema de gestão da produção do comprador.

Como o tempo entre o disparo do pedido e a necessidade das peças na produção é muito curto, o comprador não pode fazer um controle adequado da qualidade. Por isso, a garantia da qualidade é transferida ao fornecedor.

É importante que haja boas condições de transporte entre local de produção e de entrega dos produtos para assegurar o atendimento das necessidades ao longo do tempo.

JIT na produção

Com JIT na produção, as peças só são fabricadas quando solicitadas pelos postos de trabalho subsequentes. Nisso o processo de produção é otimizado a tal ponto que, partindo do recebimento do material por parte do primeiro posto de trabalho e passando por todos os níveis da fabricação de peças e da montagem, a produção é realizada com um mínimo de disponibilidades. Essa otimização também objetiva minimizar os dispêndios com manipulação e condução, bem como com a função controle.

JIT na produção segue o princípio da produção puxada (→**6.2**) e tem semelhanças com o sistema KANBAN (→**6.2.2**). Por causa dos requisitos associados ao JIT na produção, muitas vezes é necessário fazer mudanças na organização da produção que afetam significativamente o fluxo de materiais e informações.

Para usar JIT, é necessário garantir um decurso de produção livre de perturbações. Para que se possa reagir de forma flexível aos desejos de clientes, é necessário manter pequenos os lotes nas oficinas. Uma ordem de serviço só deve ser liberada para a oficina se a produção segue sem esperas significativas.

JIT na distribuição

Nessa concepção, os usuários são conectados on-line com a expedição da empresa. Então, podem expressar suas necessidades a qualquer momento e o suprimento delas ocorre em tempos curtos.

Perguntas e tarefas

11 Diferencie entre produção puxada e produção empurrada.

12 Explique o desenvolvimento histórico do sistema MRP.

13 Quais as precondições para a aplicação do sistema MRP II?

14 Descreva as relações entre o fluxo de informações e o fluxo de materiais no sistema KANBAN.

15 Que postos de trabalho são agrupados numa área crítica no sistema OPT?

16 No sistema OPT, que passos levam à construção de uma rede?

17 De que possibilidades pode-se lançar mão para o levantamento de quantidades na numeração sequencial?

18 Diferencie entre JIT na aquisição e JIT na produção.

6.3 Desenho do leiaute

Antes de se desenhar um leiaute, é preciso escolher uma forma de organização para a fabricação e montagem, além de uma concepção adequada para a programação (comando) da produção. No leiaute da **figura 1**, planejou-se fabricação e montagem em grupos. Além dos postos de trabalho e postos de abastecimento, é representado o fluxo de materiais – no caso, componentes de fabricação e montagem –, do recebimento dos materiais até a expedição dos produtos.

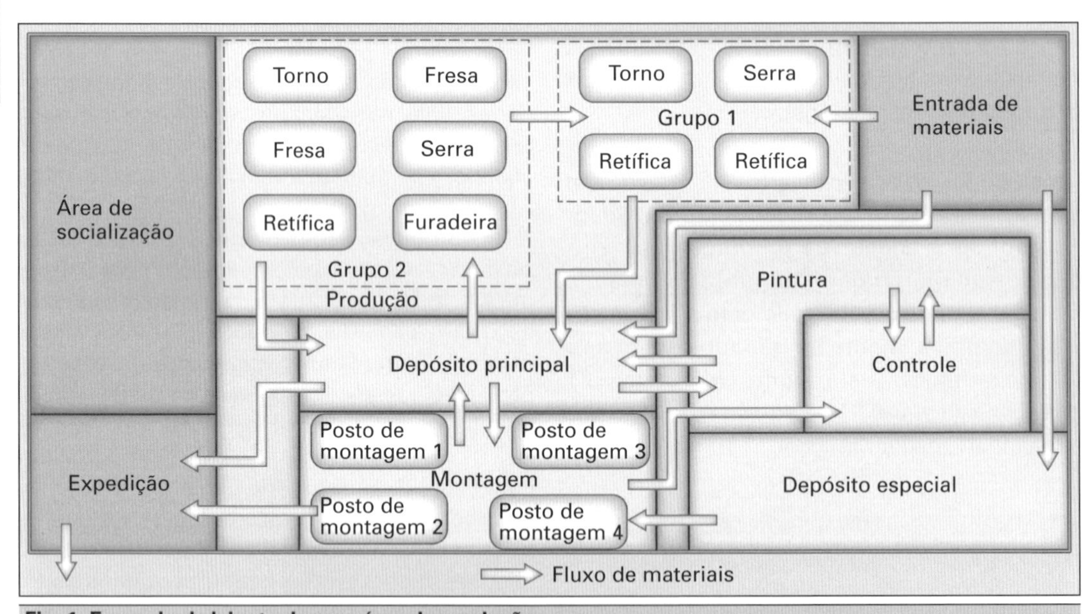

Fig. 1: Exemplo de leiaute de uma área de produção

Atividades no projeto "produção do cilindro pneumático"

6.8 Escolha um método de comando adequado para o fluxo de materiais e de informações. Justifique sua escolha.

6.9 Desenhe um leiaute para a fabricação e montagem do cilindro pneumático. Utilize a planta básica do pavilhão 1 da empresa Spin-Lag GmbH (→**1.4, fig. 2, p. 19**). Leve em conta a escolha da forma de organização da fabricação (→ **atividade 6.1**), de um princípio de montagem (→ **atividade 6.2**), bem como do método de comando (→**atividade 6.8**). Evidencie os postos de trabalho, de abastecimento e o fluxo de materiais (**fig.1**).

6.4 Exercício de aprofundamento: planejamento do leiaute para o projeto "produção da árvore com mancal"

O planejamento do leiaute pressupõe a análise dos princípios de organização e dos métodos de comando da produção da árvore com mancal. A fabricação de peças individuais, grupos construtivos e produtos deve ser feita no pavilhão 2, ao lado do pavilhão em que se produz o cilindro pneumático. Dados sobre o pavilhão 2 podem ser obtidos na descrição complementar a seguir.

Complementações para o projeto "produção da árvore com mancal"

O pavilhão 2 fica atrás do pavilhão 1 e de um riacho. Como os depósitos para recebimento de materiais e expedição de produtos de toda a fábrica estão próximos ao pavilhão 1, ocorre, entre os pavilhões, um transporte de matérias-primas e peças compradas, bem como de produtos prontos. A **figura 1** mostra os trajetos que o meio de transporte faz entre os pavilhões da empresa Spin-Lag GmbH. As zonas de carregamento estão diante dos depósitos e na lateral do pavilhão 2; a distância entre as zonas de carregamento é de 300 m.

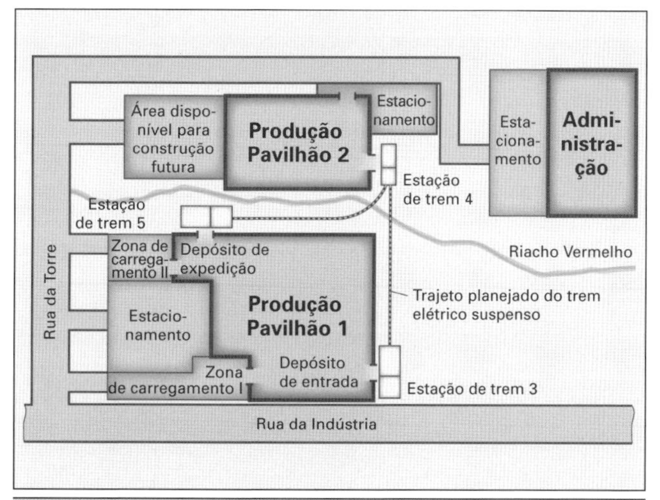

Fig. 1: Planta básica da empresa Spin-Lag GmbH

Atividades no projeto "produção da árvore com mancal"

6.10 Como empregado da empresa Spin-Lag GmbH, planeje o leiaute para a produção da árvore com mancal. Compare as diferentes formas de organização dessa fabricação. Escolha um princípio de organização e justifique sua escolha.

6.11 Levante possíveis níveis e fases de montagem para a produção da árvore com mancal.

6.12 Analise os princípios de organização da montagem. Explique o princípio de elaboração e de fluxo para a montagem da árvore com mancal. Escolha um princípio de montagem adequado para o projeto.

6.13 Explique os fluxos de informações e de materiais na produção puxada e na produção empurrada da árvore com mancal.

6.14 Analise as diferentes concepções de comando para a produção da árvore com mancal. Explique a concepção de comando para diferentes níveis de fabricação e escolha uma adequada.

6.15 A **figura 1** (**p. 120**) mostra a divisão das áreas no pavilhão 2. Ao lado da oficina mecânica estão áreas para socialização e atividades administrativas. Desenhe um leiaute para o pavilhão 2 tendo em vista a forma de organização da fabricação e montagem escolhida na **atividade 6.10** e a concepção de comando definida em **6.14**. Evidencie o fluxo de materiais (**fig. 1, p. 118**) e explique seu procedimento.

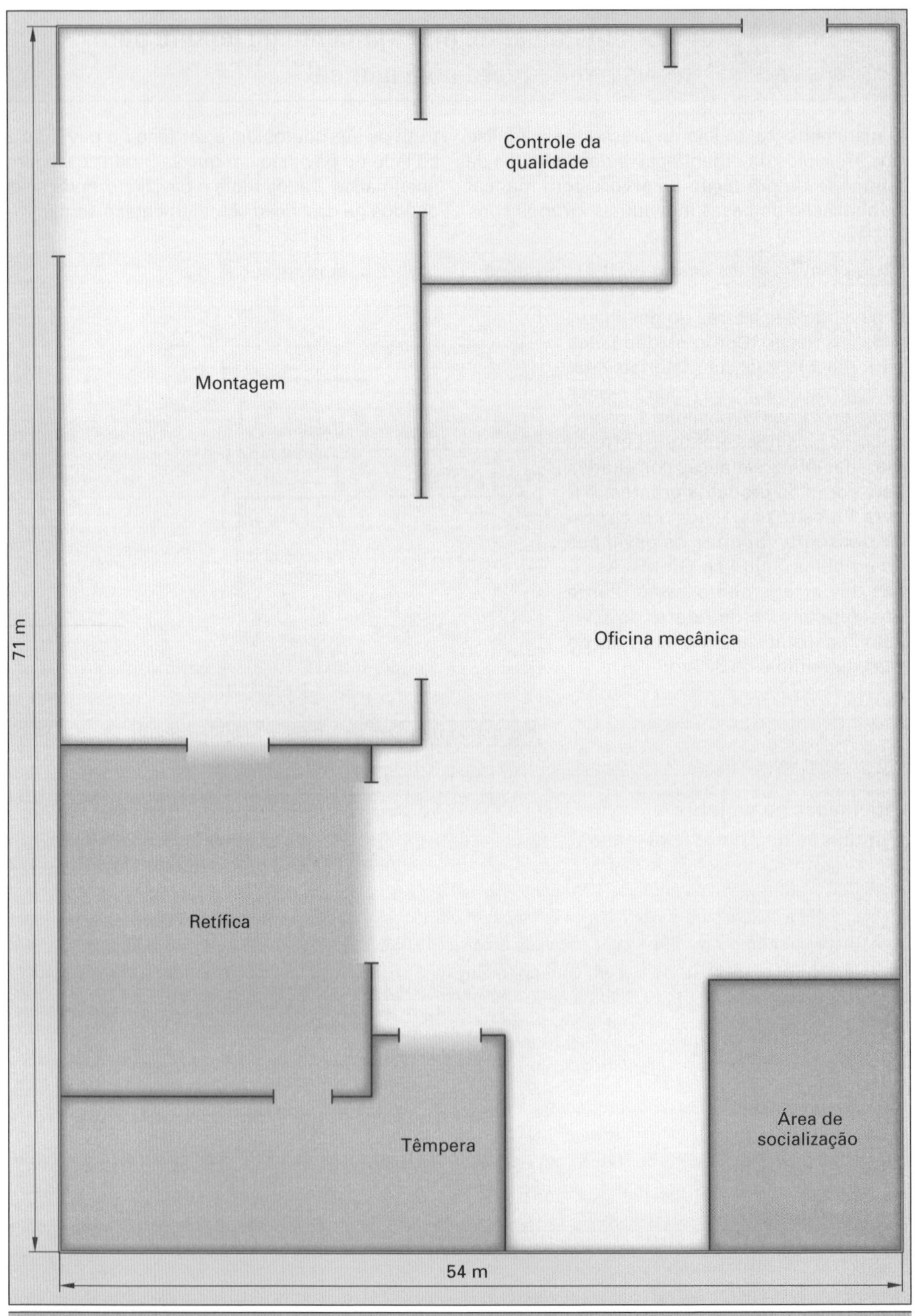

Fig. 1: Distribuição das áreas no leiaute para a produção da árvore com mancal

7 Logística na empresa

O desenvolvimento histórico da logística iniciou na Antiguidade com as necessidades da área militar. Mesmo com o desenvolvimento técnico da engenharia de tráfego, com o surgimento das tecnologias para o transporte em ferrovias, o conceito "logística" tinha significado maior na área militar.

A raiz etimológica da palavra logística é grega, e durante séculos ela foi considerada ciência matemática; na Idade Média foi inserida nas ciências de guerra, tendo nelas peso comparável a estratégia e tática.

Na literatura alemã, o termo logística é usado no contexto empresarial apenas a partir de 1970. Trabalhar com sistemas apoiados por computador requer pensamento sistêmico, o que incluiu a fluxo dos materiais, mas também o fluxo de informações e dados entre trabalhador e máquina e das máquinas entre si.

Logística é a teoria do planejamento, comando e monitoramento dos fluxos de materiais, pessoas, energias e informações em sistemas.

Os sistemas logisticamente analisados podem ser empresas da indústria ou dos ofícios práticos, comerciais ou prestadoras de serviços, órgãos públicos; pode-se analisar as relações entre elas, bem como o sistema global: a economia do mundo.

7.1 Objetivos e tarefas da logística empresarial

A tarefa da logística consiste em disponibilizar o objeto logístico certo, na hora certa, no lugar certo, nas quantidades certas e com a qualidade certa (fig. 1).

Quanto a objetos logísticos, diferenciam-se entre bens, informações, pessoas, energias e meios para o fluxo dos materiais, da produção e das informações e também para o transporte. Tudo isso deve ser analisado em conjunto com a infraestrutura (prédios, áreas, caminhos).

Fig. 1: Tarefa da logística

A logística empresarial engloba, na realização de sua tarefa, o fluxo dos materiais acompanhado ou precedido pelo fluxo de informações. As informações são captadas por sensores ou sistemas de captação, transportadas em portadores de dados estacionários ou móveis, tratados em computador, enviados a aparelhos ou máquinas e emitidos por dispositivos para a saída de dados, por exemplo, monitor e impressora.

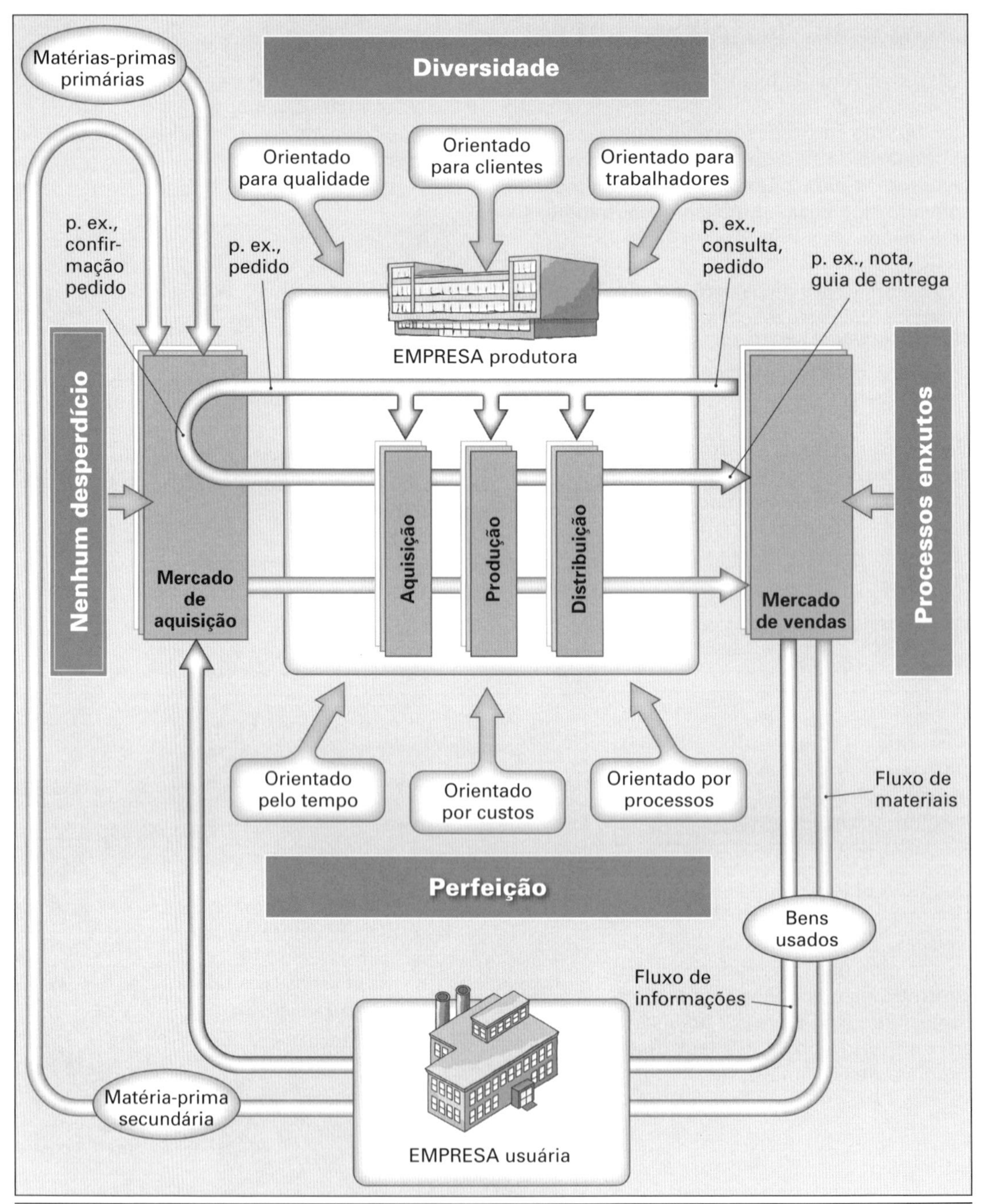

Fig. 1: Logística empresarial no ciclo dos bens da economia

A logística empresarial está inserida no ciclo dos bens da economia representado na **figura 1**, mostrando o fluxo dos materiais entre os mercados de aquisição e de vendas. Também estão representados os fluxos de materiais e de informações dentro e fora da empresa. Essa figura será explicada com o projeto "produção do cilindro pneumático".

O ponto de partida é o cliente no mercado de vendas, no exemplo, a Tüssen AG (→**1.1**). O cliente precisa de 24.000 cilindros pneumáticos de efeito duplo para cada ano de negócios e faz uma consulta na empresa produtora Spin-Lag GmbH. A empresa Spin-Lag GmbH tem sua logística interna subdividida em logística da distribuição, da produção e da aquisição (→**7.2**). Vendas recebe a consulta.

Logística na distribuição

A logística na distribuição é de responsabilidade de vendas. Vendas envia a consulta do cliente a outras áreas da Spin-Lag GmbH para que se possa responder ao cliente com as informações necessárias, por exemplo, preço e prazo. Os prazos são determinados em acordo com a produção, e compras levanta os preços de matérias-primas e materiais a serem comprados. O cliente obtém a informação necessária e faz um pedido de cilindros pneumáticos.

Logística na aquisição

A área de compras da Spin-Lag GmbH fica ativa, fazendo as encomendas junto aos fornecedores para garantir os materiais necessários; os fornecedores confirmam as encomendas.

Só agora inicia o fluxo de materiais para o pedido que a Tüssen AG fez. O fornecedor da Spin-Lag GmbH adquire matérias-primas primárias ou secundárias – nesse último caso, de recicladores – para a produção das peças e materiais a fornecer à Spin-Lag GmbH.

A remessa é acompanhada por documentos e o recebimento dos materiais é confirmado pela Spin-Lag GmbH. Com isso, inicia o fluxo de informações e as peças estão agora no depósito das necessidades secundárias da Spin-Lag GmbH.

Logística na produção

Começa com a requisição de peças ou materiais do depósito. O fluxo de informações acompanha o fluxo de materiais, por exemplo, com o registro de saída do depósito e depois pelos registros nas estações de trabalho. Depois de fabricados, os cilindros pneumáticos são colocados no depósito das necessidades primárias para expedição. O fluxo de informações acompanha o de materiais, com o registro da entrada no depósito.

Expedição dos produtos

Os produtos são agrupados conforme o pedido do cliente e enviados. Isso é tarefa de vendas. O fluxo dos materiais é acompanhado por um registro de saída do depósito, nota e confirmação de recebimento.

Reciclagem dos produtos

Empresa específica assume a reciclagem do cilindro pneumático. Os cilindros pneumáticos inservíveis vão do mercado de vendas da Spin-Lag GmbH para a empresa recicladora, que leva os materiais reciclados para o mercado de aquisição. Também aqui o fluxo de informações transcorre em paralelo ou precede o fluxo de materiais.

Requisitos à empresa

Nesse processo, a empresa terá de atender a muitos requisitos compatibilizando-os. O cliente requer uma variedade de produtos e espera preços baixos, prazos curtos e processos de produção estáveis. O requisito da perfeição não é atendido apenas com boa qualidade; o cliente espera de uma empresa perfeita também uma boa prestação de serviços. Ao mesmo tempo, os empregados esperam de uma empresa perfeita bons salários e benefícios sociais.

Produção enxuta

A longo prazo, a empresa só poderá produzir de forma economicamente viável se todos os processos forem enxutos (*lean*), quer dizer, todos os processos da empresa – do cliente ao fornecedor, passando por produção e administração – transcorrem sem perturbações e sem passos desnecessários e folgas. O objetivo é produzir com o mínimo de capacidades – tanto em termos de empregados como de meios de produção – e alto rendimento sobre o capital. Visualizar empresa como sistema único ajuda a identificar processos desnecessários. A consequência é a minimização dos desperdícios.

Perguntas e tarefas

1 Defina a tarefa da logística empresarial.

2 Explique o conceito "bens logísticos".

3 Explique o fluxo de materiais e de informações no ciclo dos bens da economia no projeto "produção da árvore com mancal".

4 Explique os requisitos que o processo de produção de uma empresa terá de atender.

7.2 Logística empresarial interna

A logística empresarial tem muitas tarefas a cumprir, razão pela qual é conveniente subdividi-la em áreas, por exemplo, uma que abrange as tarefas internas e outra, as externas.

- **Logística interna**
  Logística na aquisição, na produção, na distribuição e no descarte.
- **Logística externa** (→ **7.3**)
  Logística no tráfego.

7.2.1 Logística na aquisição

A logística na aquisição compreende a primeira tarefa de logística interna.

A logística na aquisição planeja, controla e monitora os fluxos de materiais e informações entre a empresa e seus fornecedores.

Ela tem a tarefa de assegurar um abastecimento ótimo da empresa com bens comprados de terceiros. Isso é da responsabilidade da divisão de compras. A função da logística na aquisição tem dois pontos no nível estratégico (**fig. 1**). Primeiro, é preciso encontrar fornecedores adequados no mercado de aquisição e assegurar relações com os que têm condições de fornecer os bens com suas características e funções necessárias, a preço aceitável e qualidade adequada. No segundo passo, é preciso acertar com os fornecedores prazos e local de entrega. Não basta comprar os bens necessários para a produção; é preciso garantir sua disponibilidade no local certo, na hora certa. Com isso, está determinado o fluxo de materiais e informações na empresa.

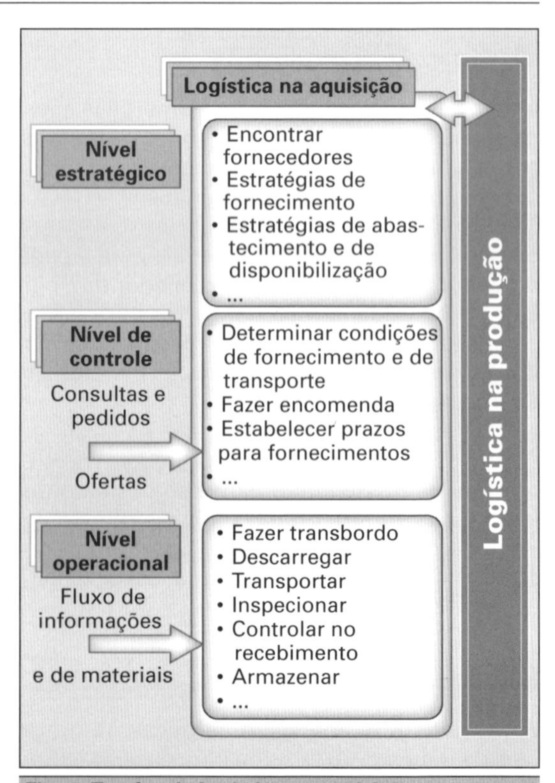

Fig. 1: Tarefas da logística na aquisição

No âmbito das decisões estratégicas da logística na aquisição, estão ainda o desenvolvimento e a fixação de estratégias de abastecimento e de disponibilização. Por exemplo, é preciso decidir sobre a construção de depósito e aquisição de meio de transporte próprio ou a compra do serviço de armazenagem e transporte.

Além disso, é preciso decidir se o fornecimento dos materiais deve ser sincronizado com a produção (*just-in-time*) ou o abastecimento da produção será realizado a partir dos estoques. Neste caso, é preciso definir um nível de segurança para os estoques.

No nível de controle, a logística na aquisição define as condições de fornecimento e os meios de transporte. É preciso esclarecer quem será responsável pelo transporte: o fornecedor ou o comprador. Nesse último caso, os custos de aquisição podem ser mais baixos, mas é preciso somar os custos do transporte. Outras tarefas da logística na aquisição são fazer os pedidos e definir prazos para o fornecimento.

No nível operacional, a logística na aquisição abrange as tarefas de fazer transbordo, descarregar, transportar, fazer controle de recebimento, bem como a armazenagem de materiais brutos e peças compradas.

7.2.2 Logística na produção

A segunda área de tarefas da logística interna é sua aplicação na produção.

A logística na produção planeja, controla e monitora os fluxos de informações e de materiais do depósito de materiais na entrada até o depósito de saída dos produtos, passando pelos diferentes níveis dos processos de produção.

A logística na produção persegue dois objetivos: o aumento da produtividade, que resulta de curtos tempos de atravessamento e pequenos níveis de estoques; o aumento da flexibilidade, atingido com um programa de produção variável com uma produção orientada por pedidos e tamanhos flexíveis de lotes.

As funções estratégicas da logística na produção (**fig. 1**) são determinadas pelo planejamento do local de produção e pelo planejamento de sistemas logísticos. O planejamento do local de produção pode ser associado com a decisão sobre um ponto central ou diversos pontos descentralizados.

O planejamento do local de produção engloba um planejamento da estrutura da fábrica. Objetiva-se atingir uma estrutura bem ajustada ao espectro de peças a fabricar e distribuir e ao fluxo dos materiais.

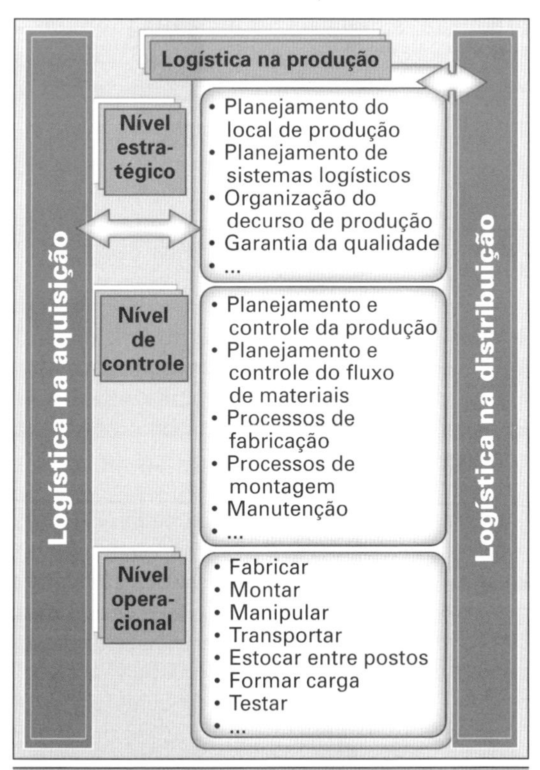

Fig. 1: Tarefas da logística na produção

O planejamento de sistemas logísticos ocorre junto com o planejamento do decurso do trabalho, meios de produção, plantas, instalações e prédios. Aqui se associa o desenvolvimento do leiaute (→**6**) com o planejamento dos meios de produção e dos meios para os fluxos dos materiais e das informações. O planejamento do fluxo de informações consiste na definição de uma concepção apoiada por computador para representação de todo o decurso dos processos na empresa. Outras tarefas estratégicas da logística na produção incluem planejamento para a organização dos processos e medidas para a garantia da qualidade.

No nível de controle, a logística na produção inclui o planejamento e controle da produção (PCP).

Com um planejamento e controle do fluxo de materiais correto do ponto de vista logístico, pode-se reduzir a quantidade de peças e o percurso das peças na fábrica. Pelo planejamento e controle de processos efetivos de fabricação e montagem, pode-se evitar perturbações nos processos e reduzir tempos de preparação dos meios de produção, tempos secundários e tempos de transporte (→**8**).

O nível operacional da logística na produção contém tarefas que acompanham o fluxo dos materiais. Ao lado das funções principais da fabricação e da montagem de peças, grupos construtivos e produtos, são realizadas funções secundárias, como transportar, manipular, agrupar.

7.2.3 Logística na distribuição

A terceira área da logística empresarial é a logística na distribuição, que, juntamente com a logística na aquisição, constitui a logística no marketing. Ao contrário da logística na produção, a logística no marketing tem uma interface com os mercados de aquisição e de vendas.

A logística na distribuição planeja, controla e monitora o fluxo de bens, e também o fluxo de informações associado com isso, entre a empresa produtora e as empresas compradoras.

A tarefa da logística na distribuição é estabelecer uma ligação entre a área de vendas da empresa e o cliente. Para executar essa tarefa, objetiva-se fornecer um excelente serviço, de preferência com custos baixos.

No nível estratégico, a logística na distribuição realiza funções superiores do marketing (**fig. 1**). Isso inclui identificar e assegurar possibilidades de vendas, além do respeito a aspectos jurídicos nos contratos de vendas e transferência de propriedade. Além disso, a logística na distribuição estabelece condições de contorno para os fluxos de materiais e informações entre empresa e cliente.

A interface da logística na aquisição com a logística na produção é determinada pelo depósito na entrada; o depósito na saída faz a interface entre as logísticas na produção e na distribuição. A tarefa comum às três áreas de logística é o planejamento dos depósitos (→**9**). É preciso definir que depósitos (central ou não) serão mantidos onde e com que tamanho.

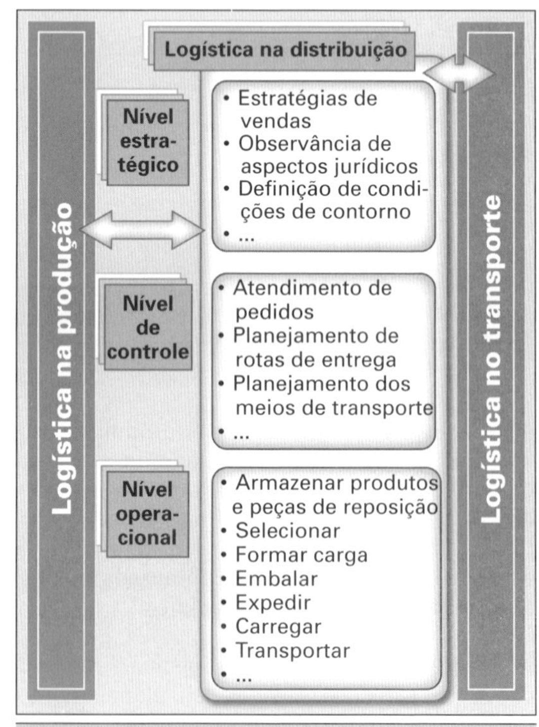

Fig. 1: Tarefas da logística na distribuição

As tarefas da logística na distribuição no nível de controle se diferenciam pelo tipo de fabricação. O atendimento de pedidos na produção dependente de pedidos difere do atendimento de pedidos com produção em série ou produção para estoques. O planejamento das remessas e a determinação dos meios de transporte são outra tarefa da logística na distribuição.

As tarefas da logística na distribuição no nível operacional são, por exemplo, a armazenagem dos produtos e das peças de reposição (→**9**), a seleção dos produtos e formação da remessa conforme pedido, a formação de unidades de transporte, a definição de rotas de entrega, a embalagem e o carregamento dos produtos.

7.2.4 Logística no descarte

A terceira tarefa da logística empresarial interna é a área especial da logística no descarte. Por causa do esgotamento dos recursos e da necessidade de proteger o meio ambiente, o descarte e a necessária logística têm importância cada vez maior na gestão das empresas.

A logística no descarte planeja, controla e monitora o fluxo de materiais que sobram na produção (resíduos), bem como o fluxo de informações correspondente dentro da empresa e entre a empresa geradora do resíduo e a que o utiliza ou recicla (fig. 1, p. 122).

A tarefa estratégica da logística no descarte consiste na criação de ciclos de materiais recicláveis dentro da empresa e fora dela. Como na logística na distribuição, a observância de aspectos jurídicos no descarte e reciclagem de materiais também é função estratégica (**fig. 1**).

Nos níveis de controle e monitoramento, a logística no descarte tem tarefas semelhantes à logística na distribuição. Nos dois casos, é preciso atender pedidos e determinar meios de transporte. Igualmente, nos dois casos, o material deve ser armazenado, embalado, carregado. A grande diferença entre eles é a tarefa de reciclar tudo que for possível que a a logística no descarte tem (**fig. 1**).

A função principal da logística no descarte consiste em reciclar, de preferência logo, todo material que sobra na produção dos bens e encaminhá-lo novamente ao processo de produção como matéria-prima ou material a ser utilizado. A alternativa consiste em recuperar os resíduos externamente e, se possível, fazê-los retornar ao processo de produção. Materiais que não puderem se recuperados devem ser tratados e descartados de forma adequada.

Fig. 1: Tarefas da logística no descarte

7.3 Logística empresarial externa

A logística no transporte é considerada uma área de logística empresarial externa. A maioria das empresas terceiriza a entrega e o transporte de seus produtos aos clientes. Por isso, a logística no transporte é vista como externa à empresa.

A logística no transporte planeja, controla, monitora o fluxo de materiais e o fluxo de informações correspondente entre empresa e cliente.

É tarefa estratégica da logística no transporte elaborar concepções técnicas e organizacionais para minimizar os custos na cadeia de transporte. Para isso, é necessário desenvolver soluções globais e racionais.

No nível de controle, é fundamental a separação do fluxo de informações do de materiais para que um fluxo antecipado de informações por sistemas de tratamento de dados possa garantir um fluxo de materiais melhor no transporte.

Ao lado da logística no transporte, espera-se dos transportadores cada vez mais serviços logísticos na interface deles com a empresa, por exemplo, armazenar, formar lotes, pré-montar, entregar diretamente no local em que o cliente vai usar o produto.

A exigência de concepções *just-in-time* para a redução dos estoques na empresa (→**6.2**) é atendida com a associação entre empresa e transportador. O transportador é conectado ao sistema de gestão da produção e obtém informações sobre o andamento da produção, o que o coloca em condições de reagir a toda mudança e fazer o transporte dos bens no momento certo.

Perguntas e tarefas

5 Descreva as tarefas estratégicas da logística na aquisição.

6 Que funções são realizadas pela logística na aquisição no nível de controle?

7 Enumere as funções da logística na aquisição no nível operacional.

8 Defina logística na produção.

9 Que objetivos a logística na produção persegue como tarefa interna da logística empresarial?

10 Explique as funções estratégicas da logística na produção.

11 No nível de controle, as funções do planejamento e controle da produção são alocadas à logística na produção. Que tarefas devem ser aqui realizadas?

12 Descreva outras tarefas da logística na produção no nível de controle.

13 Defina logística no marketing como tarefa da logística empresarial.

14 Explique as tarefas da logística na distribuição no nível de controle.

15 Que interfaces são geradas entre as logísticas na aquisição e na distribuição com a logística na produção?

16 No que se diferenciam as diversas tarefas da logística na distribuição no nível de controle?

17 Que tarefas tem a logística na distribuição no nível operacional?

18 Por que a logística no descarte cresce em importância?

19 Quais são as funções estratégicas da logística no descarte?

20 Quais são as funções principais da logística no descarte?

21 Que área logística abrange a logística empresarial externa?

22 Descreva as tarefas da logística empresarial externa.

23 Faça um desenho que represente a construção vertical e horizontal da logística empresarial com as tarefas correspondentes.

8 Logística na produção

A produção de um bem, em geral, ocorre com a aplicação de uma série de processos de fabricação. A fabricação das peças ocorre em máquinas-ferramentas nas plantas de fabricação. Para a produção de grandes quantidades, usam-se diversas máquinas-ferramentas e instalações do mesmo tipo para garantir um decurso sem perturbações. A montagem das peças em grupos construtivos ou produtos é, muitas vezes, feita em outros lugares, num decurso paralelo ou sequencial.

Para que um produto possa ser fabricado de forma racional e, assim, também com baixos custos, é importante alocar adequadamente as máquinas-ferramentas e algumas estações de montagem. Quanto maior o número de peças a produzir, tanto mais sentido faz automatizar o transporte das peças e das ferramentas entre os postos de trabalho. O objetivo da produção moderna é a fabricação automatizada dos produtos. Almeja-se a fabricação de diferentes produtos, grupos construtivos e peças em planta automatizada sem uma sequência rígida de operações. Fala-se em fabricação flexível.

8.1 Escolha de instalações flexíveis de fabricação

Com o encadeamento de máquinas justapostas, pode-se criar diferentes plantas de fabricação flexíveis. A **figura 1** mostra o encadeamento de máquinas-ferramentas com auxílio de robô portal para o transporte das peças. Os elementos construtivos básicos dessa planta de fabricação flexível são a máquina CNC e o centro de usinagem. Com a máquina CNC, pode-se executar um só processo de fabricação; o centro de usinagem permite executar diferentes processos, como fresar, furar, cortar rosca, etc., com uma única fixação da peça.

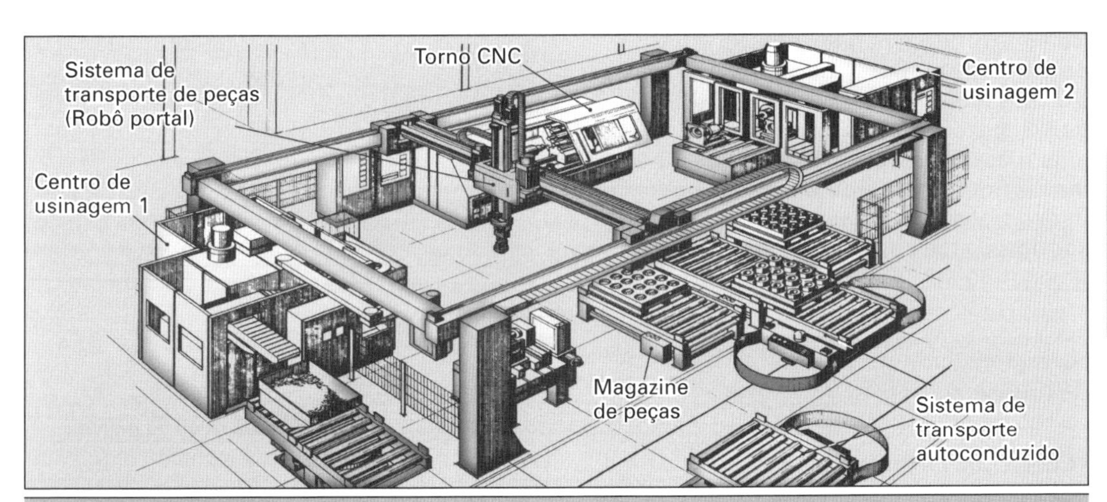

Fig. 1: Encadeamento de máquinas próximas

O menor nível de uma planta de fabricação flexível é a célula de fabricação flexível. A peça é transportada automaticamente de um magazine de peças até a máquina CNC ou ao centro de usinagem. Depois de transformada, a peça é automaticamente retirada da máquina. Um sistema flexível de fabricação se caracteriza por um grau mais elevado de automação. Pelo transporte automático das peças entre as máquinas, centros de usinagem e células de fabricação flexíveis, dá-se o encadeamento das unidades. A linha de fabricação flexível é um caso especial em que as unidades de fabricação estão numa sequência. As diferentes plantas flexíveis de fabricação são explicadas a seguir.

8.1.1 Módulos básicos da fabricação flexível

A máquina CNC (**fig. 1**) é elemento construtivo básico de uma planta flexível de fabricação e tem o menor grau de automação. O controle da máquina assume a tarefa de regular automaticamente o movimento de corte e de avanço e a troca de ferramentas. Normalmente, com uma máquina-ferramenta CNC executa-se apenas um processo de fabricação (p. ex., tornear).

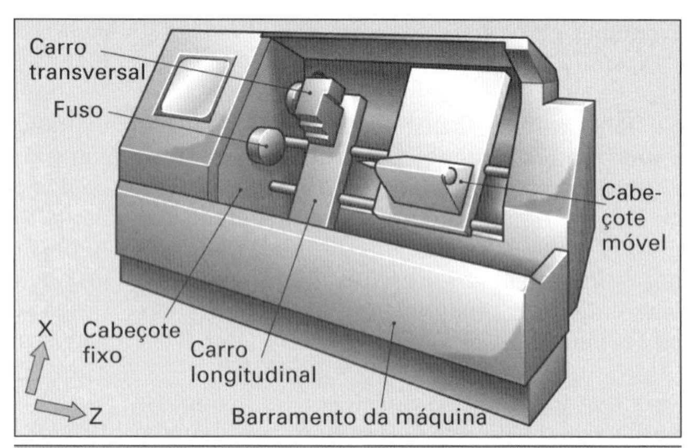

Fig. 1: Torno CNC

Característicos da máquina-ferramenta CNC (fig. 1 e fig. 3):

- Concepção de máquina única;
- Transformação de uma peça num processo;
- Retirada automática das ferramentas do magazine e devolução delas também automática;
- Controle automático dos movimentos de corte e de avanço;
- Troca automática de ferramentas.

No centro de usinagem (**fig. 2**), é possível trabalhar a peça fixada executando diferentes processos de fabricação. A mesa giratória permite o acesso à peça por todos os lados. Como há ainda uma mesa para a troca de paletes, pode-se fixar nova peça enquanto a atual é transformada.

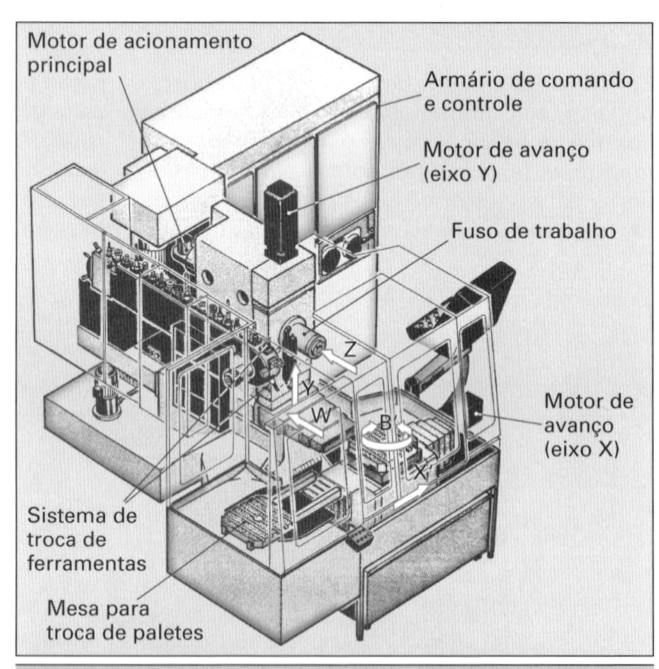

Fig. 2: Centro de usinagem com mesa para troca de paletes

Característicos de um centro de usinagem (fig. 2 e fig. 3):

- Concepção de máquina única;
- Execução de diversos processos de transformação com uma fixação da peça;
- Controle automático da mesa giratória para acesso da peça por todos os lados;
- Controle automático dos movimentos de corte e de avanço;
- Troca automática de ferramenta, com retirada e devolução dela no magazine.

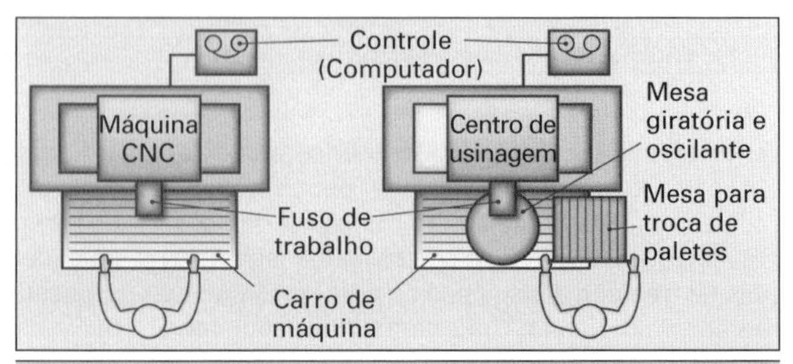

Fig. 3: Máquina CNC e centro de usinagem em comparação

8.1.2 Células flexíveis de fabricação

A célula flexível de fabricação (**fig. 1**) é o nível mais baixo de uma planta de fabricação flexível. Com uma máquina CNC ou um centro de usinagem e mais um magazine de ferramentas, um sistema de transporte e uma estação de troca de ferramentas, gera-se uma célula flexível de fabricação. Com a célula flexível de fabricação mostrada a seguir, pode-se executar diversos processos para a transformação de peças com uma só fixação delas. Ao lado de um magazine de ferramentas e uma estação de fixação das ferramentas, um robô portal abastece as máquinas com ferramentas e peças, essas últimas provenientes de dois "pulmões" de peças.

Células flexíveis de fabricação são usadas sobretudo para a fabricação de séries pequenas até médias com variedade de peças. Com auxílio de células flexíveis, pode-se fazer toda a fabricação de grupos construtivos com uma diversidade de processos de fabricação.

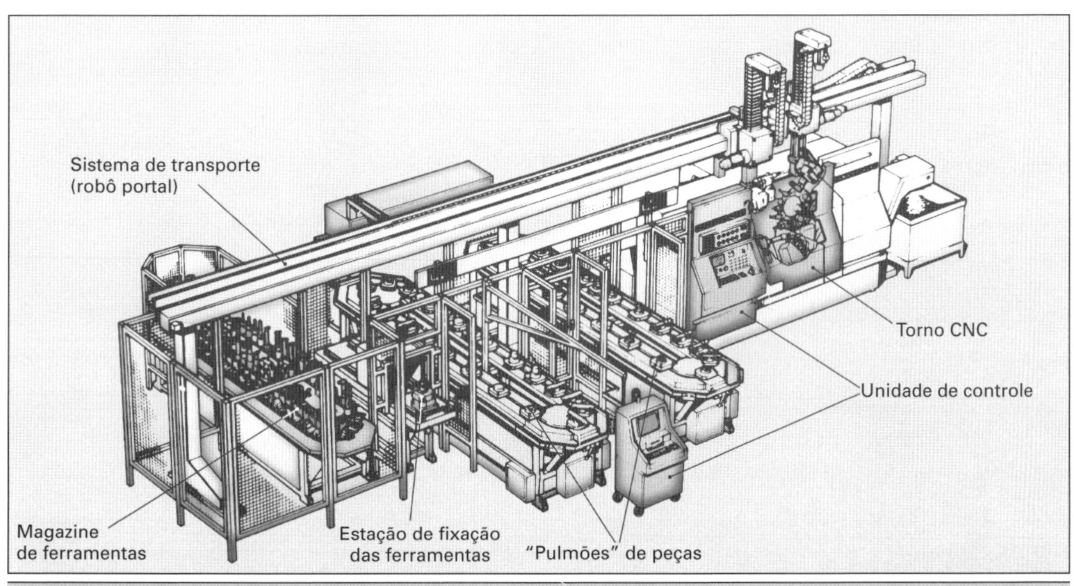

Fig. 1: Célula flexível de fabricação

Características de uma célula flexível de fabricação (fig. 2):

- Concepção de máquina única;
- Controle automático dos movimentos de corte e de avanço;
- Troca automática de ferramenta com retirada e devolução dela no magazine;
- Armazenagem automática de peças;
- Conexão do magazine de ferramentas com os "pulmões" de peças por sistema de transporte;
- As ferramentas necessárias são disponibilizadas para a máquina, fixadas nela e trocadas automaticamente;
- Procedimentos como teste, controle, retirada de rebarbas podem ser também automatizados em instalações especiais;
- O controle da célula é feito por computador central.

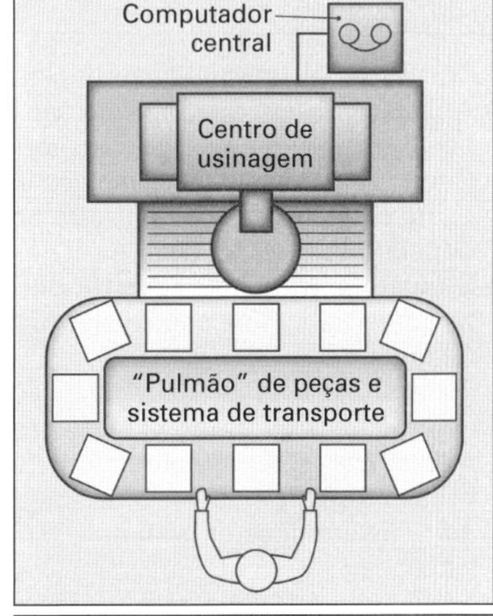

Fig. 2: Célula flexível de fabricação

8.1.3 Sistema flexível de fabricação

Sistemas flexíveis de fabricação abrangem algumas máquinas CNC, centros de usinagem ou células flexíveis de fabricação. O transporte das peças entre as estações de trabalho é comandado por computador central. O sistema flexível de fabricação descrito a seguir tem 4 centros de usinagem.

Os 4 centros de usinagem garantem muita flexibilidade no que diz respeito à alocação dos processos para a fabricação das peças. A manipulação das peças nos centros é realizada por robôs com braço linear, comandados por computador central. As estações de trabalho obtêm informações do computador quando a transformação da peça que nele está deve ser iniciada.

As transformações nos centros são comandadas por computador interno da máquina.
Com um sistema de transporte autoguiado, as peças em processamento são transportadas até as estações de trabalho e depois para outros destinos. O controle do sistema de transporte autoguiado é de responsabilidade do computador central.

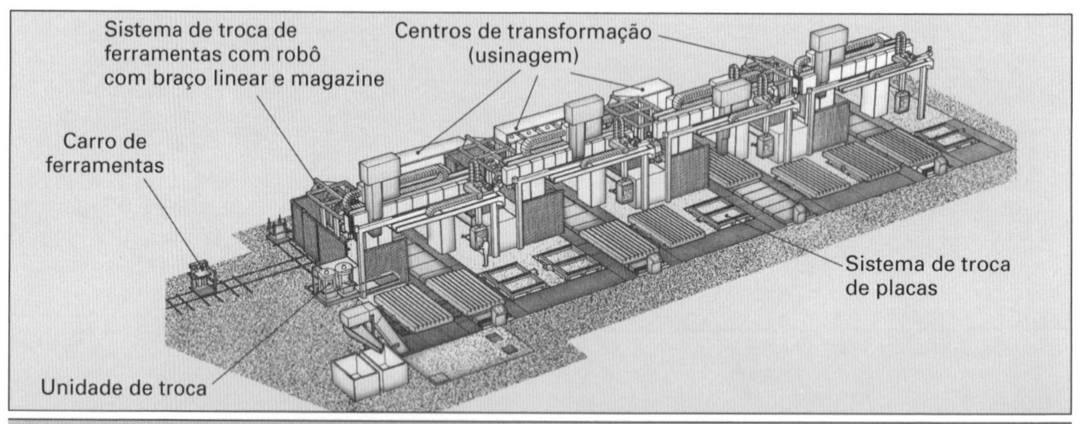

Fig. 1: Sistema flexível de fabricação

Característicos do sistema flexível de fabricação (fig. 2):

- Concepção de máquinas múltiplas;
- As estações de transformação são conectadas por sistema automático de transporte de peças;
- O transporte das peças até as estações de trabalho e entre elas é organizado por computador central;
- O início da transformação da peça numa estação de trabalho é controlado pelo computador central;
- Pode-se fazer uma transformação completa de uma peça ou grupo construtivo num sistema flexível de fabricação;
- Peças podem percorrer diferentes caminhos entre as estações de trabalho, também pular estações;
- Integração da estocagem automática das peças e ferramentas.

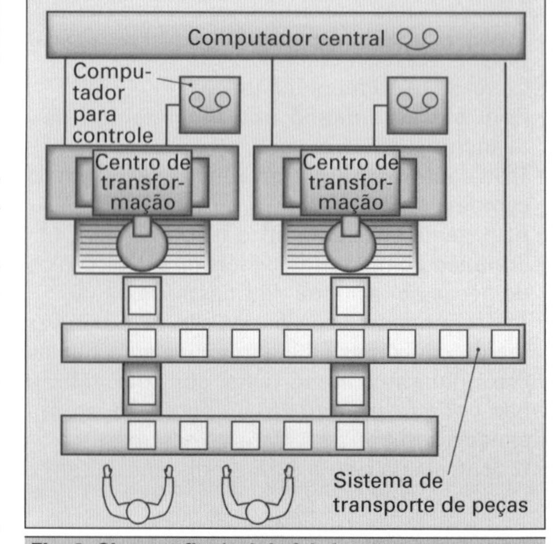

Fig. 2: Sistema flexível de fabricação

8.1.4 Linhas flexíveis de fabricação

Para a fabricação de grandes quantidades de peças semelhantes, pode-se instalar linhas flexíveis de fabricação (**fig. 1**). As estações de trabalho são alocadas em sequência fixa e as peças devem percorrer todas as estações de trabalho da linha.

A linha flexível de fabricação da **figura 1** tem 3 estações de trabalho de cada lado. Aqui não se trata de máquinas de função única, com ferramenta predefinida, mas de centros de transformação com sistema de troca de ferramentas. Uma alternativa às estações de trabalho são estações de montagem, que podem ser integradas numa linha flexível de fabricação. Além do computador para controle das estações de trabalho, o transporte das peças para as estações e entre elas pode ser assumido por um computador central.

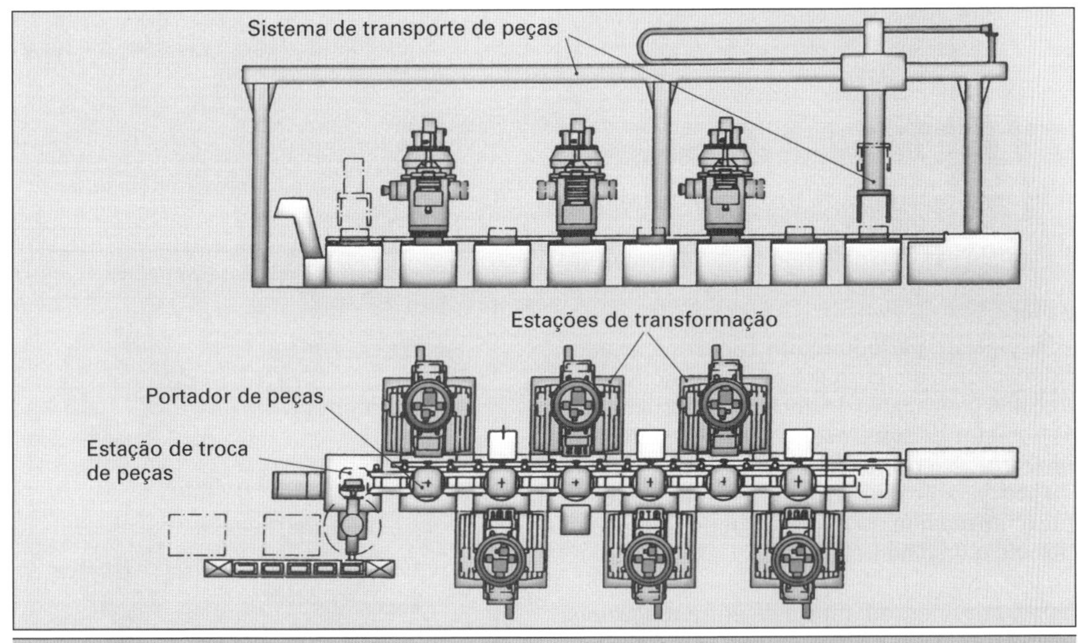

Fig. 1: Divisão sistemática das estações de uma linha flexível de fabricação

Características da linha flexível de fabricação (fig. 2):

- Diversas estações de trabalho são alocadas em linha e a peça deve passar por todas elas;
- As estações de trabalho estão conectadas entre si por um sistema automatizado de fluxo das peças;
- O transporte das peças até as estações de trabalho e entre elas é controlado por um computador central;
- Entre as estações de trabalho pode-se ter "pulmões" de peças (reserva) para compensação dos tempos de transformação distintos nas estações;
- Os dispêndios para o treinamento das pessoas são pequenos. Alcança-se alta produtividade com rápido treino das operações.

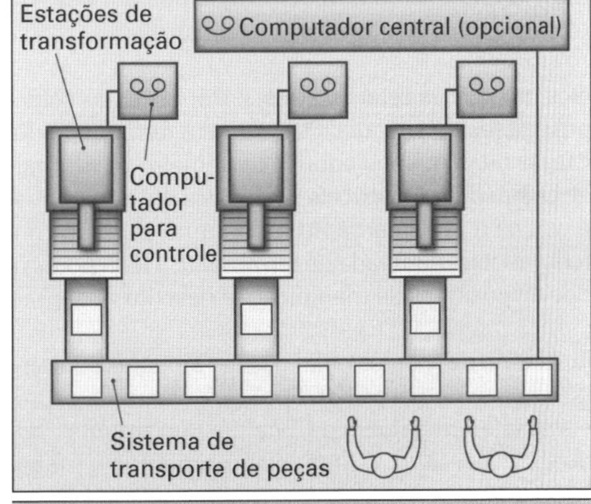

Fig. 2: Linha flexível de fabricação

8.1.5 Sistemas de manipulação para a fabricação flexível

Para a transformação automatizada em instalações flexíveis de fabricação, as peças e ferramentas precisam ser levadas até as estações de trabalho e retiradas delas, além de manipuladas na estação. Essa função é assumida por sistemas de manipulação. Diferencia-se entre sistema de manipulação de peças e sistema de manipulação de ferramentas.

Manipular é criar alocação espacial definida para corpos geometricamente definidos num sistema de coordenadas de referência.

Sistemas de manipulação de ferramentas

A **figura 1** mostra parte do centro de transformação apresentado na **página 130, figura 2**. Reconhece-se um magazine de ferramentas em forma de corrente com trocador de ferramentas. As ferramentas necessárias para as transformações por um período maior são armazenadas no magazine em corrente e fixadas no fuso de trabalho com auxílio do trocador de ferramentas. O trocador de ferramentas é um manipulador giratório. A ferramenta necessária é posicionada com auxílio da corrente. O manipulador toma a ferramenta do magazine e por giro a conduz até o fuso de trabalho.

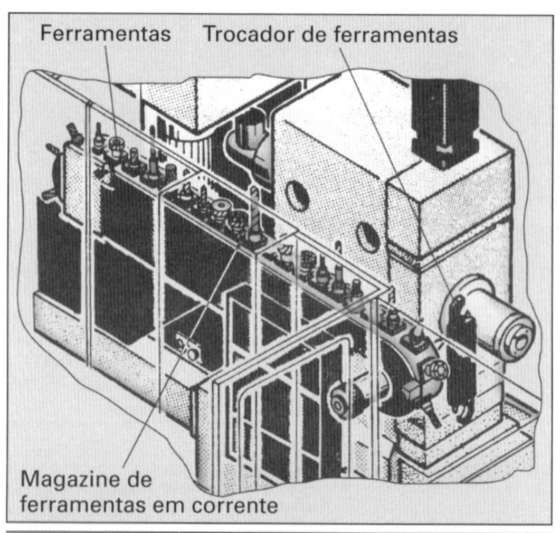

Fig. 1: Sistema de manipulação de ferramentas

Nos magazines, diferencia-se entre magazines com ferramentas estacionárias e com ferramentas móveis (**fig. 2**). Aos magazines de ferramentas móveis pertencem os magazines em corrente, em disco, em tambor e em estrela.

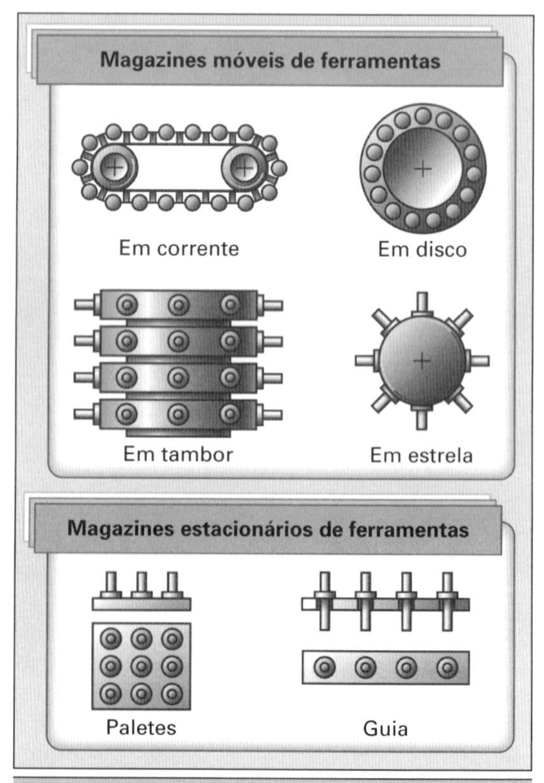

Fig. 2: Magazines de ferramentas

Nos magazines estacionários, as ferramentas estão em paletes ou em guia. Para retirar a ferramenta do magazine, o manipulador deve primeiro posicionar-se diante dela. Depois ele se desloca até a máquina e coloca a ferramenta no fuso ou no portador de ferramentas. A retirada da ferramenta é feita por um dos dispositivos de manipulação descritos a seguir.

O sistema de manipulação das ferramentas contém um magazine para cada tipo de ferramentas. Um sistema de pega para a troca das ferramentas pode ser necessário. O lugar da ferramenta no magazine é fixo ou móvel. Para garantir a tomada da ferramenta certa, cada ferramenta ou o lugar dela deve ser codificado.

Sistemas de manipulação de peças

Sistemas de manipulação de peças consistem de uma unidade de transporte (→**10.1**) e um dispositivo de manipulação (→**8.2**) para pega ou retirada da peça.

Na **figura 1** está representada a unidade de transporte do centro de transformação da **figura 2, página 130**. O processo de manipulação transcorre passo a passo:

- O processo de fixação ocorre no posto de montagem da mesa de paletes. O dispositivo de manipulação fixa uma peça num palete.
- Com o giro da mesa, a ferramenta fixada é levada até a mesa de troca dos paletes do centro de transformação.
- A mesa de troca de paletes toma o palete com a peça e o empurra sobre o carro da máquina. Aqui ocorre a transformação da peça.
- Em seguida, o palete é reconduzido à mesa de troca de paletes, sendo empurrado sobre ela. Daí pode ser transportado para o posto de montagem e a peça pode ser retirada da fixação pelo dispositivo de manipulação.

Enquanto a primeira peça é fresada e lixada no centro de transformação, o dispositivo de fixação de ferramentas pode preparar até 7 paletes e estocá-los na mesa.

O transporte da peça até a mesa de paletes ou saindo desta pode ser feito com o carro móvel mostrado na **figura 2**. Depois da fabricação no centro de transformação, as peças podem ser transportadas a outras estações de trabalho, a depósitos intermediários ou de expedição de produtos. Informações sobre outros meios de transporte podem ser obtidas no Capítulo 10.

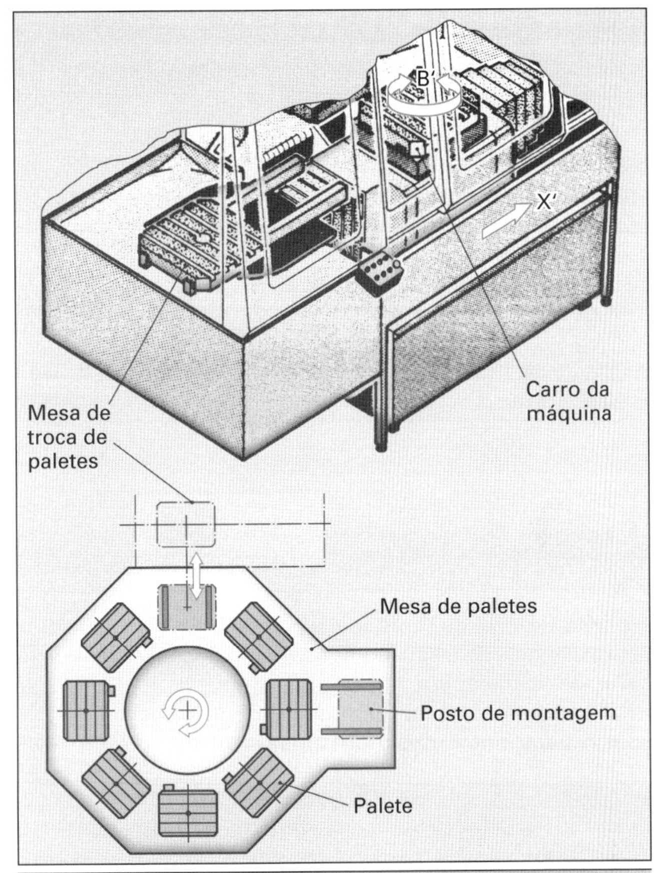

Fig. 1: Unidade de transporte num centro de transformação

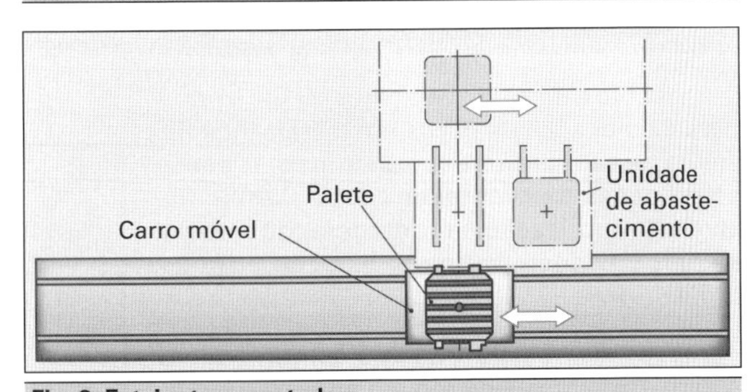

Fig. 2: Esteira transportadora

O dispositivo de manipulação para a introdução e a retirada de peças de instalações flexíveis de fabricação também pode ser usado na montagem flexível. Informações sobre esse dispositivo são dadas a seguir.

Perguntas e tarefas

1 Descreva os elementos de construção básicos de instalações flexíveis de fabricação.

2 Explique a diferença entre uma máquina-ferramenta CNC e um centro de transformação.

3 Como se chega a uma célula flexível de fabricação a partir de uma máquina CNC ou um centro de transformação?

4 Em que se aplicam as células flexíveis de fabricação?

5 Descreva a fabricação da haste de pistão do cilindro pneumático (→**5.2.2**) com célula flexível de fabricação.

6 Como se pode transformar uma célula flexível de fabricação em sistema flexível de fabricação?

7 Descreva a fabricação de um eixo com os processos tornear, fresar e esmerilhar num sistema flexível de fabricação.

8 Explique a diferença entre um sistema flexível de fabricação e uma linha flexível de fabricação.

9 Diferencie entre magazine de ferramentas móvel e estacionário.

10 Que instalação se faz necessária para a troca de ferramentas ao lado do magazine de ferramentas?

11 Que unidades constituem um sistema de manipulação de peças?

8.2 Escolha de instalações flexíveis para montagem

A planta flexível de montagem é caracterizada pela existência de dispositivos de manipulação e sistemas de transporte das peças e grupos construtivos a montar e também de peças, grupos construtivos e produtos montados (→ **10.1**).

Chama-se dispositivo de manipulação aquele que leva o objeto até uma posição definida, girando-o até alcançar a posição desejada.

Dispositivos de manipulação são utilizados para a colocação de peças em instalações flexíveis de fabricação e também para o encaixe de peças na montagem. Nas plantas flexíveis de fabricação e montagem, diferencia-se entre dispositivos para inserção e robôs industriais.

Por dispositivos para inserção compreendem autômatos simples de movimentação com decurso dos movimentos prefixados. Os movimentos são realizados mormente por controles mecânicos simples e os dispositivos são bastante limitados em flexibilidade, razão por que são utilizados só para tarefas de montagem muito simples numa planta flexível.

Robôs industriais são autômatos de movimentação de aplicação universal, que podem movimentar-se simultaneamente em mais eixos. Esses movimentos são conduzidos por computador. Ao lado das tarefas de manipulação, robôs industriais podem assumir tarefas de fabricação, como soldar e pintar.

Robôs industriais diferenciam-se conforme o tipo de construção:

- Robô com braço linear (**fig. 1**),
- Robô portal (**fig. 2, p. 137**),
- Robô com braço giratório (**fig. 4, p. 137**),
- Robô com braço de flexão (**fig. 2, p. 138**).

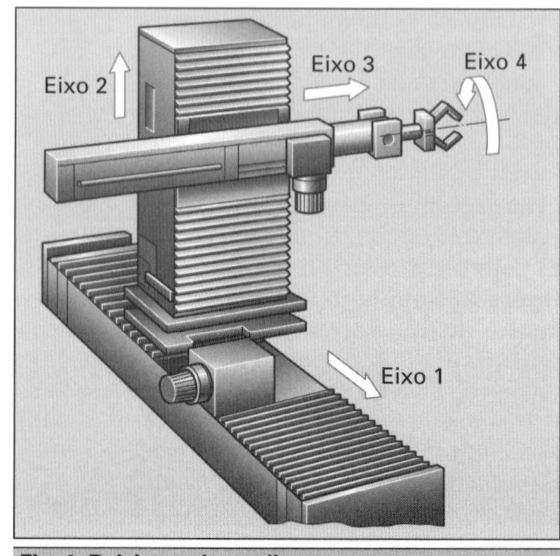

Fig. 1: Robô com braço linear

O robô com braço linear (**fig. 1, p. 136**) é adequado para tarefas simples de manipulação. A garra do robô se movimenta num espaço relativamente pequeno: 1,0 m no comprimento e na altura e 0,5 m na largura são as dimensões do paralelepípedo do espaço de trabalho (**fig. 1**). Ele pode transportar peças com até 10 kg.

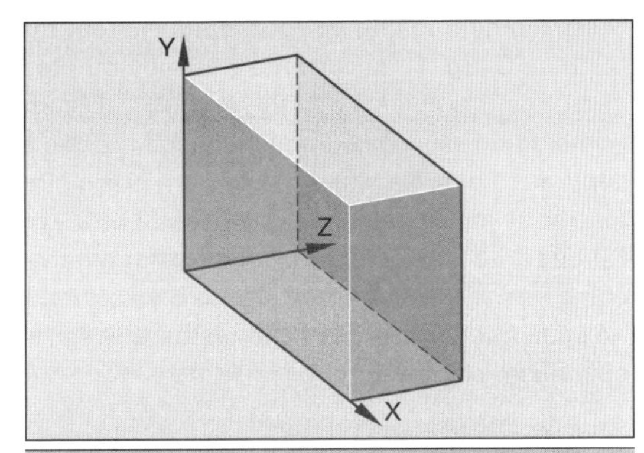

Fig. 1: Espaço de trabalho do robô com braço linear

O robô com braço linear tem 4 eixos de movimentação. Os três primeiros eixos só podem ser movimentados em linha reta (translação); o quarto eixo faz o movimento rotatório (girar) da garra. Os movimentos de translação posicionam a garra no espaço, e com os movimentos de rotação da garra pode-se mudar a posição da peça. Esse tipo de robô é aplicado em tarefas de montagem e teste, além de sua aplicação na troca de ferramentas em máquinas-ferramentas.

O robô portal pode executar tarefas de manipulação num espaço de trabalho bem maior (**fig. 2**). Ele é útil para fazer o carregamento (levar peças e ferramentas) de diversas estações de trabalho num sistema flexível de fabricação e pode transportar peças com até 100 kg.

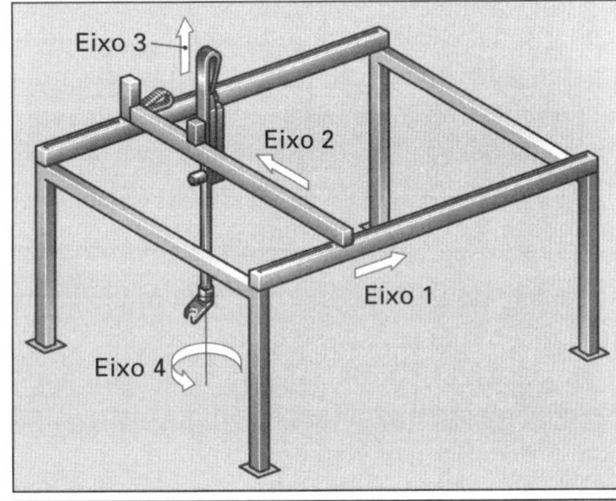

Fig. 2: Robô portal

O espaço de trabalho do robô portal tem cerca de 20 m de comprimento, até 6 m de largura e até 2 m de altura (**fig. 3**). O espaço de trabalho em forma de paralelepípedo é determinado pelos eixos de translação (comprimento, largura e altura) e pela rotação da garra como no robô com braço linear. Trata-se de um robô com 4 eixos de movimentação, aplicado para o carregamento de ferramentas em máquinas e para fazer paletes, solda ponto e pequenas tarefas de montagem.

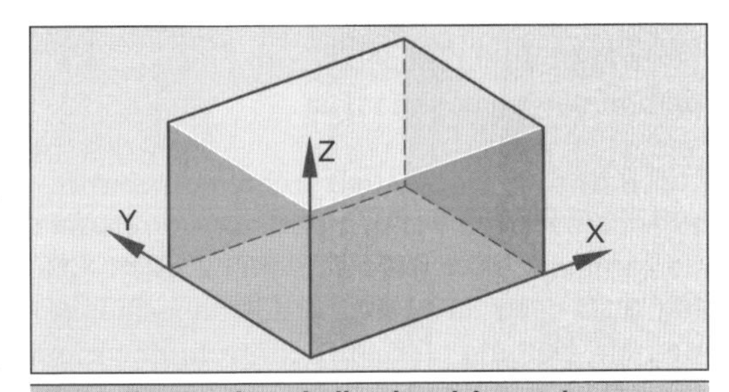

Fig. 3: Espaço de trabalho do robô portal

O robô com braço giratório foi concebido especialmente para tarefas de montagem (**fig. 4**). Por causa das suas articulações, esse tipo de robô é muito flexível no plano horizontal e rijo na direção vertical. Essa característica é útil para fazer o encaixe de peças, uma vez que a maioria dos movimentos de encaixe com necessidade de força maior ocorre na vertical.

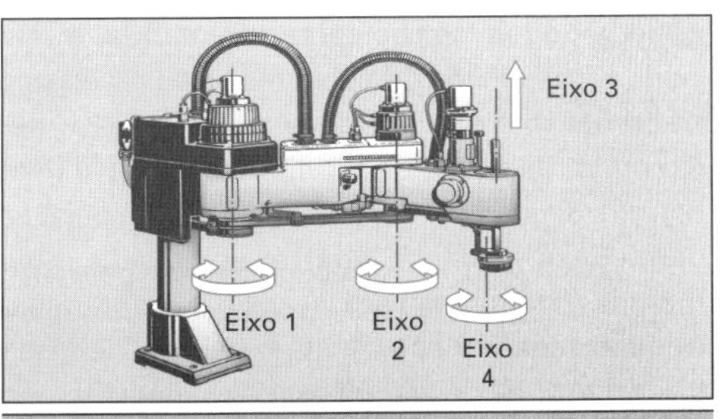

Fig. 4: Robô com braço giratório

O espaço de trabalho do robô giratório tem formato de C (**fig. 1**), decorrente dos movimentos giratórios dos eixos 1 e 2 (**fig. 4, p. 137**). O comprimento do espaço de trabalho chega a 2 m e a largura, a 1,5 m. Na altura o robô com braço giratório só se movimenta (translação) cerca de 0,2 m. No quarto eixo rotatório, pode-se girar a garra, como nos casos anteriores. Como o eixo rotatório pode fazer alguns giros completos, é possível aparafusar com esse robô.

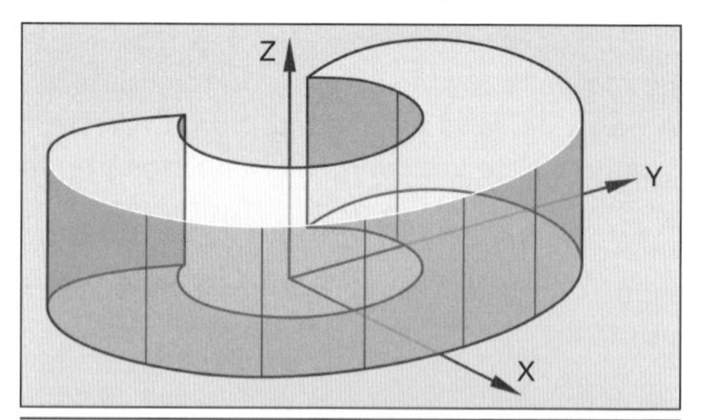

Fig. 1: Espaço de trabalho do robô com braço giratório

O robô com braço de flexão pode executar, ao lado de tarefas de manipulação como o carregamento de máquinas, também tarefas na fabricação (**fig. 2**). O conjunto de tarefas compreende soldar, colar, aplicar camada em superfície, prensar e pintar, além de fresar e furar. O robô com braço de flexão pode movimentar peças com até 100 kg ou executar forças da mesma ordem de grandeza, por exemplo, para prensar.

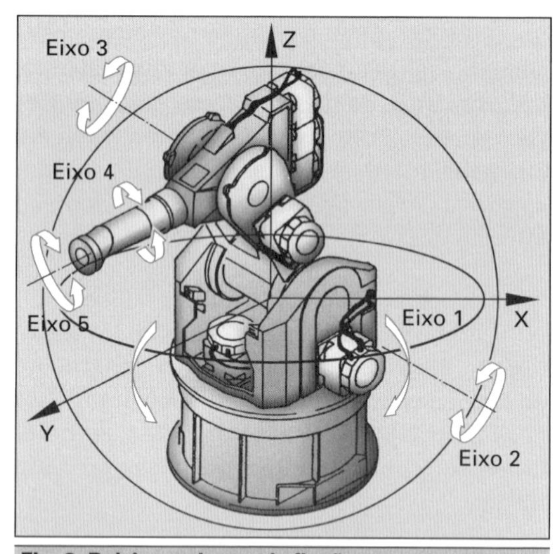

Fig. 2: Robô com braço de flexão

O espaço de trabalho do robô com braço de flexão resulta de seus 5 eixos de rotação. Como todos os eixos do robô são de rotação, a garra se movimenta num espaço com formato esférico. Com o primeiro eixo o robô gira em torno de si mesmo, e pelos eixos 2 e 3 é realizado um movimento de giro dos braços do robô. Com os 3 primeiros eixos, a garra é levada a um determinado ponto no espaço; com os eixos 4 e 5, determina-se a posição dela.

Todos os robôs industriais trabalham com controle comandado por computador, comparável ao comando e controle de uma máquina CNC (**fig. 3**). O controle do robô industrial está inserido num sistema global. O controle dos movimentos do robô pode ser influenciado por dispositivos de entrada e sensores. Dispositivos de entrada podem ser de comando manual e o teclado com monitor. Os sensores estão no espaço de trabalho e servem para a verificação, por exemplo, da tarefa de manipulação. Com uma barreira de luz, pode ser verificado se há peça na garra. Caso não haja, a garra repete seus movimentos para tomar peça. A peça a montar será transportada por esteira até o espaço de trabalho. O controle da esteira está associado ao controle do robô.

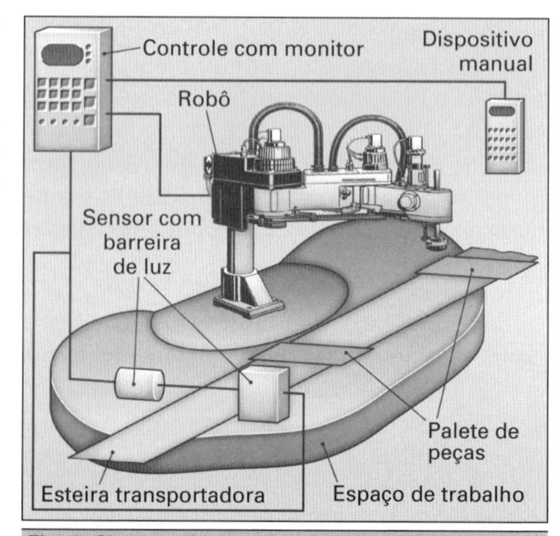

Fig. 3: Sistema de controle de um robô industrial

Perguntas e tarefas

12 O que caracteriza um dispositivo de manipulação?
13 Que funções tem um dispositivo de manipulação?
14 Descreva a diferença entre um dispositivo para carregamento de máquinas e um robô industrial.
15 Explique as tarefas de um robô de braço linear.
16 Que eixos de movimentação tem o robô com braço linear?
17 No que o robô portal se diferencia do robô com braço linear?
18 Dê exemplos de aplicação dos robôs portal e com braço linear.
19 Que funções tem um robô com braço giratório?
20 Por que o robô com braço giratório é especialmente adequado para movimentos de encaixe?
21 Por que o espaço de trabalho do robô com braço giratório tem forma de C?
22 Quantos eixos tem, via de regra, o robô com braço de flexão?
23 Que movimentos são executados pelos eixos do robô com braço de flexão?
24 Que espaço de trabalho resulta dos movimentos dos eixos do robô com braço de flexão?
25 Que dispositivos de entrada são, em geral, utilizados no robô industrial?
26 Como é feito o controle da esteira transportadora que transporta a peça até o espaço de trabalho do robô?

8.3 Otimização da fabricação

A produção de uma peça é realizada com diferentes princípios de organização da fabricação (→**6.1.1**) dependendo do tamanho do lote e do espectro de peças dos pedidos. Diferencia-se entre princípio de oficinas, de grupos e de fluxo.

Na primeira sequência de passos para a otimização da fabricação, é preciso selecionar a máquina ou planta de fabricação adequada (→**8.1**). O primeiro critério de decisão nisso é a redução do tempo de preparação das máquinas (**fig. 1**).

Para a seleção do princípio de fabricação, é preciso determinar a alocação das máquinas de acordo com o princípio. Enquanto na fabricação em oficinas as máquinas são agrupadas de acordo com o processo que executam, na fabricação em fluxo a sequência dos processos de fabricação das peças em questão determina a alocação das máquinas.

Almeja-se uma fabricação flexível em fluxo que possibilite a fabricação de diferentes peças de um grupo de peças. Ao se observar todos os pedidos produzidos numa série de máquinas em 1 ano, obtêm-se diferentes tempos intermediários, constituídos pelos tempos para transporte e espera entre os processos de fabricação. As peças também podem pular máquinas da série ou pular para trás para assim melhor aproveitar as capacidades.

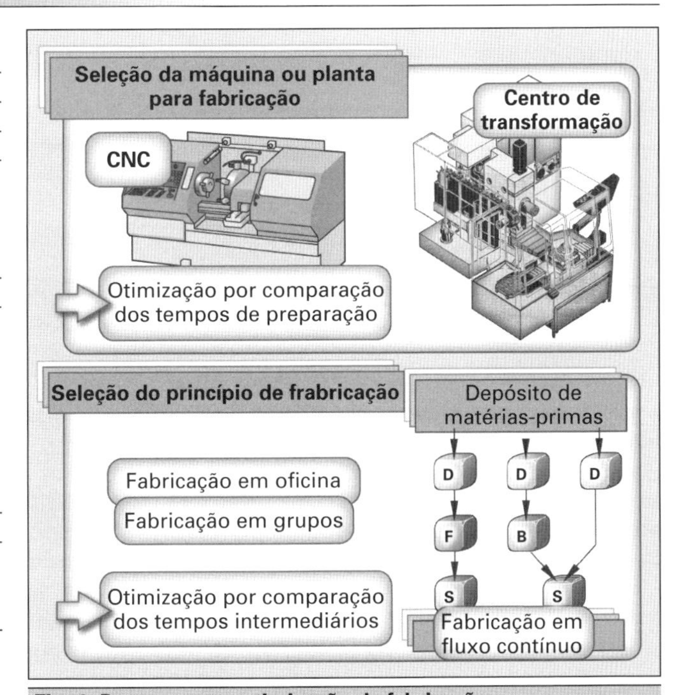

Fig. 1: Passos para a otimização da fabricação

Peça	Nome	Processo de trabalho				Centro de transformação t_r em min	CNC t_r em min	Lotes/ano
		1	2	3	4			
I	Árvore de acionamento	Tornear	Fresar	Furar	Esmerilhar	40	20 20 10 20	45
II	Bucha de fuso	Furar	Tornear	Temperar	Esmerilhar	50	20 30 30 10	90
III	Tampa do corpo	Tornear	Furar	Fresar	Esmerilhar	60	30 20 30 40	80
IV	Corpo	Furar	Fresar	Tornear	Temperar	60	20 30 50 50	60
V	Carcaça em aço	Furar	Tornear	Fresar	Temperar	60	20 20 40 50	40

Tab. 1: Análise do espectro de peças a fabricar

Complementação da situação para otimização da fabricação do cilindro pneumático

A produção do cilindro pneumático compreende a fabricação e montagem de diferentes séries. Ao lado do corpo e da árvore de acionamento já de fabricação própria, a empresa Spin-Lag GmbH assumiu ainda a fabricação da tampa do corpo e da bucha do fuso. A **tabela 1** mostra o espectro de peças a produzir em 1 ano. Os tempos da tabela são valores médios para um lote. O número de pedidos das peças se refere a 1 ano do calendário empresarial.

Para a seleção de um princípio de fabricação adequado, os tempos médios de transporte de um pedido entre duas estações de trabalho foram estimados com base na experiência. Enquanto o tempo de transporte do pedido entre duas máquinas CNC na fabricação em oficinas foi em média de 1 hora, na fabricação em fluxo esse tempo pôde ser fixado em cerca de 50% disso. O tempo de espera do pedido para um procedimento de recondução (pular estações, voltar estações) pôde ser assumido como sendo de meia hora.

8.3.1 Otimização da seleção das máquinas e instalações

A seleção das máquinas ou da planta para a fabricação ocorre de acordo com os processos de fabricação a serem usados. Havendo mais máquinas ou plantas adequadas para a fabricação das peças, o critério de decisão importante é a minimização do tempo de execução do pedido (→**5.1.3**). Assumindo-se que os tempos por unidade (t_e) para a fabricação das peças em qualquer máquina são quase idênticos, pode-se comparar as máquinas quanto ao tempo de preparação t_r delas.

	Peça I	Peça II	Peça III	Peça IV	Peça V
	Árvore de acionamento	**Bucha de fuso**	**Tampa do corpo**	**Corpo**	**Carcaça de aço**
Lotes/ano	45	90	80	60	40
Centro de transformação $t_{r\ total}$	40 min	50 min	60 min	60 min	60 min
CNC $t_{r\ total}$	70 min	90 min	120 min	150 min	130 min
Diferença tempo preparação	**1.350 min**	**3.680 min**	**4.800 min**	**5.400 min**	**2.000 min**

Tab. 1: Diferenças entre tempos de preparação de máquinas

Para a produção das peças mencionadas na **tabela 1 (p. 140)**, a empresa Spin-Lag GmbH dispõe de um centro de transformação e máquinas CNC. Que peças serão produzidas no centro depende das diferenças nos tempos de preparação das máquinas, tendo em vista todos os pedidos. Essas diferenças estão calculadas na **tabela 1**. A maior diferença se verifica na fabricação do corpo (peça IV), por isso ele será produzido no centro, enquanto as demais peças são produzidas na fabricação em fluxo com máquinas CNC.

8.3.2 Otimização da sequência na fabricação em fluxo contínuo

Antes de fixar o princípio de fabricação (em oficinas ou em fluxo contínuo), é preciso determinar a sequência das máquinas numa possível fabricação em fluxo contínuo. Como a peça IV (corpo) será fabricada num centro de transformação, não é mais considerada na fabricação em fluxo contínuo.

Observando-se a **tabela 1 (p. 140)**, conclui-se que é necessário projetar uma fabricação em fluxo contínuo com 5 máquinas na sequência ótima. O critério para a alocação das máquinas é o número de procedimentos de transporte entre os postos de trabalho.

Para a determinação da sequência ótima, usa-se uma matriz do fluxo de materiais. Os procedimentos de transporte de todos os pedidos que ocorrem entre os mesmos postos de trabalho são somados e colocados na matriz.

Para elaborar a **tabela 2,** foi usada a sequência de processos de trabalho realizados na peça I (árvore de acionamento). Pode-se usar a sequência de operações para a fabricação de qualquer das peças como base para a determinação da sequência de alocação ótima das máquinas.

Depois de elaborada a matriz do fluxo de materiais, é analisado o grau de linearidade da sequência assumida na matriz. Esse grau expressa a relação entre as movimentações dos materiais num sentido e no sentido inverso (ida e volta). Para o cálculo do grau de linearidade, usa-se:

	D	F	B	S	H	Σ Mov. de ida
D		85	80	0	90	
F	0		45	80	40	
B	130	80		45	0	**465**
S	0	0	0		0	
H	0	0	0	90		
Σ mov. de volta			**300**			

Legenda: D = tornear; F = fresar; B = furar; S = esmerilhar; H = temperar

Tab. 2: Matriz do fluxo de materiais

$$L = \frac{\Sigma \text{ Movimentação ida}}{\Sigma(\text{Movimentação ida} + \text{Movimentação volta})} \cdot 100\% \qquad L = \frac{465}{\Sigma(465 + 300)} \cdot 100\% = 60{,}8\%$$

Todos os transportes que estão acima da diagonal na matriz são movimentações de ida. Os transportes abaixo da diagonal são movimentações de volta. Colocados na fórmula, obtém-se:

$$L = \frac{465}{\Sigma(465 + 300)} \cdot 100\% = 60{,}8\%$$

Um grau de linearidade de 100% significa que só há transporte de ida na série de máquinas. Quanto maior o número de movimentações de volta, consequência da diversidade de pedidos, tanto menor o grau de linearidade. A sequência ótima de alocação das máquinas é determinada com base no quociente entre a soma das linhas e a soma das colunas. Na **tabela 1** estão essas somas.

Na **tabela 2** estão os quocientes para cada estação de trabalho e a primeira máquina da série será a que tiver maior quociente.

	D	F	B	S	H	Σ Linha
D		85	80	0	90	255
F	0		45	80	40	165
B	130	80		45	0	255
S	0	0	0		0	0
H	0	0	0	90		90
Σ Coluna	130	165	125	215	130	

Legenda: **D** = tornear; **F** = fresar; **B** = furar; **S** = esmerilhar; **H** = temperar

Tab. 1: Matriz do fluxo de materiais

Tornear	Fresar	Furar	Esmerilhar	Temperar
$Q_D = \frac{255}{130} = 1{,}94$	$Q_F = \frac{165}{165} = 1$	$Q_B = \frac{255}{125} = 2{,}04$	$Q_S = \frac{0}{215} = 0$	$Q_H = \frac{90}{130} = 0{,}69$

$Q_B = Q_{max} \rightarrow$ A furadeira será a primeira estação de trabalho.

Tab. 2: Comparação entre os quocientes dos postos de trabalho

Depois de determinar a primeira estação de trabalho, elabora-se nova matriz do fluxo dos materiais entre os demais postos de trabalho. A segunda matriz e o segundo cálculo dos quocientes estão na **tabela 3**.

	D	F	S	H	Σ Linha
D		85	0	90	175
F	0		80	40	120
S	0	0		0	0
H	0	0	90		90
Σ Coluna	0	85	170	130	

Legenda: **D** = tornear; **F** = fresar; **S** = esmerilhar; **H** = temperar

Tornear	Fresar
$Q_D = \frac{175}{0} = \infty$	$Q_F = \frac{120}{85} = 1{,}41$
Esmerilhar	**Temperar**
$Q_S = \frac{0}{170} = 0$	$Q_H = \frac{90}{130} = 0{,}69$

$Q_D = Q_{max} \rightarrow$ O torno será a segunda estação de trabalho.

Tab. 3: Matriz do fluxo de materiais com o segundo cálculo dos quocientes

Para a elaboração de nova matriz dos fluxos de materiais, são considerados apenas os processos fresar, esmerilhar e temperar. A **tabela 1** (**p. 143**) mostra a matriz correspondente com novo cálculo de quocientes. A terceira estação de trabalho será a fresa.

	F	S	H	Σ Linha
F		80	40	120
S	0		0	0
H	0	90		90
Σ Coluna	0	170	40	

Legenda: **F** = fresar; **S** = esmerilhar; **H** = temperar

Fresar	Esmerilhar
$Q_F = \frac{120}{0} = \infty$	$Q_S = \frac{0}{170} = 0$

Temperar
$Q_H = \frac{90}{40} = 2{,}25$

$Q_F = Q_{max}$ A fresa será a terceira estação de trabalho.

Tab. 1: Matriz do fluxo de materiais com o terceiro cálculo dos quocientes

Para o último cálculo de quocientes elabora-se nova matriz, agora sem a fresa. O maior quociente é da têmpera, vindo esta a ser a quarta estação de trabalho.

	S	H	Σ Linha
S		0	0
H	90		90
Σ Coluna	90	0	

Legenda: **S** = esmerilhar; **H** = temperar

Esmerilhar	Temperar
$Q_S = \frac{0}{90} = 0$	$Q_H = \frac{90}{0} = \infty$

$Q_D = Q_{max}$ A têmpera será a quarta estação de trabalho.

Tab. 2: Matriz do fluxo de materiais com o quarto cálculo dos quocientes

A última estação de trabalho é o esmerilho e a série ótima de alocação das máquinas é: furadeira, torno, fresa, têmpera, esmerilho.

B → D → F → H → S

Agora convém verificar o grau de linearidade da série de máquinas alocadas como determinado. Para o cálculo da linearidade da série utilizada na fabricação do cilindro pneumático, é elaborada nova matriz do fluxo dos materiais (**tab. 3**), de que resulta:

$$L = \frac{\Sigma \text{Movimentação ida}}{\Sigma(\text{Movimentação ida} + \text{Movimentação volta})} \cdot 100\%$$

$$L = \frac{640}{\Sigma(640 + 125)} \cdot 100\%$$

$$L = 83{,}7\%$$

	B	D	F	H	S	Σ Mov. de ida
B		130	80	0	45	640
D	80		85	90	0	
F	45	0		40	80	
H	0	0	0		90	
S	0	0	0	0		
Σ Mov. de volta	125					

Legenda: **D** = tornear; **F** = fresar; **B** = furar; **S** = esmerilhar; **H** = temperar

Tab. 3: Matriz do fluxo de materiais

Em relação ao anterior, houve uma melhora de 22,9 na linearidade da série. Isso quer dizer que na série determinada ocorrem menos movimentações de volta, o que reduz custos e tempo.

8.4 Determinação do princípio de fabricação

Depois de determinar a sequência de alocação ótima das máquinas, pode-se determinar o princípio de fabricação. Como opções, tem-se a fabricação em oficinas e em fluxo contínuo. O critério importante é o tempo necessário para preparar as máquinas e para transportar as peças de um pedido.

Sempre que a fabricação de um pedido não seguir exatamente a sequência de operações da série como as máquinas foram alocadas, há necessidade de pular estação de trabalho ou retornar a outra, desviando-se da rota, o que implica tempo de espera adicional. Como as peças do cilindro pneumático (→ **tab. 1, p. 141**) devem ser fabricadas na série de máquinas determinada no item anterior (→ **tab. 3, p. 143**) são necessários os desvios de rota especificados na **tabela 1**.

Cálculo do tempo secundário total na fabricação em oficinas e em fluxo contínuo

Como na fabricação das peças do cilindro pneumático em oficina não há necessidade de desvios de rota, o tempo secundário será igual ao tempo de transporte (**tab. 2**). Na fabricação em fluxo contínuo, o tempo secundário será a soma dos tempos de transporte com os tempos de espera, uma vez que há desvios de rota (**tab. 3**).

Nome	Árvore de acionamento	Bucha de fuso	Tampa do corpo	Carcaça de aço
Nº de desvios de rota	2	1	3	0

Tab. 1: Número de desvios da rota

Peça		Lotes/ano	Nº de transportes	Tempo de transporte/pedido T_T em h	Tempo de transporte total T_T em h
I	Árvore de acionamento	45	3	1	135
II	Bucha de fuso	90	3	1	270
III	Tampa do corpo	80	3	1	240
V	Carcaça de aço	40	3	1	120
Tempo secundário total:					765

Tab. 2: Tempo secundário na fabricação em oficinas

Peça		Lotes/ano	Nº transporte	Tempo transporte		Nº desvios	Tempo espera		Tempo secundário
				T_T em h	ΣT_T em h		T_L em h	ΣT_L em h	$\Sigma T_T + \Sigma T_L$ em h
I	Árvore de acionamento	45	3	0,5	67,5	2	0,5	45	112,5
II	Bucha de fuso	90	3	0,5	135	1	0,5	45	180
III	Tampa do corpo	80	3	0,5	120	3	0,5	120	240
V	Carcaça de aço	40	3	0,5	60	0	0,5	0	60
Tempo secundário total:									592,5

Tab. 3: Tempo secundário da fabricação em fluxo contínuo

Comparando-se os tempos secundários totais na fabricação em oficinas e na fabricação em fluxo contínuo, verifica-se que na última opção esse tempo é menor, 172,5 h por ano é a diferença. Com isso, escolhe-se a fabricação em fluxo contínuo para produzir o cilindro pneumático.

8.5 Introdução de encomenda especial

Por causa da insistência de um bom cliente de longa data, a direção da empresa Spin-Lag GmbH aceita pedido especial de 5 peças de reposição para cilindros pneumáticos. A direção espera que a produção normal diária nos dois turnos de trabalho não será afetada pela fabricação do pedido especial, que deverá ser atendido o mais rápido possível (1 turno = 8 horas).

A **tabela 1** fornece os dados importantes para a produção das peças de reposição do cilindro pneumático, com tamanho de lote = 1.

A consulta na divisão de planejamento mostrou que há disponibilidade das máquinas-ferramentas necessárias para a fabricação das peças. Os programas CNC para os diferentes passos de trabalho estão gravados nas máquinas. A área de fabricação em que as peças do pedido especial serão fabricadas é organizada segundo o princípio de oficinas. Há tempos de transporte de peças e tempos de espera das peças de cerca de 1 h na troca de máquinas.

A **figura 1** (**p. 145**) mostra a ocupação das máquinas antes do pedido especial, quer dizer, com os pedidos regulares das peças I a VI, conforme processos de trabalho necessários. Então, considerando-se as capacidades já alocadas para execução do programa de produção regular, é preciso agora planejar o uso dos meios de produção para a fabricação das peças do pedido especial. Como é de se esperar que no centro de transformação haja capacidades ociosas, é preciso ver primeiro o que pode ser fabricado nele.

Um critério importante para alocar a fabricação de uma peça num centro de transformação é, ao lado da complexidade da peça, o tempo de preparação das máquinas t_r. Como cada máquina CNC precisa ser preparada, o tempo de preparação das máquinas CNC para um pedido é a soma dos tempos de preparação individuais (**tab. 1**).

Nº posição	Processo de trabalho			Máquina CNC t_r em h	Centro de transformação t_r em h	t_e em h
	1	2	3			
1	Fresar	Furar		1 1	1	6 4
2	Furar	Fresar		1 1	1	5 2
3	Fresar	Furar		1 3	1	1 2
4	Furar	Fresar		1 2	1	3 2
5	Furar	Fresar	Furar	2 3 2	2	5 1 2

Tab. 1: Dados para o pedido especial

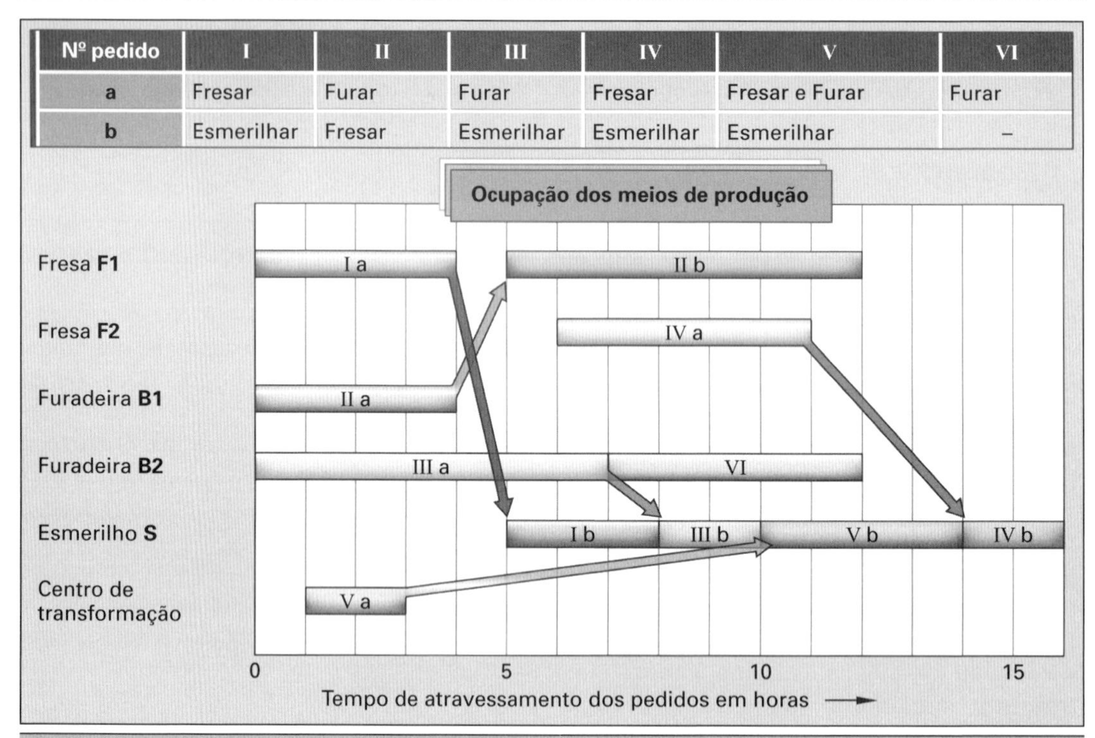

Nº pedido	I	II	III	IV	V	VI
a	Fresar	Furar	Furar	Fresar	Fresar e Furar	Furar
b	Esmerilhar	Fresar	Esmerilhar	Esmerilhar	Esmerilhar	–

Fig. 1: Planejamento dos prazos de fabricação regular

Comparando-se os tempos de preparação do centro de transformação com a soma dos tempos de preparação das máquinas CNC necessárias para atender um pedido, observa-se que há grandes diferenças, no caso, especialmente nas posições 3 e 5 da **tabela 1** (**p. 145**). Com isso, as duas posições devem ser alocadas ao centro de transformação, enquanto as demais peças podem ser fabricadas nas máquinas CNC.

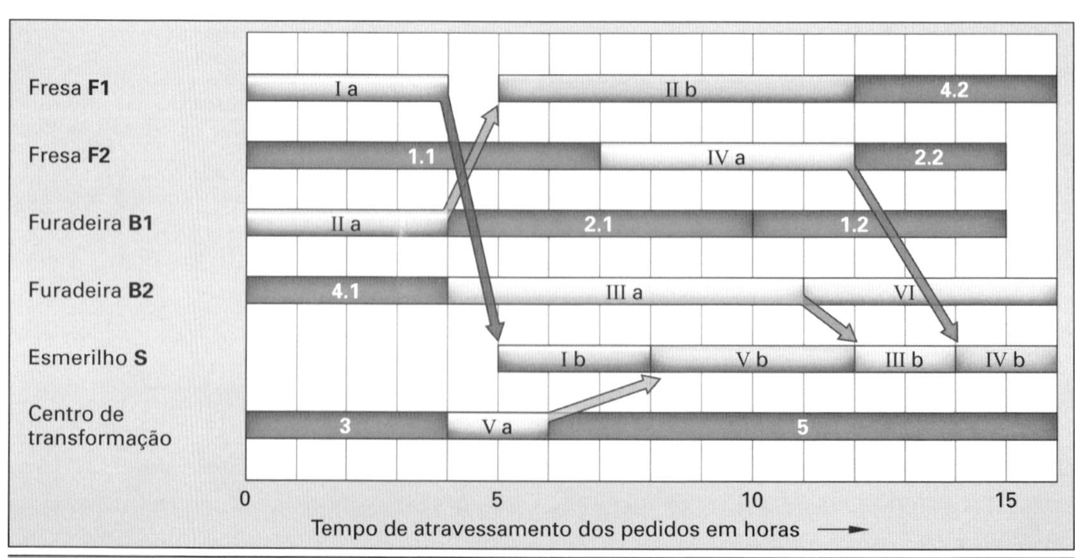

Fig. 2: Planejamento dos prazos de fabricação dos pedidos regulares e especial

Para bem conduzir o decurso de fabricação, a fabricação das peças dos pedidos regulares pode ser retardada ou antecipada dentro do período de dois turnos de trabalho. Contudo, é preciso manter a sequência de trabalho e levar em conta os tempos de transporte e de espera entre os postos de trabalho de cerca de 1 hora. O planejamento dos prazos da fabricação dos pedidos regulares e especiais está na **figura 2**.

Perguntas e tarefas

27 Segundo que critério escolhe-se entre um centro de transformação e uma máquina CNC na otimização da fabricação?

28 Tem-se as opções fabricação em oficinas e em fluxo contínuo. Que critério é útil para escolher entre as duas?

29 Que se entende por desvio de rota na fabricação de peças?

30 O que diz o grau de linearidade sobre o fluxo dos materiais numa fabricação em fluxo contínuo?

31 Que movimentações estão acima da diagonal na matriz dos fluxos de materiais na fabricação em fluxo contínuo?

32 Para que serve o cálculo de quocientes na matriz de fluxo de materiais?

33 Como se reconhece uma otimização da fabricação em fluxo contínuo?

34 Pretende-se usar 5 máquinas diferentes para a fabricação de um pedido especial. O que deve ser observado no planejamento da ocupação das máquinas?

Atividades no projeto "produção do cilindro pneumático"

Na condição de empregado da divisão de planejamento da empresa Spin-Lag GmbH, verifique a fabricação em fluxo do cilindro pneumático da série BP156. Abaixo estão os dados dos pedidos de 1 ano. Da análise das peças a fabricar em diferentes processos obteve-se:

Peça	Processos de trabalho – sequência	Necessidades por ano – em lotes
Haste do pistão	Serrar, cortar comprimento, tornear e fresar	120
Pistão	Serrar, cortar comprimento, tornear e furar	70
Barra de tração	Serrar, furar, tornear e fresar	130
Fundo	Fresar, tornear, serrar e furar	90
Tampa	Furar, serrar, tornear e fresar	110

Na fábrica, as máquinas-ferramentas estão alocadas na seguinte ordem: serra, talha de precisão, fresa, torno, furadeira.

8.1 Elabore a matriz de fluxo dos materiais e calcule o grau de linearidade para a fabricação em fluxo contínuo existente.

8.2 Verifique a sequência de alocação das máquinas, otimize-a e calcule o novo grau de linearidade.

8.6 Exercício de aprofundamento: fabricação e montagem da árvore com mancal

Complementação da situação com novos requisitos à organização da produção

Por conquistar novos mercados e esperar a demanda por árvores com mancal com maior potência de acionamento, a direção da empresa Spin-Lag GmbH decidiu reprojetar a produção do produto. A fabricação em oficinas até aqui praticada deve ser substituída por fabricação em grupos ou em fluxo contínuo. São conhecidos os dados sobre os pedidos da **tabela 1** (**p. 148**).

O tempo médio de transporte de um lote todo entre dois postos de trabalho é de 1,5 hora na fabricação em oficinas, 2 h na fabricação em grupos e 0,5 h na fabricação em fluxo contínuo. Na fabricação em fluxo ainda há tempos de espera T_L de 2 h por desvio da rota de um pedido.

1	**Árvore de acionamento**	Fresar	Furar	Tornear	Esmerilhar	100 Lotes/ano
2	**Tampa**	Tornear (2 h)	Fresar (6 h)	Furar (3 h)	–	60 Lotes/ano
3	**Carcaça**	Tornear (1 h)	Furar (2 h)	Fresar (1 h)	–	30 Lotes/ano
4	**Cobertura**	Fresar	Tornear	Furar	Esmerilhar	20 Lotes/ano
5	**Suporte**	Tornear (1 h)	Furar (2 h)	Esmerilhar (0,5 h)	–	10 Lotes/ano

Tab. 1: Dados dos pedidos de peças para a árvore com mancal

A tampa, a carcaça e o suporte estão sendo demandados e há necessidade de atender a pedido especial. Os tempos de preparação do torno e da furadeira para o pedido especial são de 1 h cada. A preparação da fresa para transformar a tampa leva 1 h, mas, para a transformação da carcaça, esse tempo dobra. A preparação do esmerilho é de 0, 5 h. Os tempos intermediários são de 1 h entre dois postos de trabalho. Os tempos de processamento do pedido especial em cada máquina estão na **tabela 1**, entre parênteses.

O pedido especial deve ser atendido num dia com dois turnos de trabalho (16 h). Há 3 pedidos (I a III) já alocados às máquinas (**fig. 1**) e também estes devem estar concluídos no final do dia. Pode-se adiantar ou atrasar a fabricação das peças, desde que o prazo não seja afetado.

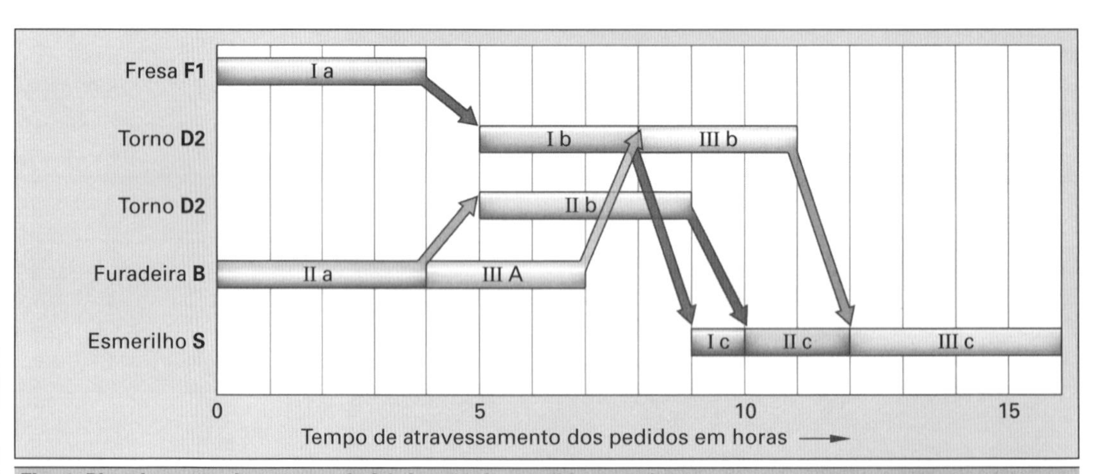

Fig. 1: Planejamento dos prazos de fabricação dos pedidos regulares

Atividades no projeto "produção da árvore com mancal"

8.3 Na condição de empregado da empresa Spin-Lag GmbH, verifique que princípio de fabricação seria o mais adequado para a fabricação das peças do pedido especial. Compare tempos de preparação de máquinas e tempos secundários.

8.4 Determine a sequência ótima de alocação das máquinas com base no número de lotes por ano da **tabela 1**. Elabore uma matriz de fluxo dos materiais e determine o grau de linearidade.

8.5 Planeje a ocupação dos meios de produção para o pedido especial descrito na tarefa de aprofundamento, levando em conta o programa de produção regular (**fig. 1**).

8.6 A direção da empresa cogita usar plantas flexíveis de fabricação para os pedidos da **tabela 1**. Explique as características do centro de transformação, da célula flexível de fabricação, do sistema flexível de fabricação e da linha flexível de fabricação.

8.7 Verifique a possibilidade de automatizar a montagem da árvore com mancal descrita no Capítulo 1. Considere a aplicação de dispositivos de manipulação na montagem flexível.

9 Logística na armazenagem

Por armazenagem entende-se a espera planejada de objetos no fluxo de materiais.

O depósito ou armazém pode ser um ambiente todo ou apenas uma área delimitada para a estocagem de materiais de diferentes tipos. Esses materiais ou bens estão sendo gerenciados e são conhecidos as quantidades deles e, em geral, também seus valores.

Com a armazenagem são realizadas diferentes funções. Os armazéns primários (entrada de materiais) têm a função de garantir o necessário para os processos de produção. As tarefas do armazém de produtos acabados (saída de materiais) são embalar produtos, formar remessas ou unidades de carga e expedir.

A função da armazenagem também pode ser completar ou executar processos de maturação ou secagem, como do vinho e da madeira. Nesses casos, a armazenagem executa funções de modificações de materiais. Com a função de equilibrar oscilações nas remessas, pode-se usar a armazenagem para obter fluxo de materiais mais ou menos constante. De acordo com suas funções, os armazéns ou depósitos podem ser classificados em 3 grupos.

Depósitos de provisão servem para equilibrar oscilações nas necessidades. Quando na entrada, eles abastecem regularmente a produção com materiais; quando na saída, recebem os produtos para a posterior distribuição deles.

Depósitos intermediários ("pulmão", folga, reserva) têm a função de absorver as oscilações das quantidades de materiais entre estações de trabalho na produção. Nesse caso, o tempo de estocagem é pequeno.

Depósitos de expedição ou de distribuição servem para a provisão e, às vezes, também para a modificação da estrutura dos produtos entre a entrada e a saída deles nesses depósitos. No depósito de expedição, os materiais são separados para formar o pedido do cliente e preparados para posterior remessa a ele.

9.1 Escolha dos tipos de armazenagem

Os depósitos se diferenciam quanto ao seu modo de construção. Depósitos com até 7 m de altura são chamados de depósitos com estantes divisórias. Quando a altura deles está entre 7 e 12 m, fala-se em depósito de estante divisória alta. E a partir de 12 m, o depósito é chamado de depósito de estanterias elevadas.

Outra subdivisão na armazenagem está vinculada aos meios utilizados: armazenagem no chão e armazenagem em estanterias.

9.1.1 Armazenagem no chão

É a forma mais simples de armazenar, por não haver necessidade de recursos como prateleiras. Contudo, há necessidade de unidades de carga que possam ser empilhadas, como caixas, contêineres e paletes. Peças maiores não são, em geral, empilhadas.

Na armazenagem em blocos no chão (**fig. 1**) o material é agrupado em blocos e empilhado. Tem-se acesso rápido somente aos blocos superiores e aos que estão nas laterais. Essa forma de armazenar é usada para pequeno número de artigos, disponíveis em quantidades maiores.

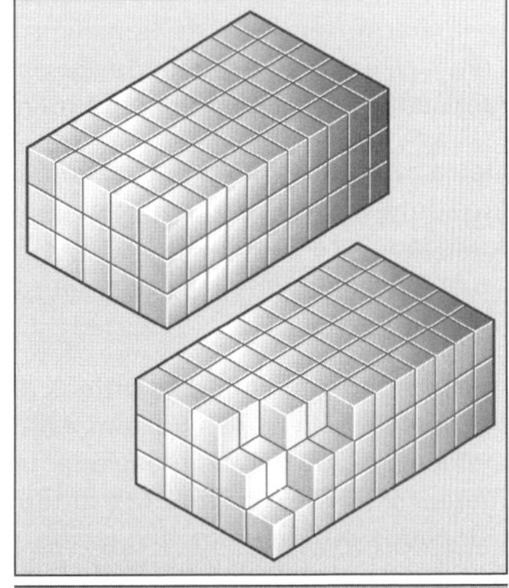

Fig. 1: Armazenagem em blocos

A **figura 1** mostra a armazenagem no chão dos blocos em fileiras com pequenos corredores entre eles, o que facilita o acesso aos diferentes materiais assim armazenados. Essa forma de armazenagem é usada para diferentes artigos em pequenas quantidades.

Fig. 1: Armazenagem em fileiras

9.1.2 Armazenagem em estanteria estática

Para bens que não podem ser estocados em pilhas altas, usa-se armazenagem em estanterias. Nesse tipo de armazenagem, diferencia-se entre estanteria estática e dinâmica. Na estanteria estática, os bens permanecem durante a estocagem no lugar onde foram colocados; a armazenagem em estanteria dinâmica caracteriza-se pela movimentação dos bens estocados durante a armazenagem deles.

Fig. 2: Estanteria *drive-in*

Uma forma de armazenagem em estanteria estática é mostrada na **figura 2**: estruturas porta-paletes com dupla profundidade (*drive-in*). Nessa estocagem as unidades de carga estão em diversas superfícies horizontais sobrepostas. Igualmente, na profundidade há mais unidades estocadas. A colocação e a retirada dos paletes com os artigos ocorrem só de um lado e são feitas com empilhadeira, cujos garfos adentram as prateleiras. A densidade de estocagem é grande, há poucos corredores.

Uma variante dessa estrutura é a estrutura porta-paletes com trânsito interno (*drive-through*), em que a colocação dos paletes é feita de um lado e a retirada deles do outro. É muito usada para a armazenagem de grandes quantidades de pequeno número de itens.

Fig. 3: Estrutura de braços em balanço

Na estrutura de braços em balanço (*cantilever*) (**fig. 3**), os bens em forma de barras, perfis, tubos, sarrafos são colocados lateralmente sobre os braços salientes. É usado para a armazenagem de bens compridos ou volumosos com fácil colocação e retirada. Essas estruturas podem ser fabricadas para estocar em um ou nos dois lados.

Outra alternativa para estocagem de bens compridos é a estanteria em favos, com pequena altura e grande profundidade (até 6 m). Os bens são empurrados para dentro do favo; a estanteria em favos tem grande capacidade de estocagem.

Fig. 4: Estanteria metálica leve

A estocagem de diferentes artigos em pequenos contêineres, gavetas, divisórias ou sem a utilização de meios para a alocação dos bens é mostrada na **figura 4**: estanterias metálicas leves ou armários modulares. Os artigos são estocados em diversos níveis sobrepostos. A colocação dos itens nas prateleiras é feita a partir dos corredores e as prateleiras podem ser numeradas.

Fig. 1: Estrutura porta-paletes

Fig. 2: Construção de armazém com estanteria elevada

A **figura 1** mostra a estrutura porta-paletes e nela os bens só podem ser estocados paletizados. Frequentemente usam-se paletes Europa de madeira com as dimensões 800 x 1.200 mm e os paletes da indústria química com as dimensões 1.000 x 1.200 mm. Nos paletes chatos, podem ser estocados bens com tamanhos maiores; para a estocagem de peças pequenas, têm-se caixas gradeadas ou com paredes em grade, sendo 3 fixas, e a parte superior da frontal pode ser removida. As dimensões das caixas correspondem às dimensões dos paletes Europa ou da indústria química. Se a estrutura porta-paletes tem mais de 12 m de altura, fala-se em armazém com estanteria elevada. A **figura 2** mostra a construção de tal armazém. Nele as prateleiras e as paredes constituem uma unidade construtiva (→**9.3**).

9.1.3 Armazenagem em estanteria dinâmica

Na armazenagem em estanteria dinâmica, o lugar do bem estocado muda durante a permanência dele no armazém. A movimentação da unidade de carga numa estanteria fixa pode ocorrer com acionamento motorizado ou pela força da gravidade. Por outro lado, a mudança de lugar da unidade de carga pode ser feita pela movimentação da prateleira. Neste caso, a posição da unidade de carga em relação à prateleira não muda.

A **figura 3** mostra estrutura porta-paletes para estocagem dinâmica com transporte contínuo dos bens por gravidade. Os paletes como superfície de carga chegam aos locais de estocagem deslizando sobre trilhos. A empilhadeira não entra na prateleira, mas empurra a unidade de carga para dentro da prateleira na parte frontal; a retirada dos bens é feita pela parte traseira. Há também o caso de a colocação dos paletes e a retirada deles serem feitas pelo mesmo lado; fala-se então em prateleira tipo gaveta. Se a movimentação da unidade de carga é controlada por um sistema de freios, tem-se um transporte descontínuo. Como alternativa à força da gravidade, pode-se ter um acionamento motorizado.

Fig. 3: Estrutura porta-paletes para estocagem dinâmica

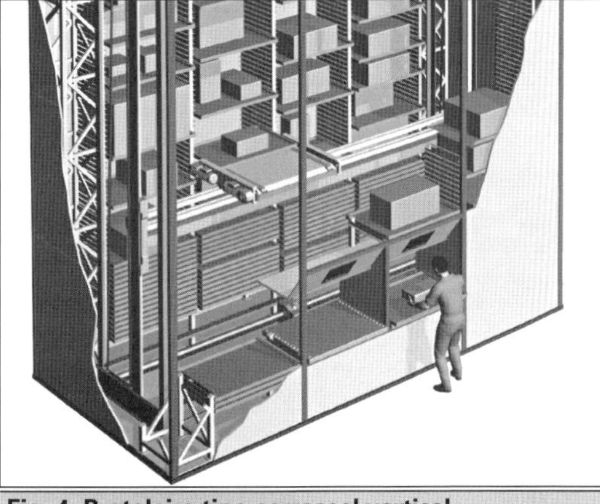

Fig. 4: Prateleira tipo carrossel vertical

Na estanteria em que as unidades de carga são movidas pela movimentação da prateleira toda, têm-se diferentes configurações em carrossel e de estanterias deslizantes. No carrossel vertical mostrado na **figura 4 (p. 151)**, os bens estão em estruturas metálicas leves apoiados em bandejas basculantes conectadas a uma corrente rotativa sem fim. No carrossel horizontal, as superfícies de apoio movimentam-se horizontalmente em círculo. Estanterias em carrossel podem ser acionadas por corrente sem fim e servem para a estocagem de muitos tipos de peças pequenas. A **figura 1** mostra uma estrutura porta-paletes *push-back* (empurrar) com superfícies verticais de estocagem e um só corredor para colocação e retirada dos bens. As estruturas porta-paletes *push-back* com superfícies horizontais de estocagem consistem de mesas encaixadas umas sob as outras; as mesas têm rodas ou acionamentos individuais e servem para a estocagem de bens compridos.

Fig. 1: Estrutura porta-paletes *push-back*

9.1.4 Critérios de seleção

A escolha do tipo de armazém a usar é feita com base em alguns critérios. O primeiro critério está relacionado com o tipo de bens a armazenar, uma vez que nenhum depósito é adequado para todo tipo de bem. Material em barras dificilmente pode ser colocado em depósitos com paletes. Outros critérios são a facilidade de operação e de automação, além do fator de transbordo.

Depois de escolher o tipo de armazenagem, pode-se decidir sobre a utilização da área e do espaço. Como um armazém também precisa de área para outras tarefas, a área total jamais pode ser utilizada para estocagem de bens. Estocagem em blocos precisa de mais espaço que estocagem em fileiras. Nesse último caso, a largura dos corredores depende do espaço que os dispositivos para colocação e retirada dos bens necessitam. Quanto menor esse espaço, mais sobra para as fileiras. A **figura 2** mostra uma comparação da área de estocagem nos principais tipos de armazéns.

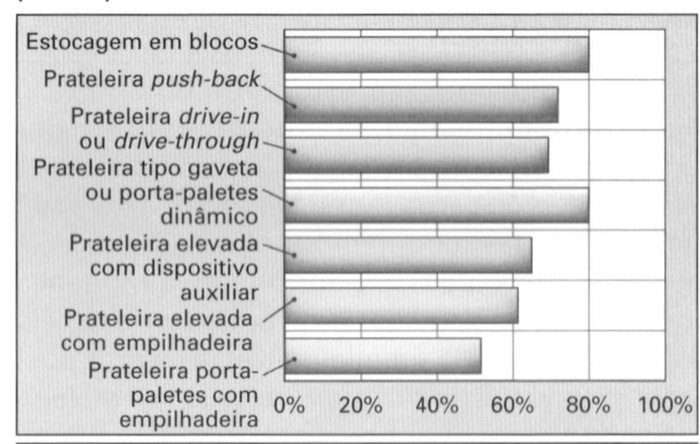

Fig. 2: Utilização da área para armazenagem

Perguntas e tarefas

1 Descreva as tarefas do depósito de provisão.

2 Diferencie entre depósito intermediário "pulmão" e depósito de distribuição.

3 Segundo que critérios diferencia-se entre depósitos?

4 Explique a diferença entre estocagem em blocos e em fileiras.

5 Onde se aplica a estocagem no chão?

6 O que caracteriza uma estocagem estática?

7 Explique a construção e os efeitos de uma prateleira estática *drive-in*.

8 Que tipos de estanteria podem ser usados para a estocagem de bens compridos? Explique.

9 Descreva os meios auxiliares na estrutura porta-paletes.

10 Que tipo de estocagem é adequada para armazenar peças pequenas?

11 O que diferencia estocagem dinâmica de estocagem estática?

12 Que possibilidades de transporte de bens há na estrutura tipo gaveta?

13 Mostre a diferença entre uma estanteria em carrossel vertical e uma com carrossel horizontal.

14 Explique o funcionamento de prateleiras porta-paletes *push-back*.

Atividades no projeto "produção do cilindro pneumático

A direção da empresa Spin-Lag GmbH decidiu armazenar os cilindros pneumáticos de todas as séries num novo depósito. Analise e avalie diferentes possibilidades de armazenar esse produto.

9.1 Depois de verificar a melhor opção, faça uma representação em árvore de toda a armazenagem na empresa.

9.2 Elabore a recomendação de um depósito para estocar os cilindros pneumáticos. Analise as vantagens e desvantagens do tipo de depósito escolhido.

9.2 Organização do armazém

A organização do depósito consiste na gestão, no controle e monitoramento de todos os decursos e estados nele. Ela garante a disponibilidade e o fornecimento dos bens em bases econômicas. As principais grandezas de referência na organização dos depósitos estão na **figura 1**. Diferencia-se entre grandezas estáticas e dinâmicas.

Fig. 1: Grandezas de referência de armazéns

O estado estático do depósito é caracterizado pelos artigos armazenados – sem número e sua distribuição quantitativa – e pelas quantidades em estoque e as que constituem unidade de carga, bem como pelas grandezas referentes às capacidades. As grandezas dinâmicas estão associadas com o transbordo no depósito.

Para verificar a distribuição dos artigos, faz-se uma análise ABC. Com essa análise, os artigos podem ser classificados pelo seu valor. Quantidades e valor dos artigos incluídos numa análise ABC estão numa certa relação (**fig. 2**). Os artigos A têm o maior valor, cerca de 50 a 80% do total; contudo, em termos de quantidades, representam cerca de 15%. Os artigos C estão em maior quantidade, mas seu valor representa de 5 a 15% do total. Como os artigos A são os que mais contribuem nos custos, é importante manter baixo o nível de estoque desses artigos. Com os artigos C verifica-se o contrário.

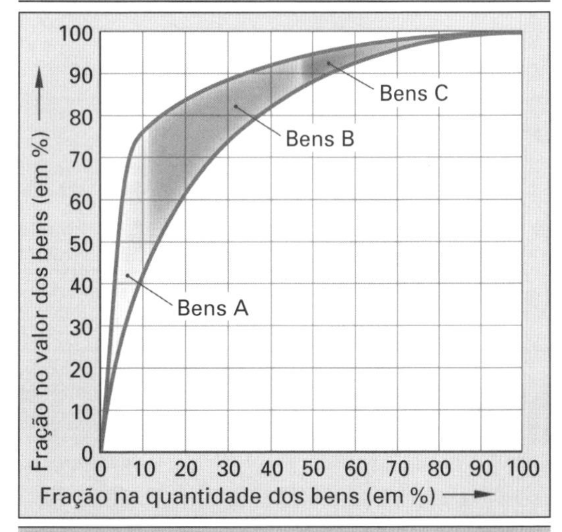

Fig. 2: Análise ABC

9.2.1 Análise ABC no projeto "produção do cilindro pneumático"

Tomando a produção do cilindro pneumático como exemplo, é mostrada a seguir a execução da análise ABC. Ela é feita em 3 passos:

1. Levantamento da demanda e dos custos dos artigos;
2. Seleção dos artigos segundo o custo da demanda anual;

3. Agrupamento dos artigos com valores semelhantes ou próximos.

Os materiais e peças necessários para a produção do cilindro pneumático da série BP264 estão no armazém primário (entrada de materiais) e suas quantidades e seus custos devem ser levantados. Para as peças T3, T4 e T6, esses dados estão na **tabela 1**. Os dados para as demais peças estão na **figura 1** (**p. 17**). Com as grandezas demanda anual e custo, pode-se calcular o valor anual e, com base nisso, os itens são ordenados, sendo 1 o item com o valor anual mais alto.

Nº peça	Nome	Demanda anual (unidades)	Preço por unidade	Valor anual	Posição
T3	Fundo	24.000	8,95 €	214.800 €	2
T4	Tampa	24.000	10,95 €	262.800 €	1
T6	Barra de tração ø8x128	96.000	0,55 €	52.800 €	3
T7	Porca M8-27 comprimento				
T8	Amortecedor ø20x1				
T10	Guia do pistão				
T16	Repelente de sujeira tampa				
T18	Parafuso amortecedor ø6 - 8 comprimento				
R1	Barra perfil de alumínio (8% perda de corte)				
R2	Barra aço redondo (8% perda de corte)				

Tab. 1: Levantamento da demanda anual e posição

A seleção dos artigos tem a finalidade de agrupá-los por valor. Primeiro são colocados na **tabela 1** (**p. 156**) os artigos segundo a posição de ordem e com as demandas anuais. Para agrupar, a tabela é completada como segue:

- Cálculo do percentual do artigo sobre o total;
- Cálculo do valor anual de cada artigo e da soma de todos; cálculo da fração de cada artigo no valor total;
- Cálculo do valor anual cumulativo e das quantidades acumuladas;
- Determinação dos grupos de valor de acordo com a fração acumulada.

Posição	Nº peça	% quantidade	Valor anual		Valor anual acumulado		Fração quantidade acumulada		Grupo
			€/ano	%	%	%/Grupo	%	%/Grupo	
1	T4		262.800						
2	T3		214.800						
3	T6		52.800						
Total:		100,00				100,00		100,00	

Tab. 1: Agrupamento dos artigos

9.2.2 Estratégias na gestão de armazéns

A eficiência de um armazém depende, em grande parte, de como é feita a estocagem e retirada dos bens, bem como da localização do armazém e da alocação dos espaços para os bens.

Os objetivos das estratégias de gestão de armazéns (**fig. 1**) são minimizar os trajetos na movimentação dos bens, ocupar as capacidades de armazenagem e evitar que bens envelheçam ou pereçam no armazém.

Na distribuição de espaços para a armazenagem, diferencia-se entre espaços livres e determinados. Com espaços determinados, todo item obtém um lugar fixo para sua armazenagem. A vantagem disso está na seletividade, quer dizer, encontra-se facilmente o item a ser retirado do estoque. Os itens podem ser depositados e retirados sem apoio de sistema computacional.

A distribuição livre dos espaços do armazém pode ter alguma delimitação ou abranger todo ele, sendo chamada de caótica (**fig. 1**). A vantagem disso é que se pode estocar qualquer item na ordem em que vier a solicitação. Como para todos os espaços de estocagem foi definido um mesmo tamanho, na estocagem caótica há limitação quanto ao tamanho do item. Com isso, tem-se maior taxa de ocupação das capacidades do depósito. Mas esse tipo de armazenagem requer um sistema de controle apoiado por computador para encontrar os itens a retirar (seletividade) quando desejado.

Havendo uma delimitação na distribuição livre dos espaços no armazém, a seletividade na pega do item é maior. Por exemplo, na distribuição transversal as unidades de carga são armazenadas em mais corredores para garantir o acesso e a pega também quando um meio de transporte fixo estiver fora de operação.

Outro exemplo é o zoneamento em que os itens são classificados pela frequência de transbordo. Os de transbordo mais frequente serão colocados mais próximos, nos lugares de melhor acesso. Com isso, pode-se economizar tempo e percursos ao estocar e retirar os itens do armazém.

Com frequência usa-se a estratégia segundo o princípio FIFO (*first in – first out*) para evitar o envelhecimento dos itens no estoque. Com determinados tipos de prateleiras – por exemplo, as do tipo *drive-in* (**fig. 2, p. 150**) só é possível usar a estratégia LIFO (*last in – first out*). Por razões

Fig. 1: Estratégias na gestão de armazéns

Estocagem em lugar fixo
Cada artigo tem seu lugar de estocagem definido.

Estocagem caótica
Estocagem aleatória dos artigos

Distribuição transversal
Estocagem de artigo em diversos corredores

Zoneamento
Estocagem dos artigos de acordo com a frequência de transbordo

FIFO
Retirada dos artigos na sequência de estocagem

LIFO
Retirada dos artigos na ordem inversa à da estocagem

Ajuste das quantidades
Retirada preferencial de unidades incompletas

Otimização dos trajetos
Retirada dos artigos mais próximos

Fig. 2: Estratégias de gestão de armazéns

técnicas, nesse tipo de prateleira o item armazenado por último é o primeiro a ser retirado.

O ajuste das quantidades consiste em disponibilizar o máximo possível de espaço para a armazenagem de bens. Por exemplo, unidades de carga abertas das quais parte já foi retirada são as primeiras a serem retiradas na próxima solicitação para que o espaço fique disponível para unidades inteiras.

Com auxílio de sistema computacional de controle, podem ser determinados os menores trajetos para cada operação. Contudo, se sempre são minimizados os trajetos, pode-se ter itens que envelhecem nos estoques.

Perguntas e tarefas

15 Descreva a diferença entre grandezas de referência de armazéns estáticas e dinâmicas.

16 Qual o critério de agrupamento dos artigos na análise ABC?

17 Explique a classificação dos artigos industriais segundo a análise ABC.

18 Diferencie entre alocação livre e fixa de espaços em armazéns.

19 Explique as vantagens e desvantagens das estratégias de gestão de armazéns.

20 Por que se usa frequentemente o princípio FIFO na armazenagem de artigos?

21 Por que se usa também o princípio LIFO na armazenagem de artigos?

9.3 Projeto de armazém com estanteria elevada

Armazéns com estanteria elevada têm estruturas porta-paletes com diferentes configurações. Eles se caracterizam por ter altura superior a 12 m, e suas prateleiras constituem elementos construtivos de paredes e telhados (**fig. 2, p. 151**). As dimensões dos armazéns com estanteria elevada se orientam nas dimensões dos paletes e outras unidades de carga utilizados. As prateleiras são separadas por corredores e a largura destes depende dos meios de transporte e manipulação utilizados.

9.3.1 Cálculos para dimensionamento de armazém com estanteria elevada

Na **figura 1** há uma fórmula para o cálculo de armazém com estanteria elevada com espaço para 3 unidades de carga lado a lado, por compartimento. Ao lado dos compartimentos estão as estacas verticais em que os fundos dos compartimentos estão fixos.

Grandeza	Unidade	Significado
		Dimensões do compartimento
R_H	mm	Altura do compartimento R_H = altura do palete + 100 mm altura da travessa + 100 mm afastamento de segurança
R_L	mm	Comprimento do compartimento $R_L = 3 \cdot$ comprimento do palete + 100 mm largura da estaca + 300 mm afastamento de segurança
R_T	mm	Profundidade do compartimento R_T = profundidade do palete
		Medidas da prateleira
L	mm	Comprimento total da prateleira $L = R_L \cdot n_n$
H	mm	Altura total da prateleira $H = R_H \cdot n_s$
		Medidas do armazém
A_L	mm	Comprimento total do armazém $A_L = L$ + espaço lateral (5 m)
A_H	mm	Altura do armazém $A_H = H$ + espaço superior (2 m)
A_B	mm	Largura do armazém $A_B = n_{fil} \cdot R_T + n_{corr} \cdot$ largura meio de transporte + afastamento lateral (1 m)

continua

continuação

Grandezas – capacidade			
n_{palete}	–	Número de paletes	$n_{palete} = n_{pf} \cdot n_{fil}$
n_{corr}	–	Número de corredores	
n_{fil}	–	Número de fileiras de prateleiras	**Prateleira elevada:** $\frac{L}{H} = 2 \ldots 4$
n_s	–	Número de compartimentos sobrepostos	
n_n	–	Número de compartimentos lado a lado	
n_{comp}	–	Número de compartimentos por fileira	$n_{comp} = n_s \cdot n_n$
n_{pf}	–	Número de paletes por fileira	$n_{pf} = 3 \cdot n_{comp}$
Uso do meio de transporte			
n_{pro}	Procedimentos/h	Procedimentos de estocagem e retirada por hora	

Fig. 1: Cálculo da ocupação de armazém com estanteria elevada

9.3.2 Dimensionamento do armazém com estanteria elevada

Como exemplo, será mostrado o dimensionamento do armazém de produtos acabados da empresa Spin-Lag GmbH, no caso, dos cilindros pneumáticos de todas as séries. Na condição de empregado da empresa, faça a concepção de um armazém externo com estanteria elevada para a expedição do cilindro pneumático. Na **tabela 1** está o protocolo de uma conversa com o especialista em logística na distribuição.

Perguntas	Respostas do especialista
Quantos cilindros pneumáticos são estocados e retirados diariamente?	Diariamente são estocados 21.000 cilindros pneumáticos das diferentes séries.
Como os cilindros pneumáticos são estocados?	Os cilindros pneumáticos são embalados e acondicionados em paletes Europa.
Que tamanho tem o palete Europa?	O palete Europa tem 800 mm de largura, 1.200 mm de profundidade e 100 de altura. Nele se pode estocar cilindros pneumáticos até uma altura de 1.400 mm.
Que tamanho têm os cilindros pneumáticos das diferentes séries depois de embalados?	As embalagens para todas as séries têm o mesmo tamanho: 400 x 400 x 300 mm.
Que restrições construtivas devem ser levadas em conta na concepção do armazém com estanteria elevada?	A altura máxima de armazém com estanteria elevada é de 30 m. O comprimento das prateleiras deve ser 4 vezes a sua altura. Como ainda não foi comprado o terreno para a construção do armazém, pode-se desconsiderar a limitação de área.
Há dados sobre o tempo normal de estocagem dos cilindros pneumáticos?	Os cilindros pneumáticos permanecem no armazém, em média, por 9 dias úteis.
Que tecnologia de transporte deve ser usada para a manipulação dos cilindros pneumáticos?	Para o armazém com estanteria elevada, estão previstos dispositivos de manipulação e transporte fixos nos corredores, com largura do veículo de 1.500 mm. O número de manipulações de estocagem e retirada é de 30/h.
Qual a jornada de trabalho no armazém a conceber?	A estocagem dos produtos e a retirada deles do armazém serão realizadas num turno de 8 horas.

Tab. 1: Protocolo de conversa com especialista em logística na distribuição

Além disso, tem-se a documentação do dimensionamento já iniciado anteriormente:

Ocupação dos paletes

No primeiro ponto, foi determinada a ocupação dos paletes. Considerando-se o tamanho dos paletes e o tamanho dos produtos embalados, pode-se fazer as pilhas como mostrado na **figura 1**. Pode-se empilhar 24 embalagens num palete Europa.

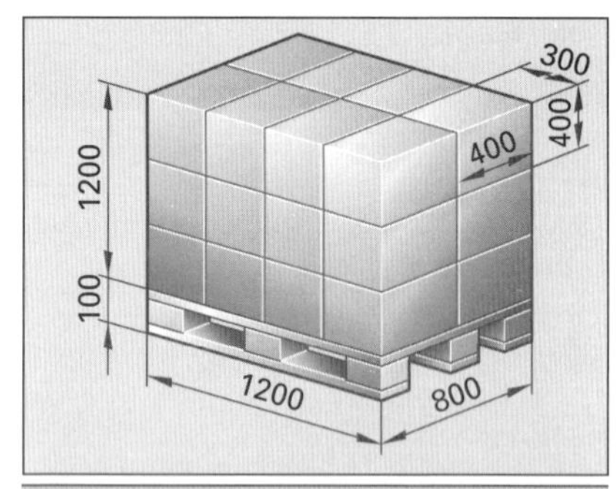

Fig. 1: Unidades de embalagem no palete Europa

Número de paletes por dia

O número de paletes resulta da quantidade total de cilindros a estocar (21.000) e da capacidade dos paletes: 2.100/24 = 875.

Número de paletes no armazém

Como são estocados 875 paletes por dia e os produtos permanecem em média por 9 dia úteis no armazém,

$$n_{palete} = 875 \cdot 9$$
$$n_{palete} = 7.875$$

Número de corredores

O número de corredores depende do número de dispositivos de manipulação necessários. Em 8 horas de trabalho por dia, são feitas a estocagem e a retirada dos produtos. Enquanto a estocagem é feita no percurso de ida do meio de manipulação, a retirada é feita no percurso de volta. Segundo o protocolo, o número de procedimentos de estocagem e retirada é de 30/h. Então, o número de corredores deve ser

$$n_{corr} \geq \frac{\text{Paletes/dia}}{\text{Horas de trabalho/dia} \cdot n_{pro}}$$
$$n_{corr} \geq \frac{875}{8\ \text{h} \cdot 30/\text{h}}$$
$$n_{corr} \geq 3{,}65$$
$$n_{corr} = 4$$

Número de fileiras de prateleiras

Um dispositivo de manipulação pode atender a duas fileiras num corredor. Com isso, o número de fileiras $n_{fil} = 8$.

$$n_{fil} = 2 \cdot n_{corr}$$
$$n_{fil} = 8$$

Número de paletes por fileira

O número de paletes por fileira é o quociente entre o número total de paletes e o número de fileiras.

$$n_{pf} = \frac{n_{palete}}{n_{fil}}$$
$$n_{pf} = \frac{7.875}{8} \quad ; n_{pf} = 985$$

Número de compartimentos por fileira

Como entre duas estacas há espaço para estocar 3 paletes, esse espaço será considerado um compartimento. Então, o número de compartimentos por fileira é

$$n_{comp} = \frac{n_{pf}}{3}$$
$$n_{comp} = \frac{985}{3}$$
$$n_{comp} = 329$$

Número de compartimentos sobrepostos e lado a lado

Uma fileira consiste de uma matriz de compartimentos sobrepostos e lado a lado. O número desses compartimentos depende da relação entre o comprimento e a altura das prateleiras. No protocolo consta que essa relação deve ser 4, quer dizer

$$\frac{L}{H} = 4$$

O comprimento das prateleiras calcula-se a partir do comprimento do compartimento (R_L) e do número deles alocados lado a lado. Igualmente, a altura das prateleiras é calculada a partir da altura do compartimento (R_H) e do número deles sobrepostos.

$$L = R_L \cdot n_n$$
$$H = R_H \cdot n_s$$

Enquanto o comprimento e a altura do compartimento podem ser calculados a partir das medidas dos paletes e das prateleiras (**fig. 1, p. 156-157**), é necessária mais uma equação para determinar o número de compartimentos sobrepostos e lado a lado. O número total de compartimentos é o produto desses dois números:

$$n_{comp} = n_n \cdot n_s$$

Atividades no projeto "produção do cilindro pneumático"

Para continuar a concepção do armazém, na condição de empregado da empresa Spin-Lag GmbH você recebe as tarefas:

9.3 Determine das dimensões de um compartimento do armazém com as equações da **fig. 1, p. 156-157**.

9.4 Determine o número ótimo de compartimentos sobrepostos e lado a lado, levando em conta a relação dada entre o comprimento e a altura das prateleiras.

9.5 Calcule as dimensões das prateleiras.

9.6 Quais as dimensões do armazém de produtos acabados? Use as fórmulas da **fig. 1, p. 156-157**.

9.7 Explique uma medida para aumentar o número dos procedimentos de estocagem e retirada dos meios de manipulação e transporte.

9.8 Desenhe um leiaute do armazém projetado.

9.4 Exercício de aprofundamento: projeto de um armazém de expedição da árvore com mancal

Alternativa para abordagem logística da armazenagem

A direção da empresa Spin-Lag GmbH decidiu verificar a conveniência de construir um armazém para estocagem e expedição da árvore com mancal em área ao lado do pavilhão 2 (**fig. 1, p. 19**). A área tem as medidas 45 x 45 m. O comprimento das prateleiras deve ser 3 vezes a sua altura. No armazém, pretende-se estocar e expedir árvores com mancal de 3 tamanhos e número de unidades por dia diferentes:

- 300 mm x 300 mm, 400 unidades/dia,
- 300 mm x 500 mm, 160 unidades/dia e
- 200 mm x 400 mm, 510 unidades/dia.

As árvores com mancal devem ser estocadas em paletes Europa (800 mm x 1.200 mm x 1.600 mm) sem empilhamento. Para o transporte das unidades de carga, prevê-se 1 ou 2 empilhadeiras com garfos, que fazem 42 procedimentos de estocagem e retirada por hora. A largura dos corredores para uso da empilhadeira deve ser 1,8 m.

O trabalho de estocagem e expedição dos produtos deve ocorrer em turno de 8 horas. O tempo médio de permanência da árvore no armazém é de 6 dias úteis. A expedição dos bens deve ser feita numa área no final dos corredores, com as dimensões 15 m x 45 m.

Atividades no projeto "produção da árvore com mancal"

9.9 Analise sistemas de armazenagem possíveis. Use uma árvore para estruturar as possibilidades.

9.10 Determine a capacidade total do armazém com estrutura porta-paletes.

9.11 Determine o desempenho máximo de estocagem e retirada dos produtos e o número de empilhadeiras necessárias.

9.12 Dimensione o armazém com estrutura porta-paletes. Considere a relação entre comprimento e altura das prateleiras e o espaço disponível para a armazenagem.

9.13 Desenhe um leiaute do armazém com estrutura porta-paletes com prateleiras e meios de transporte.

10 Logística no fluxo de materiais

Por transportar entende-se levar (mover) objetos ou pessoas de um lugar a outro num sistema.

A movimentação pode ser em qualquer direção e sentido por uma distância limitada, com auxílio de meios técnicos. Esses meios de transporte, também conhecidos como transportadores, transportam quantidades de materiais por unidade de tempo em estações ou áreas predefinidas.

Mesmo que a função principal dos meios de transporte seja transportar, eles executam outras tarefas como distribuir, coletar, estocar, estocar "pulmão" e expedir. De acordo com o tipo de movimentação dos bens, o fluxo de materiais pode ser subdividido em 3 grupos:

- **Fluxo de materiais em unidades com transportador contínuo**
  São transportados em fluxo contínuo, numa esteira, bens como peças embaladas ou não embaladas, grupos construtivos, produtos.
- **Fluxo de materiais a granel com transportador contínuo**
  São transportados em fluxo contínuo, numa esteira, bens a granel, como granulados de plásticos, areia, cimento, etc.
- **Fluxo de materiais em unidades ou a granel com transportador descontínuo ou intermitente**
  São transportados bens em unidades ou a granel, em fluxo descontínuo, com ou sem auxílio de meios técnicos como uma empilhadeira de garfos.

O fluxo de bens transportados é dado em quantidade por unidade de tempo. Para bens unitários, usam-se peças por unidade de tempo e para bens a granel, m^3/s ou kg/s.

10.1 Escolha dos meios de transporte

Da descrição das diferenças nos fluxos de materiais no que diz respeito à movimentação deles resulta a subdivisão dos meios de transporte em contínuos e intermitentes. Nos dois grupos diferencia-se ainda entre meios de transporte com deslocamento no nível do piso, com deslocamento aéreo (em plano bem acima do nível do piso) e meios montados sobre pontaletes ou colunas.

Enquanto os meios de transporte com deslocamento no nível do piso se movem sobre as vias de transporte, os com deslocamento num nível mais alto estão numa superfície de transporte bem acima do chão da fábrica. Esses últimos estão presos ao teto ou às paredes, ou estão apoiados sobre pontaletes. Quando montados sobre pontaletes, estão a uma altura definida sobre o piso. Por causa dos pontaletes, constituem estorvo na aplicação de outros meios de transporte; também os meios de transporte com deslocamento no nível do piso ou acima dele tornam difícil a sua combinação com outros meios de transporte.

A **figura 1 (p. 162)** dá uma visão geral dos meios de transporte. Transportadores contínuos têm quase sempre instalações fixas no lugar, por exemplo, trilhos e pontaletes, e constituem estorvo para a atuação de outros meios de transporte. Exceção são os transportadores de corrente com arraste instalados sob o piso e deslocando os bens em nível do piso e transportadores tipo carrossel de arraste com deslocamento em plano acima do piso. Transportadores intermitentes trabalham com número de procedimentos de estocagem e separação por unidade de tempo definidos. O transportador intermitente fica parado durante o seu carregamento e descarregamento. Ao contrário dos transportadores contínuos, os intermitentes têm, em geral, acionamento individual para os elementos de suporte de carga.

Meios de transporte

Transportadores intermitentes

Apoiados em pontaletes

Meio de transporte:	Características:	
Elevador	Fixo no lugar	Acionamento individual
Canal ou veículo distribuidor	Possível deslocamento dirigido	

Nível acima do piso

Meio de transporte:	Características:		
Transportador tubular, por troles	Possível deslocamento dirigido	Operação manual	Força muscular
Ponte rolante, ponte suspensa, ponte rolante empilhadeira, grua, pórtico rolante			Acionamento individual
Transportador aéreo eletrificado, sistema de transporte de pequenos contenedores		Automatizado	

Nível do piso

Meio de transporte:	Características:		
Equipamento de movimentação em prateleiras	Possível deslocamento dirigido		Acionamento individual
Arrastador, carrinho, empilhadeira, empilhadeira com garfos, etc.	Deslocamento livre		
Transportador automático		Automatizado	
Equipamento de movimentação em prateleiras, carro realocador, transportador automático	Possível deslocamento dirigido		

Transportadores contínuos

Nível do piso

Meio de transporte:	Características:
Transportador de corrente com arraste	Acionamento com meio de tração

Apoiados em pontaletes

Meio de transporte:	Características
Transportadores com rolos, transportador vibratório	Acionamento sem meio de tração

Apoiados em pontaletes

Meio de transporte:	Características:
Transportadores com rolos, transportador vibratório	Acionamento sem meio de tração
Transportador hidráulico ou pneumático	Acionamento hidráulico ou pneumático
Transportadores com elementos rolantes, escorregador, duto de queda	Acionamento por gravidade
Transportador de corrente, esteira, esteira sortidora, mesa móvel, elevador contínuo, elevador de caçamba, etc.	Acionamento com meio de tração

Fig. 1: Classificação dos meios de transporte

10.1.1 Transportadores intermitentes

Transportadores intermitentes ou descontínuos são meios de transporte que causam um fluxo de bens com interrupções. A maioria dos transportadores descontínuos tem mecanismo de elevação e, com isso, transporta em mais níveis. Sua diferenciação se dá no modo de operação e na dirigibilidade deles. O modo de operação pode ser manual ou automatizado. O deslocamento pode ser livre ou dirigido, por exemplo, por trilhos ou circuitos condutores. O elevador é fixo no plano horizontal e só pode ser deslocado na vertical. Em contraposição, a empilhadeira transporta na horizontal e na vertical e, quando para estanteria elevada, pode operar em diversos andares (**fig. 1, p. 163**).

A **figura 2** mostra uma seleção de carrinhos e empilhadeiras em diferentes configurações. Trata-se dos meios de transporte mais utilizados. Como veículos que se deslocam no nível do piso, eles têm construção simples, trabalham com rapidez, são fáceis de operar e podem ser de baixo custo. O acionamento pode ser com motor elétrico ou a Diesel. Os carrinhos e empilhadeiras têm garras na frente ou na lateral, frequentemente em forma de garfos, e podem realizar movimentos de elevação e, conforme configuração, também de empurrar.

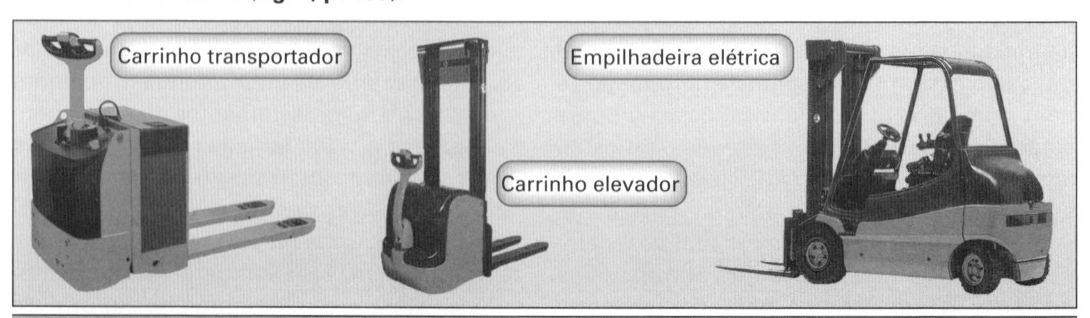

Fig. 2: Configuração de diferentes carrinhos e empilhadeira

A configuração mais simples é do carrinho transportador. Nele os garfos são empurrados debaixo da carga e levantados um pouco para o transporte. O operador corre atrás do veículo. Com o carrinho elevador, cargas podem ainda ser separadas e depositadas em diferentes alturas. Na empilhadeira elétrica o operador está no veículo (**fig. 2, p. 162**). Na **figura 1** são apresentadas outras configurações de empilhadeiras para diversas aplicações.

A empilhadeira para estanteria elevada tem um mastro telescópico e alcança altura de operação de 12 m. Enquanto a empilhadeira selecionadora de pedidos e o equipamento de manipulação em prateleiras, esse último com deslocamento livre, são usados em armazéns com paletes para a expedição, empilhadeiras de contêineres e empilhadeiras laterais são usadas no transporte de cargas em contêineres.

Fig. 1: Diferentes empilhadeiras

Para altura de operação maior que 12 m, são necessários equipamentos de manipulação em prateleiras com deslocamento dirigido (**fig. 2**). Eles podem ser deslocados sobre o piso e guiados por trilhos no piso e no teto. Em armazém com estanteria elevada, constituem uma unidade com o prédio. Equipamentos de manipulação em prateleiras são limitados a um corredor, exceto se puderem fazer curvas, ou quando se usam realocadores para tal fim. Os realocadores servem para transportar os equipamentos de manipulação. Não faz sentido usar esse tipo de meio de transporte na zona anterior à da estocagem no armazém ou em áreas de produção. Para isso, pode-se usar transportadores automáticos no nível do piso.

Fig. 2: Meios de transporte para estanteria elevada com deslocamento dirigido

O transportador automático em corredores pode ter deslocamento sobre guias ou deslocamento livre. Esse veículo é chamado sistema de transporte sem operador (**fig. 3**). É frequentemente conduzido e controlado por um computador e a condução ocorre por meio de linhas-guias magnéticas colocadas no piso. Veículos com deslocamento livre trabalham, em geral, com sistema de tratamento de imagens e percursos programados. Uma diferenciação entre os transportadores automáticos em corredores pode ser feita segundo a forma como eles são carregados. Enquanto o transportador automatizado com garfos pode tomar sozinho os paletes, o carrinho mostrado na **figura 3** precisa ser carregado com ajuda de outro meio de manipulação.

Fig. 3: Sistema de transporte sem operador

Transportadores que se movimentam acima do nível do piso estão, em geral, fixos a trilhos ou podem movimentar-se (girar) sobre um apoio. A **figura 1** mostra a configuração de transportador com troles, tubular e elétrico suspenso. O transportador com troles e o tubular consistem de uma rede de perfis I ou tubulares sob o teto. Enquanto no transportador com troles os elementos de sustentação da carga precisam de rolos externos, no transportador tubular há elementos deslizantes no tubo, e estes sustentam a carga. Os elementos de sustentação da carga são deslocados manualmente ou por transportador contínuo circular, por exemplo. O veículo pendurado em trilhos, o transportador elétrico suspenso, tem acionamento próprio. Esse transportador pode ter diferentes configurações e graus de automação. É um meio de transporte universal com uso em muitas áreas da fábrica.

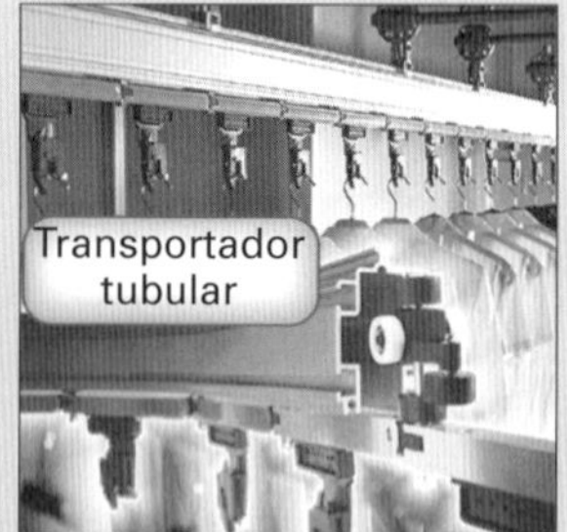

Fig. 1: Exemplos de meios de transporte fixos a trilhos

Entre os meios de transporte acima do nível do piso estão também os guindastes, as pontes rolantes, as gruas e os pórticos (**fig. 2**). Esses meios são utilizados para o transporte horizontal e vertical de bens. De acordo com os mecanismos para carregamento, pode-se transportar bens em unidades ou a granel.

Frequentemente encontram-se pontes rolantes na produção e nos armazéns. Elas percorrem todas as vias sobre toda a área da produção ou do armazém. Com pontes rolantes não se pode fazer transporte de cargas de um pavilhão a outro. A ponte rolante empilhadeira é uma combinação da ponte rolante com empilhadeira. Ela tem uma coluna para empilhamento que é giratória e movimentável como um telescópio. Pontes rolantes empilhadeiras são automatizáveis; as cargas não estão suspensas como na ponte rolante. O pórtico rolante tem construção parecida com pontes rolantes; seus apoios, contudo, estão no solo, guiados em trilhos. Ele é muito usado em pátios, ao ar livre.

Há gruas em diferentes configurações e são, em geral, fixas no local. O lança da grua giratória está numa coluna ou numa torre. O raio do lança pode ser modificado por deslocamento ou movimento oscilante.

Fig. 2: Exemplos de guindastes e assemelhados

10.1.2 Transportadores contínuos

Transportadores contínuos são meios de transporte que geram um fluxo ininterrupto. Quase sempre são mecanizados ou automatizados e instalados fixos num lugar. O transporte dos bens ocorre no sistema do transportador contínuo. Por serem, em geral, apoiados em colunas ou pontaletes, constituem, muitas vezes, estorvo para outras atividades. Um autocarregamento ou autodescarregamento do transportador ocorre poucas vezes, quer dizer, há necessidade de outros meios para o transbordo.

A **figura 1** mostra transportadores contínuos apoiados em colunas ou pontaletes, com que se faz movimentação horizontal em linha reta. Uma diferenciação desses tipos de transportadores é feita segundo o seu acionamento.

Acionamento pela força da gravidade pode-se ter, por exemplo, nos transportadores de rolos. A velocidade de deslocamento dos bens depende da inclinação do leito. Outra forma de controlar a velocidade é a introdução de rolos com a função de frear. Os bens a serem transportados devem ter, no mínimo, uma superfície plana de apoio ou devem estar em paletes. O transporte só é realizado numa direção.

Com o transportador de esferas, os bens podem ser movimentados em qualquer direção, uma vez que o seu acionamento é manual; o leito pode ser horizontal ou um pouco inclinado.

Acionamento elétrico é adequado para o transportador de rolos, o transportador de corrente, e a esteira rolante. No transportador de rolos estes são movimentados por correntes ou correias; pode-se acionar cada rolo ou apenas cada terceiro ou quarto. Transportadores de corrente e esteiras rolantes têm correntes ou correias como meio de tração, que assumem a função adicional de sustentação da carga, uma vez que os bens estão sobre elas. As correntes e correias circundam, no mínimo, dois rolos, dos quais um tem mecanismo de acionamento e o outro, dispositivo para aplicar tensão. Nos transportadores de corrente, são usados paletes para colocar os bens; na esteira rolante, estes podem ser colocados diretamente.

No transportador pneumático, há necessidade de um meio auxiliar para o transporte dos bens, no caso, ar comprimido. A **figura 1** mostra um transportador pneumático aberto. O leito do transportador é um pouco inclinado para uso da força da gravidade. O ar comprimido serve para erguer um pouco os bens, reduzindo o atrito deles com o leito; os bens deslizam sobre um colchão de ar. Em transportadores horizontais, a saída do ar deve ser convenientemente dirigida.

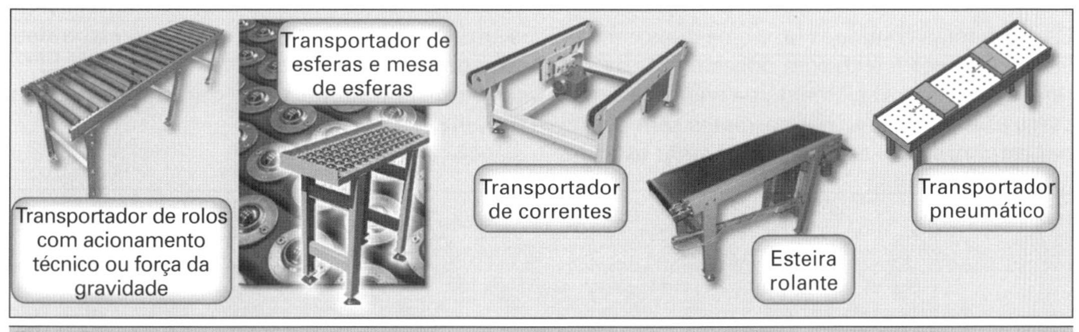

Fig. 1: Transportadores contínuos com movimentos horizontais em linha reta

Havendo necessidade de um transportador contínuo deslocar bens na horizontal em curvas, pode-se usar a esteira rolante em partes ou o transportador tipo carrossel (**fig. 1, p. 166**). A esteira rolante em partes consiste de placas parcialmente sobrepostas e as correntes puxam as placas individualmente. Como, neste caso, a capacidade de carga da esteira é menor do que a da esteira rolante em peça única, são necessários rolos adicionais. Para o transporte de bens a granel, as placas podem ser substituídas por contenedores adequados.

No transportador tipo carrossel, as placas acionadas com auxílio de correntes não são sobrepostas nem acopladas diretamente. Elas têm rolos próprios que rolam sobre uma superfície plana. Com uma inclinação, os bens podem escorregar lateralmente para baixo, pela gravidade.

Na procura de outros transportadores contínuos que podem ser adaptados às curvas, encontram-se os da **figura 1**. Como transportador contínuo no nível do piso, tem-se um transportador de corrente com arraste. Em trilhos rebaixados no piso, corre continuamente uma corrente com engates para arrastar os carros a serem transportados. Havendo necessidade de derivação da rota, uma nova corrente alocada ao lado assume a tarefa da transportar o carro.

Nos transportadores contínuos aéreos, os bens são carregados por ganchos que rolam sobre trilhos e são puxados por corrente. No transportador aéreo circular com arraste, os ganchos estão em trilhos paralelos ao dos rolos de tração.

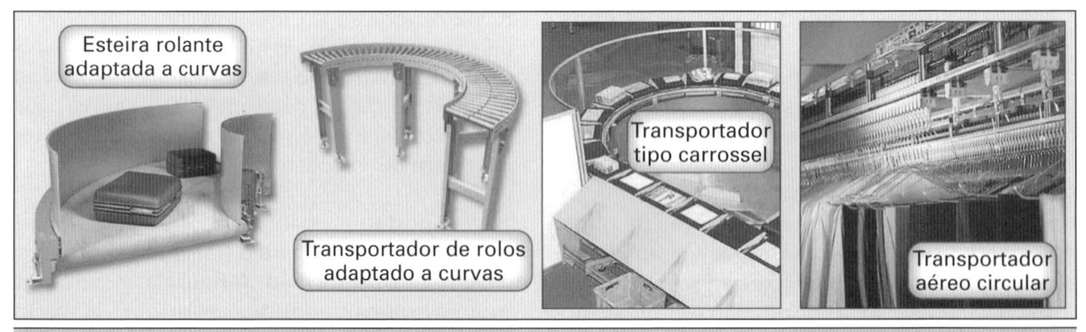

Fig. 1: Transportadores contínuos adaptados a curvas

Na **figura 2** há exemplos de meios de transporte em que os bens transportados são deslocados num plano inclinado ou na vertical. O escorregador e o duto de queda são os transportadores contínuos mais simples em que, por gravidade, os bens deslizam para um nível mais baixo.

Os elevadores contínuos fazem os bens circular. O acionamento é feito com dois cordões de correntes paralelas. O elemento de sustentação da carga está pendurado nas correntes sem oscilar por estar preso às correntes e sempre estar na posição horizontal.

O transportador vibratório trabalha segundo o mesmo princípio. Mas o elemento de sustentação da carga está pendurado nas correntes e oscila. Além do movimento de sobe e desce para o transporte de bens, esse transportador também é adequado para deslocamentos horizontais. Caso o elemento de sustentação seja uma grelha aberta, o carregamento e descarregamento do transportador pode ser feito com transportadores de rolos, orientados para a grelha.

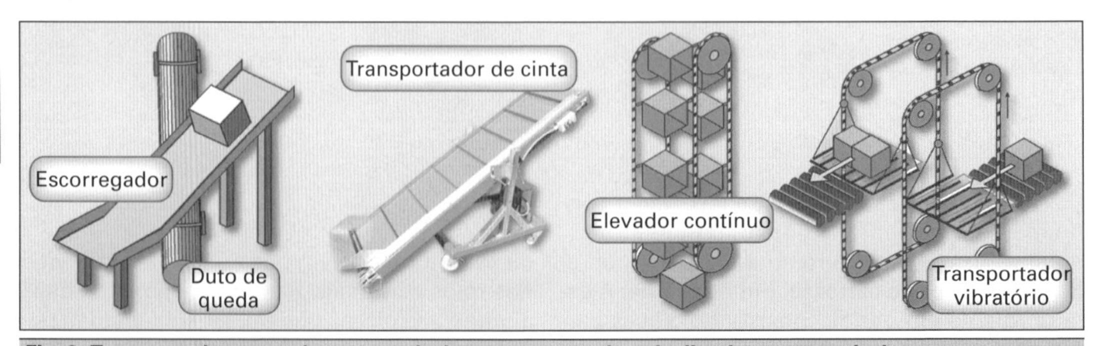

Fig. 2: Transportadores contínuos com deslocamento em plano inclinado ou na vertical

10.1.3 Critérios de seleção

Para a escolha dos meios de transporte, devem ser consideradas muitas grandezas numa análise sistêmica. Uma grandeza de entrada necessária é a frequência de transporte, e para descrevê-la pode-se elaborar uma matriz do fluxo de materiais (→**8.3.2**). Nessa matriz são colocados todos os pontos de parada com o número de procedimentos de transporte.

Outra grandeza de entrada importante é a topologia dos percursos ou caminhos. É importante conhecer as diferenças de altura a vencer no transporte. Também é necessário conhecer as interfaces, como serão o carregamento e o descarregamento. Além disso, há restrições decorrentes da construção do prédio, por exemplo, se o teto tem estrutura para suportar um transportador nele instalado.

Com relação à unidade de carga, é preciso considerar sua forma, seu tamanho, seu peso e também com que desempenho ela terá de ser transportada.

Depois de considerar essas grandezas de entrada numa pré-seleção dos meios de transporte, os até aqui adequados podem ser analisados segundo diversos critérios. Um item importante é o grau de automação que se pretende ter no transporte. Com isso, o número de alternativas cai e já fica definida a necessidade de pessoas para essa atividade e também a ordem de grandeza dos custos de instalação.

Na utilização de diferentes meios de transporte, é preciso analisar a possibilidade de integração deles, por exemplo, até que ponto se pode integrar um transportador com baixo grau de automação num fluxo de materiais automatizado. Com as instalações flexíveis de fabricação (→8.1), o meio de transporte pode vir a ser confrontado com novos requisitos, por isso é importante levar em conta a flexibilidade dos meios de transporte quanto a mudanças no desempenho da atividade e na unidade de carga. Igualmente, é necessário verificar as possibilidades de uso do meio de transporte com alteração do leiaute da fábrica.

Dependendo da situação, há mais pontos a considerar na escolha de um meio de transporte: estorvos existentes, direção e sentido do transporte, alturas a vencer e que derivações já devem ser planejadas.

Convém considerar ainda na escolha de meios de transporte: possibilidade de congestionamentos e "pulmões", dispêndios com condução e controle, possibilidades de ampliação, dispêndios com manutenção e operação em situação de emergência.

Perguntas e tarefas

1 Segundo que critérios pode-se classificar os meios de transporte?

2 Descreva a diferença entre um transportador contínuo e um descontínuo.

3 Diferencie entre transportador no nível do piso, em nível acima do piso e sobre pontaletes.

4 No que se diferenciam as empilhadeiras?

5 Como se pode usar em mais corredores um equipamento de manipulação em prateleiras que só se desloca em linha reta?

6 Como se dá a condução de transportadores automáticos em nível do piso?

7 O que diferencia um transportador elétrico suspenso de um transportador tubular ou de um de troles?

8 Descreva o uso da ponte rolante, da ponte rolante empilhadeira e do pórtico rolante.

9 Que tipo de acionamento é utilizado nos transportadores contínuos?

10 Com que medida pode-se adaptar um transportador contínuo para deslocamento em curvas?

11 Descreva diferentes transportadores contínuos com direção de deslocamento inclinado ou vertical.

12 Enumere grandezas de entrada necessárias para a seleção de meios de transporte e descreva critérios de seleção.

10.2 Projeto dos meios de transporte

A empresa Spin-Lag GmbH decidiu, depois de comparar diferentes alternativas de leiaute para o pavilhão 1, instalar um transportador elétrico suspenso mostrado na **figura 1**. Para a produção dos cilindros pneumáticos, a direção da empresa Spin-Lag GmbH decidiu, ao contrário do que tinha sido planejado antes (**fig. 2., p. 19**), usar um armazém central de recebimento de materiais, localizado como mostra a **figura 1**. A montagem dos cilindros pneumáticos será feita numa área delimitada da fabricação, antes do armazém de expedição.

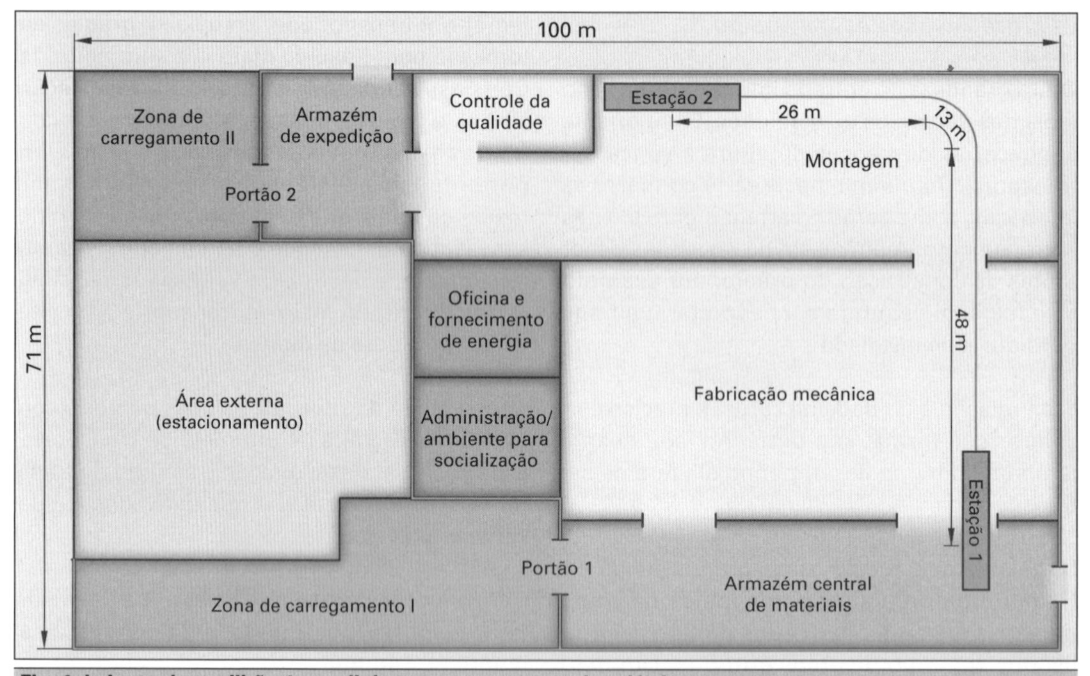

Fig. 1: Leiaute do pavilhão 1 com linha para o transportador elétrico suspenso

As peças compradas para a montagem do cilindro pneumático devem ser transportadas pelo transportador elétrico suspenso do armazém até a área de montagem. O sistema consistirá de 3 veículos de transporte transitando em monovia. As peças serão transportadas em paletes.

É preciso conhecer o desempenho de um veículo, quer dizer, quanto transporta por vez, além do número de procedimentos de transporte por unidade de tempo. O número de paletes a transportar é 650 por dia. Para isso foi feita uma consulta na empresa Etrans GmbH e os dados obtidos são os seguintes:

- A velocidade máxima do veículo na reta é de 25 m/min, em curvas pode-se obter 15 m/min. Sem carga, o veículo não precisa ser freado na curva.
- A aceleração e a desaceleração do transportador elétrico suspenso são de 0,2 m/s².
- O carregamento t_A demora 1 min e o descarregamento t_E leva 1,5 min. O tempo para descarregar o palete vazio na estação 1 é de 0, 5 min.
- O tempo adicional para eventos imprevisíveis é de 8% sobre o tempo básico.
- Cada veículo pode transportar somente um palete por vez.

10.2.1 Cálculos no projeto de meios de transporte

A primeira coisa a fazer é determinar os tempos de percurso. As fórmulas necessárias estão na **figura 1**. Com mais veículos, é preciso decidir entre um transportador monovia ou com duas vias. Com via única, a volta de um veículo só pode ocorrer quando os demais estiverem numa estação final ou em área de estacionamento, por exemplo, numa estação intermediária. Com duas vias, a volta pode se dar imediatamente após a descarga.

Com mais veículos, é preciso determinar o tempo entre a partida de um veículo e o seguinte. Se houver mais destinos (estações) da carga, um veículo só pode entrar na estação depois de o anterior ter saído dela. O intervalo entre os tempos de partida é determinado a partir da maior demora numa estação.

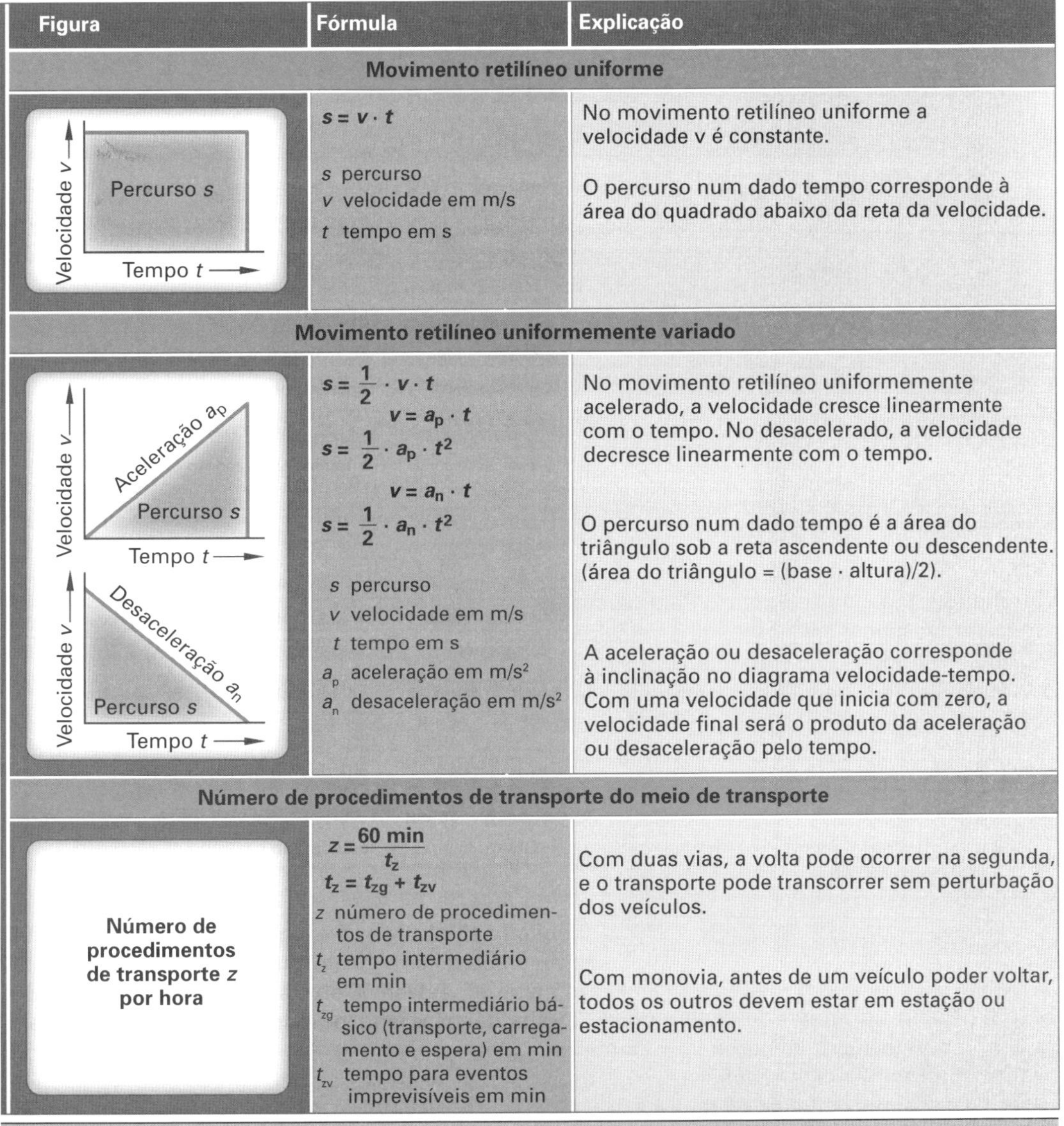

Figura	Fórmula	Explicação
Movimento retilíneo uniforme		
Velocidade v → ; Percurso s ; Tempo t →	$s = v \cdot t$ s percurso v velocidade em m/s t tempo em s	No movimento retilíneo uniforme a velocidade v é constante. O percurso num dado tempo corresponde à área do quadrado abaixo da reta da velocidade.
Movimento retilíneo uniformemente variado		
Velocidade v → ; Aceleração a_p ; Percurso s ; Tempo t → Velocidade v → ; Desaceleração a_n ; Percurso s ; Tempo t →	$s = \frac{1}{2} \cdot v \cdot t$ $v = a_p \cdot t$ $s = \frac{1}{2} \cdot a_p \cdot t^2$ $v = a_n \cdot t$ $s = \frac{1}{2} \cdot a_n \cdot t^2$ s percurso v velocidade em m/s t tempo em s a_p aceleração em m/s² a_n desaceleração em m/s²	No movimento retilíneo uniformemente acelerado, a velocidade cresce linearmente com o tempo. No desacelerado, a velocidade decresce linearmente com o tempo. O percurso num dado tempo é a área do triângulo sob a reta ascendente ou descendente. (área do triângulo = (base · altura)/2). A aceleração ou desaceleração corresponde à inclinação no diagrama velocidade-tempo. Com uma velocidade que inicia com zero, a velocidade final será o produto da aceleração ou desaceleração pelo tempo.
Número de procedimentos de transporte do meio de transporte		
Número de procedimentos de transporte z por hora	$z = \frac{60\ \text{min}}{t_z}$ $t_z = t_{zg} + t_{zv}$ z número de procedimentos de transporte t_z tempo intermediário em min t_{zg} tempo intermediário básico (transporte, carregamento e espera) em min t_{zv} tempo para eventos imprevisíveis em min	Com duas vias, a volta pode ocorrer na segunda, e o transporte pode transcorrer sem perturbação dos veículos. Com monovia, antes de um veículo poder voltar, todos os outros devem estar em estação ou estacionamento.

Fig. 1: Fórmulas para cálculos no projeto de meios de transporte

10.2.2 Determinação do número de procedimentos de transporte

Para a determinação do número de procedimentos de transporte do transportador elétrico suspenso, é preciso calcular primeiro o tempo intermediário básico t_{zg}. Ele é a soma do tempo de transporte com o tempo para carregamento e descarregamento e tempos de espera, se for o caso. Para determinar o tempo de transporte, usa-se o diagrama velocidade-tempo que, no caso, se compõe de movimentos retilíneos constantes, de movimentos acelerados e desacelerados. A **figura 1** mostra o decurso da velocidade de um veículo no trajeto de ida e de volta.

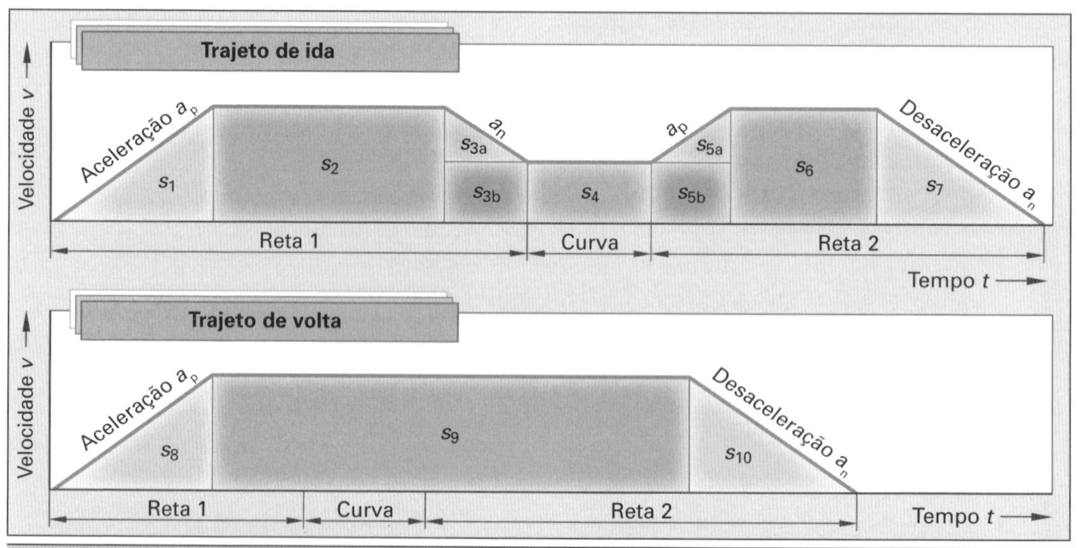

Fig. 1: Diagrama velocidade-tempo dos percursos do transportador suspenso

Cálculo do tempo de ida T_{ida}

O tempo de ida compõe-se dos tempos para percorrer a reta 1, a curva e a reta 2. Para percorrer a reta 1, o veículo é acelerado até a velocidade máxima no tempo t_1 no trajeto s_1. Em seguida, o veículo segue o percurso s_2 com velocidade constante no tempo t_2, sendo depois desacelerado até a velocidade de curva no tempo t_3, no percurso s_3.

$$T_{ida} = T_{G1} + T_K + T_{G2}$$
$$T_{G1} = t_1 + t_2 + t_3$$
$$s_{G1} = s_1 + s_2 + s_3$$

Para o cálculo do tempo de aceleração t_1, para atingir a velocidade máxima v_G = 25 m/min (= 0,42 m/s) com a aceleração a_p = 0,2 m/s² usam-se as fórmulas dadas na **figura 1, p. 169**.

$$t_1 = \frac{v_G}{a_p} = \frac{0{,}42 \text{ m/s}}{0{,}2 \text{ m/s}^2} = \mathbf{2{,}1\ s}$$

Percurso s_1 para a aceleração resulta de velocidade máxima v_G = 0,42 m/s e do tempo de aceleração t_1 calculado acima.

$$s_1 = 1/2 \cdot v_G \cdot t_1$$
$$s_1 = 1/2 \cdot 0{,}42 \text{ m/s} \cdot 2{,}1 \text{ s}$$
$$\mathbf{s_1 = 0{,}441\ m}$$

O tempo de desaceleração pode ser calculado a partir da redução da velocidade na reta v_G = 0,42 m/s até a velocidade na curva v_K = 0,25 m/s, com a desaceleração a_n = 0,2 m/s².

$$t_3 = \frac{v_G - v_K}{a_n} = \frac{0{,}42 \text{ m/s} - 0{,}25 \text{ m/s}}{0{,}2 \text{ m/s}^2}$$
$$\mathbf{t_3 = 0{,}85\ s}$$

O percurso de desaceleração s_3 corresponde à área abaixo da reta da desaceleração no diagrama velocidade – tempo. Trata-se de duas áreas, ou dois trechos: $s_{3a} + s_{3b}$.

Enquanto o percurso s_{3a} de 0,072 m é o de desaceleração antes da curva, o percurso s_{3b} de 0,213 m corresponde à parte do movimento retilíneo na velocidade na curva.

$$s_3 = s_{3a} + s_{3b}$$
$$s_{3a} = 1/2 \cdot (v_G - v_K) \cdot t_3$$
$$s_{3a} = 1/2 \cdot (0,42 - 0,25)\ \text{m/s} \cdot 0,85\ \text{s}$$
$$s_{3a} = 0,072\ \text{m}$$
$$s_{3b} = (v_K \cdot t_3) = 0,25\ \text{m/s} \cdot 0,85\ \text{s}$$
$$s_{3b} = 0,213\ \text{m}$$
$$s_3 = s_{3a} + s_{3b} = 0,072\ \text{m} + 0,213\ \text{m}$$
$$\mathbf{s_3 = 0,285\ m}$$

O tempo e o percurso do transportador com velocidade constante máxima na reta 1 só podem ser calculados pelas grandezas já determinadas.

O percurso s_2 é a diferença entre o trajeto todo (48 m) e os percursos de aceleração e desaceleração já calculados.

$$s_2 = s_{G1} - s_1 - s_3 = 48\ \text{m} - 0,44\ \text{m} - 0,285\ \text{m}$$
$$\mathbf{s_2 = 47,275\ m}$$

O tempo t_2 é o quociente entre o percurso e a velocidade.

$$t_2 = \frac{s_2}{v_G} = \frac{47,275\ \text{m}}{0,42\ \text{m/s}} = \mathbf{112,56\ s}$$

O tempo total é a soma dos tempos parciais.

$$T_{G1} = t_1 + t_2 + t_3 = 2,1\ \text{s} + 112,56\ \text{s} + 0,85\ \text{s}$$
$$\mathbf{T_{G1} = 115,51\ s = 1,93\ min}$$

Atividades no projeto "produção do cilindro pneumático"

10.1 Calcule o tempo t_4 (**fig. 1, p. 170**) para fazer a curva. O percurso pode ser obtido do leiaute do pavilhão 1 (**fig. 1, p. 168**).

10.2 Calcule o tempo de percurso do transportador na reta 2.

10.3 Calcule o tempo total de ida T_{hin} do meio de transporte.

Cálculo dos tempos de volta T_{vol}

No percurso de volta não há carga no transportador. Segundo visto em **10.2**, na volta o veículo não precisa ser desacelerado para fazer a curva. Então, para o cálculo do tempo de volta há 3 parcelas a considerar: o tempo para a aceleração, o tempo para o movimento constante e o tempo para a desaceleração. E o tempo total da volta será a soma deles. Os 3 percursos correspondentes podem ser calculados como os de ida.

$$T_{vol} = t_8 + t_9 + t_{10}$$
$$s_{vol} = s_8 + s_9 + s_{10}$$
$$s_{vol} = s_{G1} + s_K + s_{G2}$$

Cálculo do número de procedimentos de transporte z

Para a determinação do número de procedimentos de transporte por unidade de tempo, é preciso conhecer o tempo intermediário t_z. Ele se constitui de um tempo intermediário básico t_{zg} e um tempo para eventuais ocorrências imprevisíveis t_{zv}. O tempo intermediário básico t_{zg} contém o tempo de percurso de ida e volta e os tempos para carregar t_A e descarregar t_E, além de tempo de espera t_W. Um tempo de espera ocorre quando a estação de destino ainda está ocupada com outro veículo.

$$z = \frac{60\ \text{min}}{t_z}$$

Para verificar se há tempo de espera ou não, é preciso elaborar um plano de viagens com indicação dos horários de saída e de chegada de ao menos dois veículos. O tempo para eventos imprevisíveis é um percentual sobre o tempo intermediário, no caso 8% (→**10.2**).

$$t_z = t_{zg} + t_{zv}$$
$$t_{zg} = T_{ida} + T_{vol} + t_A + t_E + t_W$$
$$t_{zv} = 8\% \cdot t_{zg}$$
$$t_z = 1{,}08 \cdot t_{zg}$$

Atividades no projeto "produção do cilindro pneumático"

10.4 Calcule o tempo de volta para o veículo.

10.5 Calcule o tempo intermediário para o carregamento e descarregamento, para o trajeto de ida e de volta.

10.6 Elabore um plano de viagens de ida e de volta para 3 veículos e verifique o tempo de espera. Calcule o tempo intermediário total e também o número z.

10.7 Calcule o desempenho diário do transportador planejado.

10.3 Exercício de aprofundamento: projeto de transportador elétrico suspenso para o transporte da árvore com mancal

Complementações da abordagem logística do transporte

A direção da empresa Spin-Lag GmbH decidiu conectar o pavilhão 2 com o pavilhão 1 mediante a construção de um transportador elétrico suspenso, conforme mostra a **figura 1 (p. 19)**. Com isso, não há necessidade de construir o armazém de expedição planejado (→**9.4**), próximo ao pavilhão 2. Trata-se de uma conexão retilínea entre o armazém de materiais e a montagem no pavilhão 2. A distância entre as estações 4 no pavilhão 2 e a estação 3 – diante do pavilhão 1 – é de 86 m. O carregamento na estação 3 leva 3 min (t_{A1} = 3 min).

Depois de descarregar as peças compradas para a montagem da árvore com mancal na estação 4 em t_{E1} = 2 min, o veículo pode ser carregado com produtos prontos em t_{A2} = 3 min. A estação 4 tem vaga para estacionar um veículo do transportador.

O percurso até o armazém central de expedição no pavilhão 1 tem 32 m em curva e 67 m em linha reta. Depois de descarregados na estação 5 no tempo t_{E3} = 2 min, todos os veículos ficam em espera e são enviados à estação 3 do armazém central de materiais sem paradas, em ritmos de 1 min.

Para o projeto do meio de transporte, são importantes os dados do fabricante: velocidade do veículo carregado na reta v_G = 55 m/min e na curva, v_K = 35 m/min. O veículo sem carga pode transitar à velocidade de v_{vol} = 60 m/min, tanto na reta como na curva. A aceleração e a desaceleração são de 0,4 m/s^2. O tempo para eventos imprevisíveis é da ordem de 10% do tempo básico.

Atividades no projeto "produção da árvore com mancal"

10.8 Desenhe num diagrama velocidade-tempo o decurso dos movimentos dos veículos do transportador para um ciclo completo e determine o tempo de ida e de volta de um veículo.

10.9 Elabore um plano de viagens (ida e volta) para os 3 veículos e identifique possíveis tempos de espera. Determine o número de procedimentos de transporte de um veículo.

10.10 A partir do plano de viagens, elabore uma equação para cálculo do tempo total de ida para um número desconhecido n de veículos. Para as mesmas condições, elabore equação para cálculo do tempo total de volta.

10.11 Determine com as equações obtidas acima o desempenho horário máximo do sistema de transporte com monovia. Considere que no final do tempo de transporte todos os veículos devem estar parados na estação 3.

11 Indicações para a solução das tarefas "produção do cilindro pneumático"

11.1 Planejamento do projeto

Indicação de solução para a tarefa 3.1:

Completar os nós e as relações, elaborando planejamento em rede para o projeto "constituição da empresa Spin-Lag GmbH".

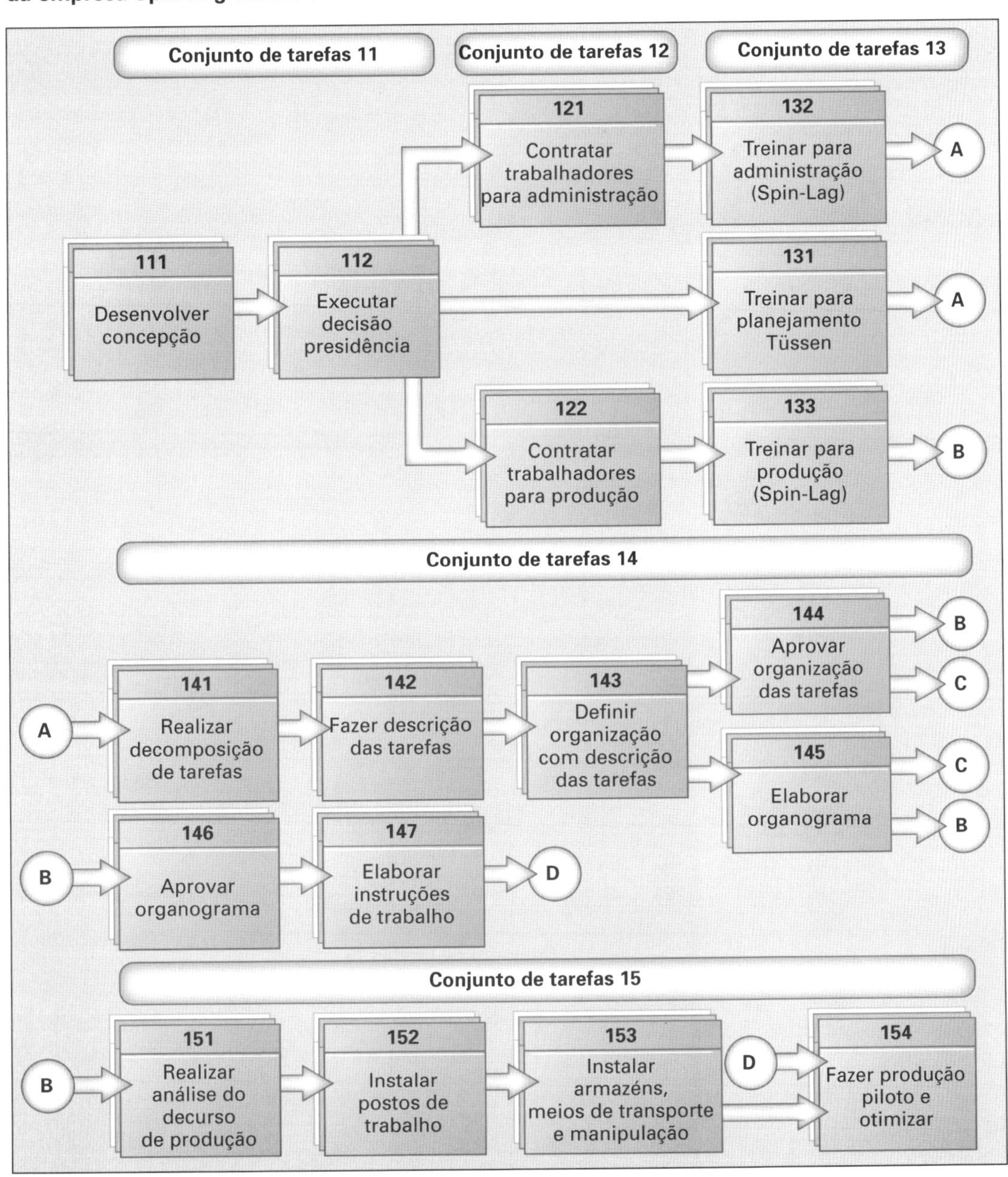

Indicação de solução para a tarefa 3.2:

Determinar tempos de início e fim, além das folgas nos conjuntos de tarefas no projeto "constituição da empresa Spin-Lag GmbH".

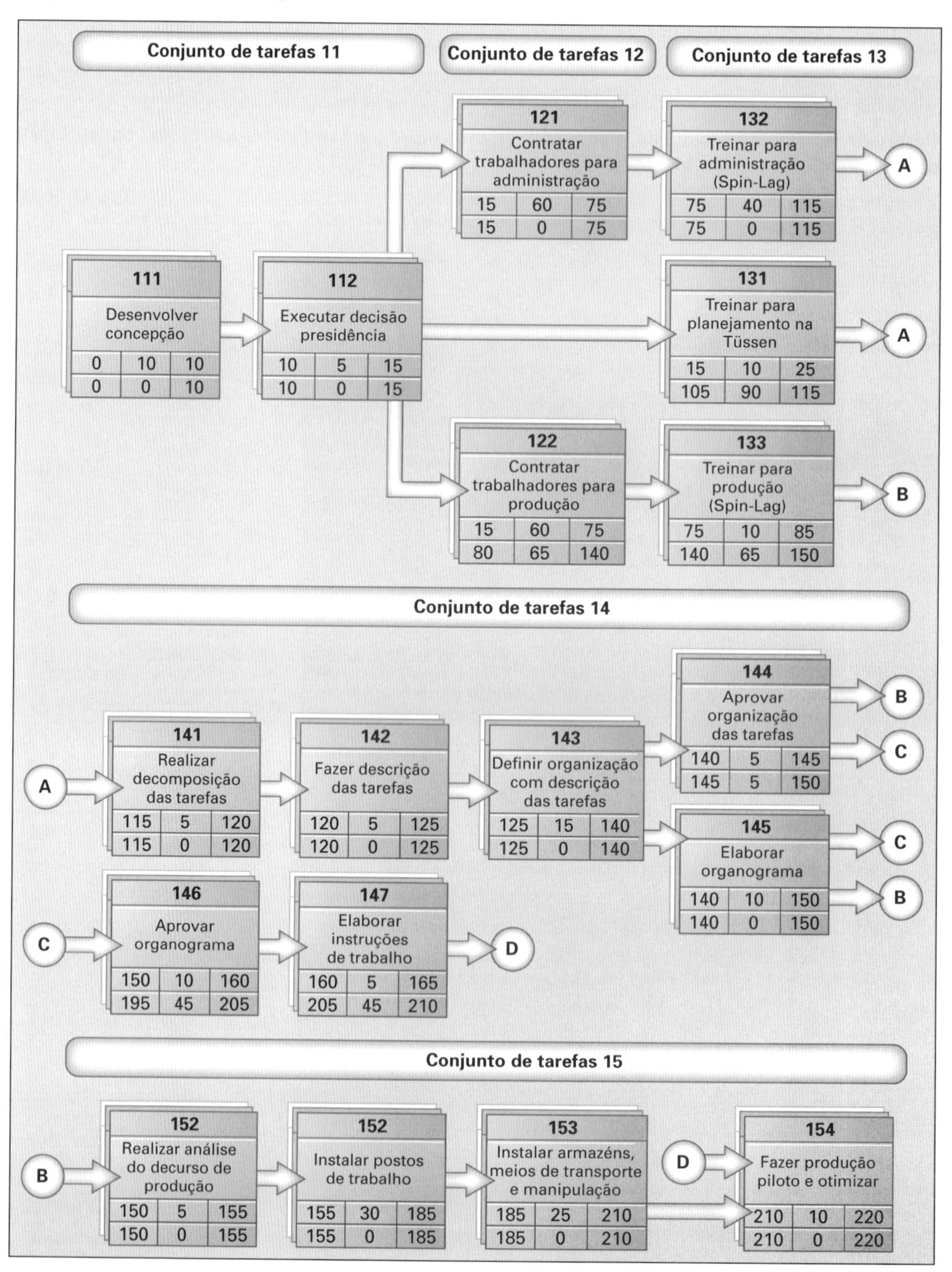

Indicação de solução para a tarefa 3.3:

Fazer ajuste de capacidades para o projeto "constituição da empresa Spin-Lag GmbH".

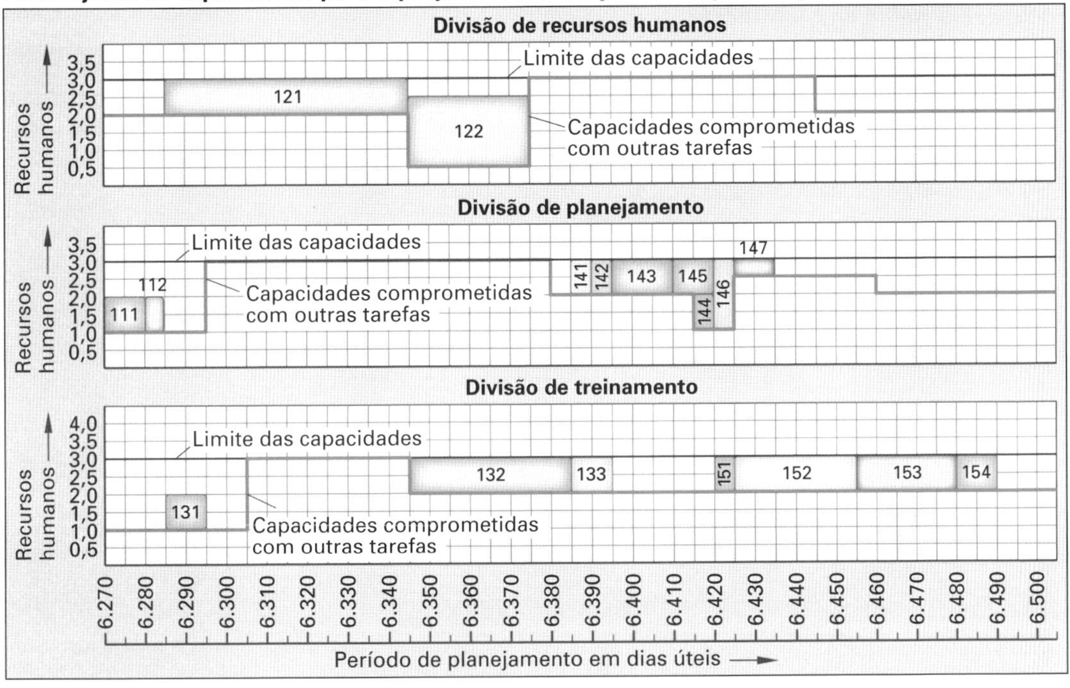

Indicação de solução para a tarefa 3.4:

Cronograma para o projeto "constituição da empresa Spin-Lag GmbH".

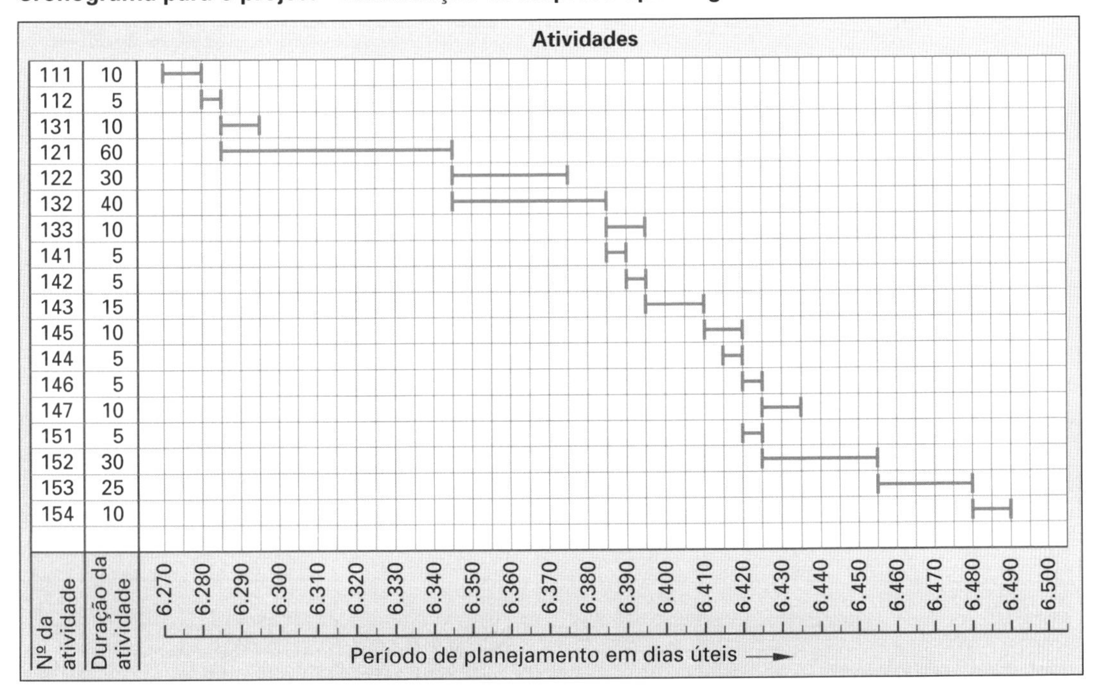

Nº da atividade	Duração da atividade
111	10
112	5
131	10
121	60
122	30
132	40
133	10
141	5
142	5
143	15
145	10
144	5
146	5
147	10
151	5
152	30
153	25
154	10

Indicação de solução para a tarefa 3.5:

Representação do calendário empresarial com os tempos das atividades no projeto "constituição da empresa Spin-Lag GmbH".

Ano 1 – calendário da empresa — Tüssen AG — 1º semestre

	Janeiro			Fevereiro			Março		
	Dia-dia	Atividade	Útil	Dia-dia	Atividade	Útil	Dia-dia	Atividade	Útil
Sáb									
Dom									
Seg	1	Ano novo							
Ter	2	6270	111						
Qua	3	6271	111						
Qui	4	6272	111	1	6292	121			
Sex	5	6273	111	2	6293		1	6313	121
Sáb	6			3			2		
Dom	7			4			3		
Seg	8	6274	111	5	6294		4	6314	
Ter	9	6275	111	6	6295		5	6315	
Qua	10	6276	111	7	6296		6	6316	
Qui	11	6277	111	8	6297		7	6317	
Sex	12	6278	111	9	6298		8	6318	
Sáb	13			10			9		
Dom	14			11			10		
Seg	15	6279	111	12	6299		11	6319	
Ter	16	6280	112	13	6300		12	6320	
Qua	17	6281	112	14	6301		13	6321	
Qui	18	6282	112	15	6302		14	6322	
Sex	19	6283	112	16	6303		15	6323	
Sáb	20			17			16		
Dom	21			18			17		
Seg	22	6284	112	19	6304		18	6324	
Ter	23	6285	121	20	6305		19	6325	
Qua	24	6286		21	6306		20	6326	
Qui	25	6287		22	6307		21	6327	
Sex	26	6288		23	6308		22	6328	
Sáb	27			24			23		
Dom	28			25			24		
Seg	29	6289		26	6309		25	6329	
Ter	30	6290		27	6310		26	6330	
Qua	31	6291		28	6311		27	6331	
Qui				29	6312		28	6332	
Sex							29	6333	
Sáb							30		
Dom							31		
	Dias úteis: 22			Dias úteis: 21			Dias úteis: 21		

	Abril			Maio			Junho		
	Dia-dia	Atividade	Útil	Dia-dia	Atividade	Útil	Dia-dia	Atividade	Útil
Sáb							1		
Dom							2		
Seg	1	6334	121				3	6374	122
Ter	2	6335					4	6375	
Qua	3	6336		1	**	122	5	6376	
Qui	4	6337		2	6354		6	*****	
Sex	5	*		3	6355		7	6377	132
Sáb	6			4		132	8		
Dom	7	Páscoa		5			9		
Seg	8	Páscoa		6	6356		10	6378	
Ter	9	6338		7	6357		11	6379	
Qua	10	6339		8	6358		12	6380	
Qui	11	6340		9	6359		13	6381	
Sex	12	6341		10	6360		14	6382	
Sáb	13			11			15		
Dom	14			12			16		
Seg	15	6342		13	6361		17	6383	
Ter	16	6343		14	6362		18	6384	
Qua	17	6344		15	6363		19	6385	133
Qui	18	6345	122	16	***		20	6386	
Sex	19	6346		17	6364		21	6387	
Sáb	20			18			22		
Dom	21		132	19			23		
Seg	22	6347		20	6365		24	6388	141
Ter	23	6348		21	6366		25	6389	141
Qua	24	6349		22	6367		26	6390	142
Qui	25	6350		23	6368		27	6391	142
Sex	26	6351		24	6369		28	6392	142
Sáb	27			25			29		
Dom	28			26	****		30		
Seg	29	6352		27	****				
Ter	30	6353		28	6370				
Qua				29	6371				
Qui				30	6372				
Sex				31	6373				
Sáb									
Dom									
	Dias úteis: 20			Dias úteis: 20			Dias úteis: 19		

Ano 1 – calendário da empresa — Tüssen AG — 2º semestre

	Julho			Agosto			Setembro		
	Dia-dia	Atividade	Útil	Dia-dia	Atividade	Útil	Dia-dia	Atividade	Útil
Dom							1		
Seg	1	6393	142				2	6438	152
Ter	2	6394	142				3	6439	
Qua	3	6395	143				4	6440	
Qui	4	6396	143	1	6416		5	6441	
Sex	5	6397	143	2	6417		6	6442	
Sáb	6			3			7		
Dom	7			4			8		
Seg	8	6398	143	5	6418	144	9	6446	
Ter	9	6399	143	6	6419	144	10	6444	
Qua	10	6400	143	7	6420		11	6445	
Qui	11	6401	143	8	6421	146	12	6446	
Sex	12	6402	143	9	6422		13	6447	
Sáb	13			10			14		
Dom	14			11			15		
Seg	15	6403	143	12	6423	151	16	6448	
Ter	16	6404	143	13	6424	151	17	6449	
Qua	17	6405	143	14	6425	147	18	6450	
Qui	18	6406	143	15	6426		19	6451	
Sex	19	6407	143	16	6427		20	6451	
Sáb	20			17			21		
Dom	21			18			22		
Seg	22	6408	143	19	6428		23	6453	
Ter	23	6409	143	20	6429		24	6454	
Qua	24	6410	145	21	6430		25	6455	153
Qui	25	6411	145	22	6431		26	6456	153
Sex	26	6412	145	23	6432		27	6457	153
Sáb	27			24			28		
Dom	28			25			29		
Seg	29	6413	145	26	6433		30	6458	153
Ter	30	6414	145	27	6434				
Qua	31	6415	145	28	6435				
Qui				29	6436				
Sex				30	6437	152			
Sáb				31					
	Dias úteis: 23			Dias úteis: 22			Dias úteis: 21		

	Outubro			Novembro			Dezembro		
	Dia-dia	Atividade	Útil	Dia-dia	Atividade	Útil	Dia-dia	Atividade	Útil
Dom							1		
Seg							2	6501	
Ter	1	6459	153				3	6502	
Qua	2	6460					4	6503	
Qui	3	******					5	6504	
Sex	4	6461		1	*******		6	6505	
Sáb	5			2			7		
Dom	6			3			8		
Seg	7	6462		4	6481	154	9	6506	
Ter	8	6463		5	6482	154	10	6507	
Qua	9	6464		6	6483	154	11	6508	
Qui	10	6465		7	6484	154	12	6509	
Sex	11	6466		8	6485	154	13	6510	
Sáb	12			9			14		
Dom	13			10			15		
Seg	14	6467		11	6486	154	16	6511	
Ter	15	6468		12	6487	154	17	6512	
Qua	16	6469		13	6488	154	18	6513	
Qui	17	6470		14	6489	154	19	6514	
Sex	18	6471		15	6490		20	6515	
Sáb	19			16			21		
Dom	20			17			22		
Seg	21	6472		18	6490		23	6516	
Ter	22	6473		19	6492		24	6517	
Qua	23	6474		20	6493		25	Natal	
Qui	24	6475		21	6494		26	Natal	
Sex	25	6476		22	6495		27	6518	
Sáb	26			23			28		
Dom	27			24			29		
Seg	28	6477		25	6496		30	6519	
Ter	29	6478		26	6497		31	6520	
Qua	30	6479		27	6498				
Qui	31	6480	154	28	6499				
Sex				29	6500				
Sáb				30					
	Dias úteis: 22			Dias úteis: 20			Dias úteis: 20		

* Sexta-feira Santa ** Dia do Trabalho *** Ascensão de Jesus Cristo **** Pentecostes ***** Corpus Christi ******Unificação da Alemanha *******Todos os Santos

11.2 Planejamento das necessidades da produção

Indicação de solução para a tarefa 4.1:

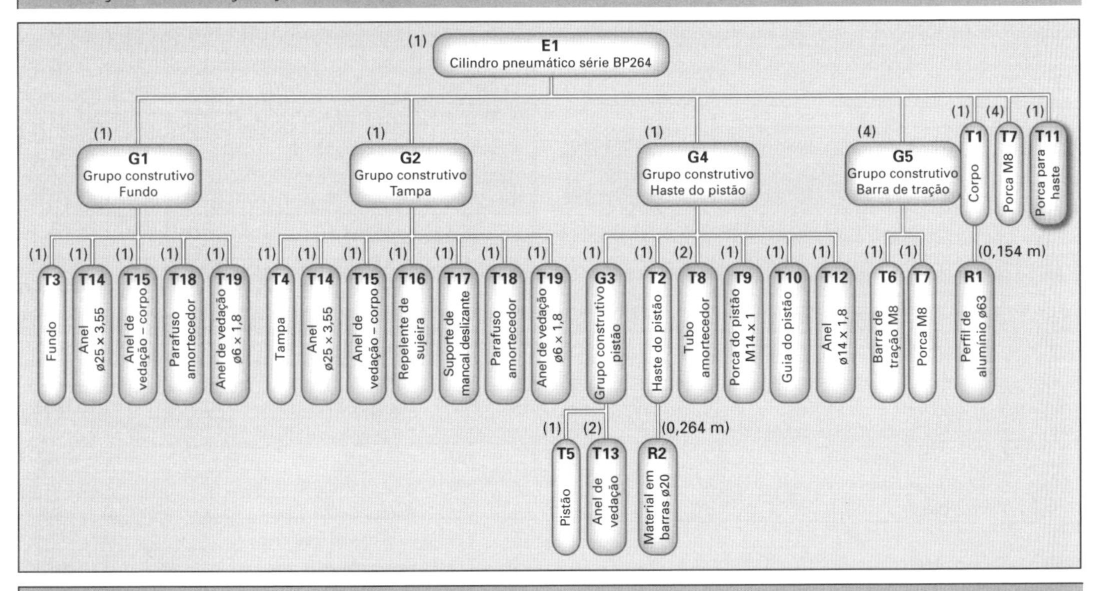

Indicação de solução para a tarefa 4.2:

Lista de peças estruturada por níveis de produção do produto "cilindro pneumático" (E1)					
Posi.	Nível	Peça Nº	Nome	Qtdade	Unid.
1	. 1	G1	Grupo construtivo fundo	1	Pç
2	. . 2	T3	Fundo	1	Pç
3	. . 2	T14	Anel ø25 x 3,55	1	Pç
4	. . 2	T15	Anel de vedação – corpo	1	Pç
5	. . 2	T18	Parafuso amortecedor	1	Pç
6	. . 2	T19	Anel de vedação ø6 x 1,8	1	Pç
7	. 1	G2	Grupo construtivo tampa	1	Pç
8	. . 2	T4	Tampa	1	Pç
9	. . 2	T14	Anel ø25 x 3,55	1	Pç
10	. . 2	T15	Anel de vedação – corpo	1	Pç
11	. . 2	T16	Repelente de sujeira	1	Pç
12	. . 2	T17	Suporte de mancal deslizante	1	Pç
13	. . 2	T18	Parafuso amortecedor	1	Pç
14	. . 2	T19	Anel de vedação ø6 x 1,8	1	Pç
15	. 1	G4	Grupo construtivo haste do pistão	1	Pç
16	. . 2	G3	Grupo construtivo pistão	1	Pç
17	. . . 3	T5	Pistão	1	Pç
18	. . . 3	T13	Anel de vedação pistão	2	Pç
19	. . 2	T2	Haste do pistão	1	Pç
20	. . . 3	R2	Material em barras ø20	0,264	m
21	. . 2	T8	Tubo amortecedor	2	Pç
22	. . 2	T9	Porca do pistão m14 x 1	1	Pç
23	. . 2	T10	Guia do pistão	1	Pç
24	. . 2	T12	Anel ø14 x 1,8	1	Pç
25	. 1	G5	Grupo construtivo barra de tração	4	Pç
26	. . 2	T6	Barra de tração M8	1	Pç
27	. . 2	T7	Porca M8	1	Pç
28	. 1	T1	Corpo	1	Pç
29	. . 2	R1	Perfil de alumínio ø63	0,154	m
30	. 1	T7	Porca M8	4	Pç
31	. 1	T11	Porca haste do pistão	1	Pç

Lista de peças estruturada por blocos para o grupo construtivo "cilindro pneumático" (E1)					
Posi.	Peça Nº	Nome	Qtdade.	Unid.	Obs.
1	G1	Grupo construtivo fundo	1	Pç	E
2	G2	Grupo construtivo tampa	1	Pç	E
3	G4	Grupo construtivo haste de pistão	1	Pç	E
4	G5	Grupo construtivo barra de tração	4	Pç	E
5	T1	Corpo	1	Pç	E
6	T7	Porca M8	4	Pç	F
7	T11	Porca haste do pistão	1	Pç	F

Lista de peças estruturada por blocos para o grupo construtivo "fundo" (G1)					
Posi.	Peça Nº	Nome	Qtdade.	Unid.	Obs.
1	T3	Fundo	1	Pç	F
2	T14	Anel	1	Pç	F
3	T15	Anel de vedação – corpo	1	Pç	F
4	T18	Parafuso amortecedor	1	Pç	F
5	T19	Anel de vedação ø6 x 1,8	1	Pç	F

Lista de peças estruturada por blocos para o grupo construtivo "tampa" (G2)					
Posi.	Peça Nº	Nome	Qtdade.	Unid.	Obs.
1	T4	Tampa	1	Pç	F
2	T14	Anel	1	Pç	F
3	T15	Anel de vedação – corpo	1	Pç	F
4	T16	Repelente de sujeira	1	Pç	F
5	T17	Mancal deslizante	1	Pç	F
6	T18	Parafuso amortecedor	1	Pç	F
7	T19	Anel de vedação ø6 x 1,8	1	Pç	F

Pç = peça; F = peça comprada; E = peça de fabricação própria

Lista de peças estruturada por blocos para o grupo construtivo "barra de tração" (G5)					
Posi.	Peça Nº	Nome	Qtdade.	Unid.	Obs.
1	T6	Barra de tração	1	Pç	F
2	T7	Porca	1	Pç	F

Lista de peças estruturada por blocos para o grupo "construtivo pistão" (G3)					
Posi.	Peça Nº	Nome	Qtdade.	Unid.	Obs.
1	T5	Pistão	1	Pç	F
2	T13	Anel de vedação pistão	2	Pç	F

Lista de peças estruturada por blocos para a peça "corpo" (T1)					
Posi.	Peça Nº	Nome	Qtdade.	Unid.	Obs.
1	R1	Perfil de alumínio	0,154	m	F

Lista de peças estruturada por blocos para a peça "haste do pistão" (T2)					
Posi.	Peça Nº	Nome	Qtdade.	Unid.	Obs.
1	R2	Material em barras	0,264	m	F

Lista de peças estruturada por blocos para o grupo construtivo "haste do pistão" (G4)					
Posi.	Peça Nº	Nome	Qtdade.	Unid.	Obs.
1	G3	Grupo construtivo pistão	1	Pç	E
2	T2	Haste do pistão	1	Pç	E
3	T8	Tubo amortecedor	2	Pç	F
4	T9	Porca pistão	1	Pç	F
5	T10	Fita-guia do pistão	1	Pç	F
6	T12	Anel ø14 x 1,8	1	Pç	F

Indicação de solução para a tarefa 4.3:

Lista de peças para visualização das quantidades do produto "cilindro pneumático" (E1)									
Posi.	Peça Nº	Nome	Qtdade.	Unid.	Posi.	Peça Nº	Nome	Qtdade.	Unid.
1	G1	Grupo construtivo fundo	1	Pç	14	T9	Porca do pistão	1	Pç
2	G2	Grupo construtivo tampa	1	Pç	15	T10	Fita-guia do pistão	1	Pç
3	G3	Grupo construtivo pistão	2	Pç	16	T11	Porca haste do pistão	1	Pç
4	G4	Grupo construtivo haste do pistão	1	Pç	17	T12	Anel ø14 x 1,8	1	Pç
5	G5	Grupo construtivo barra de tração	1	Pç	18	T13	Anel de vedação pistão	2	Pç
6	T1	Corpo	1	Pç	19	T14	Anel ø25 x 2,5	2	Pç
7	T2	Haste do pistão	1	Pç	20	T15	Anel de vedação corpo	2	Pç
8	T3	Fundo	1	Pç	21	T16	Repelente de sujeira	1	Pç
9	T4	Tampa	1	Pç	22	T17	Mancal deslizante	1	Pç
10	T5	Pistão	1	Pç	23	T18	Parafuso amortecedor	2	Pç
11	T6	Barra de tração	8	Pç	24	T19	Anel de vedação íø6 x 1,8	2	Pç
12	T7	Porca M8	8	Pç	25	R1	Perfil de alumínio	0,166	m
13	T8	Tubo amortecedor	2	Pç	26	R2	Material em barra	0,285	m

Indicação de solução para a tarefa 4.4:

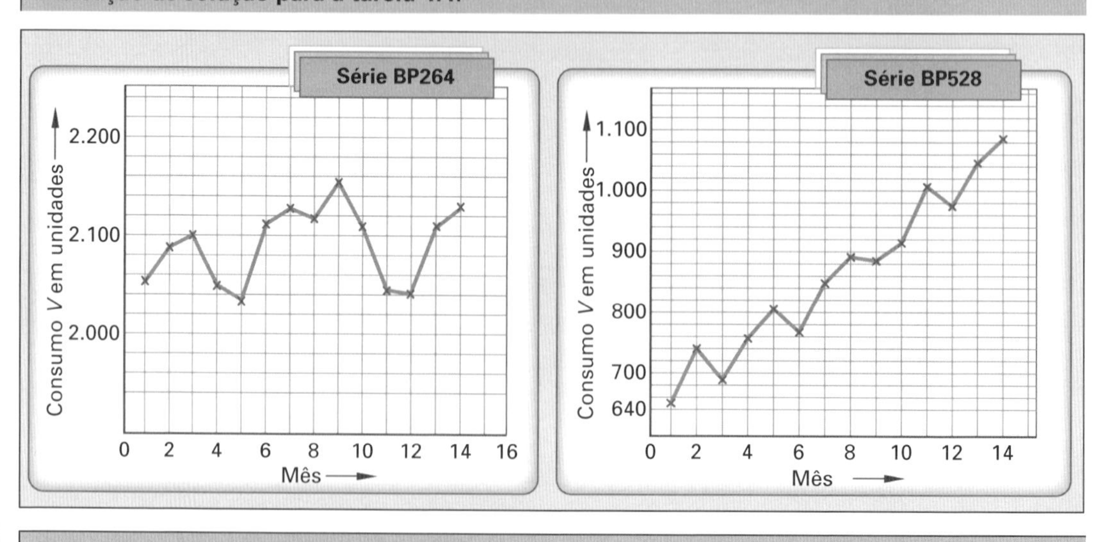

Indicação de solução para a tarefa 4.5:

Os números de venda (consumo) dos cilindros pneumáticos da série BP264 podem ser tratados com o modelo constante sem oscilações sazonais. As vendas da série BP528 correspondem ao modelo tendencial sem oscilações sazonais.

Indicação de solução para a tarefa 4.6:

A análise de regressão é aplicada para a determinação das necessidades do cilindro pneumático série BP528. A determinação gráfica da reta de ajuste e a previsão da demanda para os próximos dois meses são explicadas a seguir.

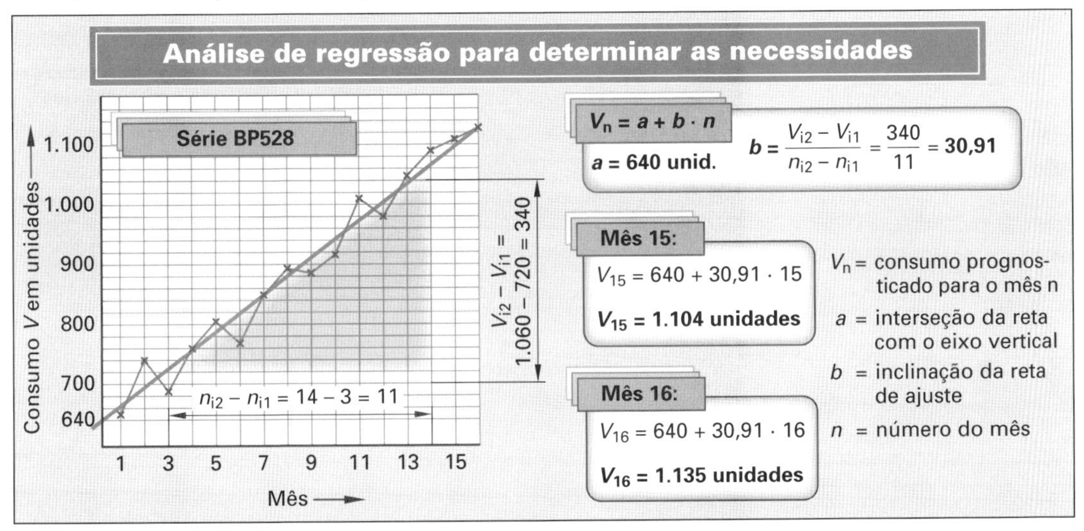

A determinação algébrica da reta de ajuste é feita com o método dos mínimos quadrados, como segue:

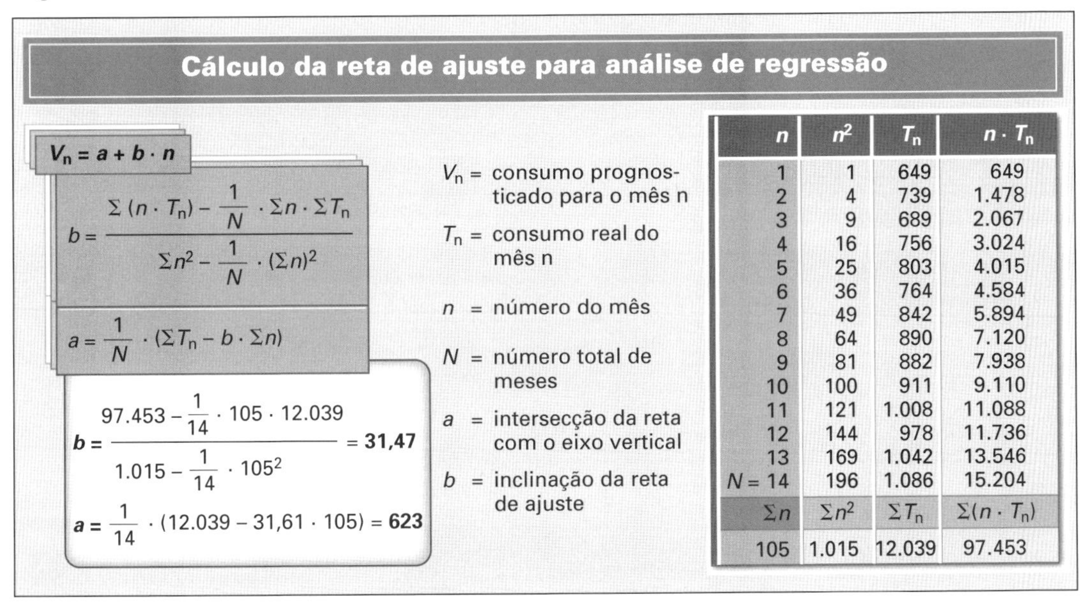

n	n^2	T_n	$n \cdot T_n$
1	1	649	649
2	4	739	1.478
3	9	689	2.067
4	16	756	3.024
5	25	803	4.015
6	36	764	4.584
7	49	842	5.894
8	64	890	7.120
9	81	882	7.938
10	100	911	9.110
11	121	1.008	11.088
12	144	978	11.736
13	169	1.042	13.546
N = 14	196	1.086	15.204
Σn	Σn^2	ΣT_n	$\Sigma(n \cdot T_n)$
105	1.015	12.039	97.453

Para os meses 15 e 16, obtêm-se as seguintes previsões da demanda de cilindros pneumáticos da série BP528, com base na reta de ajuste:

$V_n = a + b \cdot n$

Mês 15:
$V_{15} = 623 + 31{,}47 \cdot 15$
$V_{15} = 1.095$ **unidades**

Mês 16:
$V_{16} = 623 + 31{,}47 \cdot 16$
$V_{16} = 1.127$ **unidades**

Indicação de solução para a tarefa 4.7:

Os cálculos para determinar a previsão da demanda do cilindro pneumático da série BP264 para os meses 15 e 16 são feitos com o método da média móvel:

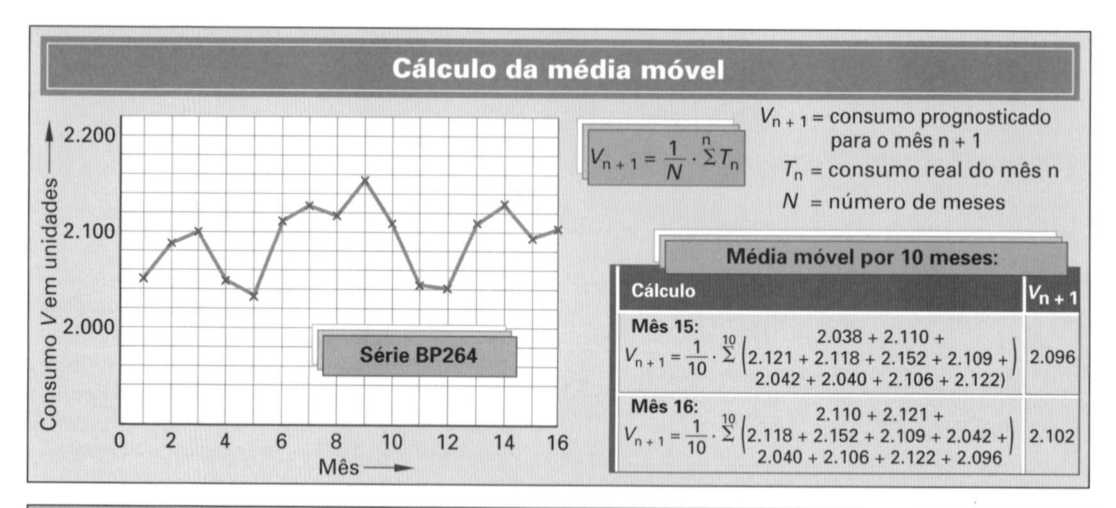

Indicação de solução para a tarefa 4.8:

A aplicação do método de ajuste exponencial de 1ª ordem para a determinação das necessidades da série BP528 resulta no decurso da demanda prevista. Com base na menor constante de ajuste, verifica-se no modelo tendencial uma maior diferença entre o previsto e o real.

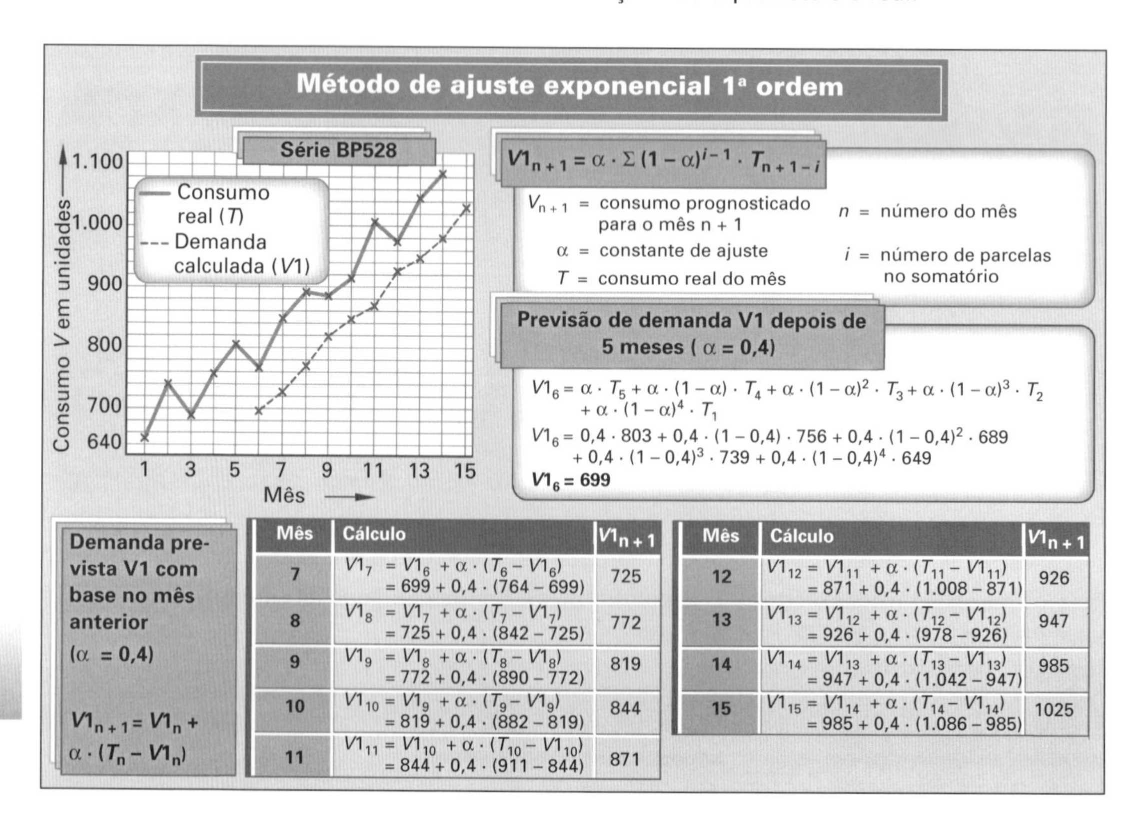

Mês	Cálculo	$V1_{n+1}$
7	$V1_7 = V1_6 + \alpha \cdot (T_6 - V1_6) = 699 + 0{,}4 \cdot (764 - 699)$	725
8	$V1_8 = V1_7 + \alpha \cdot (T_7 - V1_7) = 725 + 0{,}4 \cdot (842 - 725)$	772
9	$V1_9 = V1_8 + \alpha \cdot (T_8 - V1_8) = 772 + 0{,}4 \cdot (890 - 772)$	819
10	$V1_{10} = V1_9 + \alpha \cdot (T_9 - V1_9) = 819 + 0{,}4 \cdot (882 - 819)$	844
11	$V1_{11} = V1_{10} + \alpha \cdot (T_{10} - V1_{10}) = 844 + 0{,}4 \cdot (911 - 844)$	871

Mês	Cálculo	$V1_{n+1}$
12	$V1_{12} = V1_{11} + \alpha \cdot (T_{11} - V1_{11}) = 871 + 0{,}4 \cdot (1.008 - 871)$	926
13	$V1_{13} = V1_{12} + \alpha \cdot (T_{12} - V1_{12}) = 926 + 0{,}4 \cdot (978 - 926)$	947
14	$V1_{14} = V1_{13} + \alpha \cdot (T_{13} - V1_{13}) = 947 + 0{,}4 \cdot (1.042 - 947)$	985
15	$V1_{15} = V1_{14} + \alpha \cdot (T_{14} - V1_{14}) = 985 + 0{,}4 \cdot (1.086 - 985)$	1025

Indicação de solução para a tarefa 4.9:

Taxa de armazenagem por peça L

$L = L_1 + L_2$

$L = 13\% + 8\%$

$L = \mathbf{21\%}$

L = taxa de armazenagem por peça
L_1 = taxa de juros sobre o capital
L_2 = taxa de juros para a armazenagem

Indicação de solução para a tarefa 4.10:

$$x_{ót} = \sqrt{\frac{200\% \cdot K_B \cdot x_{ges}}{K_f \cdot L}}$$

$x_{ót}$ = quantidade ótima da encomenda
K_B = custos fixos de encomendas = 45 €
K_f = preço planejado por peça (veja tabela)
x_{tot} = necessidade total por armazenagem (= necessidades semanais, veja tabela)
L = taxa de armazenagem por unidade (tarefa 4.9)

Peça comprada	Neces. semanal	K_f em €	$x_{ót}$ em unid.	$n_{ót}$	Δt_p em dias
T3 Fundo	480	8,95	152	3,2	1,6
T4 Tampa	480	10,95	137	3,5	1,4
T5 Pistão	480	6,89	183	2,6	1,9
T6 Barra de tração	1.920	0,55	1.223	1,6	3,2
T7 Porca M8 - 27 comp.	3.930	0,05	5.804	0,7	7,4
T8 Tubo amortecedor	960	0,12	1.858	0,5	9,7
T9 Porca pistão M14 x 1	960	0,45	957	1,0	5,0
T10 Chapa guia pistão	480	0,05	2.028	0,2	21,1
T11 Porca haste pistão	480	0,19	1.041	0,5	10,8
T12 Anel ø14x1,8	480	0,03	2.619	0,2	27,3

Peça comprada	Neces. semanal	K_f em €	$x_{ót}$ em unid.	$n_{ót}$	Δt_p em dias
T13 Anel vedação pistão	840	0,07	2.268	0,4	13,5
T14 Anel ø25x3,55	840	0,04	3.000	0,3	17,9
T15 Anel vedação corpo	480	0,06	1.852	0,3	3,9
T16 Repelente de sujeira	480	0,08	1.604	0,3	3,3
T17 Mancal deslizante	520	0,55	637	0,8	6,1
T18 Parafuso amortecedor	800	0,15	1.512	0,5	9,5
T19 anel vedação ø6 x 1,8	800	0,03	3.381	0,2	21,1
R1 (m) Perfil de alumínio	1.650	4,95	378	4,4	1,1
R2 (m) Aço Redondo	1.200	8,65	244	4,9	1,0

Indicações das matérias-primas com perdas de corte de 8%.

Indicação de solução para a tarefa 4.11:

$$n_{ót} = \frac{x_{tot}}{x_{ót}}$$

$n_{ót}$ = frequência ótima de encomenda (veja tabela acima)
x_{tot} = necessidade total por armazenagem (= necessidade semanal)
$x_{ót}$ = tamanho ótimo dos lotes (veja tabela acima)

Indicação de solução para a tarefa 4.12:

$$\Delta t_p = \frac{x_{ót}}{x_{tot}} \cdot T_p$$

Δt_p = tempo ótimo para reaquisição (veja tabela acima)
T_p = duração de um período (1 semana = 5 dias úteis)

Indicação de solução para a tarefa 4.13:

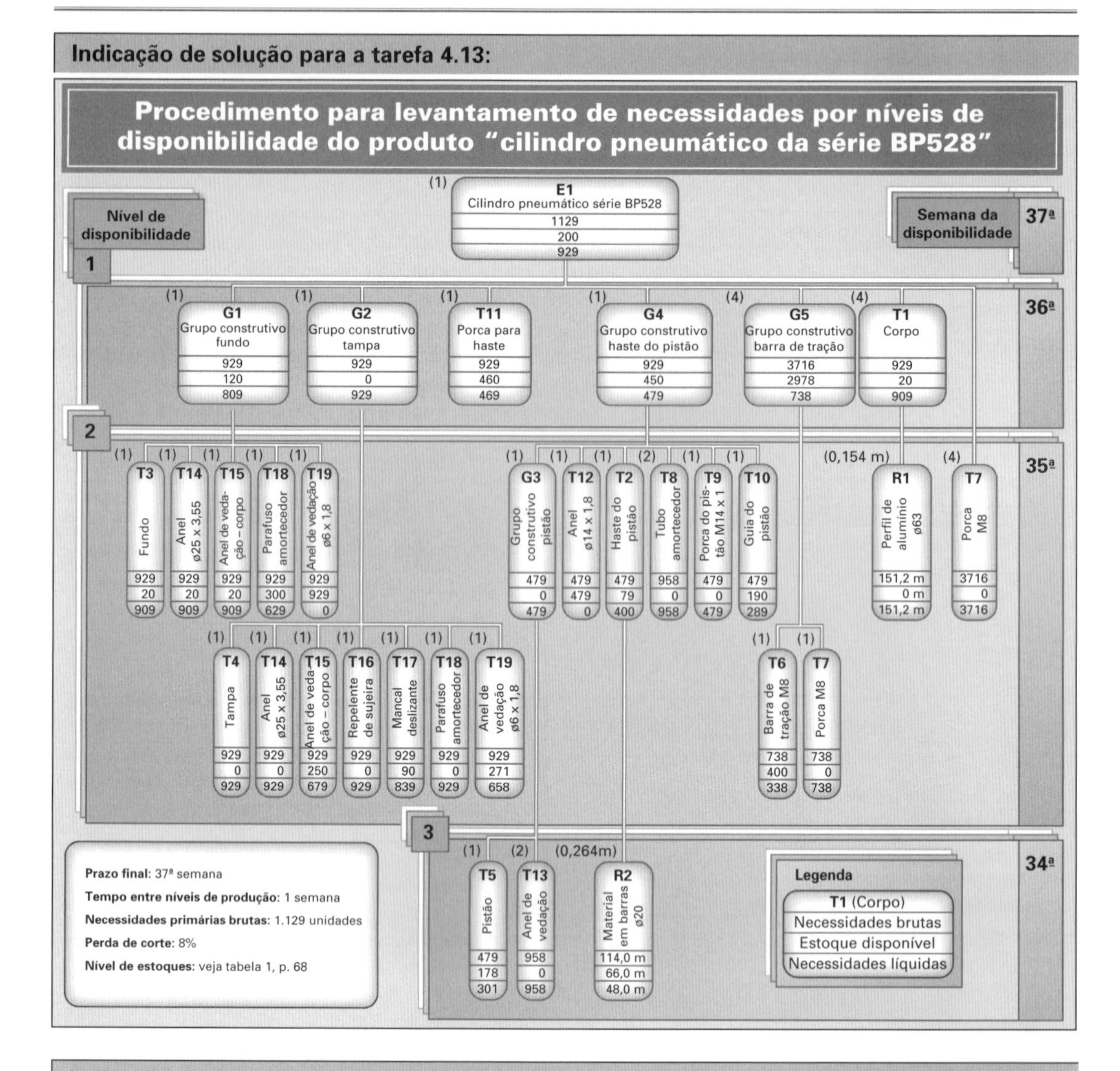

Indicação de solução para a tarefa 4.14:

Lista ampliada das necessidades para o produto "cilindro pneumático" (E1)

Posi.	Peça Nº	Nome	Qtdade./ prod.	Necessidade líquida	Unid.	Tempo de disponibilidade (semana)
1	G1	Grupo construtivo fundo	1	809	Pç	36ª
2	G2	Grupo construtivo tampa	1	929	Pç	36ª
3	G3	Grupo construtivo pistão	1	479	Pç	35ª
4	G4	Grupo construtivo haste do pistão	1	479	Pç	36ª
5	G5	Grupo construtivo barra de tração	1	738	Pç	36ª
6	T1	Corpo	1	909	Pç	36ª
7	T2	Haste do pistão	1	400	Pç	35ª
8	T3	Fundo	1	909	Pç	35ª
9	T4	Tampa	1	929	Pç	35ª
10	T5	Pistão	1	301	Pç	38ª
11	T6	Barra de tração	8	338	Pç	35ª
12	T7	Porca M8	8	4454	Pç	35ª
13	T8	Tubo amortecedor	2	858	Pç	35ª
14	T9	Porca do pistão	1	479	Pç	35ª
15	T10	Fita guia do pistão	1	289	Pç	35ª
16	T11	Porca haste do pistão	1	469	Pç	36ª
17	T12	Anel ø14 x 1,8	1	0	Pç	35ª
18	T13	Anel de vedação pistão	2	958	Pç	38ª
19	T14	Anel ø25 x 2,5	2	1838	Pç	35ª
20	T15	Anel de vedação corpo	2	909	Pç	35ª
21	T16	Repelente de sujeira	1	679	Pç	35ª
22	T17	Mancal deslizante	1	839	Pç	35ª
23	T18	Parafuso amortecedor	2	1558	Pç	35ª
24	T19	Anel de vedação ø6 x 1,8	2	658	Pç	35ª
25	R1	Perfil de alumínio	0,166	151,2	m	35ª
26	R2	Material em barra	0,285	48	m	38ª

Pç = peça; KW = semana do calendário empresarial

11.3 Planejamento do trabalho

Indicação de solução para a tarefa 5.1:

Passos de trabalho na haste do pistão no plano geral:

Folha	Executado por	Data	Data início	Data término	Válido a partir de
1 de *1*	*Müller*				
Plano Nº	**Nº classificação**	**Nome**		**Material/medidas**	
T2		*Haste do pistão*		*ø20 264 X20Cr13*	

Posi. Nº	Nº posto de trabalho	Nome do posto de trabalho	Forma de pagamento	Grau de sobreposição	Fator de divisão	Tempo preparação	Tempo/unid.	Tempo intermediário	Tempo adicional	Qtdade. referência
10	*101001*	*Armazém oficina*	*por tempo*	*1*						
	Descrição do processo de trabalho:		*disponibilizar peça no posto de trabalho quando solicitado*							
20	*100401*	*Serra circular pequena*	*por tempo*	*1*						
	Descrição do processo de trabalho:		*serrar peça*							
30	*101001*	*Armazém oficina*	*por tempo*	*1*						
	Descrição do processo de trabalho:		*disponibilizar peça no posto de trabalho quando solicitado*							
40	*100501*	*Torno CNC*	*por tempo*	*1*						
	Descrição do processo de trabalho:		*tornear peça com rosca de um lado*							
50	*100401*	*Armazém oficina*	*por tempo*	*1*						
	Descrição do processo de trabalho:		*disponibilizar peça no posto de trabalho quando solicitado*							
60	*100603*	*Fresa universal*	*por tempo*	*1*						
	Descrição do processo de trabalho:		*fresar áreas importantes principais da peça*							
70	*100401*	*Armazém oficina*	*por tempo*	*1*						
	Descrição do processo de trabalho:		*disponibilizar peça no posto de trabalho quando solicitado*							
80	*100050*	*Controle da qualidade*	*por tempo*	*1*						
	Descrição do processo de trabalho:		*verificar medidas e tolerâncias de forma e posição*							

Indicação de solução para a tarefa 5.2:

O tempo intermediário básico t_{zg} para cada procedimento de transporte entre o armazém e um posto de trabalho é fixado em 15 min (→**1.7**). Esse tempo é aumentado em 15% para compensar eventos não previsíveis e para recuperação da fadiga. Então, o tempo intermediário será:

$$T_z = T_{zg} \cdot 1{,}15 = 15 \text{ min} \cdot 1{,}15 = \mathbf{17{,}25\ min}$$

Indicação de solução para a tarefa 5.3:

Plano de trabalho detalhado para serrar a haste do pistão:

O plano de trabalho detalhado para o posto de serrar a haste do pistão (**fig. 1, p. 184**) diferencia-se pouco do plano de trabalho do corpo (→**5.2.1**). Desse plano de trabalho podem ser obtidos todos os tempos de preparação e secundários para o plano de trabalho detalhado da haste do pistão, uma vez que será preparada a mesma serra circular e o peso da peça é também inferior a 25 kg, com o que o tempo de fixação da peça é o mesmo (→**cálculos adiante**). Igualmente, é necessário que um percurso seja feito em tempo rápido, como no caso do corpo também.

Folha	Responsável	Data	Data início	Data término	Válido a partir de
1 de 1	*Müller*				
Nº posto de trabalho *100401*	Nome posto de trabalho *Serra circular pequena*	Nome *Haste do pistão*		Material/medidas	
Peso bruto *0,67 kg*	Acréscimo de tempos (eventos imprevisíveis, recuperação da fadiga) *15%*	Tempo de preparação t_r *5,75 min*		Tempo por unidade t_e	

Nº operação do trabalho	Descrição operação de trabalho	Tempo básico preparação t_{rg}	Tempo de uso principal t_h	Tempo de uso secundário t_n
10	*Preparar serra*	*5 min*		
20	*Fixar material em barras*			*1,2 min*
30	*Serrar haste*			*0,1 min*

O peso da peça bruta (massa m) é calculado a partir do volume de um cilindro com o diâmetro d = 20 mm e o comprimento dado de 264 mm, acrescido de um excesso de 2 mm por face para nivelá-las.

$$\rho = 7{,}85 \text{ kg/dm}^3$$

$$V = \frac{\pi \cdot d^2}{4} \cdot l = \frac{\pi \cdot 0{,}20 \text{ dm}^2}{4} \cdot (2{,}68 + 0{,}02 + 0{,}02) \text{ dm}$$

$$V = 0{,}085 \text{ dm}^3$$

$$m = V \cdot \rho$$

$$m = V \cdot \rho = 0{,}085 \text{ dm}^3 \cdot 7{,}85 \text{ kg/dm}^3$$

$$m = \mathbf{0{,}67\ kg}$$

Processo de trabalho 30: determinação do tempo para serrar haste do pistão

A velocidade de avanço para a serra circular com v_f = 30 mm/min e o percurso de saída l_a = 5 mm podem ser obtidos da **tabela 1, p. 27**. Então, o tempo de uso ou ocupação principal será:

$$t_h = \frac{L}{v_f} = \frac{25 \text{ mm}}{30 \text{ mm/min}} = \mathbf{0{,}83\ min} \qquad \text{com } L = l + l_a = 20 \text{ mm} + 5 \text{ mm} = \mathbf{25\ mm}$$

O tempo por unidade resulta da adição dos tempos principal e secundário, bem como do percentual de acréscimo para eventos imprevisíveis e recuperação da fadiga, no caso, 15%.

$$t_e = (t_h + t_n) \cdot 1{,}15 = (0{,}83 \text{ min} + 1{,}2 \text{ min} + 0{,}1 \text{ min}) \cdot 1{,}15 = \mathbf{2{,}45\ min}$$

Com a inserção dos tempos de uso principal e do tempo por unidade, o plano de trabalho detalhado para o posto de trabalho serra circular pequena estará completo.

Folha	Executado por	Data	Data início	Data término	Válido a partir de
1 de 1	*Müller*				
Nº posto de trabalho *100401*	Nome do posto de trabalho *Serra circular pequena*	Nome *Haste do pistão*		Material/medidas	
Peso bruto *0,67 kg*	Acréscimo de tempos (eventos imprevisíveis, recuperação da fadiga) *15%*	Tempo de preparação t_r *5,75 min*		Tempo por unidade t_e *2,45 min*	

Nº operação de trabalho	Descrição operação de trabalho	Tempo básico preparação t_{rg}	Tempo de uso principal t_h	Tempo de uso secundário t_n
10	*Preparar serra*	*5 min*		
20	*Fixar material em barras*			*1,2 min*
30	*Serrar haste*		*0,83 min*	*0,1 min*

Indicação de solução para a tarefa 5.4:

Plano detalhado do trabalho de tornear CNC da haste do pistão:
Depois de inserir para cada passo de trabalho os tempos calculados a seguir, obtém-se o plano de trabalho detalhado para tornear a haste do pistão (**tab.1, p. 88**).

Folha *1 de 1*	**Responsável** *Müller*	**Data**	**Data início**	**Data término**	**Válido a partir de**
Nº posto de trabalho *100501*	**Nome posto de trabalho** *Torno CNC*	**Nome** *Haste do pistão*		**Material/medidas** *ø20 × 264 X20Cr13*	
Peso bruto *0,67 kg*	**Acréscimo de tempos (eventos imprevisíveis, recuperação da fadiga)** *15%*	**Tempo de preparação t_r** *23 min*		**Tempo por unidade t_e** *13 min*	

Nº	Descrição operação de trabalho	Tempo básico preparação t_{rg}	Tempo de uso principal t_h	Tempo de uso secundário t_n
10	*Preparar torno CNC*	*20 min*		
20	*Verificar comprimento do objeto de trabalho*			*0,3 min*
30	*Armar objeto de trabalho no dispositivo com 3 mordaças para nivelar e centrar lado direito*			*1,5 min*
40	*Aplicar cinzel rotativo e nivelar lado direito*		*0,02 min*	*0,2 min*
50	*Centrar o lado direito com a broca A4 x 8,5*		*0,02 min*	*0,2 min*
60	*Armar objeto de trabalho no dispositivo com 3 mordaças, para nivelar e centrar lado esquerdo*			*1,2 min*
70	*Aplicar cinzel rotativo e nivelar lado esquerdo*		*0,02 min*	*0,2 min*
80	*Centrar o lado esquerdo com a broca A4 x 8,5*		*0,02 min*	*0,2 min*
90	*Retirar objeto de trabalho do dispositivo com 3 mordaças*			*0,5 min*
100	*Armar objeto de trabalho em dispositivo com 3 mordaças e ponta centralizadora para desbastar o lado esquerdo*			*1,5 min*
110	*Inserir talhadeira giratória e desbastar lado esquerdo*		*0,04 min*	*0,2 min*
120	*Armar objeto de trabalho em dispositivo com 3 mordaças e ponta centralizadora para desbastar o lado direito*			*1,2 min*
130	*Desbastar lado direito*		*0,05 min*	
140	*Retirar objeto de trabalho do dispositivo com 3 mordaças*			*0,5 min*
150	*Armar objeto de trabalho entre duas pontas com dispositivo de arrasto*			*1,5 min*
160	*Alisar o lado direito com o cinzel giratório de alisamento esquerdo*		*0,11 min*	*0,2 min*
170	*Alisar o lado esquerdo com o cinzel giratório de alisamento direito*		*0,10 min*	*0,2 min*
180	*Fazer rosca M16 x 1,5 com cinzel para rosca*		*0,07 min*	*0,2 min*
190	*Fazer rosca M14 x 1 com cinzel para rosca*		*0,05 min*	
200	*Desarmar objeto de trabalho e testá-lo*			*1,0 min*

Passo de trabalho 10: determinação do tempo de preparação
O passo 10 consiste da preparação de um torno CNC. O tempo básico de preparação de um torno CNC pode ser obtido da **tabela 1 (p. 26)**: t_{rg} = 20 min.

Passos de trabalho 20 e 200: determinar tempo para testar
O tempo principal para controlar a qualidade ou testar a peça vem da **tabela 1 (p. 26)**. Para a operação 20, assume-se um tempo secundário t_n = 0,3 min por peça; como no final – passo de trabalho 200 – há mais controles a fazer, o tempo secundário será t_n = 0,5 min.

Passos de trabalho 30, 60, 90, 100, 120, 140, 150 e 200: determinar tempo para armar/ fixar objeto de trabalho
O tempo para a atividade de armar ou fixar a peça na máquina depende do peso da peça. Esse peso foi determinado na tarefa anterior e deu m = 0,67 kg.

Outros tempos secundários para armar as peças na máquina foram retirados da **tabela 2 (p. 27)**:

Passo de trabalho 30:	armar em dispositivo com 3 mordaças	- t_{nsp} = 1,5 min
Passo de trabalho 60:	rearmar em dispositivo com 3 mordaças	- t_{nsp} = 1,2 min
Passo de trabalho 90:	desarmar de dispositivo com 3 mordaças	- t_{nsp} = 0,5 min
Passo de trabalho 100:	armar em dispositivo com 3 mordaças	- t_{nsp} = 1,5 min
Passo de trabalho 120:	rearmar em dispositivo com 3 mordaças	- t_{nsp} = 1,2 min
Passo de trabalho 140:	desarmar de dispositivo com 3 mordaças	- t_{nsp} = 0,5 min
Passo de trabalho 150:	armar entre pontas	- t_{nsp} = 1,5 min
Passo de trabalho 200:	desarmar entre pontas	- t_{nsp} = 0,5 min

Passos de trabalho 40 e 70: determinar tempo para nivelar
O primeiro passo de trabalho em peça de torno é, em geral, nivelar as faces, acertando os cortes imprecisos da serra, procedimento indispensável para a verificação do comprimento da peça. O tempo principal para nivelar é calculado com as fórmulas da **figura 1 (p. 78)**.

$$t_h = \frac{\pi \cdot d_m}{v_c \cdot f} \cdot L \cdot i$$

com $L = \frac{d}{2} \cdot l_a$

com $d_m = \frac{d}{2}$

com $d_m = \frac{d}{2} = \frac{20\ \text{mm}}{2} = 10\ \text{mm} = \mathbf{0{,}01\ m}$

t_h = tempo de uso principal em min
d_m = diâmetro médio da peça em m
v_c = velocidade de corte em m/min
f = avanço em mm
L = percurso de avanço em mm
d = diâmetro da peça em mm
l_a = percurso de partida em mm
i = número de cortes

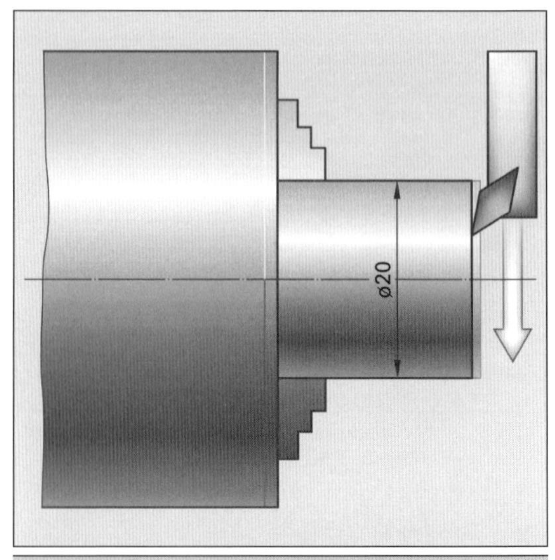

Fig. 1: Nivelar haste do pistão

Como o procedimento de nivelar deve ser realizado nas duas faces e é idêntico, basta calcular o tempo uma vez. Para calcular o avanço L é necessário conhecer o diâmetro externo e o percurso de partida (**tab. 1, p. 26**):

$$\boldsymbol{L} = \frac{d}{2} \cdot {}_{a} = \frac{20}{2} \text{ mm} + 2 \text{ mm} = \mathbf{12\ mm}$$

A velocidade de corte também será extraída da **tabela 1** (**p. 26**). Para ferramenta de corte com placas de metal duro, usa-se v_c = 150 m/min e o avanço correspondente é f = 0,25 mm. Assim, obtém-se para dois cortes por face (i = 2 por causa da profundidade de desbaste a_p = 1 mm) o seguinte cálculo do tempo principal:

$$\boldsymbol{t_h} = \frac{\pi \cdot d_m}{v_c \cdot f} \cdot L \cdot i = \frac{\pi \cdot 0{,}01 \text{ m}}{150 \frac{\text{m}}{\text{min}} \cdot 0{,}25 \text{ mm}} \cdot 12 \text{ mm} \cdot 2 = \mathbf{0{,}02\ min}$$

O cinzel será trocado nos passos de trabalho 40 e 60 e, de acordo com a **tabela 1** (**p. 26**), o tempo secundário para isso é t_n = 0,2 min/troca.

Passos de trabalho 50 e 80: determinar tempo para centrar
Para a broca centralizadora segundo DIN 332 – A4 x 8,5, a profundidade mínima é de 7,4 mm. Com um percurso de partida de 2 mm (**tabela 1, p. 28**), obtém-se:

$$\boldsymbol{L} = l + l_a = 7{,}4 \text{ mm} + 2 \text{ mm} = \mathbf{9{,}4\ mm}$$

A rotação e o avanço da broca centralizadora vêm na **tabela 1 (p. 28)**, sendo n = 2.000/min e f = 0,3 mm. Inserindo-se esses valores na fórmula para cálculo do tempo principal para furar, tem-se:

$$\boldsymbol{t_h} = \frac{L \cdot i}{n \cdot f} = \frac{9{,}4 \text{ mm} \cdot 1}{2.000 \text{ min}^{-1} \cdot 0{,}3 \text{ mm}} = \mathbf{0{,}2\ min}$$

O tempo secundário para a troca das brocas nas duas extremidades é t_n = 0,2 min por troca de ferramenta (**tab. 1, p. 28**).

Passo de trabalho 110: determinar tempo para pré-tornear lado esquerdo
O desbaste no lado esquerdo (**fig. 1**) requer a feitura de dois degraus com certa sobremedida para o alisamento posterior. Essa sobremedida decorre da sobra da profundidade de corte para o alisamento a_p = 0,5 mm.

No desbaste, o primeiro degrau terá seu diâmetro reduzido de 20 mm para 19 mm num comprimento de 39,5 mm; no segundo, o diâmetro de 19 mm é reduzido para 17 mm num comprimento de 30,5 mm.

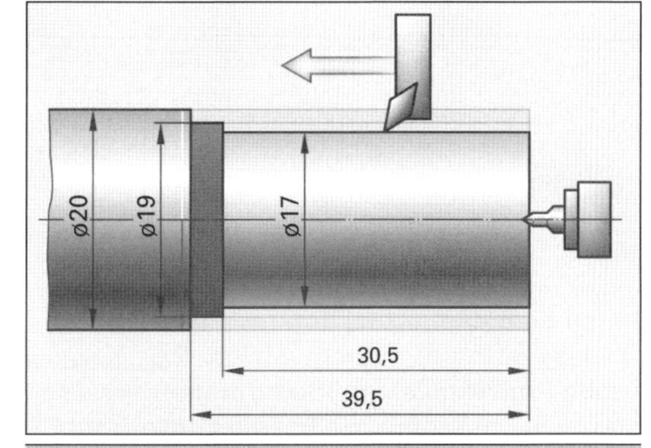

Fig. 1: Desbaste do lado esquerdo da haste do pistão

Extraindo da **tabela 1 (p. 26)** a velocidade de corte v_c = 240 m/min e o avanço f = 0,5 mm e sendo conhecidos L e i, pode-se calcular o tempo de uso principal. Para o desbaste, permite-se profundidade de corte máxima de 5 mm, todo o desbaste do degrau pode ser feito em um corte. O percurso de avanço para os dois degraus calcula-se com base no comprimento de desbaste e em um percurso de partida de l_a= 2 mm.

$$\mathbf{L_1} = l + l_a = 39{,}5\text{ mm} + 2\text{ mm} = \mathbf{41{,}5\text{ mm}}$$
$$\mathbf{L_2} = l + l_a = 30{,}5\text{ mm} + 2\text{ mm} = \mathbf{32{,}5\text{ mm}}$$

Com o diâmetro da peça d = 20 mm = 0,02 m, pode-se calcular o tempo principal de uso:

$$\mathbf{t_h} = \frac{\pi \cdot d}{v_c \cdot f} \cdot (L_1 \cdot i_1 + L_2 \cdot i_2) = \frac{\pi \cdot 0{,}02\text{ m}}{240\frac{\text{m}}{\text{min}} \cdot 0{,}5\text{ mm}} \cdot (41{,}5\text{ mm} \cdot 1 + 32{,}5\text{ mm} \cdot 1) = \mathbf{0{,}04\text{ min}}$$

Para o desbaste dos lados esquerdo e direito da haste, será necessário só um cinzel. Por isso, considera-se só para o passo de trabalho 110 um tempo secundário t_n = 0,2 min.

Passo de trabalho 130: determinar tempo para pré-tornear lado direito

O desbaste do lado direito da haste é semelhante ao feito no lado esquerdo, exceto que as medidas dos degraus são diferentes: diâmetro final 19 mm e comprimento 44,5 mm; diâmetro final 15 mm e comprimento 39 mm. Todos os demais valores são iguais. Com isso, o tempo de uso principal será:

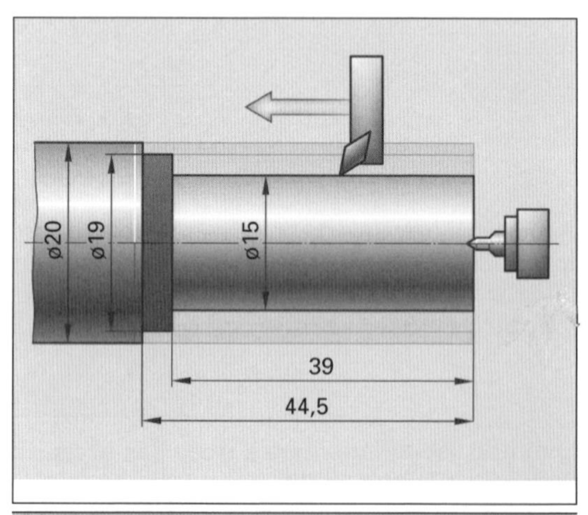

Fig. 1: Desbaste do lado direito da haste do pistão

$$\mathbf{t_h} = \frac{\pi \cdot d}{v_c \cdot f} \cdot (L_1 \cdot i_1 + L_2 \cdot i_2) = \frac{\pi \cdot 0{,}02\text{ m}}{240\frac{\text{m}}{\text{min}} \cdot 0{,}5\text{ mm}} \cdot (46{,}5\text{ mm} \cdot 1 + 41\text{ mm} \cdot 1) = \mathbf{0{,}05\text{ min}}$$

com $\mathbf{L_1} = l + l_a = 44{,}5\text{ mm} + 2\text{ mm} = \mathbf{46{,}5\text{ mm}}$
e $\mathbf{L_2} = l + l = 39\text{ mm} + 2\text{ mm} = \mathbf{41\text{ mm}}$

Passo de trabalho 160: determinar tempo para tornear lado direito
O alisamento é feito entre pontas. Para a transformação da haste no lado direito (**fig. 1, p. 189**) é usado um cinzel esquerdo com um percurso de partida l_a = 2 mm, colocado diante da peça. A ponta de corte percorre todo o contorno da haste. No final, o cinzel faz um percurso de saída $l_ü$ = 2 mm. O contorno se determina por:

$L_{tot} = l_a + l_1 + l_2 + l_3 + l_4 + l_5 + l_ü$

$L_{tot} = (2 + \sqrt{1 + 1} + 38{,}5 + 2 + 5{,}5 + 1 + 2)$ mm

$\mathbf{L_{tot} = 52{,}41}$ **mm**

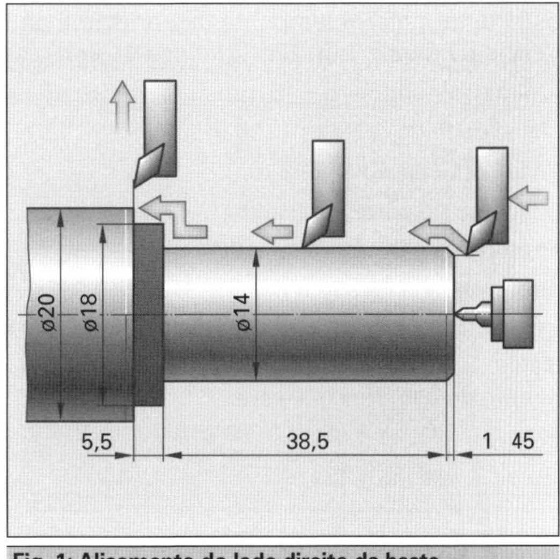

Fig. 1: Alisamento do lado direito da haste

Com a maior medida da peça a transformar a haste com d = 20 mm e os valores de v_c = 300 m/min e f = 0,1 mm (**tabela 1, p. 26**), pode-se calcular o tempo de uso principal com a fórmula da **figura 1, página 78**:

$$t_h = \frac{\pi \cdot d}{v_c \cdot f} \cdot L_{tot} = \frac{\pi \cdot 0{,}02 \text{ m}}{300 \frac{\text{m}}{\text{min}} \cdot 0{,}1 \text{ mm}} \cdot 52{,}41$$

$\mathbf{t_h = 0{,}11}$ **min**

Para a troca de um cinzel esquerdo, há necessidade de um tempo secundário t_n = 0,2 min.

Passo de trabalho 170: determinar tempo para concluir o serviço de torno (acabamento) no lado esquerdo

Para alisar o lado esquerdo da haste (**fig. 2**), há troca de ferramenta, com tempo secundário t_n = 0,2 min. O cinzel direito percorre todo o contorno da haste com percurso de partida e de saída de 2 mm cada. O percurso total, considerando-se as medidas, é de:

$L_{tot} = l_a + l_1 + l_2 + l_3 + l_4 + l_5 + l_ü$

$L_{tot} = (2 + \sqrt{1{,}5^2 + 1{,}5^2} + 29{,}5 + 1 + 9 + 1 + 2)$ mm

$\mathbf{L_{tot} = 46{,}62}$ **mm**

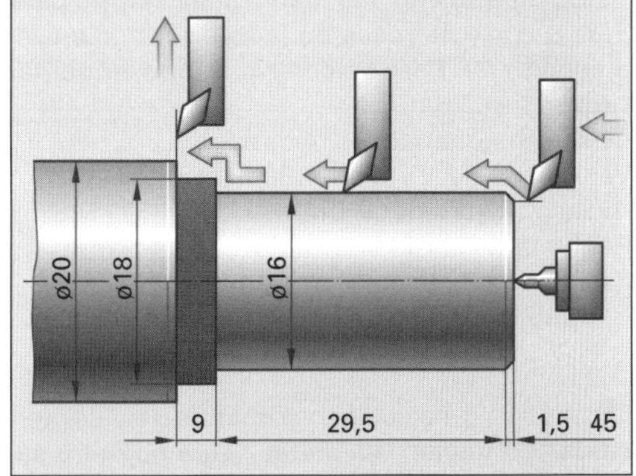

Fig. 2: Alisamento do lado esquerdo da haste

Os valores da velocidade de corte e o avanço são iguais aos do caso anterior (lado direito); o tempo de uso principal será:

$$t_h = \frac{\pi \cdot d}{v_c \cdot f} \cdot L_{tot} = \frac{\pi \cdot 0{,}02 \text{ m}}{300 \frac{\text{m}}{\text{min}} \cdot 0{,}1 \text{ mm}} \cdot 46{,}62 = \mathbf{0{,}10 \text{ min}}$$

Passo de trabalho 180: determinar tempo para cortar rosca M16 x 1,5

Os últimos dois passos de trabalho na usinagem da haste do pistão é o corte de duas roscas, que serão feitas com o mesmo cinzel rotativo, de forma que há só uma troca de ferramenta com t_n = 2 min.

Para determinar o tempo de uso principal para cortar rosca, são necessários os valores de referência da **tabela 1 (p. 26)**:

Diâmetro nominal d = 16 mm

Velocidade de corte v_c = 100 m/min

Avanço f = passo P = 1,5 mm

Percurso de partida/de saída $l_a = l_ü$ = 2 mm

Profundidade de corte a_p = 0,14 mm

Profundidade da rosca $h = 0{,}6134 \cdot P = 0{,}6134 \cdot 1{,}5$ mm = 0,92 mm (→ **manual**)

O percurso L é calculado somando-se o comprimento da rosca com os percursos de partida e de saída. E o número de cortes i será o inteiro superior ou igual ao quociente de h por a_p. Então, o tempo de uso principal será:

$$\boldsymbol{t_h} = \frac{\pi \cdot d}{v_c \cdot f} \cdot L \cdot i = \frac{\pi \cdot 0{,}016\ \text{m}}{100\ \frac{\text{m}}{\text{min}} \cdot 1{,}5\ \text{mm}} \cdot 31 \cdot 7 = \mathbf{0{,}07\ min}$$

$$\text{com } \boldsymbol{L} = l + l_a + l_ü = 27\ \text{mm} + 2\ \text{mm} + 2\ \text{mm} = \mathbf{31\ mm}$$

$$\text{e } \boldsymbol{i} = \frac{h}{a_p} = \frac{0{,}92\ \text{mm}}{0{,}14\ \text{mm}} = \mathbf{6{,}57 \rightarrow i = 7}$$

Passo de trabalho 190: determinar tempo para cortar rosca M14 x 1

Para o corte da rosca no lado direito, o cinzel não é trocado, não havendo tempo secundário a considerar. Para calcular o tempo principal, são necessários diversos valores extraídos da **tabela 1 (p. 26)**:

Diâmetro nominal d = 14 mm

Velocidade de corte v_c = 100 m/min

Avanço f = passo P = 1 mm

Percurso de partida/de saída $l_a = l_ü$ = 2 mm

Profundidade de corte a_p = 0,14 mm

Profundidade da rosca $h = 0{,}6134 \cdot P = 0{,}6134 \cdot 1$ mm = 0,6134 (→ **manual**)

O percurso L é calculado somando-se o comprimento da rosca com os percursos de partida e de saída. E o número de cortes i será o inteiro superior ou igual ao quociente de h por a_p. Então, o tempo de uso principal será:

$$\boldsymbol{t_h} = \frac{\pi \cdot d}{v_c \cdot f} \cdot L \cdot i = \frac{\pi \cdot 0{,}014\ \text{m}}{100\ \frac{\text{m}}{\text{min}} \cdot 1\ \text{mm}} \cdot 24 \cdot 5 = \mathbf{0{,}05\ min}$$

$$\text{com } \boldsymbol{L} = l + l_a + l_ü = 20\ \text{mm} + 2\ \text{mm} + 2\ \text{mm} = \mathbf{24\ mm}$$

$$\text{e } \boldsymbol{i} = \frac{h}{a_p} = \frac{0{,}6134\ \text{mm}}{0{,}14\ \text{mm}} = \mathbf{4{,}38 \rightarrow i = 5}$$

Cálculo do tempo de preparação t_r e o tempo por unidade t_e para o tornear CNC

O tempo de preparação t_r será o tempo de preparação básico t_{rg} acrescido de um percentual para eventos imprevisíveis e para a recuperação da fadiga, no caso, de 15%.

$$\boldsymbol{t_r} = t_{rg} \cdot 1{,}15 = 20\ \text{min} \cdot 1{,}15 = \mathbf{23\ min}$$

O tempo por unidade t_e resulta da soma dos tempos de uso principal e secundário da máquina, também acrescida do percentual para eventos imprevisíveis e para a recuperação da fadiga.

$$t_e = [\Sigma t_h + \Sigma t_n] \cdot 1{,}15$$

$$t_e = [(0{,}02 + 0{,}02 + 0{,}02 + 0{,}02 + 0{,}04 + 0{,}05 + 0{,}11 + 0{,}10 + 0{,}07 + 0{,}05)\ \text{min}$$
$$+ (0{,}3 + 1{,}5 + 0{,}2 + 0{,}2 + 1{,}2 + 0{,}2 + 0{,}2 + 0{,}5 + 1{,}5 + 0{,}2 + 1{,}2 + 0{,}5 + 1{,}5 + 0{,}2 + 0{,}2 + 0{,}2$$
$$+ 1{,}0)\ \text{min}] \cdot 1{,}15$$

$$\mathbf{t_e} = [0{,}50\ \text{min} + 10{,}8\ \text{min}] \cdot 1{,}15 = \mathbf{13{,}00\ min}$$

Indicação de solução para a tarefa 5.5:

Planejamento detalhado para fresar a haste do pistão:

Folha *1 de 1*	Responsável *Müller*	Data	Data início	Data término	Válido a partir de
Nº posto de trabalho *100603*	Nome posto de trabalho *Fresa universal*	Nome *Haste do pistão*		Material/medidas	
Peso bruto *0,67 kg*	Acréscimo de tempos (eventos imprevisíveis, recuperação da fadiga) *15%*	Tempo de preparação t_r *34,5 min*		Tempo por unidade t_e *3,66 min*	

Nº operação de trabalho	Descrição operação de trabalho	Tempo básico preparação t_{rg}	Tempo de uso principal t_h	Tempo de uso secundário t_n
10	*Preparar fresa universal*	*30 min*		
20	*Armar haste do pistão num cabeçote*			*1,5 min*
30	*Fresar a primeira superfície com ø18*		*0,04 min*	
40	*Rearmar haste por giro do cabeçote em 180°*			*1,2 min*
50	*Fresar segunda superfície com ø18*		*0,04 min*	
60	*Desarmar haste do cabeçote*			*0,4 min*

A fresa é universal, e com ela são trabalhadas duas faces opostas da haste com abertura de chave igual a 17 mm.

O cabeçalho do plano de trabalho detalhado para fresar a haste do pistão contém, ao lado dos dados dos já aplicados, o nome do posto de trabalho, a ser extraído do plano de trabalho grosseiro da haste do pistão (→**tarefa 5.1**).

Passo de trabalho 10: determinar tempo para preparação
O tempo de preparação básico t_{rg} de uma fresa pequena é de 30 min (**tab. 1, p. 27**).

Passos de trabalho 30 e 50: determinar tempo para fresar superfícies
A **figura 1** (**p. 192**) mostra o processo de fresar na máquina-ferramenta. O meio de fixação da haste é um cabeçote, que permite um giro exato de 180° da haste, o que garante um fresar paralelo das superfícies. A ferramenta é uma fresa com haste com 10 mm de diâmetro.

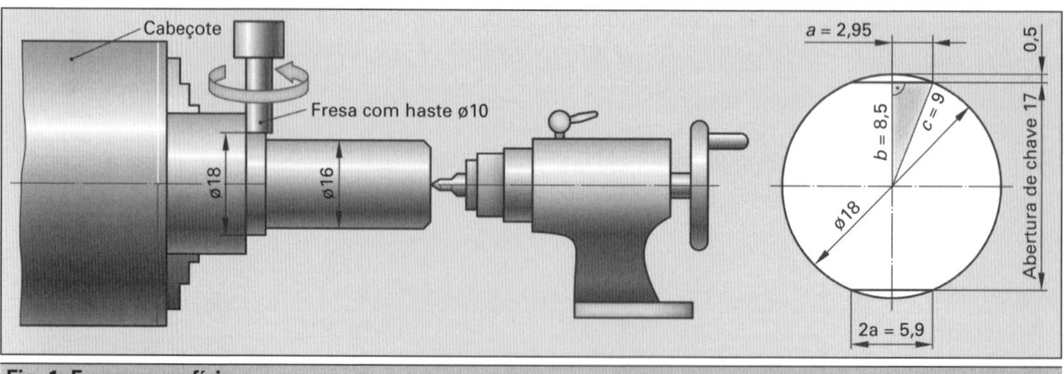

Fig. 1: Fresar superfície

Para o cálculo do tempo de uso principal, é necessário determinar os comprimentos a serem trabalhados na peça. A **figura 1** mostra um corte da haste na superfície a ser trabalhada. Para determinar o comprimento l, é necessário aplicar o teorema de Pitágoras:

$$\boldsymbol{a} = \sqrt{c^2 - b^2} = \sqrt{9^2 - 8{,}5^2}\ \text{mm} = \mathbf{2{,}95\ mm}$$

$$\text{com } b = \frac{17\ \text{mm}}{2} = 8{,}5\ \text{mm}$$

$$\text{e } c = \frac{18\ \text{mm}}{2} = 9\ \text{mm}$$

$$l = 2 \cdot a = 2 \cdot 2{,}95\ \text{mm} = \mathbf{5{,}9\ mm}$$

$$\boldsymbol{t_h} = \frac{L \cdot i}{v_f} = \frac{19{,}9\ \text{mm} \cdot 1}{450\ \frac{\text{mm}}{\text{min}}} = \mathbf{0{,}04\ min}$$

$$\text{com } L = l + d + l_a + l_ü$$

$$L = 5{,}9\ \text{mm} + 10\ \text{mm} + 2\ \text{mm} + 2\ \text{mm}$$

$$\boldsymbol{L} = \mathbf{19{,}9\ mm}$$

A máxima profundidade de corte a_p é mostrada na **figura 1**. Com isso, define-se a_p = 0,5 mm, podendo ocorrer o processo de fresar com um só corte.

A velocidade de avanço v_f = 450 mm/min vem da **tabela 1** (**p. 27**) e pode ser regulada na fresa com haste. Com a velocidade de avanço e o comprimento a fresar na superfície, pode-se calcular o tempo de uso principal da máquina.

Passos de trabalho 20, 40 e 60: determinar tempo para armar e desarmar

Os tempos secundários para os procedimentos de armar e desarmar a peça são obtidos da **tabela 2** (**p. 27**), para m = 0,67 kg. O termo dispositivo na tabela está no lugar de qualquer meio não mencionado, como o cabeçote em questão.

Passo de trabalho 20: armar no cabeçote - t_{nsp} = 1,5 min
Passo de trabalho 40: rearmar no cabeçote - t_{nsp} = 1,2 min
Passo de trabalho 60: desarmar do cabeçote - t_{nsp} = 0,4 min

Cálculo do tempo de preparação t_r e tempo por unidade t_e para fresar

Para determinar o tempo t_r, acrescenta-se ao tempo de preparação básico t_{rg} o percentual para eventos imprevisíveis e para recuperação da fadiga, 15%.

$$t_r = t_{rg} \cdot 1{,}15 = 30\ \text{min} \cdot 1{,}15 = \mathbf{34{,}5\ min}$$

O tempo por unidade t_e resulta da soma dos tempos principais e secundários, acrescida do percentual para eventos imprevisíveis e para recuperação da fadiga:

$$t_e = [\Sigma t_h + \Sigma t_n] \cdot 1{,}15$$
$$t_e = [(0{,}04 + 0{,}04)\ \text{min} + (1{,}5 + 1{,}2 + 0{,}4)\ \text{min}] \cdot 1{,}15$$
$$\mathbf{t_e = [3{,}18\ min] \cdot 1{,}15 = 3{,}66\ min}$$

Indicação de solução para a tarefa 5.6:

Plano de trabalho geral para a haste do pistão com tempos de fabricação:

Folha	Executado por	Data	Data início	Data término	Válido a partir de
1 de 1	*Müller*				
Plano Nº	**Nº classificação**	**Nome**		**Material/medidas**	
T2		*Haste do pistão*		*ø20 × 264 X20Cr13*	

Posi. Nº	Nº posto de trabalho	Nome do posto de trabalho	Forma de pagamento	Grau de sobreposição	Fator de divisão	Tempo preparação	Tempo/unid.	Tempo intermediário	Tempo adicional	Qtdade. referência
10	*101001*	*Armazém oficina*	*por tempo*	*1*	*1*			*17,25*		*1*
	Descrição do processo de trabalho:		*disponibilizar peça no posto de trabalho quando solicitado*							
20	*100401*	*Serra circular pequena*	*por tempo*	*1*	*1*	*5,75*	*2,45*			*1*
	Descrição do processo de trabalho:		*serrar peça*							
30	*101001*	*Armazém oficina*	*por tempo*	*1*	*1*			*17,25*		*1*
	Descrição do processo de trabalho:		*disponibilizar peça no posto de trabalho quando solicitado*							
40	*100501*	*Torno CNC*	*por tempo*	*1*	*3*	*23*	*13*			*1*
	Descrição do processo de trabalho:		*tornear peça com rosca de um lado*							
50	*101001*	*Armazém oficina*	*por tempo*	*1*	*1*			*17,25*		*1*
	Descrição do processo de trabalho:		*disponibilizar peça no posto de trabalho quando solicitado*							
60	*100603*	*Fresa universal*	*por tempo*	*1*	*1*	*34,5*	*3,66*			*1*
	Descrição do processo de trabalho:		fresar superfícies da peça							
70	*101001*	*Armazém oficina*	*por tempo*	*1*	*1*			*17,25*		*1*
	Descrição do processo de trabalho:		*disponibilizar peça no posto de trabalho quando solicitado*							
80	*100050*	*Controle da qualidade*	*por tempo*	*1*	*1*		*9,2*			*30*
	Descrição do processo de trabalho:		*verificar medidas e tolerâncias de forma e posição*							

Determinação do tempo para o controle da qualidade

O tempo básico para o controle da qualidade de uma peça t_g (**tab. 3, p. 28**) é de 8 min, sendo que a quantidade de referência é de 30 hastes. Também esse tempo será acrescido do percentual para eventos imprevisíveis e para recuperação da fadiga, 15%. Então:

$$t_e = t_g \cdot 1{,}15 = 8\ \text{min} \cdot 1{,}15 = \mathbf{9{,}2\ min}$$

Indicação de solução para a tarefa 5.7:

Planos de trabalho gerais para os grupos construtivos pistão, haste do pistão e barra de tração

Folha	Executado por	Data	Data início	Data término	Válido a partir de
1 de 1	*Müller*				

Plano Nº	Nº classificação	Nome	Material/Medidas
G3		*Grupo construtivo pistão*	

Posi. Nº	Nº posto de trabalho	Nome do posto de trabalho	Forma de pagamento	Grau de sobreposição	Fator de divisão	Tempo preparação	Tempo/unid.	Tempo intermediário	Tempo adicional	Qtdade. referência
10	*401001*	*Armazém montagem*	*por tempo*	*1*	*1*			*17,25*		*1*
	Descrição do processo de trabalho:	*disponibilizar peças no posto de trabalho quando solicitado*								
20	*400102*	*Posto montagem 2*	*por tempo*	*1*	*1*	*5,75*	*0,35*			*1*
	Descrição do processo de trabalho:	*encaixar peças do grupo construtivo*								

Folha	Executado por	Data	Data início	Data término	Válido a partir de
1 de 1	*Müller*				

Plano Nº	Nº classificação	Nome	Material/medidas
G4		*Grupo construtivo haste do pistão*	

Posi. Nº	Nº posto de trabalho	Nome do posto de trabalho	Forma de pagamento	Grau de sobreposição	Fator de divisão	Tempo preparação	Tempo/unid.	Tempo intermediário	Tempo adicional	Qtdade. referência
10	*401001*	*Armazém montagem*	*por tempo*	*1*	*1*			*17,25*		*1*
	Descrição do processo de trabalho:	*disponibilizar peças no posto de trabalho quando solicitado*								
20	*400102*	*Posto montagem 2*	*por tempo*	*1*	*1*		*1,84*			*1*
	Descrição do processo de trabalho:	*encaixar peças do grupo construtivo*								

Folha	Executado por	Data	Data início	Data término	Válido a partir de
1 de 1	*Müller*				

Plano Nº	Nº classificação	Nome	Material/medidas
G5		*Grupo construtivo barra de tração*	

Posi. Nº	Nº posto de trabalho	Nome do posto de trabalho	Forma de pagamento	Grau de sobreposição	Fator de divisão	Tempo preparação	Tempo/unid.	Tempo intermediário	Tempo adicional	Qtdade referência
10	*401001*	*Armazém montagem*	*por tempo*	*1*	*1*			*17,25*		*1*
	Descrição do processo de trabalho:	*disponibilizar peça no posto de trabalho quando solicitado*								
20	*400102*	*Posto montagem 2*	*por tempo*	*1*	*1*		*0,46*			*1*
	Descrição do processo de trabalho:	*encaixar peças do grupo construtivo*								

Os tempos para o posto de trabalho no armazém da área de montagem provêm da tarefa 5.2. Os tempos para o posto de montagem 2 são calculados a seguir.

Na montagem do grupo construtivo pistão, apenas 2 anéis de vedação são colocados nele; esse grupo construtivo é parte do grupo construtivo haste do pistão.

Na montagem do grupo construtivo haste do pistão, o pistão com os anéis de vedação é colocado sobre a haste, depois de terem sido colocados nele um pequeno anel e um tubo amortecedor. O acerto das peças sobre a haste é feito com uma porca ajustada com um segundo tubo amortecedor. Finalmente, é puxada uma fita-guia sobre o pistão no grupo construtivo haste do pistão.

O grupo construtivo barra de tração consiste somente da barra com uma porca num dos lados.

Planos de trabalho detalhados para o posto de montagem 2:
No posto de montagem 2 são montados os grupos construtivos pistão, haste do pistão e barra de tração. Os tempos básicos para os procedimentos de montagem podem ser extraídos da **tabela 2, p. 28.**

Folha *1 de 1*	**Responsável** *Müller*	**Data**	**Data início**	**Data término**	**Válido a partir de**
Nº posto de trabalho *400102*	**Nome posto de montagem** *Posto de montagem 2*	**Nome** *Grupo construtivo pistão*		**Material/medidas**	
Peso bruto *0,172 kg*	**Acréscimo de tempos (eventos imprevisíveis, recuperação da fadiga)** *15%*	**Tempo de preparação t_r** *5,75 min*		**Tempo por unidade t_e** *0,69 min*	

Nº operação de trabalho	**Descrição operação de trabalho**	**Tempo básico preparação t_{rg}**	**Tempo básico t_g**
10	*Preparar posto de trabalho*	*5 min*	
20	*Colocar anéis de vedação sobre o pistão*		*0,6 min*

Folha *1 de 1*	**Responsável** *Müller*	**Data**	**Data início**	**Data término**	**Válido a partir de**
Nº posto de trabalho *400102*	**Nome posto de trabalho** *Posto de montagem 2*	**Nome** *Grupo construtivo haste do pistão*		**Material/medidas**	
Peso bruto *0,740 kg*	**Acréscimo de tempos (eventos imprevisíveis, recuperação da fadiga)** *15%*	**Tempo de preparação t_r**		**Tempo por unidade t_e** *1,84 min*	

Nº operação de trabalho	**Descrição operação de trabalho**	**Tempo básico preparação t_{rg}**	**Tempo básico t_g**
10	*Colocar anel sobre haste do pistão*		*0,3 min*
20	*Colocar tubo amortecedor sobre a haste do pistão*		*0,2 min*
30	*Montar grupo construtivo pistão sobre a haste*		*0,3 min*
40	*Colocar tubo amortecedor sobre a haste*		*0,2 min*
50	*Apertar porca sobre a haste do pistão*		*0,4 min*
60	*Puxar fita-guia sobre o pistão*		*0,2 min*

Folha *1 de 1*	**Responsável** *Müller*	**Data**	**Data início**	**Data término**	**Válido a partir de**
Nº posto de trabalho *400102*	**Nome posto de montagem** *Posto de montagem 2*	**Nome** *Grupo construtivo barra de tração*		**Material/medidas**	
Peso bruto *0,075 kg*	**Acréscimo de tempos (eventos imprevisíveis, recuperação da fadiga)** *15%*	**Tempo de preparação t_r**		**Tempo por unidade t_e** *0,46 min*	

Nº operação de trabalho	**Descrição operação de trabalho**	**Tempo básico preparação t_{rg}**	**Tempo básico t_g**
10	*Apertar parafuso sobre haste (um lado)*		*0,4 min*

Cálculo de tempo de preparação t_r e do tempo por unidade t_e para o posto de montagem 2:
Para calcular o tempo de preparação t_r acrescenta-se ao tempo básico de preparação t_{rg} um percentual para eventos imprevisíveis e para recuperação da fadiga, no caso, 15%. A preparação ocorre uma vez e o tempo será associado ao grupo construtivo pistão.

$$t_r = t_{rg} \cdot 1{,}15 = 5 \text{ min} \cdot 1{,}15 = \mathbf{5{,}75\ min}$$

O tempo por unidade t_e para os 3 grupos construtivos resulta da soma dos tempos de uso principais e secundários, acrescidos do percentual para eventos imprevisíveis e recuperação da fadiga.

Grupo construtivo pistão: $t_e = \Sigma t_g \cdot 1{,}15 = 0{,}6 \text{ min} \cdot 1{,}15 = \mathbf{0{,}69\ min}$

Grupo construtivo haste do pistão:

$t_e = \Sigma t_g \cdot 1{,}15$

$t_e = (0{,}3 + 0{,}2 + 0{,}3 + 0{,}2 + 0{,}4 + 0{,}2) \text{ min} \cdot 1{,}15$

$t_e = 1{,}6 \text{ min} \cdot 1{,}15 = \mathbf{1{,}84\ min}$

Grupo construtivo barra de tração: $t_e = \Sigma t_g \cdot 1{,}15 = 0{,}4 \text{ min} \cdot 1{,}15 = \mathbf{0{,}46\ min}$

Indicação de solução para a tarefa 5.8:

Plano de trabalho geral para a montagem final do cilindro pneumático de efeito duplo:

Folha	Executado por	Data	Data início	Data término	Válido a partir de
1 de 1	*Müller*				

Plano Nº	Nº classificação	Nome	Material/medidas
E1		*Cilindro pneumático de duplo efeito*	

Posi. Nº	Nº posto de trabalho	Nome do posto de trabalho	Forma de pagamento	Grau de sobreposição	Fator de divisão	Tempo preparação	Tempo/unid.	Tempo intermediário	Tempo adicional	Qtdade. referência
10	*401001*	*Armazém montagem*	*por tempo*	*1*	*1*			*17,25*		*1*
	Descrição do processo de trabalho:		*disponibilizar peça no posto de trabalho quando solicitado*							
20	*400103*	*Posto montagem 3*	*por tempo*	*1*	*1*	*5,75*	*3,68*			*1*
	Descrição do processo de trabalho:		*encaixar peças do produto*							
30	*401001*	*Armazém montagem*	*por tempo*	*1*	*1*			*17,25*		*1*
	Descrição do processo de trabalho:		*disponibilizar peça no posto de trabalho quando solicitado*							
40	*100050*	*Controle da qualidade*	*por tempo*	*1*	*1*		*11,5*			*30*
	Descrição do processo de trabalho:		*controle funcional do produto*							

Os tempos intermediários provêm da **tarefa 5.2**. Os tempos de operação básicos no posto de montagem 3 provêm do plano de trabalho detalhado e dos cálculos a seguir.

Plano de trabalho detalhado para o posto de montagem 3:

Folha *1 de 1*	Responsável *Müller*	Data	Data início	Data término	Válido a partir de
Nº posto de trabalho *400103*	Nome posto de montagem *Posto de montagem 3*	Nome *Cilindro pneumático*		Material/medidas	
Peso bruto *2,2 kg*	Acréscimo de tempos (eventos imprevisíveis, recuperação da fadiga) *15%*	Tempo de preparação t_r *5,75 min*		Tempo por unidade t_e *3,68 min*	

Nº operação de trabalho	Descrição operação de trabalho	Tempo básico preparação t_{rg}	Tempo básico t_g
10	*Preparar posto de montagem*	*5 min*	
20	*Colocar grupo construtivo tampa sobre grupo construtivo haste do pistão*		*0,3 min*
30	*Montar corpo sobre grupo construtivo haste do pistão*		*0,3 min*
40	*Montar grupo construtivo fundo sobre a haste e o corpo*		*0,3 min*
50	*Inserir grupo construtivo barra de tração na furação do corpo*		*0,3 min*
60	*Apertar parafuso na barra de tração (4 x)*		*1,6 min*
70	*Apertar parafuso sobre a haste do pistão*		*0,4 min*

O plano de trabalho detalhado para o posto de montagem 3 descreve a montagem final do cilindro pneumático de efeito duplo. A montagem final consiste em conectar os grupos construtivos com o corpo. Os tempos básicos para os procedimentos de montagem provêm da **tabela 2** (**p. 28**).

O tempo de preparação t_r e o tempo por unidade t_e para o posto de montagem 3 são calculados como segue:

Para calcular o tempo de preparação t_r acrescenta-se ao tempo básico de preparação t_{rg} um percentual para eventos imprevisíveis e para recuperação da fadiga, no caso, 15%. O mesmo percentual é acrescido sobre o tempo básico por unidade.

$$t_r = t_{rg} \cdot 1{,}15 = 5 \text{ min} \cdot 1{,}15 = \mathbf{5{,}75 \text{ min}}$$

$$\begin{aligned} t_e &= [\Sigma t_g] \cdot 1{,}15 \\ &= [(0{,}3 + 0{,}3 + 0{,}3 + 0{,}3 + 1{,}6 + 0{,}4) \text{ min}] \cdot 1{,}15 \\ &= [3{,}2 \text{ min}] \cdot 1{,}15 = \mathbf{3{,}68 \text{ min}} \end{aligned}$$

Indicação de solução para a tarefa 5.9:

Cálculo do tempo de execução do pedido:

Os tempos de preparação e por unidade provêm das tarefas já executadas. O número de unidades por pedido é m = 96 produtos/dia útil (→**5.2.4**). Os tempos de execução do pedido (fabricação) do corpo e da haste do pistão calculam-se como:

Fabricação do corpo

- Serra circular pequena:

Tabela 1, p. 81

$$\begin{aligned} T &= \Sigma t_r + m \cdot \Sigma t_e = 5{,}75 \text{ min} + 96 \cdot 4{,}57 \text{ min} \\ &= 444{,}47 \text{ min} = \mathbf{7{,}4 \text{ h}} \end{aligned}$$

Fabricação da haste do pistão **Tarefa 5.6**

- Serra circular pequena:

$T = \Sigma t_r + m \cdot \Sigma t_e = 5{,}75 \text{ min} + 96 \cdot 2{,}45 \text{ min}$

$\boldsymbol{T} = 240{,}95 \text{ min} = \mathbf{4{,}02\ h}$

- Torno CNC:

$T = \Sigma t_r + m \cdot \Sigma t_e = 23 \text{ min} + 96 \cdot 13 \text{ min}$

$\boldsymbol{T} = 1.271 \text{ min} = \mathbf{21{,}18\ h}$

- Fresa universal:

$T = \Sigma t_r + m \cdot \Sigma t_e = 34{,}5 \text{ min} + 96 \cdot 3{,}66 \text{ min}$

$\boldsymbol{T} = 385{,}86 \text{ min} = \mathbf{6{,}43\ h}$

- Controle da qualidade:

$T = \Sigma t_r + m \cdot \Sigma t_e = 4 \cdot 9{,}2 \text{ min}$

$\boldsymbol{T} = 36{,}8 \text{ min} = \mathbf{0{,}61\ h}$

O controle da qualidade é realizado em cada 30ª peça. O número m de um lote diário é

$$m \geq \frac{\text{Tam. do lote}}{\text{qtdade. de referência}} = \frac{96}{30} = 3{,}2 \rightarrow \boldsymbol{m = 4}$$

O tempo de execução do pedido (96 cilindros pneumáticos/dia) é de 21,18 horas. Como o turno de trabalho é de 8 h, os 96 cilindros pneumáticos não podem ser fabricados em um torno, em um dia. São necessários 3 tornos idênticos para esse trabalho.

- Torno CNC (fator de divisão 3):

$$T = 23 \text{ min} + \frac{96 \text{ unid.}}{3 \text{ tornos}} \cdot 13 \text{ min}$$

$\boldsymbol{T} = 439 \text{ min} = \mathbf{7{,}32\ h}$

Montagem dos grupos construtivos fundo e tampa **Tabela 2, p. 89, e tabela 1, p. 90**

A montagem de um lote diário com 96 unidades requer os seguintes tempos:

- Posto de montagem 1 (grupo construtivo fundo):

$T = \Sigma t_r + m \cdot \Sigma t_e = 5{,}75 \text{ min} + 96 \cdot 1{,}15 \text{ min}$

$\boldsymbol{T} = 116{,}15 \text{ min} = \mathbf{1{,}94\ h}$

- Posto de montagem 1 (grupo construtivo tampa):

$T = m \cdot \Sigma t_e = 96 \cdot 1{,}84 \text{ min}$

$\boldsymbol{T} = 176{,}64 \text{ min} = \mathbf{2{,}94\ h}$

Montagem dos grupos construtivos haste do pistão, pistão e barra de tração **Tarefa 5.7**

Enquanto os grupos construtivos pistão e haste do pistão é necessária uma unidade de cada para um cilindro pneumático, são necessárias 4 barras de tração para cada um. Então, para barra de tração, o lote diário deve ter

$$\boldsymbol{m} = 96 \text{ produtos} \cdot 4 \frac{\text{grupos construtivos}}{\text{produtos}} = \mathbf{384\ produtos}$$

- Posto de montagem 2 (haste do pistão):

$T = \Sigma t_r + m \cdot \Sigma t_e = 5{,}75 \text{ min} + 96 \cdot 0{,}35 \text{ min}$

$\boldsymbol{T} = 39{,}35 \text{ min} = \mathbf{0{,}66\ h}$

- Posto de montagem 2 (pistão):

$T = m \cdot \Sigma t_e = 96 \cdot 0{,}69 \text{ min}$

$\boldsymbol{T} = 66{,}24 \text{ min} = \mathbf{1{,}10\ h}$

- Posto de montagem 2 (barra de tração):

$T = m \cdot \Sigma t_e = 384 \cdot 0{,}46 \text{ min}$

$\boldsymbol{T} = 176{,}64 \text{ min} = \mathbf{2{,}94\ h}$

Montagem final do cilindro pneumático **Tarefa 5.8**

Na montagem final são montados diariamente 96 cilindros pneumáticos, em 3,68 min/unidade.

- Posto de montagem 3: $T = \Sigma t_r + m \cdot \Sigma t_e$ = 5,75 min + 96 · 3,68 min

  $\boldsymbol{T}$ = 359,03 min = **5,98 h**

O controle da qualidade sobre a função do cilindro pneumático é feito, como no caso da barra de tração, com quantidade de referência igual a 30; com isso, são inspecionados 4 cilindros pneumáticos por dia.

- Controle da qualidade: $T = \Sigma t_r + m \cdot \Sigma t_e$ = 4 · 11,5 min

  $\boldsymbol{T}$ = 46 min = **0,77 h**

Indicação de solução para a tarefa 5.10:

O tempo de atravessamento de um lote de 96 cilindros pneumáticos é calculado com a tabela:

Grupo construtivo/peça	Posto de trabalho	Tempo de execução (h)	Tempo intermediário (h)
Cilindro pneumático	Posto de montagem 3	5,98	0,29
	Controle da qualidade	0,77	0,29
Grupo construtivo fundo	Posto de montagem 1	1,94	0,29
Grupo construtivo tampa	Posto de montagem 1	2,94	0,29
Grupo construtivo haste do pistão	Posto de montagem 2	0,66	0,29
Grupo construtivo pistão	Posto de montagem 2	1,10	0,29
Haste do pistão	Serra circular pequena	4,02	0,29
	Torno CNC	7,32	0,29
	Fresa universal	6,43	0,29
	Controle da qualidade	0,61	0,29
Grupo construtivo barra de tração	Posto de montagem 2	2,94	0,29
Corpo	Serra circular pequena	7,4	0,29
Soma dos tempos de execução e intermediários (fundo cinza)		25,79	2,03
Tempo de atravessamento do ramo mais demorado da árvore = 27,82 h ~ 3 dias e 4 horas			

Para cálculo do tempo de atravessamento:

Os tempos de execução do pedido foram determinados na **tarefa 5.9** e estão na tabela acima. O tempo de atravessamento será a soma dos tempos de execução do pedido e intermediários do ramo mais demorado da árvore (campos com fundo cinza).

No último nível de produção a fabricação da haste do pistão é a que leva mais tempo. No segundo nível, o mais demorado é a montagem do grupo construtivo haste do pistão, que pressupõe o término da fabricação dela. Por fim, tem-se a montagem final do cilindro pneumático. A soma dos tempos com fundo cinza dá o tempo de atravessamento do pedido.

11.4 Planejamento do leiaute

Indicação de solução para a tarefa 6.1:

Para a fabricação, há 3 princípios de organização disponíveis (→ **6.1**)

- O princípio de oficina é adequado para a fabricação orientada por pedidos de séries unitárias e pequenas. As máquinas são agrupadas por processos nesse tipo de organização.
- No princípio de grupos, todo um grupo de peças é fabricado totalmente num sistema fechado, por exemplo, numa ilha de fabricação, com diferentes estações de trabalho.
- No princípio de fluxo, os postos de trabalho são alocados em uma ou mais linhas. A ordem de alocação depende da sequência de operações a serem realizadas no objeto de trabalho.

Por se esperar uma fabricação em série com tamanho de lote diário grande (96 cilindros pneumáticos), será escolhido o princípio de fluxo para a fabricação do corpo e da haste do pistão.

Os postos de trabalho necessários para a fabricação do corpo estão na **tabela 1** e as estações de trabalho para a haste do pistão, na **tabela 2** (**tarefa 5.1**). Ambas as peças são transformadas em duas serras circulares paralelas. Para projeto do fluxo de materiais, serão considerados os pontos:

- As máquinas e os postos de trabalho manuais serão colocados em linha, um atrás do outro, a partir do armazém na entrada.
- O fluxo dos materiais para o corpo e a haste do pistão segue a mesma linha de fluxo. Depois de fabricado na serra circular, o corpo pula os demais postos de trabalho e é conduzido ao armazém da montagem.
- O tempo de execução de um pedido de corpo na serra circular corresponde a quase um dia de trabalho (**tarefa 5.9**). Com isso, há necessidade de duas serras circulares para a fabricação do corpo e da haste do pistão.

Nome	*Corpo*	
Posição Nº	**Posto de trabalho Nº**	**Nome posto de trabalho**
10	*101001*	*Armazém-oficina*
20	*100401*	*Serra circular pequena*

Tabela 1: Postos de trabalho para a fabricação do corpo

Nome	*Haste do pistão*	
Posição Nº	**Posto de trabalho Nº**	**Nome posto de trabalho**
10	*101001*	*Armazém-oficina*
20	*100401*	*Serra circular pequena*
30	*101001*	*Armazém-oficina*
40	*100501*	*Torno CNC*
50	*100401*	*Armazém-oficina*
60	*100603*	*Fresa universal*
70	*100401*	*Armazém-oficina*
80	*100050*	*Controle da qualidade*

Tabela 2: Postos de trabalho para a fabricação da haste do pistão

- Por causa dos altos tempo de fabricação no torno CNC, serão instalados 3 postos de trabalho paralelos (**tarefa 5.9**).
- Em cada posto de trabalho há um posto de abastecimento (supermercado).
- O transporte do material é feito com empilhadeira de garfos e ponte rolante.

Indicação de solução para a tarefa 6.2:

Seleção do princípio de organização para a montagem:
A montagem do cilindro pneumático orienta-se pelos níveis da montagem final e dos grupos construtivos (**fig. 1, p. 102**). A montagem das peças fabricadas e das peças compradas é feita segundo o princípio de organização da montagem de grupos construtivos, para o que são necessários os postos de montagem 1 e 2. No posto de montagem 3 ocorre a montagem final e os grupos construtivos resultam no produto. Os postos de trabalho são interdependentes no que diz respeito a tempos e quantidades.

Como princípio de organização, escolheu-se a montagem em série (**fig.1, p. 105**). Em todo posto de trabalho é realizada a montagem de todo o lote diário do grupo construtivo ou produto, para só depois seguir adiante no fluxo. Trata-se de uma movimentação aperiódica do objeto de montagem, não havendo exigência de ritmo. O posto de abastecimento dos 3 postos de trabalho é único.

O produto pronto é transportado para o posto de controle da qualidade. Depois é estocado no armazém de saída para expedição.

Indicação de solução para a tarefa 6.3:

Sistema MRP na montagem do cilindro pneumático:
Na figura abaixo, as setas azuis representam o fluxo de informações e as cinzas, o de materiais.

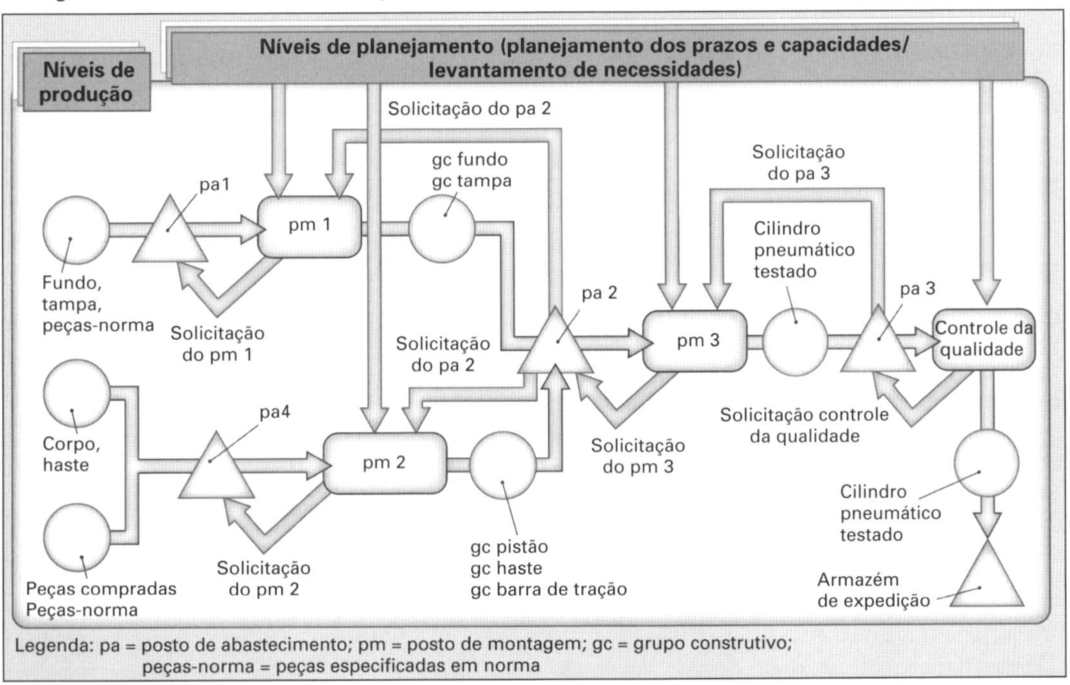

Legenda: pa = posto de abastecimento; pm = posto de montagem; gc = grupo construtivo; peças-norma = peças especificadas em norma

O sistema MRP para a montagem do cilindro pneumático prevê um planejamento dos prazos e das capacidades, bem como o levantamento das necessidades antes da produção. Cada posto de trabalho obtém do planejamento uma ordem de serviço. O material é solicitado do posto de abastecimento pelo trabalhador. Um trabalhador do armazém busca o material do posto de trabalho anterior e o leva ao seguinte, que o solicitou.

Como todo trabalhador tem acesso, pela ordem de serviço, a todas as informações sobre a montagem do produto, o material sempre estará disponível para quem vai buscá-lo. Com o uso de um sistema ERP (*Enterprise Resource Planning*), pode-se reduzir o tempo de espera do material no posto de trabalho após a montagem.

Indicação de solução para a tarefa 6.4:

Sistema KANBAN para a montagem do cilindro pneumático:

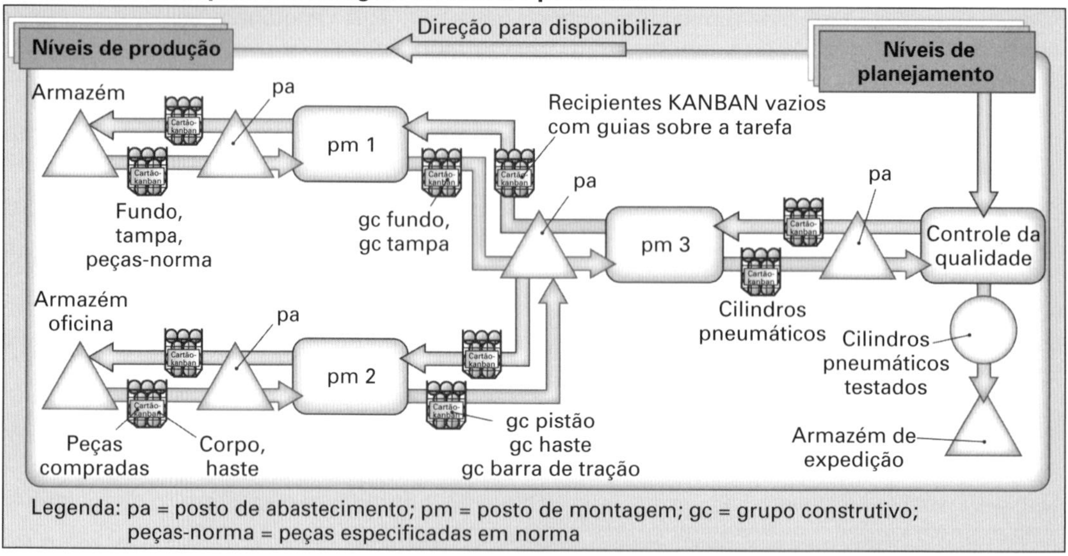

Legenda: pa = posto de abastecimento; pm = posto de montagem; gc = grupo construtivo; peças-norma = peças especificadas em norma

Ao contrário do que é feito no MRP, no sistema KANBAN não se faz planejamento de prazos e capacidades antes da produção. E os postos de trabalho também não recebem ordens de serviço com todas as informações. Somente o último posto de trabalho (aqui, o do controle da qualidade) recebe uma cópia do pedido para controle da qualidade do cilindro pneumático. Esse posto de trabalho usa o recipiente KANBAN vazio para passar a tarefa ao posto de trabalho anterior (aqui, o posto de montagem 3) e assim, sucessivamente, a tarefa é passada no sentido contrário ao do fluxo dos materiais.

O número de cilindros pneumáticos solicitados é definido pelo posto de trabalho controle da qualidade, mas todos encontram seu lugar num recipiente KANBAN.

Os cilindros pneumáticos fornecidos pelo posto de montagem 3 são estocados no posto de abastecimento antes do controle da qualidade. Atingido um nível mínimo, segue nova ordem de fabricação por recipiente KANBAN. No sistema KANBAN trabalha-se sem sistema de PCP apoiado por computador. O sistema é adequado só na fabricação em série.

Indicação de solução para a tarefa 6.5

Sistema OPT para a montagem do cilindro pneumático:

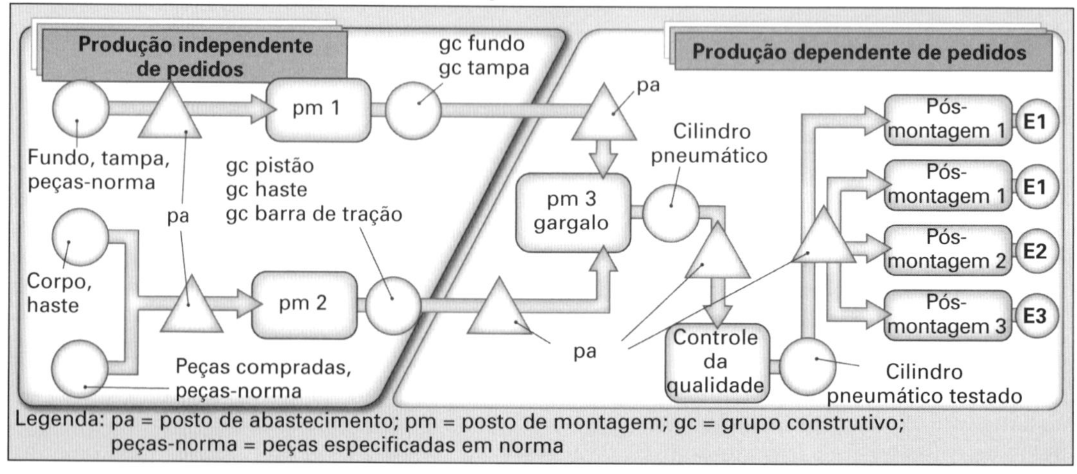

Legenda: pa = posto de abastecimento; pm = posto de montagem; gc = grupo construtivo; peças-norma = peças especificadas em norma

Indicação de solução para a tarefa 6.6:

Numeração sequencial de entrada e saída para a montagem do pistão:

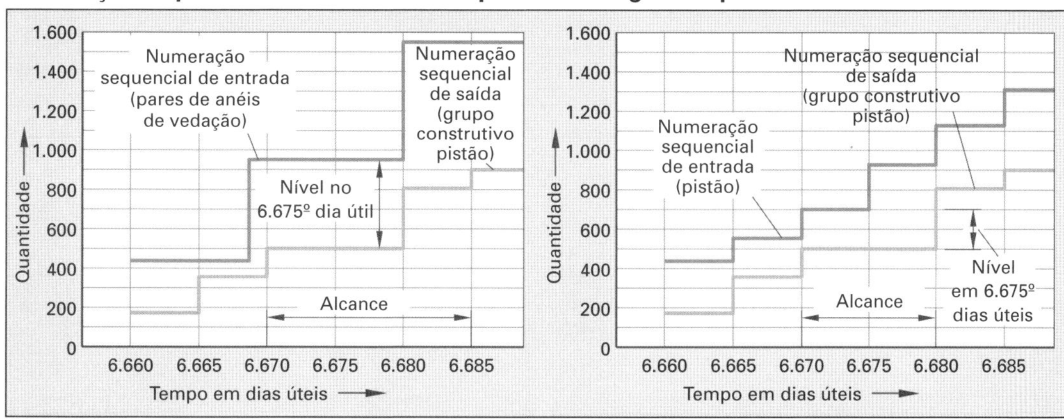

Indicação de solução para a tarefa 6.7:

Numeração sequencial real e desejada para as peças compradas anel de vedação e pistão:

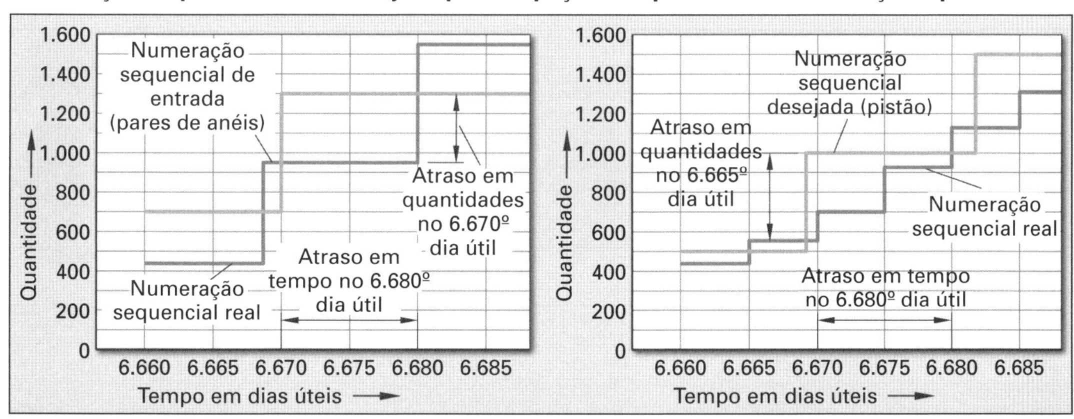

Indicação de solução para a tarefa 6.8:

Seleção do método de condução e controle da fabricação e montagem:
A condução e o controle dos fluxos de informações e de materiais seguem o princípio "puxa" (**fig. 2, p. 107**). Nisso se usa o sistema MRP (→**6.2.1**).

- Com a aplicação de um sistema de gestão da produção na empresa Spin-Lag GmbH, o sistema MRP é adequado.
- Como a empresa Spin-Lag GmbH planeja uma produção orientada por pedidos para os próximos anos, ao lado da produção em série do cilindro pneumático, o sistema MRP é um apoio adequado para a produção.

Indicação de solução para a tarefa 6.9:

Desenho do leiaute para a área de produção "cilindro pneumático":

No desenho do leiaute a seguir, os resultados das **tarefas 6.1, 6.2 e 6.8** foram levados em conta. O leiaute do pavilhão 2 (**fig. 2, p. 19**) será completado.

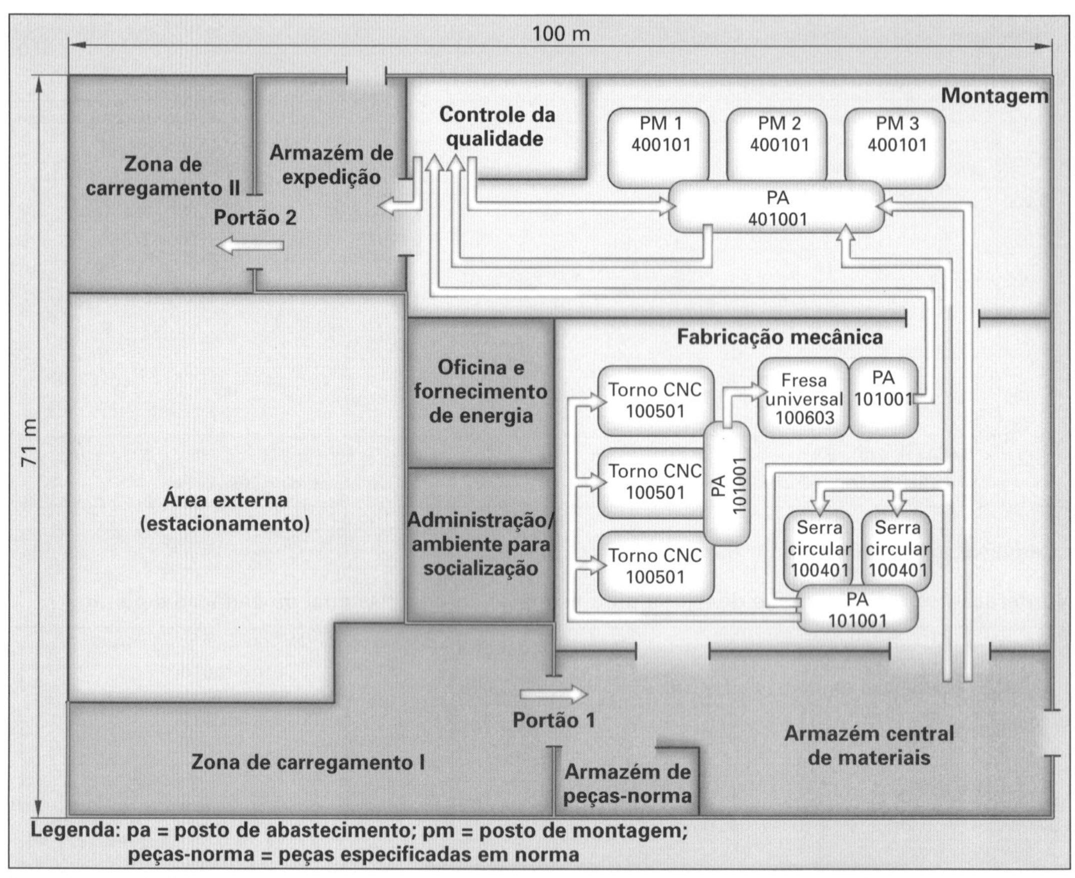

Legenda: pa = posto de abastecimento; pm = posto de montagem;
peças-norma = peças especificadas em norma

Organização da fabricação: **Princípio em fluxo (tarefa 6.1)**
Organização da montagem: **Princípio em série (tarefa 6.2)**
Método de comando e controle da fabricação e montagem: **Sistema MRP (tarefa 6.8)**

11.5 Abordagem logística da produção

Indicação de solução para a tarefa 8.1:

Determinação do grau de linearidade da fabricação em fluxo existente:

$$L = \frac{\Sigma\text{Movimentos de ida}}{\Sigma(\text{Mov. de ida} + \text{mov. de volta})} \cdot 100\%$$

$$L = \frac{870}{(870 + 690)} \cdot 100\%$$

$$\mathbf{L = 55{,}8\%}$$

	S	A	F	D	B	Σ Mov. ida
S		190	0	110	220	
A	0		0	190	0	
F	0	0		90	0	870
D	90	0	360		70	
B	110	0	0	130		
Σ Mov. volta			690			

Legenda: S = serrar; A = corte preciso; F = fresar; D = tornear; B = furar

Fig. 1: Matriz do fluxo de materiais na fabricação existente

Indicação de solução para a tarefa 8.2:

Verificação da sequência das máquinas pelo cálculo de quocientes:

	S	A	F	D	B	Σ Linhas
S		190	0	110	220	520
A	0		0	190	0	190
F	0	0		90	0	90
D	90	0	360		70	520
B	110	0	0	130		240
Σ Colunas	200	190	360	520	290	

Legenda: **S** = serrar; **A** = corte preciso; **F** = fresar; **D** = tornear; **B** = furar

Serrar	Corte preciso
$Q_S = \frac{520}{200} = 2{,}6$	$Q_A = \frac{190}{190} = 1{,}0$

Fresar	Tornear	Furar
$Q_F = \frac{90}{360} = 0{,}25$	$Q_D = \frac{520}{520} = 1$	$Q_B = \frac{240}{290} = 0{,}83$

$Q_S = Q_{max}$ Serra é a primeira estação de trabalho da série de máquinas.

Fig. 1: Matriz do fluxo de materiais com o 1º cálculo de quocientes

	A	F	D	B	Σ Linhas
A		0	190	0	190
F	0		90	0	90
D	0	360		70	430
B	0	0	130		130
Σ Colunas	0	360	410	70	

Legenda: **A** = corte preciso; **F** = fresar; **D** = tornear; **B** = furar

Corte preciso	Fresar
$Q_A = \frac{190}{0} = \infty$	$Q_F = \frac{90}{360} = 0{,}25$

Tornear	Furar
$Q_D = \frac{430}{410} = 1{,}05$	$Q_B = \frac{130}{70} = 1{,}86$

$Q_A = Q_{max}$ A cortadeira de precisão é a segunda estação de trabalho da série de máquinas.

Fig. 2: Matriz do fluxo de materiais com o 2º cálculo de quocientes

	F	D	B	Σ Linhas
F		90	0	90
D	360		70	430
B	0	130		130
Σ Colunas	360	220	70	

Legenda: **F** = fresar; **D** = tornear; **B** = furar

Fresar	Tornear
$Q_F = \frac{90}{360} = 0{,}25$	$Q_D = \frac{430}{220} = 1{,}95$

Furar
$Q_B = \frac{130}{70} = 1{,}85$

$Q_D = Q_{max}$ O torno CNC é a terceira estação de trabalho da série de máquinas.

Fig. 3: Matriz do fluxo de materiais com o 3º cálculo de quocientes

	F	B	Σ Linhas
F		0	0
B	0		0
Σ Colunas	0	0	

Legenda: **F** = fresar; **B** = furar

Fresar	Furar
$Q_F = \frac{0}{0} = \infty$	$Q_B = \frac{0}{0} = \infty$

A fresa será escolhida a quarta estação de trabalho da série de máquinas.

Fig. 4: Matriz do fluxo de materiais com o 4º cálculo de quocientes

No 4º cálculo de quocientes obteve-se, o mesmo valor para a fresa e a furadeira. Escolhendo-se a fresa como 4ª estação de trabalho, ocorre uma troca entre torno e fresa na sequência de máquinas existente. A última estação de trabalho é a furadeira. A nova sequência das máquinas é:

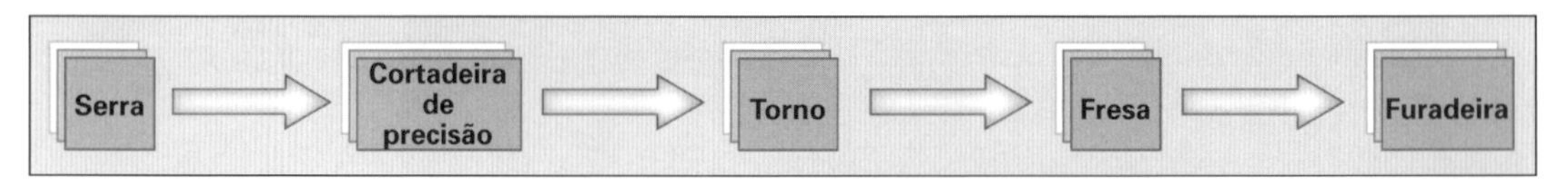

Com a verificação da linearidade, conclui-se a otimização da sequência das máquinas para a fabricação do cilindro pneumático série BP156. Para esse cálculo, é feita a matriz do fluxo dos materiais na nova sequência das máquinas; o grau de linearidade L é:

$$L = \frac{\Sigma \text{Movimentos de ida}}{\Sigma(\text{Mov. de ida + mov. de volta})} \cdot 100\%$$

$$L = \frac{1.140}{(1.140 + 420)} \cdot 100\%$$

$L =$ **73,1%**

	S	A	D	F	B	Σ Mov. ida
S		190	110	0	220	
A	0		190	0	0	
D	90	0		360	70	**1.440**
F	0	0	90		0	
B	110	0	130	0		
Σ Mov. volta			**420**			

Legenda: **S** = serrar; **A** = corte preciso; **F** = fresar; **D** = tornear; **B** = furar

Fig. 1: Matriz do fluxo de materiais com a nova sequência das máquinas

O novo grau de linearidade mostra uma melhora na sequência das máquinas de cerca de 16% em relação à fabricação em fluxo existente.

11.6 Abordagem logística da armazenagem

Indicação de solução para a tarefa 9.1:

Árvore dos sistemas de armazenagem:

Indicação de solução para a tarefa 9.2:

Seleção de um sistema de armazenagem:
Para armazenar o cilindro pneumático, é adequada uma estocagem estática, dado que há séries com tamanhos diferentes. Recomenda-se a prateleira com paletes, pois nesse sistema os produtos são colocados sobre paletes e estes já servem como meio de sustentação e transporte e perpassam o fluxo de materiais até o cliente. A estocagem em fileiras oportuniza a separação de produtos de todo tamanho diretamente do armazém. Se as prateleiras com paletes forem feitas para armazenagem elevada, a área necessária será relativamente pequena.

A desvantagem da estocagem em fileiras é a necessidade de muitos corredores para estocar e separar os produtos. Com isso, a utilização da área para armazenagem será menor do que na estocagem em blocos. Aumentando-se a ocupação do espaço com auxílio de estanteria elevada, há necessidade de equipamentos de manipulação mais caros.

Indicação de solução para a tarefa 9.3:

Determinação das necessidades anuais e dos preços das peças compradas para a realização da análise ABC:

Nº peça	Nome	Demanda anual	Preço por unid.	Valor anual	Posição
T3	Fundo	24.000 unid.	8,95 €	214.800 €	2
T4	Tampa	24.000 unid.	10,95 €	262.800 €	1
T6	Barra de tração ø8 x 128	96.000 unid.	0,55 €	52.800 €	3
T7	Porca M8 – 27 comprimento	192.000 unid.	0,19 €		
T8	Tubo amortecedor ø20 x 1	48.000 unid.	0,12 €		
T10	Guia do pistão	24.000 unid.	0,05 €		
T16	Repelente de sujeira tampa	24.000 unid.	0,08 €		
T18	Parafuso amortecedor ø6 a 8 comprimento	48.000 unid.	0,15 €		
R1	Barra perfil de alumínio (8% perda de corte)	666 barras	51,90 €		
R2	Barra aço redondo (8% perda de corte)	1.141 barras	29,70 €		

Indicação de solução para a tarefa 9.4:

Levantamento das necessidades anuais e posição para a análise ABC:

Nº peça	Nome	Demanda anual	Preço por unid.	Valor anual	Posição
T3	Fundo	24.000 unid.	8,95 €	214.800 €	2
T4	Tampa	24.000 unid.	10,95 €	262.800 €	1
T6	Barra de tração ø8 x 128	96.000 unid.	0,55 €	52.800 €	3
T7	Porca M8 – 27 comprimento	192.000 unid.	0,19 €	36.480 €	4
T8	Tubo amortecedor ø20 x 1	48.000 unid.	0,12 €	5.760 €	8
T10	Guia do pistão	24.000 unid.	0,05 €	1.200 €	10
T16	Repelente de sujeira tampa	24.000 unid.	0,08 €	1.920 €	9
T18	Parafuso amortecedor ø6 a 8 comprimento	48.000 unid.	0,15 €	7.200 €	7
R1	Barra perfil de alumínio (8% perda de corte)	666 barras	51,90 €	34.565 €	5
R2	Barra aço redondo (8% perda de corte)	1.141 barras	29,70 €	33.888 €	6

Indicações de solução para as tarefas 9.4 até 9.9:

Execução da análise ABC:

- A fração de cada peça na quantidade total provém das necessidades anuais (**tarefa 9.3**).
- A fração de cada peça no valor anual provém da **tarefa 9.4**.
- O valor anual acumulado resulta da soma dos valores das frações.
- A determinação dos grupos de valores é feita segundo o especificado na **figura 2** (**p. 153**). O tamanho do grupo de valor é determinado pela soma dos valores individuais no grupo. Os bens do tipo A têm o maior valor, da ordem do 50 a 80% do total. Os bens tipo B têm participação com 10 a 50% do valor total; os bens tipo C abrangem 5 a 15% do valor total.
- A fração acumulada das quantidades é determinada pela soma das frações individuais.
- A fração acumulada das quantidades do grupo é a soma das frações individuais.

Posi.	Nº peça	% quantidade	Valor anual		Valor anual acumulado		Fração quantidade acumulada		Grupo
			€/ano	%	%	%/Grupo	%	%/Grupo	
1	T4	4,98	262.800	40,34	40,34	73,31	4,98	9,96	A
2	T3	4,98	214.800	32,97	73,31		9,96		
3	T6	19,92	52.800	8,11	81,42	24,22	29,88	60,16	B
4	T7	39,85	36.480	5,60	87,02		69,73		
5	R1	0,15	34.565	5,31	92,33		69,88		
6	R2	0,24	33.888	5,20	97,53		70,12		
7	T18	9,96	7.200	1,11	98,64	2,47	80,08	29,88	C
8	T8	9,96	5.760	0,89	99,53		90,04		
9	T16	4,98	1.920	0,29	99,82		95,02		
10	T10	4,98	1.200	0,18	100,00		100,00		
Total:		**100,00**	**651.413**	**100,00**		**100,00**		**100,00**	

Indicação de solução para a tarefa 9.10:

Avaliação da análise ABC:

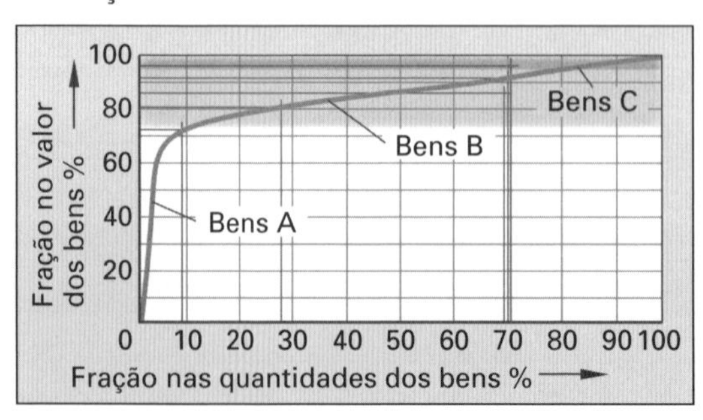

Os bens A são caros (corpo e fundo do cilindro pneumático) e deles serão estocadas poucas unidades.

Os bens B têm participação mediana no valor e grande nas quantidades.

Os bens C (pequenas peças do cilindro pneumático) têm pouca participação no valor e serão estocadas em quantidades maiores.

Indicação de solução para a tarefa 9.11:

Cálculo das medidas dos compartimentos:

Altura do compartimento

R_H = Altura do palete + 100 mm altura da travessa + 100 mm afastamento de segurança

R_H = 1.500 mm + 100 mm + 100 mm

$\boldsymbol{R_H}$ **= 1.700 mm**

Comprimento do compartimento

R_L = 3 · comprimento do palete + 100 mm altura da estaca + 300 mm afastamento de segurança

R_L = 3 · 800 mm + 100 mm + 300 mm

$\boldsymbol{R_L}$ **= 2.800 mm**

Profundidade do compartimento

R_T = Profundidade do palete

$\boldsymbol{R_T}$ **= 1.200 mm**

Indicação de solução para a tarefa 9.12:

Cálculo do número de compartimentos lado a lado e sobrepostos:

Equação 1:

$$\frac{n_n \cdot R_L}{n_s \cdot R_H} = 4$$

Equação 2:

$$n_{comp.} = n_n \cdot n_s \leftrightarrow n_s = \frac{n_{comp.}}{n_n}$$

Substituindo equação 2 na equação 1:

$$\frac{n_n \cdot R_L}{\frac{n_{comp.}}{n_n} \cdot R_H} = 4$$

$$\frac{n_n^2 \cdot R_L}{n_{comp.} \cdot R_H} = 4$$

$$n_n^2 = \frac{4 \cdot n_{comp.} \cdot R_H}{R_L}$$

$$n_n = \sqrt{\frac{4 \cdot n_{comp.} \cdot R_H}{R_L}}$$

$$\boldsymbol{n_n} = \sqrt{\frac{4 \cdot 329 \cdot 1.700 \text{ mm}}{2.800 \text{ mm}}} = \mathbf{28{,}3} \qquad \text{escolhido } \boldsymbol{n_n = 28}$$

n_n e $n_{comp.}$ substituídos na equação 2:

$$\boldsymbol{n_s} = \frac{n_{comp.}}{n_n} = \frac{329}{28} = \mathbf{11{,}75} \qquad \text{escolhido } \boldsymbol{n_s = 12}$$

Indicação de solução para a tarefa 9.13:

Cálculo das medidas das prateleiras do armazém de expedição:

Comprimento total: $\boldsymbol{L} = R_L \cdot n_n = 2.800 \text{ mm} \cdot 28 = \mathbf{78{,}4\ m}$

Altura total: $\boldsymbol{H} = R_H \cdot n_s = 1.700 \text{ mm} \cdot 12 = \mathbf{20{,}4\ m}$

Indicação de solução para a tarefa 9.14:

Cálculo das medidas do armazém de expedição:

Comprimento do armazém: $\boldsymbol{A_L} = L$ + espaço lateral (5 m) = 78,4 m + 5 m = **83,4 m**

Altura do armazém: $\boldsymbol{A_H} = H$ + espaço superior (2 m) = 20,4 m + 2 m = **22,4 m**

Largura do armazém: $A_B = n_{fil} \cdot R_T + n_{corr} \cdot$ larg. meio de transporte + afastamento lateral

$\boldsymbol{L_B} = 8 \cdot 1{,}2 \text{ m} + 4 \cdot 1{,}5 \text{ m} + 1 \text{ m} = \mathbf{16{,}6\ m}$

Indicação de solução para a tarefa 9.15:

Medida para aumentar o número de procedimentos de transporte do equipamento de manipulação nas prateleiras:

O número de procedimentos de transporte do equipamento de manipulação pode ser aumentado pela redução dos trajetos. No armazém até aqui considerado, a separação dos paletes ocorre num corredor lateral. Com a introdução de um corredor central, os paletes podem ser separados neste corredor e o equipamento terá muitos percursos mais curtos. Ao lado disso, os itens com maior frequência de manipulação podem ser colocados próximos ao corredor central e nas partes mais baixas das prateleiras.

Indicação de solução para a tarefa 9.16:

Leiaute do armazém projetado:

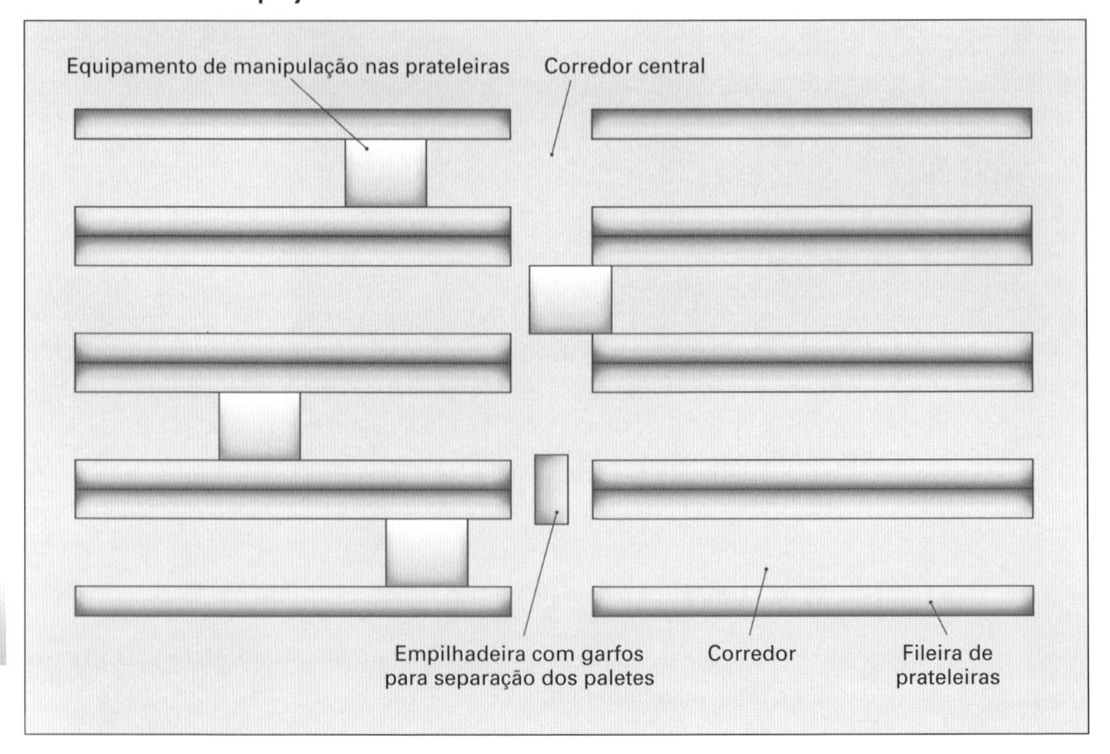

11.7 Abordagem logística do fluxo dos materiais

Indicação de solução para a tarefa 10.1:

Cálculo do tempo t_4 para fazer a curva:

$$T_K = t_4$$

$$\mathbf{t_4} = \frac{s_4}{v_K} = \frac{13\ \text{m}}{0{,}25\ \frac{\text{m}}{\text{s}}} = 52\ \text{s} = \mathbf{0{,}87\ min}$$

Indicação de solução para a tarefa 10.2:

Cálculo do tempo T_{G2} para transitar pela reta 2:

$$T_{G2} = t_5 + t_6 + t_7$$

$$t_5 = t_3 = 0{,}5\ \text{s}$$

$$t_6 = \frac{s_6}{v_G} = \frac{25{,}274\ \text{m}}{0{,}42\ \frac{\text{m}}{\text{s}}} = 60{,}18\ \text{s}$$

$$t_7 = t_1 = 2{,}1\ \text{s}$$

$$T_{G2} = 0{,}5\ \text{s} + 60{,}18\ \text{s} + 2{,}1\ \text{s}$$

$$\mathbf{T_{G2}} = 62{,}78\ \text{s} = \mathbf{1{,}05\ min}$$

$$s_{G2} = s_5 + s_6 + s_7$$

$$s_5 = s_3 = 0{,}285\ \text{m}$$

$$s_7 = s_1 = 0{,}441\ \text{m}$$

$$s_6 = s_{G2} - s_5 - s_7$$

$$s_6 = 26\ \text{m} - 0{,}285\ \text{m} - 0{,}441\ \text{m}$$

$$s_6 = 25{,}274\ \text{m}$$

Indicação de solução para a tarefa 10.3:

Cálculo do tempo T_{ida} para o percurso de ida do veículo:

$$T_{ida} = T_{G1} + T_K + T_{G2}$$

$$T_{ida} = 1{,}93\ \text{min} + 0{,}87\ \text{min} + 1{,}05\ \text{min}$$

$$\mathbf{T_{ida} = 3{,}85\ min}$$

Indicação de solução para a tarefa 10.4:

Cálculo do tempo T_{vol} para o percurso de volta do veículo:

$$T_{vol} = t_8 + t_9 + t_{10}$$

$$t_8 = t_1 = 2{,}1\ \text{s}$$

$$t_{10} = t_1 = 2{,}1\ \text{s}$$

$$t_9 = \frac{s_9}{v_G} = \frac{88{,}118\ \text{m}}{0{,}42\ \frac{\text{m}}{\text{s}}} = 205{,}04\ \text{s}$$

$$T_{vol} = 2{,}1\ \text{s} + 205{,}04\ \text{s} + 2{,}1\ \text{s}$$

$$\mathbf{T_{vol}} = 209{,}24\ \text{s} = \mathbf{3{,}49\ min}$$

$$s_{vol} = s_8 + s_9 + s_{10}$$

$$s_{vol} = s_{G1} + s_K + s_{G2}$$

$$s_{vol} = 48\ \text{m} + 13\ \text{m} + 26\ \text{m} = 87\ \text{m}$$

$$s_8 = s_1 = 0{,}441\ \text{m}$$

$$s_{10} = s_1 = 0{,}441\ \text{m}$$

$$s_9 = s_{vol} - s_8 - s_{10}$$

$$s_9 = 88\ \text{m} - 0{,}441\ \text{m} - 0{,}441\ \text{m}$$

$$s_9 = 86{,}118\ \text{m}$$

Indicação de solução para a tarefa 10.5:

Tempo intermediário para carregar, descarregar, bem como do transporte de ida e de volta:

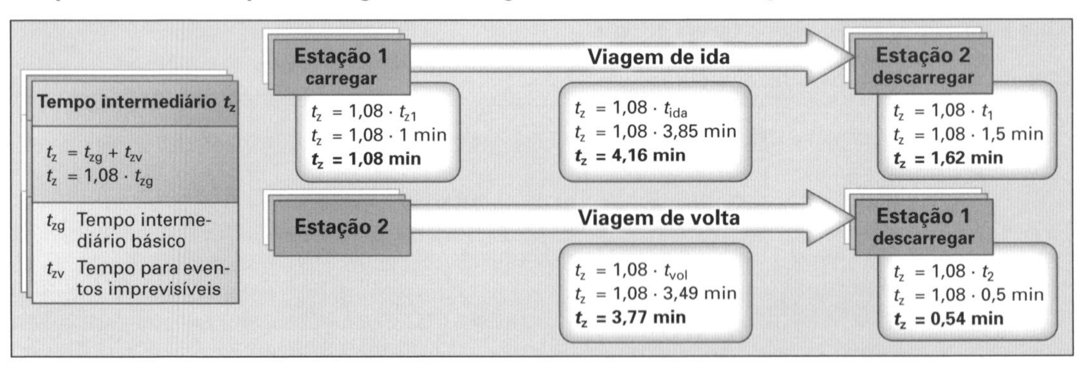

Indicação de solução para a tarefa 10.6:

Plano de viagens de ida e volta para 3 veículos:

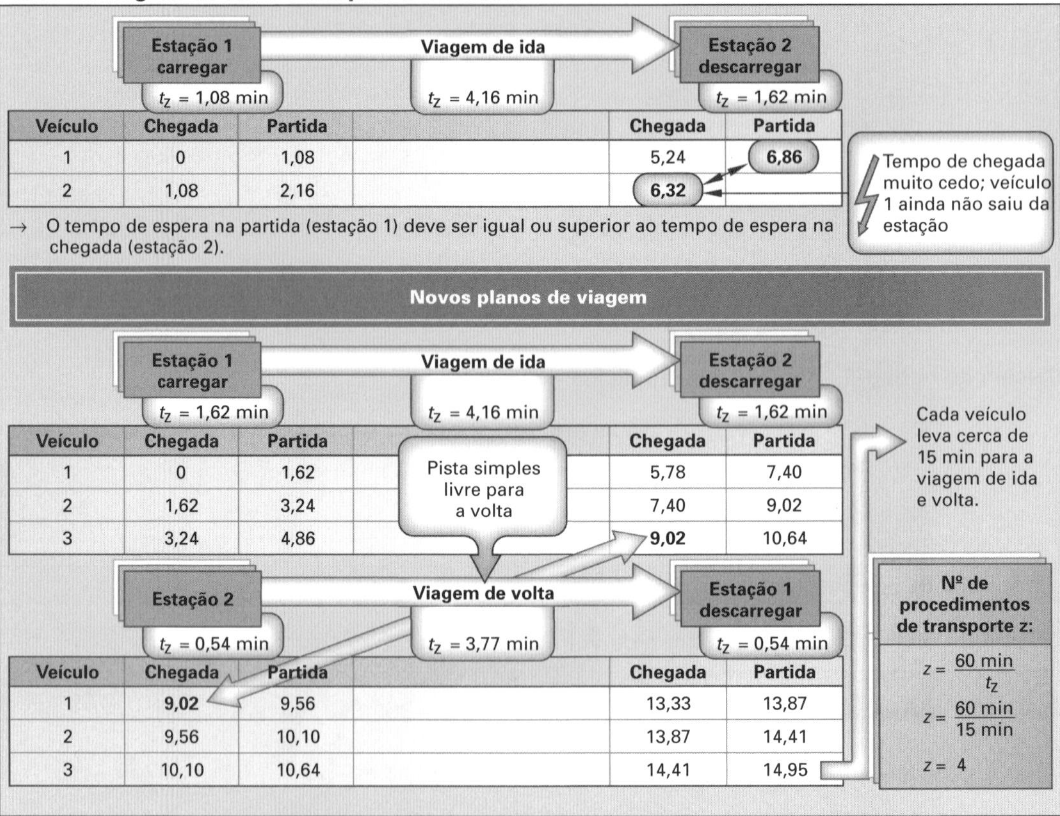

Indicação de solução para a tarefa 10.7:

Desempenho de transporte de 3 veículos num turno de trabalho:

Com um número de procedimentos de transporte de 4, e com 3 veículos, podem ser transportados 12 paletes por hora. Num turno de 8 horas, serão transportados 96 paletes entre o armazém de entrada e a área de montagem.

Índice remissivo

Fonte das figuras

As empresa abaixo relacionadas apoiaram a execução deste livro por disponibilizarem suas figuras. As figura do cilindro pneumático (fig 1 das p. 10, 13, 14, 15, 16, 30, 80, 81; fig 2 das p. 13 e 16) foram feitas com autorização da empresa IMI Norgren GmbH, Alpes, Baixo Reno. As figuras para a árvore com mancal foram feitas por estudantes da escola técnica profissionalizante West da cidade de Essen. Quero agradecer a toda as empresas, alunos e professores participantes.

ALFOTEC GmbH, Wermelskirchen (www.alfotec.de): fig. 1 da p. 165, 166; fig. 2 da p. 166

Demag Cranes & Components GmbH, Wetter/Ruhr (*www.cranes.demagcranes.de*): fig. 1 e 2 da p. 164

Dürkopp Fördertechnik GmbH, Bielefeld (*www.duerkopp.com*): fig. 1 da p. 164

Fritz Schäfer GmbH, Neunkirchen/Siegerland (*www.ssi-schaefer.de*): fig. 1 da p. 151, 152; fig. 2 da p. 150, 151; fig. 3 da p. 150, 151; fig. 4 da p. 150, 151

Gebhardt Fördertechnik AG, Sinsheim (*www.gebhardt-foerdertechnik.de*): fig. 2 da p. 163

Interroll Axmann Automation GmbH, Sinsheim (*www.interroll.com*): fig. 1 da p. 166

LINDE AG, Aschaffenburg (*www.linde-stapler.de*): fig. 1 da p. 163 e fig. 2 da p. 162

psb GmbH Materialfluss und Logistik, Pirmasens (*www.psb-gmbh.de*): fig. 1 da p. 166; fig. 3 da p. 163

Verlag Europa Lehrmittel, Haan-Gruiten (*www.europa-lehrmittel.de*), aus „Zerspantechnik Fachbildung": fig. 1 da p. 130, 131, 132, 133, 136; fig. 2 da p. 130, 137, 138; fig. 4 da p. 137